阅读是最美的礼物

0—6岁亲子阅读指南

赵 霞 方卫平 著

接力出版社

图书在版编目（CIP）数据

阅读是最美的礼物：0—6岁亲子阅读指南/赵霞，方卫平著.—南宁：接力出版社，2023.12
ISBN 978-7-5448-8317-7

Ⅰ.①阅… Ⅱ.①赵…②方… Ⅲ.①阅读辅导—亲子教育—指南 Ⅳ.①G252.17-62②G781-62

中国国家版本馆CIP数据核字（2023）第173676号

阅读是最美的礼物：0—6岁亲子阅读指南
YUEDU SHI ZUI MEI DE LIWU: 0—6 SUI QINZI YUEDU ZHINAN

责任编辑：李雅宁　　文字编辑：王　燕　　美术编辑：王　雪　　装帧设计：王　雪
责任校对：高　雅　刘哲斐　王　蒙　　责任监印：刘宝琪
社长：黄　俭　　总编辑：白　冰
出版发行：接力出版社　　社址：广西南宁市园湖南路9号　　邮编：530022
电话：010-65546561（发行部）　　传真：010-65545210（发行部）
网址：http://www.jielibj.com　　电子邮箱：jieli@jielibook.com
经销：新华书店　　印制：北京博海升彩色印刷有限公司
开本：889毫米×1194毫米　1/16　　印张：23　　字数：380千字
版次：2023年12月第1版　　印次：2023年12月第1次印刷
定价：128.00元

版权所有　侵权必究

质量服务承诺：如发现缺页、错页、倒装等印装质量问题，可直接联系本社调换。
服务电话：010-65545440

引言

为什么要和孩子一起读书

为什么要和孩子一起读书？

因为阅读对孩子来说很重要。早期阅读是保障、促进孩子现在和未来的发展权益与发展潜能的重要途径。有许多研究和实践证明，孩子越早有机会参与阅读活动，培养阅读兴趣，他从中所受的益处就越大，其积极影响持续得也越长久。

正是认识到早期阅读的重要功能，英国政府自 1992 年起设立了名为"阅读起跑线"（BookStart）的知名婴幼儿阅读推进项目，通过为婴幼儿家庭提供免费的赠书及亲子阅读指导，鼓励早期亲子阅读，促使孩子从早期阅读中受益。该项目的宗旨之一，是"让每一个孩子的人生获得最好的开始"[1]。针对第一批参加该项目的 300 个家庭的追踪调查表明，参加早期阅读活动的孩子比未参加的孩子入学准备得更为充分，且在各学科领域的学业表现都超越同年级学生的平均水平。[2] 这向人们再次证实了早期阅读的重大意义。

---

[1] https://www.booktrust.org.uk/about-us/.
[2] 叶嘉青.图画书小学堂——与 0~6 岁孩子一起悦读［M］.广西：广西师范大学出版社，2019：9.

和孩子一起读书，还因为阅读是我们日常生活的一个部分；或者，也可以换一种说法：阅读应该成为我们日常生活的内容之一。想到千百年来，书本以多么奇妙和美好的方式拓展着我们的认知和经验，扩大着我们的世界和存在，丰富着我们的感官和生命，我们就会感到，和孩子一起读书，让孩子感受书中故事的宽广开阔和无边无垠，是一件多么必不可少、不容错过的事情。

同样重要的另一个原因是，和孩子一起读书，不论对孩子还是成人，都是一件幸福的事情。此刻，就在我们陪着孩子读书的时刻，时间悄然流逝，每一分钟都安宁、充实、煦暖、美好。未来，当这个孩子长大以后，这段温暖、欢乐的共读时光，会成为他（她）生命感觉和记忆的重要底色。有一天，当他们遭遇沮丧、失意、彷徨，这样的记忆也会成为他们一再回过头去、从中汲取温暖和力量的所在。

和孩子一起读书，需要大人付出时间、精力、耐性、智慧。但我们相信，这样的时光对于成人，绝不只是一种单纯的付出。当我们跟随一个孩子新鲜的视觉、感官和理解力与一本书面对面，他们也将重新唤起我们对书籍、阅读、语言的感觉。

爱默生说，语言是诗歌的化石。从孩子聆听一个词、一句话，翻阅一幅图、一页纸的方式里，我们也许会发现，那些在成人千万次的机械运用中变得寻常、暗淡的词语，开始重新焕发出语言创造之初的迷人光彩。"这是什么？""这是花朵。"这些学语式的初级表达，对孩子来说，是最初的指认和命名，也是认识世界和万物、认识自我与对象的起点。这是最简单的提问和回答，也是最基础、最根本的提问和回答。我们所有的思考和智慧，都从这样简单的疑惑和解释开始。它充满哲学的意味。面对如此简单的表达，一个孩子全神贯注地倾听，全情投入地吸收，会带给我们小小的震撼，也会促使我们重新看待、审视每一个语词的新鲜、珍贵、庄重和可爱。

和孩子一起读书，终点不是书本，而是生活和生命。生命最初的欢乐，除了在食物和游戏中，也在语言和符号中。当我们和孩子一起翻开一本书，我们的姿势既是快乐的，也是端庄的。快乐是因为认识、结交、掌握书本里的那些符号，原本就是一件趣味无穷的事情。端庄则是指我们从中获得的趣味和欢乐，是积极、阳光、充满生长力的趣味和欢乐，它将把生命的枝叶引向更高、更远、更幸福的方向。

让我们和孩子一起读书，陪伴他们建立对书本、语言、生活、世界、生命最初的美好和欢乐印象。

这是送给童年最美的礼物。

同时，让我们不要怀着焦虑的心态对待孩子的阅读。读一本书跟看一朵花开，听雨滴落下来，慢慢地走过一片青草芬芳的田野，意义是一样的，都是让我们来感受，世界这么广大、美好、神奇，生活这么丰富、温暖、多彩，值得我们去热爱，去赤诚、努力、全身心地对待。

和孩子一起读书，或许也是让我们慢下来，重新学着用一个孩子的赤诚去欣赏、热爱这个世界的一切，热爱我们的生命与生活。

目录

0—1岁

002　这么小的孩子会读书吗？——重新建立对"书"的认知
003　这么小的孩子会喜欢书吗？——书是玩具，又不只是玩具
004　这么小的孩子会喜欢读书吗？——孩子是天生的阅读爱好者
006　从哪里开始最初的阅读？——声音作为一种阅读材料
009　孩子能看见什么？——视觉阅读的建议
011　小兔子的毛是什么样的？——触觉中的鲜活世界
012　用机器给孩子阅读好吗？——停顿与交流的重要性
014　父母该做什么？——早期阅读的准备
016　怎样选择具体的读物（一）？——简洁和欢乐的法则
018　怎样选择具体的读物（二）？——尊重孩子的趣味和感受
020　最重要的是什么（一）？——阅读的安全
021　最重要的是什么（二）？——对万事万物的兴趣与热情
023　最重要的是什么（三）？——在一起的自信和温暖
024　晚上读还是白天读？——阅读时机的选择

027　小课堂　怎样认识幼儿与幼儿读物
027　　认识幼儿期的文化意义
029　　认识幼儿读物
031　　婴幼儿时期的语音阅读
032　　幼儿阅读兴趣的年龄分层
034　　幼儿阅读具有游戏性

038	**文本细读　怎样读懂一本幼儿图书**
038	幼儿故事的细密思虑：《会动的房子》
040	放开眼光看孩子：《爱音乐的马可》
041	爱是彼此的温暖：《爷爷是我的抱抱熊》
042	在游戏中学习：《大狗巴布》
045	给孩子有尊严的教育：《我先！我先！》
047	一首小诗的丰富世界：《需要什么》
049	**推荐阅读**

1—2岁

054	怎样养成最初的阅读习惯？——孩子的习惯，就是大人的习惯
055	怎么给孩子选最好的书？——基本的原则与方法
057	这个阶段的孩子爱读什么？——故事书的选择
059	这个阶段的孩子可以读什么？——多样化的趣味与延展阅读的尝试
061	怎样和孩子读一本书？——慢慢读，跟着孩子读
062	为什么孩子有时候喜欢读过的书，有时候喜欢新书？——注意力的分段与迁移
064	如何引导孩子的注意力？——创造性阅读的延续
066	需要每天定时定量阅读吗？——阅读时间与阅读习惯的关系
067	书本上的语言会不会太复杂？——告诉孩子事物的正名
069	孩子为什么觉得好笑？——阅读幽默感的萌发
071	孩子看见的为什么和大人不一样（一）？——细枝末节的意义
073	孩子看见的为什么和大人不一样（二）？——和孩子一起去发现
075	读得害怕了怎么办？——帮助孩子应对阅读中的恐惧感
076	孩子撕书怎么办？——成人的宽容与自我省思

079	**小课堂　怎样认识幼儿与幼儿读物**
079	幼儿天生的韵律感
080	幼儿读物的韵律性
085	传统儿歌与创作儿歌
093	幼儿读物的文本构成
096	幼儿阅读是一项综合性的活动
099	**文本细读　怎样读懂一本幼儿图书**
099	小书里的智慧、乐观与哲理：《约瑟夫有件旧外套》
101	从数学算式到一首诗：《很多加很多等于几》
102	读出幼儿故事里的象征：《一个和七个》
104	爱是拥有，也是放手：《亲爱的小鱼》
106	成长的远行与归来：《玩具船去航行》
108	自由是最美的舞蹈：《跳舞的熊》
113	**推荐阅读**

2—3岁

122	孩子是怎么读图画的？——读图能力的奥秘与意义
124	这本书里都有些什么？——让孩子说一说，听孩子讲一讲
125	孩子一读书就走神，怎么办？——共读的智慧与方法
127	怎样让孩子喜欢一本新书？——和孩子一起做"阅读拉伸"
128	孩子想要知道什么？——早期知识读物的选择
130	"这本书是哪里出版的？"——教给孩子更丰富的信息

132　孩子边读书，边跑来跑去，怎么办？——培养阅读的基本礼仪

134　孩子缠着你读书，需要时刻以他为中心吗？——不助长孩子的自我中心意识

135　孩子为什么喜欢打破砂锅问到底？——思考力的萌发

138　读书能帮助孩子养成良好的生活习惯吗？——家庭环境的支持

140　给孩子读书需要声情并茂吗？——自由地读，聪明地读

141　到了惯常的阅读时间，孩子却不想读书，怎么办？——别把阅读当任务

143　需要严格照着书上的文字读吗？——孩子怎样创造自己的文本

145　孩子从书中学到了什么？——阅读是一项多元智能活动

148　小课堂　怎样认识幼儿与幼儿读物

148　认识幼儿读物的认知功能

151　幼儿图画书的文本构成

153　幼儿图画书的三种基本文图关系模式

157　幼儿知识类图画书的基本类型

158　成人是幼儿阅读的榜样

160　文本细读　怎样读懂一本幼儿图书

160　为幼儿园做准备：《再见！》

162　"不可以"和"可以"的教育智慧：《小熊的巴掌》

163　领略一棵树的诗意：《树真好》

165　踏上神奇的失物之旅：《拉夫旅行记》

169　追寻心中的自己：《宝儿——一只没有羽毛的大雁》

172　生活是美好的：《香喷喷的节日》《好像》《奶奶家的大猫和小猫》

176　推荐阅读

3—4岁

- 184 阅读如何影响说话与思维？——爱读书的孩子讲道理
- 185 记住了吗？——比记住更重要的是乐趣和创造
- 187 如何和孩子一起读数字？——数字读物的选择与阅读
- 188 除了故事书，还可以读什么？——和孩子读一读儿童诗
- 191 如何带孩子走进科普阅读的世界？——科学是知识，也是观念和态度
- 193 孩子读这样的书，是不是太小或太大了？——跨龄与跨级的阅读
- 194 一本书读几遍？——反复阅读中的反复创造
- 196 怎样让孩子读你想让他（她）读的书？——阅读兴趣的进一步拓展
- 198 孩子在自己翻书了，他是真的会读书了吗？——尝试和鼓励独自阅读
- 199 怎样通过阅读让孩子学习与人相处？——社会交往的阅读与学习
- 201 我是谁？——自我意识的发展
- 202 孩子能读懂这样的表达方式吗？——和孩子说一说修辞，玩一玩修辞
- 204 "我讨厌"还是"我喜欢"？——培养积极的语言和思维方式
- 205 可以开始读英文童书吗？——英文童书的阅读启蒙建议

- 207 **小课堂　怎样认识幼儿与幼儿读物**
- 207 　　认识幼儿诗的艺术特点
- 209 　　幼儿故事的艺术手法
- 214 　　幼儿期反复阅读的意义与实践指导
- 217 　　理解幼儿读物的复杂性
- 219 　　幼儿读物的文化建构性质

- 222 **文本细读　怎样读懂一本幼儿图书**
- 222 　　如果你是一个羞怯的孩子：《宁宁是一棵树》

223	故事里的知识："动物变形记"
225	"观看"也是冒险：《深夜入睡》
229	从现实中创造幻想：《跟我走吧？》
232	游戏中的哲理：《太阳和阴凉儿》
235	有硬度的幼儿生活故事：《喜鹊窝》

238　推荐阅读

4—5岁

244	孩子开始认字了，需要有意识地教他边读边识字吗？——阅读与识字的关系
245	孩子容易用眼疲劳，该怎么读书？——倡导不以视力损伤为代价的早期阅读
247	如何引导孩子认识阅读空间与位置？——培养空间意识与空间想象力
248	孩子为什么爱读押韵的作品？——读一读押韵的游戏，玩一玩押韵的创作
250	为什么儿童故事的结尾总是那么圆满？——圆满也需要智慧
252	发现书中有不适合孩子阅读的内容，该怎么办？——共读的谨慎与技巧
253	有的书孩子读一次就不想读了，可以吗？——培养健康的阅读胃口
255	大家都说这本书很好，我的孩子为什么不愿意读？——理解幼儿阅读的阶段性
256	怎样看待那些只有好人和坏人的书？——二元思维是走向多元思维的基础
258	孩子为什么喜欢读"放屁"的故事？——理解比禁忌更有意义
259	女孩和男孩读不同的书吗？——鼓励孩子读更丰富的书
261	为什么寓言故事不适合在幼儿阶段读？——有些阅读要留待时日
263	怎样选择系列读物？——理解系列作品创作的文学性
265	始终把兴趣放在第一位——为孩子保存阅读的火种

268　小课堂　怎样认识幼儿与幼儿读物

268	理解幼儿读物的教育性与艺术性
270	让孩子读好书，也不要怕读到不好的书

271	幼儿读物应给予幼儿知情、选择和行动的权利
273	开放对待幼儿生活中的"话语禁忌"

277　文本细读　怎样读懂一本幼儿图书

277	唱给妈妈的诗：《我爱妈妈的自言自语》
279	空间与视角的阅读：《由近到远　由远到近》
283	幼儿故事能承载的生活重量：《奶奶来了》
284	当你忧愁的时候，别忘了还有我：《忧愁熊》
287	幼儿知识读物的厚重与磅礴：《生命的故事》
291	没有文字的阅读挑战：《黄气球》

297　推荐阅读

5—6岁

304	父母读，还是自己读——亲子阅读不妨持续久一些
305	怎样促进从"听"到"读"的发展——幼儿读物的桥梁作用
307	故事里讲的是真的还是假的？——帮助孩子理解虚构与现实的关系
309	读图还是读字？——克服狭隘的文字中心主义
311	怎样在阅读中引导孩子对文字的兴趣？——幼儿阅读与幼小衔接
313	可以给孩子读古诗吗？——诗的趣味在诗
314	孩子为什么喜欢读说"不"的故事？——尊重孩子的主体意识
316	有的书孩子喜欢，大人却觉得不好，怎么办？——阅读审查与阅读宽容
318	孩子喜欢看电视（电脑），不喜欢看书，怎么办？——图书与动画并不矛盾
319	怎样在阅读中和幼儿谈论死亡的话题？——阅读距离的必要性
322	遇到译文不佳的引进书，怎么办？——特殊情境下的特殊应对

324	为什么有些童书是读给大人听的？——通过童书，理解儿童
325	孩子提出的阅读问题，大人也解答不了，怎么办？——诚实与勇气的榜样
327	用奖品来奖励读书，还是让读书成为奖品？——阅读的伦理，即是生活的伦理

329　小课堂　怎样认识幼儿与幼儿读物

329	幼儿读物的儿童立场
331	幼儿文学读物的伦理深度
333	一种"后现代"幼儿观
335	幼儿读物与成人读者

338　文本细读　怎样读懂一本幼儿图书

338	每个人都会害怕，每个人都能勇敢：《勇敢的本》
340	幼儿故事的小趣味与大关怀："弗朗兹"系列
344	玩一玩童话故事：《童话里的爱丽丝》
346	幼年的意识流：《若昂奇梦记》
349	生命里要有一艘大船：《我的克莱曼汀号》
351	用童话与哲学的方式谈论死亡：《国王与死神》
354	故事讽喻背后的温暖：《不能弄湿脚的青蛙女王》

357　推荐阅读

363　后记

0—1岁是我们生命最初的阶段。它是我们的世界从黑夜的混沌走向初阳的清晰、从未明的昏暗走向晨曦的亮光的重要阶段。一个孩子的全部感官，如听觉、视觉、触觉、味觉等，都将在这个阶段经历大跨越的发展。

这一阶段的阅读，第一"文本"是整个世界和我们的全部生活，听觉阅读、视觉阅读和触觉阅读则是这一时期独特的阅读方式。

大约从6个月龄起，孩子会带我们一起经历许多惊喜的时刻：会爬了，会坐了，会站了，会"嗯嗯啊啊"地开口表达了，会说第一个词了……等到孩子能自主坐立，他（她）就可以开始正式进入书本阅读的阶段：知道书是什么，怎么翻书，初步建立书本和读书的概念。

从这时起，孩子将开始领略书本阅读的独特趣味，也将正式走进书籍的美妙世界。

0—1岁

这么小的孩子会读书吗？
——重新建立对"书"的认知

这取决于我们怎么看待"书"这个对象。

一谈到书，谈到读书，我们脑海里首先浮现的，很可能是一本方方正正的书，翻开或者不翻开的，端正地摆在书桌中央。一般说来，读书首先要识字，识字则是一个漫长的学习过程，同样是在书桌前正襟危坐，与之相伴的很可能包括作业、教鞭、训诫、谆谆教诲……

让我们把这些印象先抛掉。

一本书，可不可以是圆的？或者三角形的？或者是火车和恐龙的形状？还有奶牛、海豚、花朵、魔盒……

一本书，可不可以有纸张以外的材料？摸一摸小鸡的绒毛，感受一下麻布的窗帘，照一照光亮的镜面……

一本书，可不可以是用来玩的？打开来，一幢房子站立起来；拉一拉，一只只鸭子跳到水里；按一按，各种声音响起来。

一本书，可不可以一个字也没有？没有字，只有图画，即使孩子不认得"苹果"两个字，也能认出图画上的苹果。没有文字，只用图画讲故事，一样可以讲得很精彩。

一本书，可不可以是没有形状的？一首童谣藏在心里，或者当我们把它念出来的时候，也可以是一本"书"。最早的时候，在文字被创造出来以前，许多后来的"书"就是以这样的方式保存下来的。

和孩子一起读书，我们首先要重新来认识"书"这个名字；或者说，让孩子带着我们重新认识"书"这个名词。实际上，在今天的书本发明以前，人们早就开始给孩子读书了。在古老的歌谣里，在母亲的哼唱中，在口耳相传的故事里，"书"以无形之形在孩子身上得到传递。同时，给孩子的书从一开始就体现了与成人书不同的创意。16—18世纪的英国和美国，孩子们读的是木板做的

"书"，板上贴纸，上面再覆盖透明的动物角板，用来保护纸上的内容，所以叫作"角书"。这些书有着球拍似的木柄，方便孩子拿在手里。今天，美国有一本知名的儿童图书评论杂志，名字就叫《号角书》(*The Horn Book*)。

"书"就是把世界呈现给孩子看、讲给孩子听的一种方式。一个孩子，会听声，会辨物，他（她）的阅读生活就已经开始了。进入他（她）耳朵的一切声音，进入他（她）眼睛的一切物体，都带有"书"的根本性质。0—6个月的婴儿，感觉系统的发育非常迅速，对声音、图像以及各类其他材料讯息的敏感性也在不断建立。这个时候的阅读，我们称之为"感觉阶段"的阅读，即孩子主要是用听觉、视觉、触觉的方式来感受一切，包括书。

这么小的孩子会喜欢书吗？
——书是玩具，又不只是玩具

大约从3个月大开始，孩子对外在世界的探索欲明显增强。他们对周遭的一切都充满好奇，用眼睛看，用耳朵听，用手触摸，用嘴巴啃咬，用各种各样的方式探索、认识身边的一切。对他们来说，放在身边的一本书与其他事物（包括玩具）并无根本的区别。尤其是今天的许多婴幼儿图书也呈现出儿童玩具般多元的形态和丰富的创意。打开一本书，小兔子跳出来，音乐响起来，小鸭子嘎嘎地叫起来。这时候，阅读就是游戏，就是玩。只要孩子喜欢玩，乐于了解周边的一切，他们就同样会喜欢书。

但与此同时，书又有它区别于一般玩具的特点。孩子会在阅读游戏的活动中自然而然地认识到这些特点。比如，书是打开来读的，里面往往有许多页，可以一页一页翻着读，等等。

玩具书是婴幼儿图书的一种类型，但婴幼儿图书并不仅仅是指玩具书。

6个月到1岁的孩子，除了玩具书，也已经可以开始阅读一般意义上的纸质读物，主要是图画读物。这类读物与玩具书的区别在于，其阅读方式具有一定的规则性，不像玩具书那样可以当作玩具随便玩。这会使孩子认识到，书既是跟玩具一样有趣的物品，又是一件特殊的物品。

对于后一类图书，我们建议父母给孩子选择质地较厚的圆角纸板书。其比较厚实的质地使它禁得起孩子小手的翻动、拉扯和敲打，光滑的圆角则避免了造成身体伤害的可能。书的开本可大可小。大开本的好处是孩子的目光能够在书页上大幅度地移动，也能更好地看清书中的图像。小开本的好处是方便孩子的小手抓握和翻动书本。

在和孩子一起读书时留心观察，我们就会发现，一本书有许多吸引孩子的地方：封面上的图画，书本里的设计，一页页翻动的延续与变化，等等。翻书的动作有益于促进孩子此时肌肉和精细动作的协调发育，学会掌握和控制翻页动作则带给孩子新的鼓励和成就感。

当然，此时的阅读活动最吸引孩子的地方还在于，这是他（她）和身边最亲密的大人一起度过的一段美好时光。坐在爸爸或妈妈腿上，翻开一本书，听着他们诵读或解释的声音，看着书中有趣的图画和游戏，对孩子来说，是快乐的学习，也是难忘的游戏。

这么小的孩子会喜欢读书吗？
——孩子是天生的阅读爱好者

许多人或许会有疑虑：未满周岁的孩子可能喜欢玩书，但他们会喜欢读书吗？

我们的基本观点是，孩子是天生的阅读爱好者，正如他们也是天生的游戏爱好者、天生的学习爱好者一样。

经历了长年的繁重学习和考试，我们很容易忘记，通过书本获得知识原本是一件多么充满魅力的事情。在一个孩子身上，我们可以重新看到这种学习、吸收的强烈冲动与巨大本能。每一天，我们几乎都可以看到他们不断学会各种新的知识，掌握各种新的本领。这种高速、高效的学习，一方面是因为年幼的大脑处于最具"可写性"的状态，一切新东西都会在其中留下新鲜深刻的印痕；另一方面，也绝对离不开孩子想要理解这一切的强烈渴望。这是一种自然的学习和渴望，是从生活的热情里不知不觉孕育、生长出的"知"的愿望。想知道关于周围的一切，想掌握关于周围的一切，这是处于婴幼儿时期的孩子自然而强大的学习冲动。

除了游戏和消遣的愉悦，书本中的语言与命名、知识与解释，都回应、激发着孩子天然的学习冲动。在准备充分、气氛合宜的情况下，当我们把一本婴儿书中的内容缓缓地说给一个八九个月大的孩子听，他（她）的眼睛是晶亮的，他（她）的神情是专注的。某个知识的片段像一卷画轴，展开在这个孩子眼前。此时，孩子大脑的神经元之间正如何快速建立联结，它们又将如何神奇地吸收、消化眼前这些内容，将它们转化为认知链上新的一环，这是一件迄今为止对我们来说仍然充满神秘的事情。

具有一定图书阅读经验的幼儿，在 10 个月左右的时候，可以清楚地明白阅读翻页的基本逻辑。以简体中文图书为例，阅读是从封面开始，翻页是从右往左的顺序，每一页翻开后停留的时间，是为了看一看、听一听页面上的内容。有的玩具书里藏有躲猫猫般的"机关"，比如，把羊圈的"门"打开，可以看到躺在里面的小羊，把礁石边的"海草"拨开，可以看到躲在里面的小鱼。孩子会以极快的速度，掌握这一切阅读的基础逻辑与规则。

当然，这个阶段的阅读主要还是游戏阅读。同时，孩子可能会用他（她）特殊的方式与书打交道：扔书、咬书、扯书。我们要分清他们做出这些举动的原因。孩子扔书、咬书、扯书，有可能是因为他们想要用这样的方式认识这个新对象，也有可能是出于情绪的宣泄。不论何种原因，大人都不要呵斥，要有足够的耐心慢慢让孩子知道，书是用来翻着读的，读起来也很有意思。如果孩子是因为情绪问题扔书、咬书、扯书，这个时候不建议让孩子读书，理解他（她）的负面情绪，帮助他（她）处理、应对这样的情绪，才是最重要的。

无论何时，早期阅读应该在愉快、放松的心情和气氛下展开。这一点很重要，它将建立孩子对书籍、阅读的最初印象和感觉。

从哪里开始最初的阅读？
——声音作为一种阅读材料

一个婴儿最初的阅读，并不是从书本开始，而是从父母与孩子的交谈就开始了。

这种交谈只有口头文本，没有书面文本，对婴儿来说却是至关重要的文本。意大利著名的儿童文学作家贾尼·罗大里引用苏联儿童心理学家维果茨基的观点认为，在孩子出生不久后，父母用温暖的语言将这个孩子重重"包裹"起来。孩子的大脑正是在这样的语言"包裹"下开始迅速发育。[1]

关于婴儿对语言的理解，从科学研究的角度，我们目前知道的还太少。许多人也许认为，婴儿听不懂语言，对他（她）来说，成人的语言只是一些无意义的声音刺激。但也有无数鲜活的生活实例证明，婴儿对成人语言的理解力和接受力，很可能超出我们的想象。西方有句谚语，"小罐耳朵长"，意

---

[1] 贾尼·罗大里.幻想的文法［M］.向菲，译.北京：中国少年儿童出版社，2014：121.

思是小孩虽小，他能看见、听懂的东西，却常常超出我们的预料。

意大利教育家玛利亚·蒙台梭利曾举过多个例子，说明幼儿对语言和书籍的超出成人预料的理解力。婴儿究竟能在多大程度上"听懂"成人的话？关于这个问题的解答，并不容易。但有一点是肯定的，那就是成人的语言从婴孩期就对一个孩子产生着深远的影响。

这个时期婴儿的阅读，语音扮演着重要角色。语言的声音并不像我们很多时候认为的那样，是与语言意义相分离的要素。相反，声音本身是具有强烈的表意性的，这种表意性在我们掌握了语言符号的意义之外，往往会被我们忽视。试着读"小"和"大"两个字，感受前者声母 x 发音的轻微摩擦与齐齿呼 i 带头的韵母部分配合产生的轻感，以及后者由不送气的清音声母 d 与开口呼 a 组合产生的力感，语音中包含的意义差别，非常生动地体现在了其中。

所以，听觉阅读是婴儿最早的阅读方式。医学研究证明，孩子在母亲子宫里的时候，就已经具备听觉能力。有实验表明，"婴儿在胚胎时期就能对某种特定的声音感到熟悉，而且会将这些熟悉的语调与舒适感和安全感联系在一起"[1]。听觉阅读，也就是由怀孕的母亲给将出生的胎儿阅读儿歌等富于韵律感的语言作品，已经成为当代胎教的内容之一。

初生婴儿对有节奏、有韵律的声音十分敏感，这种敏感在 0—6 个月的阶段持续扩大、加强。这一时期，简单、短小、朗朗上口的童谣，是非常适合的阅读材料。当然是由父母念诵给孩子听。由于童谣比日常语言更鲜明的节奏和韵律，我们会很快发现，孩子对此表现出显而易见的兴趣与专注。比如下面这两首传统歌谣：

---

[1] 吉姆·崔利斯.朗读手册[M].沙永玲，等，译.天津：天津教育出版社，2006：47.

小老鼠，上灯台，
偷油吃，下不来，
吱儿吱儿，叫奶奶，
奶奶不肯来，叽里咕噜滚下来。

一二三，三二一，
一二三四五六七。
七六五四三二一。

这一阶段的听读，主要是听声。正如我们在前面所说，声音并不是跟意义割裂的因素。婴儿可能听不懂"老鼠""灯台""奶奶"的意思，但透过歌谣跳跃鲜明的节奏、整齐欢快的押韵，包括遍布文本内在的各种韵律关系，比如"小"与"老"、"偷"与"油"、"叽"与"里"、"咕"与"噜"的叠韵，可以清晰地感受到歌谣传递出的滑稽、欢乐的趣味。同样，尽管婴儿还不认识数字"一""二""三""四""五""六""七"，但在这七个语音音乐般有序的上行、下行、顺行、逆行间，造成一种珠落玉盘般错落的乐感，也由此营造出别样的欢乐氛围和情绪。

给婴儿挑选歌谣，要尤其重视语音节奏和韵律的鲜明度，但这并不是说只有节奏明快的歌谣才适合读给婴儿听。相反，可以尝试在不同的氛围下，让孩子体验各种各样的声音节奏。比如下面的这首催眠谣：

啊哟——

啊哟——

乖乖哟——

觉觉喽——

狗不咬哟——

猫不叫哟——

乖乖睡觉觉喽——

这是一首节奏舒缓的歌谣，每一行后面表示语音拖长的破折号，写下来不可缺少。看到这些符号，我们就会知道读这首歌谣的时候，每一行最后是一个拖长的撮口呼音节；因其拖长，撮口呼的语音收束感得到进一步强化，酝酿、呼应着安睡的氛围。一般说来，我们并不建议跟孩子说话时使用"觉觉"这样的叠词。但在这首催眠谣中，语音"乖乖"与"觉觉"的叠合运用，渲染出催眠谣的氛围。也正由于婴儿期的阅读在很大程度上是听觉阅读，这样的语音安排和运用，自有其合理性。如果是在年龄稍长的幼儿阅读中，我们会对语言的呈现形态提出新的要求。

孩子能看见什么？
——视觉阅读的建议

婴儿在3个月左右，由于视力的发育，目光开始聚焦，并可跟随物体移动，对颜色的辨识也开始进一步发育。从这个时期起，孩子的阅读模式将从听觉阅读为主向着视觉阅读快速拓展。

世界对孩子来说变得清晰了，可看、想看的东西也越来越多了。这个时期的视觉阅读，首先是面向世界的。爸爸、妈妈、小床、房间、玩具小熊、树、花、房子，每个形象对视力渐长的孩子来说，都充满了吸引力。

我们常常说，跟孩子在一起，要善于透过孩子的眼睛看世界。那么就想象一下，当你眼前原本黑白模糊的世界逐渐变得清晰、多彩，慢慢地展开在你面前时，这是一件多么神奇和令人激动的事情。孩子的精力变得充沛了，不但因为身体在长大，也因为对世界的热情被极大地激发起来。这个阶段的孩子用敏锐的听觉和视觉感应，如饥似渴地获取身边世界的各种讯息。当听到引起他（她）注意的声音，孩子会迅速转过头去，本能地想要发现声音的来源，用视觉形象把那个对象更稳当地"抓住"。

这个时候，首先应该经常带孩子到外面去"阅读"。明亮的天光，铺展的小路，绿茵茵的草坪，伸着枝丫的大小树木，身边经过的孩子和大人，有的走着，有的跑着……所有这些我们大人看来习以为常的事物，都是孩子刚刚翻开"世界"这本"大书"的时候，令他们感到新鲜好奇、着迷不已的对象。这个月龄的孩子一旦开始走到外面，往往不愿意回家。在家的时候，他们会用自己的方式明确表达渴望到外面去的愿望。这样的愿望表达是孩子心智和情感健康发育的愉快标志。

有时候，当孩子在家里吃饱睡足，舒适安宁，这时我们也可以试着和他（她）一起在家读书。此时孩子还不能坐在位子上阅读，比较适合他们的是卡片类的图画读物，图像较大而清晰，能够平举在孩子面前。我们可以安静地展示给孩子看，也可以辅以我们的解释，一切依孩子的兴趣而定。这样的阅读，每次不宜持续太长时间，当孩子感到疲倦或兴趣转移时，随时暂停。

关于婴儿期的视觉阅读，容易陷入的误区是认为孩子只喜欢看色彩鲜艳的图画。实际上，鲜艳的色彩之所以吸引我们（不仅仅是孩子）的目光，首先是因为它带来的视觉刺激比较强烈，所以容易在第一时间占据我们的注意力，但色彩的鲜亮不是选择婴幼儿图画读物的第一标准。标准应该是绘画自身的美感，包括画面在用色、构图等方面的艺术考虑。应该认识到，早期阅读不仅仅是对孩子视觉、知觉的刺激，也是在培养他们早期的审美感觉和趣味。只讲色彩鲜艳而缺乏艺术感的图像，反而会给孩子的视觉认知带来不良影响。

这么小的孩子能看见什么？对于这个问题，我们今天仍在不断的认识中。孩子能听见和看见的，也许远远大于我们现在能预想的。正因如此，给孩子听什么、看什么，尤其需要慎重对待。

小兔子的毛是什么样的？
——触觉中的鲜活世界

婴儿在4个月左右，开始萌生主动伸手触摸、抓取物体的行为，触觉阅读的阶段也到来了。与听觉阅读、视觉阅读相比，触觉阅读是我们的感应神经与对象直接接触的阅读行为，也是婴儿期最基础的认知途径之一。看见一个物体和用手触摸到这个物体，感觉是不一样的。皮肤的接触带来奇妙的感悟和联结感——原来这件东西摸上去是这样的！这个过程中，有许多认识的联结在快速建立，比如视觉的质感（坚硬或柔软、粗糙或平滑）与触觉的质感之间的对应关系。在触摸的过程中，视觉认知也将得到进一步发展。

今天，许多早期认知类读物对孩子的触觉阅读需求予以了充分的关注。一些读物在向孩子介绍日常事物的同时，也用各种办法让孩子在触觉中感受这些对象。在这些书里，我们会看到，小鸡摸上去是毛茸茸的，毛巾摸上去是软软的，镜子摸上去是光滑的，里面还可以看见自己的影子。

与听觉阅读、视觉阅读一样，婴儿的触觉阅读无处不在。当我们翻开一本包含触觉设计的书，让孩子触摸小鸡的绒毛、窗帘的布料，是一种触觉阅读。当我们把一个小小的海洋球放到孩子手上，告诉他（她），这是球，同样也是一种触觉阅读。从印刷的书本上获得的触觉认识终归是有限的，从生活的"大书"中获得的触觉感受则是无穷的、充满生长力的。在这样的阅读中，成人的语言是不可或缺的语音文本，孩子的触摸则是阅读活动的重要内容。这是婴儿时期触觉阅读的独特方式。日常生活中，成人应有意识地让孩子用触摸的方式认识、感受身边各种日常物件。这是门，摸一摸；这是奶瓶，摸一摸；这是书，摸一摸；这是妈妈的脸，摸一摸。伴随着触觉神经的刺激与回应，一个丰富生动的世界正在孩子的头脑里、感觉中迅速建立起来。

婴儿到了约5个月龄，其听觉阅读、视觉阅读与触觉阅读已经高度融合。一个对象，是由声音、图像、触感的立体维度共同构成的具体对象：听一听它的名称、它发出的声音，看一看它的样子，摸一摸它的感觉。许多婴儿书也会综合使用听觉、视觉和触觉元素，既有图像，又有声音，还有可供触摸的特殊材料。美国著名的图画书作家、插画家艾瑞·卡尔有一本书，叫《十只橡皮小鸭》，翻开来，既有小鸭子的故事和图画，也嵌着一只真正的橡皮小鸭，按动它，里面的哨子会发出嘎嘎的叫声。这是当下婴儿读物的一类典型形态。

用机器给孩子阅读好吗？
——停顿与交流的重要性

我们生活在一个高度机器化的时代。儿童产品也是如此。几乎只要与孩子养育有关的某类观念一出现，便会迅速出现相应的机器产品。认为孩子多听音乐好，马上就有了胎教和早教音乐的电子产品；认为孩子的肌肉和骨骼在不同阶段需要有针对性的训练，马上就有了婴幼儿游戏锻炼的各种器械；认为孩子的外语启蒙越早越好，各类早期英语阅读和学习软件也应运而生。

这些年来，我们在小区里、街道上、公园里，常常可以看到一类小推车，孩子躺或坐在车里，大人推着车，车子自动轮播一首首儿童歌谣或乐曲："小老鼠，上灯台"，"王老先生有块地"，"两只老虎，两只老虎"，有些还穿插播放英文歌谣。这些推车的广告宣传，往往将该功能作为重要的早教噱头，宣称边玩边学，玩好学好。与此相近的还有各类具备播放诵读功能的儿童电子玩具，按下相应的按钮，预先录制好的声音会反复响起。

然而，非必要的情况下，我们非常不建议使用这样的机器类产品给年幼的孩子播放童谣、故事等。对幼儿来说，这类器械存在的主要问题，首先是吐字不清。当声音经由机器的发声与扩音系统传到孩子耳中，变化其实很大，很多时候孩子听到的字音其实是模糊的，甚至是错误的。其次，重复的机械播放会对孩子的大脑造成单调重复的刺激，没有停顿，没有交流，长此以往，这种刺激会削弱大脑的回应水平，同时弱化孩子对声音和语言的敏感度。最后，一些产品还存在因音量过大而影响婴幼儿听力发育等潜在危险。

就像书有好坏之分，声音、图像也有好和不好的区分。对婴儿来说，最好的阅读永远来自陪伴他（她）的成人。父母跟婴儿交谈、说话，他们声音里的温柔、耐性、满怀期待，时刻关注着孩子无声的回应，是任何机器设备都不可能制造和传递的讯息。对婴儿时期的阅读来说，正是这些机器无法复制的讯息，构成了比语言符号本身的语义内涵更重要的内容。一个母亲和婴儿说话，哪怕只是"嗯哦""嗯啊"这样看似无甚意义的逗笑，对孩子来说也充满了重要的交流意义。一台机器对着婴儿歌唱或朗读，哪怕是杰出的作品，因其并非真正为这个孩子而读，也就不能起到阅读最有意义的作用。

我们建议，从婴儿时期开始，就要注意，不要用各种喧哗的声音、色彩填满儿童的感官。对孩子朗读、说话、唱歌，这些都很好。但在有些时候，让孩子的世界保持它该有的安宁。那时，这个孩子才有可能接收到另一些同样重要的声音：风吹过窗子的声音，雨落下来的声音，妈妈在房间里走来走去的窸窸窣窣的声音。

我们每个人心里都有许多扇门，有的通往热闹的聚会，有的通往安静的房间。

让我们把每一扇门的钥匙都交给孩子。

父母该做什么？
——早期阅读的准备

孩子是天生的阅读爱好者，这并不意味着孩子天生就会自己读书。早期阅读中，家长的细心准备和帮助是必不可少的条件，也是孩子顺利走向阅读世界的必要铺垫。

在孩子日常活动的主要区域，留出一个小小的书架空间。空间不必大，但要专门用来放书。孩子很快就会知道，从这个架子上取下的叫作书的"玩具"，跟别的玩具有不一样的"玩"法。在适合阅读活动的情形下，可以试着让孩子自己从书架上挑选最想读的书。读完后，让孩子看到大人怎样把书放回书架，或者抱着孩子，引导和鼓励他（她）自己把书放到架子上。

育儿生活既充满乐趣和惊喜，也充满紧张和焦虑。尤其是第一次当父母的家长这种感受更为强烈。不要把早期阅读变成育儿生活的另一种焦虑。对孩子来说，阅读应该在宽松、愉快的氛围下开展。对父母来说也是如此，它尤其不应成为大人的一项困难的、不情愿的作业。1岁以前，孩子其实已经可以非常敏锐地捕捉到父母的情绪。当我们把跟孩子一起阅读当作一项早教任务，怀着或多或少的焦虑为孩子取来一本书，孩子很可能会抗拒这个活动。这种抗拒又会反过来加强成人潜在的焦虑。这是应该引起警惕的。

我们感到自己还没有为亲子阅读做好准备的时候，不妨想一想，我们准备给孩子看的那些书，对我们自己来说有吸引力吗？这是一个很有意思的问题。在对待孩子的许多事情上，有一些我们往往意识不到的潜在观念在运行，这些观念很强大、很普及，却也很可能是需要再讨论的。比如，给孩子选玩具时，许多大人首先考虑的是同一个问题：这件东西孩子会喜欢吗？然后，我们就从一个假想的孩子角度看这件玩具：它颜色鲜艳，会叮当作响，会自己旋转，孩子应该会喜欢。那么，这个"孩子应该会喜欢"的设想，究竟在多大程度上是真实的、可信的？

这个时候，大人其实也可以问一问自己：这件东西我喜欢吗？它的颜色很鲜艳，但从"我"的角度看，是不是太过花哨艳俗？它会发出声音，但从"我"的角度看，这个声音可能并不悦耳动听？它会自己旋转，但从"我"的角度看，是不是也显得过于单调无趣？生活中有许多玩具，孩子玩过一次就丢在一旁，我们往往善意地认为他们天生喜新厌旧。但是，这可能并非孩子的原因。会不会是我们对孩子趣味的看似理所当然的想象出了问题？会不会是我们为孩子挑选玩具的观念和态度原本就是有问题的？在为幼儿挑选书籍时，应该看到，很多时候，一本好的幼儿读物也应该是能够引起大人阅读兴趣的书。

想让孩子喜欢的，首先应该是我们自己喜欢的，而不是拿来应付"什么也不懂"的孩子的。一本婴儿玩具书，并不是只要颜色鲜亮、图片吸睛、文字简单就可以了。它的色彩、构图、语言表达等是不是符合作为成人的我们的审美判断和期待，也应该成为我们为婴幼儿选择读物的重要标准。有时候，同样是婴儿书，在艺术的考虑和表现方面却有天壤之别。有的从插图、文字到装帧的整体与细节，都体现了作者和编辑团队高超的艺术观念与水平。那些用简单的电脑灌色技术方便地制作出来的简陋插图，用随意脱口、缺乏准确性和严谨性的词句完成的简陋表达，则是婴幼儿读物中的劣质品。

一本令成人感到赏心悦目的婴儿书，父母在和孩子一起翻开它的那一刻，感到的不仅是陪伴孩子阅读的快乐，也是对一本好书的美妙期待。孩子会感受到这种双重的愉悦，也会从父母的榜样力量中进一步领略阅读的内在乐趣。

怎样选择具体的读物（一）？
——简洁和欢乐的法则

在为 1 岁以前孩子选择具体的读物时，简洁和欢乐是应该予以慎重考虑的两个重要元素。

简洁。在儿童读物的语境里，"简洁"其实是一个内涵十分丰富的词语。为这个年龄段的孩子选择读物，不论文字还是图画的内容，都以简洁为要。"简"是简短、单纯、浅显，"洁"是清楚、干净、明朗。介绍生活中一些常用的名词、常见的事物，讲述孩子的一天，或是一首儿歌、一则短诗，等等。内容并无限定，只要适合孩子，形式也十分自由，但简洁是基本的风格和要求。

优质的婴幼儿图书，简洁中既包含声音和图像的艺术韵律，也包含语言和内容的周详设计。比如下面这首插图儿歌：

这是一个在声韵、语义、图画等方面均体现作家和画家多方面艺术构思的作品。儿歌有四行，用到的文字其实只有 5 个，分别是"大""小""青""蛙""呱"，其中"大""蛙""呱"三字同押单韵母"a"

韵,"蛙"与"呱"又反复出现,对初学语言的婴幼儿来说,十分易于接受和学习。同时,儿歌语言的安排既简洁清晰,也蕴含巧思。从"蛙""青蛙"到"小青蛙",随着音节逐个增加,词义也逐渐细化,却又始终以同一个"蛙"字相串联,使得语音和语义既有节奏地变化和扩大,又合为有机的一体。在后面的"蛙,青蛙,大青蛙"一句中,语音和语义既在相近的语词和表达形式中得到强化,又在"小"与"大"的细微变化中得到新的扩张。前后两句"呱,呱呱,呱呱呱",前一句是小青蛙的叫声,后一句是大青蛙的叫声,出声读的时候,音量上会有自然的区分。

再看图画。清夜,月光下,一大一小两只青蛙在"呱呱呱"。淡雅透明的蓝绿二色,衬出夜色之静,空中和水里金黄的弯月,则为这夜色添了蛙声般的响亮。水塘里,苇草叶子一列列整齐地伸展,似乎回应着阵阵蛙叫。总体的节奏、变化与平衡之外,仔细观察叶子上的青蛙,虽然都是绿色的身体,但大青蛙是较深的绿,小青蛙是较嫩的绿。大青蛙睁着眼,小青蛙闭着眼。大青蛙坐的大叶子浮在水面上,小青蛙坐的小叶子长在苇茎中央,显然,大青蛙比小青蛙更重……虽是简单的插图,其实包含了许多细微的艺术表现。这就是优秀的插图与一般插图在"简洁"方面的根本区别。

欢乐。在婴幼儿阅读的语境里,"欢乐"同样是一个寓意丰富的词。它不仅仅是指婴幼儿图书表现的多是快乐的生活或故事场景,更是指其字里行间透出的艳阳天一样的温暖、明亮和乐观快活。读上面这首儿歌《青蛙》,不论是青蛙"呱呱呱"的景象,还是儿歌的风格和韵律,都令我们感受到洋溢其间的生命的欢乐。

这个阶段有许多供孩子玩乐的书。有的书介绍农场动物,触动隐藏的按键,动物会发出各自的叫声。有的书让孩子听各类乐器的声音,书里也安装了相应的电子发声装置。有带琴键的玩具书,按动琴键,音乐随之响起。孩子边读边玩,非常快乐。

有的书没有声音,没有机关,只有文字和图画,读起来也充满欢乐。"小蝌蚪,水里游,细细的尾巴大大的头";"小黄狗,来抬轿,一抬抬到城隍庙，城隍菩萨见了哈哈笑"；"小宝贝，冰糖加玫瑰，小贝宝，桂花加小枣"。这里面既有事件的欢乐，也有声音的欢乐。有的书介绍各种各样的事物："眼睛，鼻子，嘴巴，头发，手，脚……"，"喇叭花，百合花，水仙花，紫罗兰，郁金香……"，"海龟，海象，海豚，海豹，海马，鲸鱼，海葵，水母……"，"轿车、公交车、赛车、救护车、消防车、洒水车、垃圾车……"那么多东西在一起，挤挤挨挨，热热闹闹，也很欢乐。

欢乐的书，也可以是很安静的书。美国作家凯伦·卡茨的布书《宝宝的一天》(*Baby's Day*)，用最简单的语言讲述宝宝的一天：宝宝醒来，吃早饭，玩躲猫猫，荡秋千，洗澡，读书，上床睡觉。这一天的时光，从清晨开始，到夜晚结束，大概是每个宝宝最寻常的一天，但是慢慢地读下来，其中也洋溢着安详的快乐。生活中，有热闹的欢乐，也有安静的欢乐，有许多人的欢乐，也有一个人的欢乐。让孩子在不同的体验中，学会感受、认识、接纳各种各样的欢乐。

怎样选择具体的读物（二）？
——尊重孩子的趣味和感受

1岁左右的孩子，开始懂得在生活中表达自己的趣味和感受。喜欢或不喜欢，想做或不想做，他们会学着用自己的方式表达出来。童年阶段的阅读，孩子的趣味和感受首先应该得到充分的考虑和尊重。

喜欢。将近1岁的孩子，已经会在阅读活动中表达自己的喜好。在书架前，喜欢的书会自己指认，不喜欢的书，即便拿来翻开后，也会懂得伸出手，啪地把书合上或推开。孩子跟大人一样，个性不同，阅读的口味也会有所不同。当然，在这个时候，孩子阅读口味的表达并不那么鲜明，也尚未固定，很可能在短时间内发生新的迁移。父母不妨平时留心观察孩子在特定时期的阅读喜好，据此挑选相应的读物。

一般说来，操作性较强的游戏书，这个阶段的孩子都会比较喜欢。除了各类发声书，许多孩子也爱读躲猫猫类的游戏读物。这类读物，有的在每个页面设计了隐藏的子页面，翻开相应的遮盖，就能发现隐藏的内容；有的则通过页面上留出的小洞，让孩子观察和猜测小洞后面的内容，谜底在翻到下一页后自然揭晓，其趣味如同躲猫猫游戏的躲与找。

有时候，孩子也可能只喜欢一本书的某一部分。他们会愿意读爸爸妈妈打开的某本书，但每读几页之后（有时是在固定的页上停顿），便会将书推开或合上。很可能孩子只对到此为止的这部分内容感兴趣。没有关系，尊重孩子的感觉，换一本喜欢的再读。孩子慢慢长大起来，趣味也会逐渐拓展，但在这个阶段，尊重他们的喜好是让他们爱上阅读的重要铺垫。

熟悉。给 6 个月以上的孩子读书，我们会很快发现，他们喜欢哪一本书，会在阅读时反复选择这本书。越是熟悉的书，孩子越是愿意重复阅读。这与成人阅读时的选择似乎刚好相反——我们一般会选择尚未读过的书。这是因为对孩子来说，阅读不仅仅是接收、学习新讯息的行为，也是他们从中获得对婴幼儿身心发展至关重要的愉悦感、依恋感和稳定感的活动。当一本书成为熟悉的对象，就像孩子熟悉的玩具、用具、人和空间一样，它会成为孩子建构自我世界的稳定性的其中一个支点。想一想，一个这么小的孩子，在身体柔弱、心智刚刚开始发育的情况下，小心翼翼又充满勇气地整理、学习关于眼前这个新世界的一切，努力打开、建立自己的小宇宙，我们就会意识到这样的支点对于他们的重大意义。面对一本书，反复的温习和确认使之成为一个亲切熟悉的对象，每一次翻阅所见与期待的一致则带来令孩子满足的舒适感和安全感。

所以，在这个阶段，我们不建议经常更换书架上的书。孩子每熟悉和喜欢上一本新书，就把它放到书架上，同时不要随便抽走原来的书，除非孩子表示明确的更换意图。慢慢地，这个书架对孩子来说就会成为一个可爱的空间，散发着熟悉、亲切的气息。慢慢地，书在孩子心里，也会成为这样一个熟悉、亲切的对象。

最重要的是什么（一）？
——阅读的安全

为孩子挑选阅读材料，与我们对待孩子食物的态度是一致的。任何时候，安全永远是最基本的要素。1岁以内婴儿的读物，正如婴儿食物一样，在安全性方面的要求既是第一位的，也是最严苛的。

这个安全考虑是多方面的。首先是材料的安全。婴幼儿读物的材质，从纸张、油墨、胶水等各个方面，都应是环保无毒的材料。尤其进入触觉阅读阶段的孩子，常常将触手可及的各种物件塞进嘴里啃咬，这是婴幼儿阶段触感认知的常见现象。婴幼儿的早期阅读，几乎都会经历啃书、咬书的阶段。因此，给1岁以内孩子翻看的卡片或书，家长需要在印刷和制作材料的安全性方面格外留心。应选择正规儿童读物出版机构的正规出版物，同时仍要注意，材料有无刺激性或异样的气味，颜料是否容易褪色、迁移。现在许多婴幼儿读物都使用大豆油墨印刷，相比传统的油墨印刷，更为绿色安全。

然而，即便是一本使用绿色环保方法印制的儿童读物，对1岁以内的孩子来说，也并不一定是完全安全的。当孩子开始能用主动触摸的方式感受书籍，需要予以关注的重要安全因素还包括：封面及书角是否过于尖锐，纸页的边缘是否过于坚硬锋利，玩具书中是否包含可能给婴儿带来伤害的小零件，比如可能缠绕手指的小绳索，可能被撕掉吞下的小部件。

今天的婴幼儿读物，在安全性的考虑方面也在不断进步。为了避免尖锐的书角给孩子带来伤害，许多读物做成了圆角，材质柔软的塑料书、布书等也应运而生。跟婴儿衣物一样柔软、轻便的布书，最大限度地避免了对孩子造成意外伤害的可能。

阅读中最大的安全保障，来自照护婴儿的成人。一方面，成人在为婴儿选择安全的阅读材料方面，扮演着守门人的重要角色。相关读物在材质、使用方面的安全性是否达到严格的要求，是它能否进入婴儿阅读视野的重要标准。另一方面，在阅读活动中，成人周全的照护是避免孩子遭遇任何形式身心伤害的最大保障。我们不建议在阅读过程中让孩子离开成人的视线。实际上，婴幼儿阶段阅读的要义之一，即是成人悉心温暖的陪伴以及与之密切相关的身心安全感。

最重要的是什么（二）？
——对万事万物的兴趣与热情

一切阅读的最终目的，从来不是把个体圈在书本的世界里，而是为了引我们走向更广大的生活世界，发现这个世界更丰富的乐趣。对孩子来说，书本的乐趣，就是世界和生活的乐趣，阅读的开展，也是为了让他们体味到这种乐趣的多样和丰富。

1岁前是孩子"读"世界、"读"生活的起点。这时候的阅读，最重要的内容不是知识或能力，而是兴趣和热情。

一是对语言的兴趣与热情。婴儿从一出生就开始进入符号的世界，比如声音的符号、语词的符号、图像的符号等。有研究表明，婴儿对语言有着独特的兴趣和敏感。我们跟几个月大的婴儿说话，可以看到，他（她）虽然不能用大孩子的方式理解语言的意义，却能专注地观察和倾听，看着说话人的脸，听着说话人的声音，并似乎从中感到莫大的乐趣。我们相信，对孩子来说，语言的冲动与进食的冲动一样，乃是一种本能冲动，是在人类千万年的集体无意识中遗传、积淀下来的重要文化基因。婴儿期的阅读，为的是进一步激活这份兴趣与热情。婴儿从啼哭到开始牙牙学语的过程，某种程度上复现了人类语言的进化过程：我们的发声器官怎样逐渐发展出最细微的声音表达差异，我们的语言怎样在这样的分化中不断走向精微和丰富。给孩子读书，看孩子阅读，我们会重新体验到说话这件简单的事情，实际上充满神奇之处。

二是对命名的兴趣与热情。婴儿期的阅读在很多时候指向命名的学习。父母抱着婴儿，指给他（她）看身边的各种事物，一一说出它们的名称，这是古往今来无数孩子经历的最初启蒙。婴儿期的许多读物，往往也是对各类生活物品的指认。从身体的各个部分到日常生活的各类用品，从植物到动物，从食物到工具，每一种命名都包含了重要的学习。试想一下，面对一样事物，我们知不知道它的名字，能不能叫出它的名字，伴随而来的感觉大不一样。试着给几个月大的孩子看事物图片，指着图片上的事物，一一告诉他（她）名字，婴儿对此表现出的兴趣，是他（她）渴望认识一切、用语言的方式表达一切的体现。在"这是什么"的语势中，"是"代表名字，代表肯定和存在，也代表把握和掌控。对命名的兴趣与热情，其实是用充满乐观和进取的态度对待世界和生活。

三是对交往的兴趣与热情。婴儿期的阅读，归根结底是一种交往行为：与人交往，与世界交往。当我们跟孩子说话时，当我们给孩子念诵歌谣和指名道物时，得到传递的不只是语言和命名的讯息，也包含我们对这个孩子的所有情感。它让孩子首先感到，人与人之间的联结是温柔的、可爱的、值得信任的。在孩子对成人阅读的声音、行为做出愉快回应的时候，他（她）对交往活动的情感也得到了肯定与拓展。婴儿期的阅读既从交往的游戏开始，它本身也是一种交往的游戏。今天的智能设备之所以不能取代亲子共读，正是因为交往的缺席。父母读和说，孩子听和看，在目光、语言、讯息、情感的回应交往中，孩子建立起对人与人之间关系的信任，对走向外面的世界和交往生活的期望与热情。

最重要的是什么（三）？
——在一起的自信和温暖

婴儿期的阅读时刻向孩子传递着一个重要的消息：我和你在一起。想象一个孩子，刚刚降生人世，不能言语，不能自己行动，只能以啼哭表达其中不可言传的不安、孤独、无依无靠。此时此刻，对这个孩子来说，从父母的声音、举动中传递出的"在一起"的消息，多么珍贵，多么重要。

让我们再次强调，对婴幼儿时期的早期阅读来说，由"在一起"而生的生活自信和温暖，是早期亲子阅读活动的核心：安适的情绪，温馨的气氛，分享的愉悦，珍爱的欢乐，一遍又一遍重复讲述的耐心。早期阅读绝不只是为了提早开始培养孩子的语感，帮助孩子赢在起跑线上，更是为了让孩子进一步感受到"在一起"的欢乐、自信。这份融入婴儿内心深处的欢乐和自信，将为他们未来的成长和生活打好坚实的基底，也会成为个体生命勇气的底色与依托。狭隘的早教与"在一起"的信心和快乐相比，太微不足道了。

"在一起"，阅读就是游戏。"摇摇摇，摇到外婆桥"，舒缓的节奏和欢愉的声韵里，大人抱着孩子，一边念诵，一边微微地摇晃。"点点虫，虫会飞"，欢快的节奏伴随着俏皮的动作，在孩子手上轻轻点一点，或者轻握孩子的双手，轻轻拍动。许多传统的亲子游戏歌谣，游戏的方式已经遗失在时间的长河里，但并不妨碍我们自己发明各种阅读的游戏。还有一些地方歌谣，我们的父母、祖父母曾念给我们听过。"铁脚斑斑，斑过南山"，"斗斗虫，虫咬米，小虫管屋里，大虫高山吃白米"……给孩子哼一哼，念一念，他（她）会享受你声音里的乐感，也会享受在你怀里怡然听诵的感觉。

"在一起"，阅读也是创造。一家人都在家的时候，跟孩子说："爸爸妈妈今天都在家。""妈""爸""家"的押韵，开口呼的欢乐，就是"爸爸""妈妈""都在家"的感觉。简单的句子，对孩子来说，也是高质量的听觉阅读。带孩子出门前，对他（她）说："今天天气好，穿上外套，戴上小帽，我们去外面走一会儿。"简洁的句子，前后逻辑上自然衔接，声韵上彼此回应，也能激起听觉的愉悦。0—6岁的孩子，我们捧起书来给他们阅读的时间是十分有限的，更多的是自然生活状态下的声音、图像和触感阅读。而在这些阅读"文本"的创造方面，父母是最合适的作者。

晚上读还是白天读？
——阅读时机的选择

对1岁以前的孩子来说，没有固定的阅读时间表。虽然在今天的育儿生活中，父母们时刻接收到的一类建议和指令，是将孩子的时间（不论一天、一个月、一年还是更长时间）划分为固定的、可精准控制的各个阶段，并为之规定相应的活动内容、目标等。这样的划分带来了明确的操作指南，却也同时伴随着新的焦虑。如果我们没有办法按照这些指令安排孩子的生活，如果孩子没有在特定的阶段按照指定的速度、程度发展，似乎就意味着父母育儿在某些方面的挫败。

但实际上，十个孩子里，也许有七八个是遵从育儿阶段一般规律的，却总有那么两三个在规律的边界之外；再进一步，一个孩子的成长和生活，也许有70%—80%是符合育儿规律的，却也总有那么20%—30%是不符合规律的。数百年来形成的强大科学思维定式，使得我们在不知不觉间倾向于认为，那不在规律内的两三个和百分之二十到百分之三十，都是有问题的。

真的是这样吗？

阅读活动的其中一个意义就在于，让我们看到，孩子的生活中既有许多不得不遵从的既定规则，也可以包含一些无规定的、自由的时间片段。阅读一本书不像喝一瓶配方奶，可以按照奶粉说明书的精确指示，每一百毫升温水配多少克奶粉，一天喝几次。是不是每天都要读？什么时候读？每次读多少？这些都没有普遍的规定。如果孩子较早表现出强烈的阅读愿望，阅读的时间、次数自然可以增加。但如果孩子对于书本的兴趣尚未那么浓厚，读的时间和次数自然也可以相应减少。有的孩子白天精力充沛，到了晚上，身心感到疲倦，会有烦躁的表现。这样的情况下，把阅读时间安排在白天可能更为合理。有的孩子到了睡觉时间还是很兴奋，不妨在睡前和他一起读一两本书，酝酿安睡的氛围。孩子洗澡的时候，如果有兴致，也可以放一本不会湿的"洗澡书"在浴缸里，边洗边读。如果在别的游戏中，孩子突然对一本书表现出兴趣，当然也可以马上开始读。

一方面，当我们在连续一段时间里选择某个特定的时间段和孩子一起读书，在生物钟和阅读快感的双重提醒下，孩子就会逐渐养成在这个时间读书的一般习惯。但这个习惯还不具有持久性，随着孩子成长起来，很可能会发生新的变化。另一方面，有的时候，父母不方便，或者孩子不方便，或者因为任何别的原因，错过了原来的阅读时间，那就另换一个时间阅读，甚至今天不阅读也都没有关系。对父母来说，和孩子阅读并非固定的任务。父母也有各自的事情，不是每时每刻都能陪伴孩子阅读，在充分认识到阅读陪伴的意义的基础上，可以根据实际情况安排阅读活动，每次的时间可长可短，内容可多可少，不必有强制的规定。

回到我们之前所说，阅读不应该成为当代社会明显过重的育儿焦虑的新负担。相反，它应该帮助我们理解、缓解那些焦虑。一种对待亲子阅读的从容舒缓的态度，也会启迪和改善我们看待整个育儿生活的态度。

小课堂

怎样认识幼儿与幼儿读物

认识幼儿期的文化意义

"幼儿"一词的字面意义是指年幼的儿童。从目前国内儿童学制规定的一般情况出发，我们将 0—6 岁的学前年龄阶段界定为一般意义上的幼儿期。不过，很多时候，当我们在日常生活情境下使用"幼儿"一词时，我们所想到的往往并不是某个界定严格的年龄范围，而是对于个体身心发展过程中一个早期发育阶段的朴素认知。也就是说，我们意识到，在每一个个体的成长过程中，都存在着这样一个初始阶段，它是个体生命早期最脆弱的阶段，同时也是个体生理和心理变化最迅速的阶段。与此同时，这个阶段的孩子会表现出一些特殊的思维和行为特征。

历史上，人们对于幼儿期身心发展过程的最早关注，首先是出于理解人类个体和整体生命发展过程的需要。在哲学、生物学、人类学和心理学上，长期以来存在着这样一种观点，即个体儿童期的生理和心理发展过程是对于整个人类生物和精神发展过程的某种"重演"。恩格斯就曾说："正如母腹内的人的胚胎发展史，仅仅是我们的动物祖先从虫豸开始的几百万年的肉体发展史的一个缩影一样，孩童的精神发展是我们的动物祖先，至少是比较近的动物祖先的智力发展的一个缩影，只是这个缩影更加简略一些罢了。"[1]在人类学研究中，也常常出现将原始时期的人类情感体验

---

[1] 中共中央马克思恩格斯列宁斯大林著作编译局.马克思恩格斯选集：第三卷［M］.北京：人民出版社，1972：51.

和思维方式与现代文明中的儿童（主要是幼儿）进行类比的情形。由于受到进化论思想的影响，在早期的研究中，人们一般将原始思维看作是较低级的、不成熟的、有待被更高的现代人思维方式取代的精神现象。与此相应地，个体在幼儿期所表现出的思维特征，也被视为一种稚嫩的、低级的、有待于借助教育向着更高级的理性思维形态转变的精神发展阶段。

不过，随着人们越来越意识到原始思维的独特性，对于原始思维文化价值的再评估和再认识，也成为一个引人关注的话题。特别是原始思维所表现出的对于自然、环境等的形象感知和整体认知，对于现代文明的自我反思以及继续发展有着重要的启示意义。

也正是在这一过程中，人们对于与原始思维相仿的幼儿心理的关注，除了指向儿童心理发展研究的目的之外，也越来越注意到其中所蕴藏的珍贵的文化内涵。也就是说，幼儿所表现出的许多思维特征，并不仅仅是一些有待扬弃的阶段性的发展因素，而是常常包含着独具意义的文化价值。比如，幼儿丰富的日常想象力，幼儿观察事物的独特角度，幼儿对于周围环境的"万物有灵"式的体验和善待，等等，对于常常被过度规则化、单向化、功利化了的成人思维世界来说，都充满了启示性。人们发现，很多时候，幼儿对于一些生活问题看似简单的思考，甚至能够在现代文明的迷思中将我们带回到有关生命和存在的某种单纯而又深刻的本质思考中。

美国学者加雷斯·皮·马修斯在《哲学与幼童》一书中，列举和引用过这样一些幼儿生活中思考的例子：

厄拉体（3岁4个月）说："我肚子痛。"母亲说："你躺下睡着了，痛就会消失的。"厄拉体说："痛会上哪儿去呢？"

丹尼斯（4岁6个月）向詹姆斯解释说："一种东西可能同时在前面又在后面。"他父亲无意中听到了，问道："怎么？你说的是什么意思？"……他们正靠近一张桌子站着，丹尼斯说："嗯。比如我们绕着这张桌子转，一会儿你在前面，我在后面，一会儿我在前面，你在后面。"

蒂姆（大约6岁）忙于舔锅子时，问道："爸爸，我们怎么能知道一切不是一场梦呢？"蒂姆的父亲有点不好意思地说，他不知道，同时问蒂姆他对这个无法回答的问题是怎么想的。蒂姆又舔了几下锅子，回答说："噢，我并不认为一切都是梦，因为人在梦里，不会追问这是不是梦的。"[1]

上面三个幼儿思考的例子，分别涉及了宇宙能量的恒常性问题、空间相对性问题，以及物质和生命存在的真实性问题。看到这些问题以如此自然的方式出现在幼儿的思考中，或许会令许多人感到惊讶。很多时候，幼儿期正是以这样的方式，唤醒着我们对世界和生命的珍贵的原始感知，也提醒我们越过忙碌的现代生活，去关注那些被遗忘的存在。因此，幼儿期作为一个生命阶段，有着属于它自己的无可替代的存在意义。

认识幼儿读物

在儿童读物的大门类下，幼儿读物是一个不论在创作还是研究层面都相对较少受到关注的门类。尤其是在幼儿读物的专业理论建设方面，这些年来，一些有心的研究者做了不少基础和重要的推动工作，但总体上看，有关幼儿读物的系统理论阐述以及相关的一系列艺术和文化话题，有待更为广泛、深入地探讨推进。

我们认为，幼儿读物代表的是一种幼年的诗学。它所关注、书写和呈现的那种属于幼年时代的独特生活映像、审美感觉和艺术精神，或许最为典型地体现了儿童文学读物有别于一般文学的艺术面貌。然而，也因为这种面貌上的距离，因为幼儿接受能力的客观限制，幼儿读物的艺术也是最容易被误解和边缘化的。幼儿的"读物"与我们平常所说的"读物"是同一个概念吗？幼儿读物具有真正意义上的文学性吗？这些问题大概盘桓在许多关注幼儿读物的人心里。在一些时候，幼儿读物甚至被默认为一种没有难度的文学——以幼儿式的语言写幼儿式的生活，这其中会有什么难度呢？

第一，从作家层面来看，在幼儿读物的创作中，作品的作者与其目标读者之间的年龄差距是最大的。

---

[1] 加雷斯·皮·马修斯.哲学与幼童［M］.陈国容，译.上海：生活·读书·新知三联书店，1989：20、14—15、27.

众所周知，幼儿读物的创作者是成人。他们要设身处地地进入幼儿的精神世界，或者把握住幼儿生活中的独特情味，其难度比以更高年龄读者为对象的儿童文学作品无疑更大。幼儿与成人之间的身心距离不是单纯年龄差的问题，而更多表现在思维、语言、情感体验等各方面的质的区别。对于成人作家来说，把握一个幼儿感受、体验、思考世界的方式，其实需要极高的天赋和才华。

第二，从读者层面来看，幼儿读物的第一目标读者是幼儿，但从幼儿读物向幼儿的传递方式来看，还需要另一个中介性的角色。

我们知道，年幼的孩子并不是天生就具备阅读能力的，在很长一段时间里（有时甚至是整个幼儿期），幼儿需要在成人（通常是父母或教师）的帮助下，才有机会接触幼儿读物，才有可能阅读到幼儿读物。因此，幼儿读物的创作，需要充分考虑到这一读者层面的特殊情况，并据此进行文学呈现上的特殊安排。

第三，从文本层面来看，幼儿读物是所有儿童读物门类中受到艺术发挥限制最大的一个类别。

由于幼儿正处于认识和接受世界、人生、社会、文化的最初阶段，因此，对于幼儿读物的限制涵盖了包括篇幅、内容、形式、手法、语言等所有层面。要在这样严格的客观条件限制下进行文学创作的发挥，无异于戴着镣铐跳舞。

作为一种幼年的诗学，幼儿读物中包含了对于人类幼年时代独一无二的诗学感觉和审美状态的洞察、感应与发掘、建构。它的"没有难度"的表象，实际上恰是它最大的难度，因为优秀的幼儿读物正是要从那看似没有难度的语言和意义的展开中，创造出一种与幼年时代独特的审美感觉和精神内涵紧密相连的高级的艺术。它的"没有难度"使它无法卖弄辞藻，玩转技巧，而只能凭借最简朴、素白、清浅、真切的文字和情感与读者相对。某种程度上，那也是人类语言和情感上的一种返璞归真。透过这样的文字，我们感受到的是幼年时代那令人神往的审美世界：单纯的心灵，天真的稚气，真切的同情，以及蓬勃的生机。这也是一切优秀的幼儿读物特有的魅力。

婴幼儿时期的语音阅读

儿童在初步掌握语言能力之前，就能对语音方面的刺激做出生理层面的感官性反应。儿童心理学研究证明，新生儿能够对各种声音做出不同的反应，如肌肉变化、呼吸紊乱、眨眼等。大的声音刺激能引起新生儿惊跳反应，声音强度加大，婴儿心率随之加快。即使在胎儿时期，也能以身体动作和心跳加快来对不同音调做出不同的反应。婴儿对强烈的音响刺激尽力避开，对柔和的音响刺激的反应则是喜形于色。由此可见，婴儿生来听觉器官就已基本形成，具有一定的分辨能力和定向能力，并表现出一定的选择意向。

有关儿童音乐能力的研究也表明，大多数儿童在1岁时都对音乐刺激很警觉。他们2岁时，一听到音乐就活跃起来。他们会前后摇晃，会踏着拍子行进，或专注地欣赏。恰当的歌词以及规则性的节拍都是最能激发他们的兴趣的。人们推断："这些孩子的反应基本上属于遗传得来的那种节奏与旋律能力。"[1]这种对音乐的反应能力"基本上是少儿的动觉经验"[2]，是一种生理和运动层面上所实现的感觉性反应。

儿童对文本刺激的"接受"最初一般也是在语音层面上实现的。这是一种生理感官层面的应对，而没有进入到接受心理要素合成应对的水平上。婴幼儿对文学语言的节奏、韵律等的感受无疑是他们对文本结构整体应对的一种试探，而这种尝试显示了儿童的文学接受的潜能。谢亚力在对孩子的早期教育中就发现文学语音、语调刺激的巨大魔力：

> 自从我的"妈妈骑马……"逗起婴儿发笑，自从我的《小兔乖乖》以"ma"音的召唤把婴儿引进"符号韵律"的大门，他9个月时，我渐渐给他买来更多的书，朗读更多的故事给他听——《小蝌蚪找妈妈》《快乐王子》《丑小鸭》……
>
> 只见婴儿目光直视，紧紧追随着我书页的翻动。婴儿听

---

[1] H.加登纳.艺术与人的发展[M].兰金仁，译.北京：光明日报出版社，1988：244.
[2] H.加登纳.艺术与人的发展[M].兰金仁，译.北京：光明日报出版社，1988：247.

> 得呆住了，仿佛坠入了音韵与色彩交织的世界，新生活、新屏幕已经足以把他吸引！下意识使我不断关注着婴儿的神采。我欣然自诩，我更加自信地装饰和调整我的语韵，我想用我的语调悄悄照料和调动起婴儿正在萌生着的语调敏感、快感和人生语言的全部储能。

一时间，我明白了。我突然悟出了婴儿学语的奥妙。我发觉，"语调"是第一重调动婴儿学语情绪和感情的魔术，而情绪和感情又是婴儿理解力、好奇心的发源。我第一次深切大悟到人的发展，要真正开放心理空间的现实意义。

正因为文学语音、语调的刺激对几乎所有正常婴儿来说是如此神奇和重要，所以，作者进一步问道："我们是否可能在普遍性中通过环境语调经验来收集婴儿期的语音信息？是否可能通过设计更丰富、更精致、更高级的文学化语调来充实、唤醒每一个婴儿深藏和沉睡着的人类语言感情（语感）？"[1]。在那些有趣而迷人的语音刺激和游戏中，儿童第一次感受到了文学语言的魅力。尽管这种初级的感官性接受与真正的文学接受还有着很大的不同，然而它却把儿童送上了文学接受的第一级台阶。

幼儿阅读兴趣的年龄分层

在幼儿阶段，孩子的阅读兴趣既有某种一致性，又表现出鲜明的发展与变化。我们据此梳理了不同年龄阶段幼儿读物的主要类型。

0—1岁 从出生到周岁前的婴儿，通常还没有发展出使用语言以及与周围环境直接作用的能力，而是主要通过直观性的听觉、视觉和触觉来接收周围讯息。这一时期的婴儿对声音、色彩的存在及其秩序感格外敏感，但并不能理解语言的语义。因此，在这一时期，为婴儿朗读或吟唱简短的、节奏分明的儿歌，与婴儿一起做简单

---

[1] 方卫平.方卫平学术文存：第五卷［M］.山东：山东教育出版社，2021：479—480.

的童谣游戏（如手指歌的游戏），或为他们翻读简单的图画故事，可以激发婴儿对世界、对语言的兴趣。

1—2 岁　一般情况下，在 1 岁左右，幼儿正式开始了语言的学习和运用。有研究发现，从 1 岁到 2 岁，幼儿大概能掌握近三百个词的含义。这一时期的孩子不但对韵文类的歌谣感兴趣，而且逐渐能够理解一些简单的故事。因此，这一年龄段的幼儿已经可以通过成人的朗读帮助，欣赏简单的幼儿生活故事和童话故事。针对该年龄段的幼儿通常喜欢用抓和咬的方式来熟悉事物的特征，这一时期的歌谣和故事读物中，应该包括一些质地牢固的木板书、材质安全的塑料书等。对于 2 岁的幼儿来说，他们有必要开始通过阅读认识一些基本的生活概念，比如家庭、朋友、四季、晨昏等，与此相应地，我们可以为这个年龄的幼儿选择一些涉及生活概念理解的图画故事书。

3—4 岁　这是幼儿语言词汇迅速丰富的时期，同时，随着儿童身体协调能力的发展和行动范围的扩大，他的好奇心也逐渐转移到了越来越多的事物上。这一时期，他（她）对阅读材料的注意力不容易长久集中，因此，歌谣或故事本身在形式和内容上的趣味性开始显得更为重要。这意味着这一时期的幼儿对故事性的要求变得更高了。一些可以令 2—3 岁幼儿咯咯大笑的老套故事，对他们来说可能已经开始变得缺乏足够的吸引力。他们需要通过在故事中重复体验日常生活中一些特殊的情感，比如家庭内的孤独、冷落、恐惧等，来帮助自己应对这些情绪。与此同时，这一时期也是幼儿的性别意识开始萌生的时候，因此，以此为题材，并适应这一时期幼儿语言能力的简短故事也是孩子可以开始接触的。此外，涉及生活题材的幼儿科普故事、适合扮演的幼儿游戏剧等，也会受到这一年龄段孩子的欢迎。

5—6 岁　这一时期的幼儿，除了进一步发展的语言能力之外，想象和抽象思维的能力进一步提升，他们对于外部世界讯息的容纳量也越来越大。除了身边发生的幼儿和动物故事外，他们开始对许多带有幻想性的、离奇的故事感兴趣，因此，幻想题材的童话、神秘题材的科普故事等，可以被纳入这一时期的幼儿阅读范围中。这一时期的幼儿对于人与人之间交往的复杂性开始有了某些初步的体验，因此，反映同龄幼儿如何面对、解决或应对家庭、社区和幼儿园内日常矛盾的生活故事或童话故事，也是这一时期的孩子所需要的。

以上是对于不同年龄阶段幼儿阅读兴趣发展和变化的一个大致的描述，它从一个侧面反映了幼儿读者的内部分层。除此之外，区域与家庭经济、文化条件的差异，语言能力发展速度的差异，性别差异，等等，同样会导致幼儿读者接受能力的差异。

幼儿阅读具有游戏性

一般说来，我们对于一本幼儿图书的期待通常是，它首先必须是"好玩"的，因为只有这样，它才能够吸引幼儿读者的注意，也才有可能被幼儿所顺利接受。对幼儿来说，书本提供给他们的首先是一个游戏，这个游戏由语言作为最基本的承载物，其游戏内容主要也在语言的层面上展开。在此基础上，它同样可以被转化为普通的幼儿游戏。

幼儿读物的游戏性表现在文本的各个层次。

1. 形式的游戏性　幼儿读物格外重视的语音上的韵律感，本身就指向着某种游戏的特性。对幼儿来说，他们总是在理解一首儿歌的意义之前，先爱上它所带来的声音游戏。这些结构工整、排列有序、高低顿挫、抑扬谐和的歌谣，在形式上包含了很大的语言游戏的成分。幼儿读物在形式上的游戏特征，还表现在它所具有的多种文本呈现形式上。比如幼儿所喜欢的立体书，是在书页翻开时利用事先设计好的折纸效果，将故事场景立体地呈现在幼儿面前。这样的设计使平面的书页中容纳了立体的景象，从而能够给阅读过程带来一种变魔术般的游戏效果。另有一些幼儿读物会在书中设计特殊的视觉游戏，比如通过画面的设计剪裁，使得前一页上出现过的一种事物，透过后一页的布景来看，又变成了另外的事物。此外还有揭开每一页画面上的小纸片就能发现一些小秘密的图书，会发出不同动物叫声的动物知识图画书，等等。这些图书都将游戏的元素添加到了传统的图画和文字故事中，从而进一步增添了阅读的游戏性。

2. 内容的游戏性　幼儿读物离不开故事的编织，而故事在某种程度上就意味着游戏。即便是在短小的童谣中，除了音韵上的语言游戏之外，也往往包含了一个含有游戏内容的小情节。比如下面的这首儿歌：

捉迷藏

林芳萍

捉迷藏，

哪里藏？

绿草丛里藏一藏。

伸出头，

望一望，

头上一只绿螳螂。

这首儿歌所吟唱的内容，本身就是一个有趣的幼儿捉迷藏游戏。与此同时，幼儿读物也常常通过一种离奇、夸张的想象，来刻意制造情节的游戏性。比如苏斯博士的韵文体童话《戴高帽子的猫》，在语言游戏之外，也包含了一个富于游戏趣味的故事。故事中，在一只戴高帽子的猫的帽子下，我们看到了另一只戴高帽子的猫；就在这只猫的帽子里，又有另一只戴高帽子的猫……这样一次次下去，几乎没完没了。随着帽子变得越来越小，从里面出来的猫也一只比一只小。这个故事并不传达什么特别的生活知识或内涵，只是一个好笑的游戏，但这个游戏给一代又一代的孩子带来了难忘的快乐。

日本儿童文学作家、插画家宫西达也的图画书《好饿的小蛇》提供了另一种夸张的故事游戏。好饿的小蛇吃下什么，它的身体就会变成那个形状。于是我们看到了小蛇的身体先后呈现出圆圆的苹果、弯弯的香蕉、三角形的饭团、串状的葡萄、带刺的菠萝等形状，当小蛇最后吞下一棵结满红苹果的树时，它的身体也完全变成了苹果树的形状。图画书的整个故事就是一次奇想的游戏，尽管在现实生活中，小蛇并不真的把这些东西当作食物,但这并不妨碍游戏过程的展开。在阅读实践中,幼儿们对这样的故事游戏表现出了超乎寻常的兴趣和热情。这正如意大利儿童文学作家贾尼·罗大里(也有的译作乔安尼·罗达立)说的:"故事其实就是玩具的延伸,也是发展与愉快的种子。"①

3. 操作的游戏性 最早的幼儿听读作品就是伴随着游戏诞生的,它本身就是游戏的一个部分。

在传统歌谣中,至今仍然保存着大量幼儿游戏歌谣,这些歌谣是各个游戏活动中不可或缺的"唱词"。比如"又会哭,又会笑/三只黄狗来抬轿/一抬抬到城隍庙/城隍菩萨看见哈哈笑",是大人与婴儿之间做逗笑游戏时念诵的歌谣;"扯扯拉拉/抱个娃娃/抱抱喂喂/上床睡睡",是与幼儿玩过家家游戏时的歌谣;"炒蚕豆/炒豌豆/骨碌骨碌翻跟头"则是配合一种手拉手的动作游戏所唱的歌谣。此外还有配合跳绳、踢毽子等游戏所吟唱的歌谣。比如下面的这首游戏儿歌:

一个毽踢八踢,马兰开花二十一。
二五六,二五七,二八,二九,三十一,
三五六,三五七,三八,三九,四十一,
四五六,四五七,四八,四九,五十一,
五五六,五五七,五八,五九,六十一,
六五六,六五七,六八,六九,七十一,
七五六,七五七,七八,七九,八十一,
八五六,八五七,八八,八九,九十一,
九五六,九五七,九八,九九,一百一。

这是一首配合踢毽子游戏吟唱的数数歌,它具有双重功能,一是作为一个完整的游戏环节从开始到结束的标志,二是增加游戏的趣味性。

---

① 贾尼·罗大里.幻想的文法[M].向菲,译.北京:中国少年儿童出版社,2014:121.

除了口头吟唱的童谣之外，幼儿读物的书籍形式也可以成为孩子游戏的对象。比如专为幼儿设计的一些洗澡书，其题材往往与水有关，甚至在外形上也被设计成某种游水动物的形象。同时，书的材质是防水的，可以漂浮在澡盆里。这样，幼儿便可以一边洗澡，一边在水里表演书中的故事。

　　此外，许多幼儿故事都可以很容易地改编成幼儿游戏的脚本，从而为幼儿提供更多的游戏素材。

文本细读
怎样读懂一本幼儿图书

幼儿故事的细密思虑：《会动的房子》

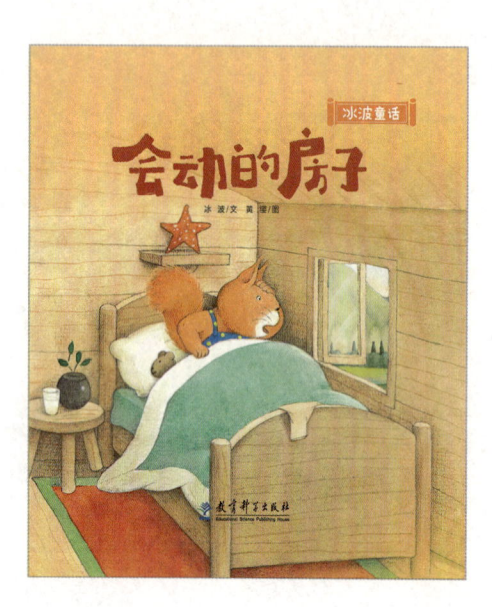

从前有一只小松鼠，他不过想换个地方住住，就这么着，他住进了一座奇妙的房子，由此便有了一则有趣的故事。

故事的开头很耐读。小松鼠把家从树上搬到地上的念头出现得简单而又自然，很快，我们的主角就在大树下的一块"大石头"上筑起了他的新居。

故事情节随即进入了许多读者所熟悉的三段式结构。奇妙的新房子先后把小松鼠带往了三个不同的地方，让他体验了三处不同的风景。意料之中的转折出现在第三次情节的回环中。房子走到海边，走到山脚，小松鼠都很喜欢，不过到了大湖里，可把他吓了一大跳。这么一来，房子的秘密也到了揭晓的时候——原来当初小松鼠把新房子造在了大乌龟的背上。

这实在是一个很可能猜得到的结果。但很多时候，幼儿童话所需要的，正是由这样一种浅浅的波折所造成的温和的戏剧性效果。而故事最令我们感到欢喜的，还不在于它的情节设计有多巧妙，而是整个文本带给我们的那种温暖、明净和淡淡的幽默。正如作家本人在分析这则童话时所说："无论走到哪里，看到什么景色,小松鼠都会高兴地说'我喜欢'。"这种单纯、积极的乐观弥漫在文字间,令我们微笑,也会让我们有所触动。

某种程度上,冰波的一部分小童话和小故事较其长篇作品或许更能彰显儿童文学在构思和内涵方面的独特意趣。《会动的房子》是一则篇幅十分短小的幼儿童话,它别致的情味,除了有着构思方面的原因外,还在于故事中的两个动物角色在整体形象和性格方面所形成的潜在对比。小巧、灵活、好动的小松鼠与阔背、持重、缓行的大乌龟,在形象上先构成了一组有趣的对比。而在不足千字的故事里,作家还时时发掘和利用着新的对比内容,比如松鼠的粗心与乌龟的耐性、松鼠的活泼与乌龟的缄默等。与此同时,对比的两端在故事中又是互补和共生着的,没有了乌龟的安静沉着,松鼠奇妙的新房子便无从谈起,而没有松鼠的好奇和好动,整个故事情节也就失去了展开的可能。在故事结尾,对比的两者最终实现了令人欣慰的统一。这当然还不是冰波小童话中运用得最为巧妙的对比转换手法,但它在一定程度上展示了冰波小童话所特有的那种紧凑、幽默的艺术感觉和艺术智慧。

对于年幼的孩子们来说,这是一则非常能够吸引他们的故事。它的有趣的想象和对比,它的小小的悬念和转折,它的淡淡的温暖和感动,会让许多年幼的孩子喜欢上它,就像故事中的小松鼠喜欢上它的新房子一样。如果我们愿意再多花一些时间和心思,让孩子们通过朗读对话和想象表演,亲身参与到故事的情节铺展和角色扮演中,那么我们就能够引导孩子们进一步体味故事里的趣味、情感和思想内涵。

《会动的房子》是一则小故事,在这样一则小小的故事里,同样显示着作家细密和独到的文学思虑。

(《会动的房子》,冰波/文,黄缨/图,教育科学出版社)

放开眼光看孩子：《爱音乐的马可》

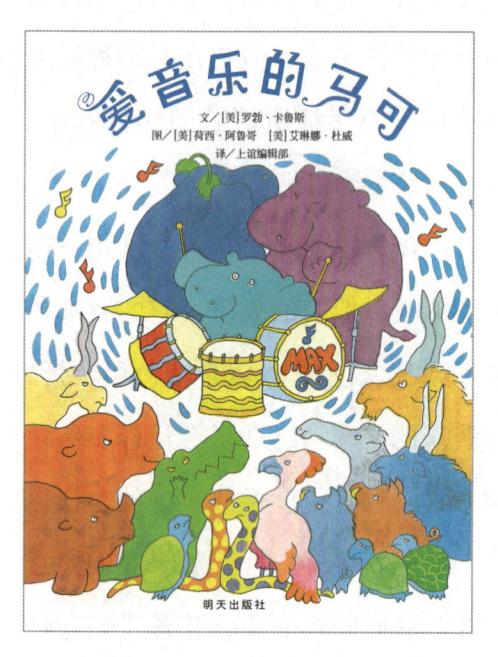

这是一个关于音乐、关于爱音乐的马可的故事。故事中还有许许多多的其他角色，他们有的爱音乐，有的起先不爱音乐，后来也和马可一样，和马可的妈妈一样，都爱上了音乐，加入了演奏音乐的行列。

故事简简单单，可读完这本图画书，我们会生出很多的联想和思考。

音乐可以说是我们这个世界上最美妙的艺术门类之一。马可很有音乐天分，也酷爱音乐，可是，他对音乐的热情最初并没有得到妈妈以外的其他人的认可和接受。我们看到，在第四、第五和第十、第十一两个跨页中，马可一个人沉浸在自己的音乐世界中，这与第八、第九跨页中邻居们抱怨的表情和反应形成了一种对比。在这里，马可与周围的人仿佛处在两个不同的，甚至是对立的世界里，而马可的音乐成了引发这种对立和冲突的导火索。

原因当然可能是多种多样的：也许是马可的演奏还不够精彩，也许是爸爸和邻居们还不懂得音乐之美，也许是他们之间的沟通还没有找对感觉……

看来，即使是音乐，它的美妙在天地间存在也是需要一定的条件的。比如它的演奏和呈现应该是完美的，它的听众应该拥有一双欣赏音乐的耳朵，还有，它的美妙或许还需要恰当的时间、环境和心情来配合。

按理说，马可停止演奏和练习，应该是解决这种对立和冲突的最好办法。然而，当马可真的放下音乐的时候，爸爸和邻居们却渐渐有了一种强烈的不适应感。秋天到了，马可的爸爸抱怨说他"安静得快发疯了"；冬天到了，所有的邻居都抱怨说他们也"安静得快疯掉啦"。也许，他们的内心本来就潜藏着对于音乐的热爱。春天来了，马可听到一只小小鸟的歌声，他的音乐的大门突然就被打开了。

而人们对马可音乐的感觉也一下子被打

开了。这一回,马可快乐地练习,尽情地演奏,他再也没听见任何的抱怨声。故事的最后,大家甚至全都加入了演奏的行列。

你看,还是音乐,把两个分离对立的世界统一在了一起,也重新把人们的心情、感觉和对音乐的热爱召集在了一起。

原因当然也可能是多种多样的:

也许万物鸣唱的春天本来就是音乐的季节;

也许马可的音乐演奏到了一个新的境界;

也许人们沉睡着的心情和对音乐的感觉都被唤醒了……

这个故事的阅读魅力,也许正来自它开放的阅读和理解空间。

这部图画书的画面都是以无框、跨页的方式来呈现的。这种无拘无束的画面构图方式,与音乐自由、流动的艺术特质十分吻合,与故事所抒发的热烈、奔放的音乐感受也十分协调。此外,这部图画书在造型上的色彩运用也很巧妙,作者采用了线条勾勒填彩的方式,并以不同色块来表现人们或安宁,或热烈,或烦躁的音乐感受,画面既充满稚拙感,也很好地表达了故事的内涵和情味。

(《爱音乐的马可》,[美]罗勃·卡鲁斯/文,[美]荷西·阿鲁哥、[美]艾琳娜·杜威/图,上谊编辑部/译,明天出版社)

爱是彼此的温暖:《爷爷是我的抱抱熊》

这是一个老人和孩子之间彼此温暖的故事。对于幼小的"我"来说,爷爷是"我的大玩具"。他有时是"大滑梯",有时是"大飞机",有时是"故事机",即便累了的时候,也可以成为"我"的一面"大皮鼓"。

可是有一天,爷爷生病了。躺在病床上的爷爷觉得自己"没用了",他再也不能陪亲爱的孩子玩了。但在"我"看来，生病的爷爷变成了另外一样玩具，那就是"我的抱抱熊"。孩子的"抱抱"温暖着老人的身心，也使他的身体慢慢复原。"我"决定，从今往后，"我"将成为爷爷的玩具，当他的"八音盒""发条猴"和"播音机"，而爷爷，永远会是"我的抱抱熊"。

我们或许会这样解读这本图画书的故事：在"我"小的时候，爷爷陪着"我"，而当爷爷老了的时候，"我"反过来陪着他。这样看来，它所要传达的似乎是充满亲情的生活中的一种爱的回报。然而，我不愿意用"回报"这样的字眼来描述这本图画书的情感题旨，因为这个隐秘的带有某种交易性的词语，总会让我联想到那些并不亲切的易货行为。它无关爱的真正内涵，因为爱不是用来交换的。故事里"我"送给爷爷的"抱抱"和"我"决定当"爷爷的玩具"的想法，不是为了回报爷爷的爱，它就是"我"对爷爷的爱的一种表达。或者说，"我"会陪着"爷爷"，不是因为爷爷曾经为"我"付出过爱，而是因为我们一直活在彼此的爱里，过去是这样，现在和将来还会是这样。实际上，这份爱已经自然而然地成为我们生命中的一个部分。

所以，我们特别欣赏故事所使用的这个"抱抱熊"的意象。当爷爷成为"我的抱抱熊"的时候，他给予"我"的爱和"我"给予他的爱是一样的，那一个个温暖的"抱抱"，不是单向的付出，而是彼此的温暖。"抱抱熊"意象里因此包含了一种最日常、最单纯的爱的感觉。

它也是我们的孩子最需要的一种关乎生活、关乎生命的感觉。

（《爷爷是我的抱抱熊》，张晓玲／著，麦麦饼／绘，明天出版社）

在游戏中学习：《大狗巴布》

对年幼的孩子来说，一则故事是比许多言谈更能帮助他们学习理解自己所生活的这个世界以及生活本身的一种特别的方式。儿童故事从其诞生伊始就深切地体认和践行着这一点，它的相当数量的作品，其主旨即在于借由故事的通道，来促进孩子在生活中的认知、情感和行为等方面的成长。

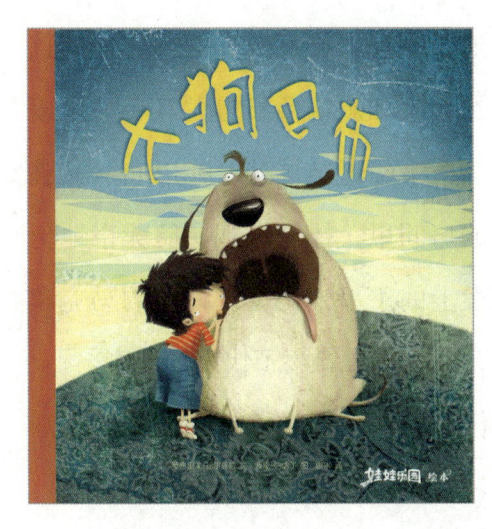

《大狗巴布》正是这样一部包含了生活教育内涵的图画书作品，它从幼儿生活习惯养成的角度出发，旨在通过故事向幼儿读者传递一种长期为欧洲传统价值观所赞许的整洁、自律的生活观念。

　　故事起始于男孩马克与大狗巴布在公园里尽情嬉戏的场景，然而一个孩子与一只狗的这份单纯的快乐很快被一个意外"事故"带来的烦恼所吞没：巴布无意中"吃"下了一只黄色的小鸟儿。为了解救巴布肚子里名叫杰里米的小金丝雀，小猫凯西、兔子罗杰和猫头鹰奥斯卡先后试用了各自的办法，但都没能解决问题，直到金丝雀妈妈的出现才让巴布摆脱了身体和精神的双重烦扰。杰里米终于飞出了巴布的肚子。于是，这只为了逃避打扫自己房间的责任而惹出风波的小鸟，不得不去巴布的大房间里领受一顿小小的惩罚。故事的结局皆大欢喜：马克和巴布又可以快乐地玩耍了，而杰里米再也不抱怨打扫自己房间的事了。

　　尽管故事用了一个小男孩马克的角色作为"障眼法"，但有经验的读者很容易就能看出，小金丝雀杰里米才是故事真正对准的那个生活中的孩子的一种变形呈现。从这个故事角色身上，我们可以看到古往今来属于无数童话主角的一个恒久的"出走"母题：对于某一生活命令的违抗使主人公离家出走，继而遭遇危险，最后则化险为夷，重新回家，并自愿接受曾经违抗过的命令，一个成长的小循环就此完成。我们可以说，这也是一个孩子在其长大的过程中需要反复经历的一个恒久的生活的母题。

　　认识到这一点后再来看图画书的开头，我们便会发现，大狗巴布的故事其实并不是从关于马克和巴布的叙述开始的，而是从在此之前的没有文字的扉页上，一株光影斑驳的绿树和树身上那个黑色的洞穴，以及从洞穴中蜿蜒伸出的飞行线就已经开始了。第一次打开这本图画书的时候，扉页的叙述对读者来说仿佛是缺乏意义的，只有随着故事情节的展开，我们才会慢慢明白，扉页上的这个洞穴就是杰里米的家，这个故事的完整叙述正是由杰里米最初的离家出走开始的，尽管我们并没有从这里读到有关杰里米的任何文字的叙述。由于这样一种捉迷藏般的情节解读的体验而带来的快意，是属于图画书的一份独特的阅读乐趣。

当然，对于年幼的小读者来说，这本图画书首先吸引他们的一定是它的被处理得格外游戏化的故事情节。这里面包括一种模棱两可的文字游戏。金丝雀杰里米是自己飞进巴布的肚子里的，所以当故事里的小狗巴布说"我把他吃掉了"，"我吃了一只天真的小鸟儿"时，他所说的"吃"既完完全全地指向"吃"这个词的物理意义，但又不再是我们日常生活中习用的那个主动态的动词，而是被赋予了一份被动的无奈。它在为故事带来幽默感的同时，也为接下去兔子罗杰、小猫凯西和猫头鹰奥斯卡的出场做好了铺垫。在此之后，小猫凯西、兔子罗杰和猫头鹰奥斯卡为了帮助巴布而想出的各种办法无不显示出夸张的搞笑与游戏的滑稽。

这部作品的插画作者是阿根廷颇具艺术个性的插画家波里·伯纳丁。为了突出故事的幽默效果，伯纳丁有意将巴布的形象画得大而又大，这样，他的孩子气的无奈和烦恼便显得尤其令人忍俊不禁。故事临近结尾处，在巴布那又脏又乱的房间里，捧着拖把一脸无奈地坐在沙发上的杰里米与窗外窃笑的马克和巴布，也为故事增添了快乐的元素。

作为一本具有生活教育意义的图画书，《大狗巴布》的说教痕迹有些明显，它的故事与它传递的幼儿教育题旨尚未完好地融为一体。我们看到，故事所涉及的"整理自己的房间"的生活教育观，是在杰里米从巴布的肚子里飞出来之后，被比较生硬地插入到他与妈妈之间的对话中的。它有点像一个并不那么自然的装饰，被点缀在故事枝干的末梢。我们完全可以用任何一个另外的出走理由将它换下，这样，它也就没有成为整个故事情节的必然构成部分。

这提醒我们，为幼儿而写的生活教育故事如果想要成为一种出色的文学样式，首先要从生活的实用主义约束中走出来，走向真正意义上的文学故事。

（《大狗巴布》，［西班牙］罗德里戈·福尔盖拉／文，［阿根廷］波里·伯纳丁／图，安徽少年儿童出版社）

给孩子有尊严的教育：《我先！我先！》

法国图画书《我先！我先！》讲述了这样一个故事：晴好的天气里，鸭妈妈带着她的宝宝们外出散步，他们一块儿玩钓鱼游戏，一块儿洗澡，一块儿嬉戏。不过，悠闲的户外时光里，总有那么一只性急的小鸭，对鸭妈妈安排的每项活动都表现出一种急于抢先的迫不及待。他总是嚷着"我先！我先！"，也总是第一个莽莽撞撞地投入到每一次活动中，直到他发现，"我先来"原来并不一定是一句可爱的话语，而"第一个"也并不总意味着抢先的快乐。

法国插画家克里斯·迪·贾科莫以一种简洁、稚拙而又动感十足的画风来诠释这个充满童趣的故事。几乎不需要任何标志性的身体特征，我们就能一眼把故事中这位性急的主角辨认出来。在每一幅画面上，他的姿势总是最欢快的，他的动作也总是最张扬的。例如，在图画书的第二个跨页上，我们看到，当其他小鸭还乖乖地围在鸭妈妈身边等待指示时，性急的小鸭已经飞奔出了房子，他的全力前倾的身体姿态与其他安静站立着的鸭子之间，形成了一种鲜明的力的比照。这一比照也是对于整个故事中角色的行动力分布状态的一种预示，它贯穿于图画书接下去的各个画面，并成为推动故事情节不断向前发展的一个基本动力。

与这一动作相呼应的，是那句标志性的"我先！"。这样一句简单短促的稚语，加上画面中若干辅助性的动作线条，把一个总是急不可耐地四处奔忙着的童话角色形象，生动地展现在了我们的面前。从这只小鸭身上，我们看到了无数好动的孩子的身影。尽管小鸭的所有鲁莽行为并不被他的兄弟姐妹们待见，但他依然恣意而又快活地享受着属于自己的游戏时光。一页一页翻看下去，我们也不禁被这兴高采烈的生命情致所感染。

当然，小鸭最后碰到了麻烦。在主人的餐桌前，他第一次转过身去，蹑手蹑脚、小心翼翼地离开了这个"危险"

的场所。对比此前所有热闹的插图，这一忽然安静下来的画面充满了令人忍俊不禁的幽默。如果我们对图画书的画面语言比较敏感，就一定会注意到，在最后一幅画面出现前，小鸭的所有身体动作方向几乎都是从左向右的，而且常常伴随着相当明显的速度感。而到了倒数第二幅画面，在人们"吃鸭子"的对话声中，我们看到了整部作品中第一张小鸭的静止特写；紧随其后，小鸭的动作方向第一次发生了从右向左的改变。这一主角运动方向的变换既直观地呼应了故事情节的转折和情绪氛围的变化，也是对于小鸭认识和行为变化的一种潜在的暗示。虽然故事最后什么也没有说，但我们知道，经历了这个画面之后，总爱"我先！"的小鸭一定会变得和从前有些不一样。

但我们建议父母在和孩子一起阅读这个故事时，不要太急于把孩子们带到某种行为教育的狭窄寓意中，不要试着去告诉孩子它讲了一个什么样的道理。这样做，我们就错过了一个单纯幽默的好故事。事实上，这本图画书的长处并不在于它的教育性，而恰恰在于它对个中主角身上天然的孩子气和生命感觉的单纯书写与传神表现。故事里的小鸭尽管那么自我，那么莽撞，但你不觉得，在他的自我和莽撞中，也带着一份童年本真的生命活力吗？而当他最后由于自己的行为而遭遇困境时，他独自承担并摆脱了面前的"危险"，在这个过程中，他的顽皮好动转化成了某种小小的急中生智。小鸭装着猫叫离开餐桌的那个场景告诉我们，很多时候，儿童是懂得自己从失误中学习的。就像在故事中，没有人看到小鸭的尴尬，但他一定从这尴尬中学到了些什么，让我们把童年的领悟也留给孩子自己吧，这是给予一本好的图画书的艺术尊严，也是给予童年的尊严。

（《我先！我先！》[法] 米夏埃尔·埃斯科菲耶/著，[法] 克里斯·迪·贾科莫/绘，李旻谕/译，广西师范大学出版社）

一首小诗的丰富世界：《需要什么》

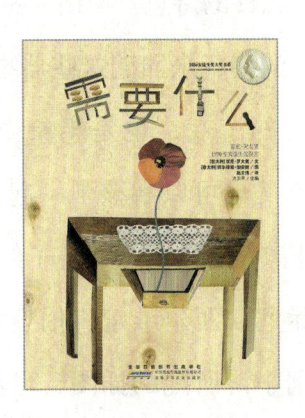

《需要什么》是意大利儿童文学作家贾尼·罗大里的一首小诗，也是一首好诗。插画家西尔维娅·伯安妮为它配上了拼贴画风的有趣插图。这首诗的题名"需要什么"，原本是一个简单的日常生活问题，但就从这个普通的问题出发，作家有了一个巧妙的诗的构思，并且从这构思中，为我们揭示了日常生活的诗意。

诗歌从"做一张桌子，需要木头"一句起始，开始了一种连锁调式的铺展：从"桌子"到"木头"，从"木头"到"大树"，从"大树"到"种子"，从"种子"到"果实"，从"果实"到"花朵"……一切看上去都是那么顺理成章和自然寻常，直到我们读到最后一句："做一张桌子，需要一朵花"。这个结束的诗行，不但在内容和形式上呼应并回答了诗歌最初提出的那个问题，更打断进而重建了诗歌中"需要什么"的逻辑链条。

我们看到，在最后这一句出现之前，诗行的推进一直遵循着我们熟悉的日常逻辑，其中每一个逻辑链环的增加，都不令人感到意外。然而，当诗人最后把"做一张桌子"和"一朵花"的需要连接在一起时，一种有别于前文的蓬勃的诗意，忽然从我们眼前升腾起来。它也是整首诗的诗眼所在。

不论"桌子"还是"花朵"，都是前面已经出现过的意象，当诗人把它们并置在一起时，为什么会给诗歌带来如此大的感觉变化呢？

让我们来比较一下"桌子"和"花朵"这两个意象吧。一般说来，"桌子"是一个器物对象，"花朵"则是一个生命对象；"桌子"是人工的物品，"花朵"是自然的生灵；"桌子"主要是"有用"的，而"花朵"主要是"美"的；"桌子"的含义显得普通而单一，"花朵"则暗含了诸多鲜妍芬芳的隐喻……所有这一切区别，都指向着"诗"与"非诗"之间的区别。也就是说，通过从"桌子"到"花朵"的转变，作家完成了从日常器物向美的生命、从日常功用向美的诗意的转变。它也是从充满功利的日常生活向荷尔德林笔下"诗意地栖居"的转变。

这样的转变诠释着诗的智慧。我们来看,在短短的六行诗里,作家是如何一步一步地把生命的感觉慢慢地还给沉默的"桌子",继而再悄悄地赋予它一种诗的美感:从"桌子"到"木头",仍然是器物的还原;从"木头"到"大树",开始有了生命的介入;从"大树"到"种子",生命有了生长的感觉;从"种子"到"果实",更多的诗意在其中酝酿;从"果实"到"花朵",一种纯粹的美感如同花朵一般,完全地绽放出来了。

通过回溯日常器物的生命源头,诗人也在教我们回溯日常生活的诗意源头。一切生命现象最初都是诗,而日常生活的种种功利考量,总是会令我们在不知不觉中陷入生活的烦扰算计,远离那自由而清新的诗的世界。就好比"桌子"这个实用的名称,已经很难激起我们关于实用生活之外的更多想象。

《需要什么》打破了这一想象力的陈规。通过从"桌子"的名称中恢复"花朵"的意义,原先与"桌子"联系在一起的那种单调、乏味的日常生活,忽然被赋予了一份活泼、轻灵、美好的诗的气息。

循着这首诗的逻辑,我们也可以发明一种从日常生活中寻找诗的游戏。想一想,除了桌子,我们身边的各式日常器物,都蕴藏着什么样的诗意?模仿"想要……需要……"的诗行来回溯这些器物的源头,既是语言的游戏,也是想象力的游戏。通过它,父母可以和孩子一起去发现生活中那些散落各处的被遗忘了的诗意。

实际上,西尔维娅·伯安妮为罗大里的这则小诗所配的插图,已经在拓展着诗歌的想象游戏了。在"需要木头"一页,画家向我们展示了日常生活中除桌子外由木头做成的许多器物,比如窗台、柜子、镜框、木马、木偶、木头夹子等。这些对象也潜在地成为"需要什么"的游戏的一部分。同时,诗歌中的大树、种子、果实等意象,在伯安妮的画笔下又多了一份绚丽和俏皮。比如,你从"需要种子"那一页的插图上,注意到混在种子中间的那些可爱的小虫子了吗?还有"需要果实"的一页上,那只正从自己啃了几口的苹果背后爬出来的毛毛虫,以及一脸万圣节式怪笑的大南瓜。藏在插图中的这些小小的惊喜,当然也是日常生活诗意的一部分。

(《需要什么》,[意大利]贾尼·罗大里/文,[意大利]西尔维娅·伯安妮/图,赵文伟/译 安徽少年儿童出版社)

推荐阅读

《猜猜我有多爱你宝宝书——颜色》

［爱尔兰］山姆·麦克布雷尼/文，［英］安妮塔·婕朗/图，张杏如/译，明天出版社

本书是著名的图画书《猜猜我有多爱你》的延伸读物。厚实牢固的纸页，圆润光滑的边角，简单干净的语言，淡雅活泼的色彩，温暖诗意的氛围，很适合婴幼儿阅读。书中小兔子与"黄色的蝴蝶""绿色的青蛙""红色的瓢虫""蓝色的小鸟""棕色的叶子"一一打招呼。这里有五种色彩，五样自然生物，如果仔细观察，你会发现它们的排列顺序巧妙地对应着从春到秋、从"早安"到"再见"的时节推移。一个孩子，不是抽象地认识颜色，而是在具体的时间、空间、环境和物象中认识色彩。一个孩子，也不是孤立地认识世界，而是一边看见它，一边跟它友善地打招呼。"嗨""早安""很高兴遇见你""再见"，最初的简单问候与致意，传递出温柔而开阔的情感。

《游戏时间躲猫猫》

［英］DK公司/文图，信谊编辑部/译，明天出版社

和孩子一起，在书页里玩躲猫猫游戏。"大耳朵的大象在哪里？在积木的后面吗？"翻一翻，找一找。大翻页，厚纸板，禁得起孩子小手的拉扯。打开来，让孩子用手摸一摸，大象毛茸茸的耳朵，小马柔软的鬃毛。读过几遍后，孩子就会对在书中翻找的逻辑了然于心。这时候，陪伴的大人读"大耳朵的大象在哪里"，可以让

孩子自己打开隐藏着动物的翻页，感受发现的惊喜。本书另一姊妹册《洗澡时间躲猫猫》，也是结合触感元素的婴幼儿游戏书，在同类书中属于制作较为精细的图书。

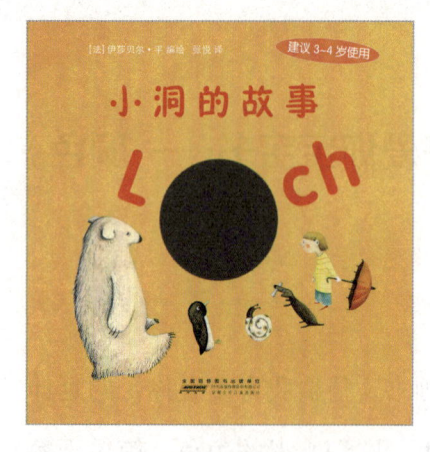

《小洞的故事》

[法]伊莎贝尔·平/编绘，张悦/译，
安徽少年儿童出版社

书本中央镂空的小洞，洞里藏着什么？它是在岩石间、火山口、冰面上、草地里、纸页中、浴缸底、奶酪里、门锁眼、苹果里、裤子膝盖上的那个洞吗？洞洞书回应着孩子们对洞穴的好奇：洞里会有什么？让孩子用手触摸硬纸页中央的洞，一页一页地翻过去，认识各种各样、大大小小的"洞"。最后，谜底出现了：它是一个"很小很小的洞"，"它就在我的肚皮上"。轻轻地挠一挠肚脐眼的周围，体验痒痒的感觉。和孩子说一说，我们身边还有哪些"洞"呢？可以把阅读延伸到孩子的生活中去，也把孩子的生活引入到阅读中来。

《我是蜻蜓你是谁》

陈晖/著，田宇/绘，甘肃少年儿童出版社

这是一部文图兼美的幼儿认知游戏书。"我有透明的翅膀/长长的尾——/我是蜻蜓/你是谁？"明快欢乐的儿歌韵律，捉迷藏式的提问与解答，配合隐藏与发现的翻页设计，带出生活中常见的各种虫子。大眼睛的蜻蜓落在新绽的荷花上，急急忙忙的两只蚂蚁找到了一个梨，披绿衣的螳螂举起大刀静候在蝉背后，金龟子和瓢虫在花园里漫步，蜘蛛和蜜蜂各忙各的事；夜来了，萤火虫飞起来，蛐蛐唱歌，蝈蝈弹琴，蚊蚋嗡嗡地飞。认知游戏的背后，暗藏着时间上的细致考虑。水墨画风晕染出自然世界的诗意与生趣。读完了，也可以仿照书中的句式创造新的表达，让孩子猜一猜"我是谁"。

《小雨滴》

李紫蓉、郑荣珍、张丽雪／文，
何耘之、林小杯／图，明天出版社

可爱的儿歌，欢乐的节奏，配以充满稚趣的精致绘图，每一首儿歌都琅琅成诵，又充满天真、自然的拙趣。"蓝天蓝呀，白云白，绿草绿呀，红花开。蓝天蓝呀，白云白，红花红呀，黄蝶来。"韵律鲜明、情绪欢快的吟唱里，有色彩，有名物，有目光，有情感，更有对世界和生活的无限热爱。只需和孩子多诵读几遍，他们很快就能建立起声音的记忆。儿歌中那些拟声的歌行，可以让孩子试着来接一接。"蛙，青蛙，小青蛙，呱，呱呱，呱呱呱。""一只蚂蚁打喷嚏，小小的喷嚏：哈——啾！"也可以和孩子边读边动一动："点点头，摇摇头；动动肩膀，甩甩手。跳一跳，扭一扭！手牵手呀，向前走！"这时候的阅读，是操作，是游戏，是身体和情感的欢快律动。

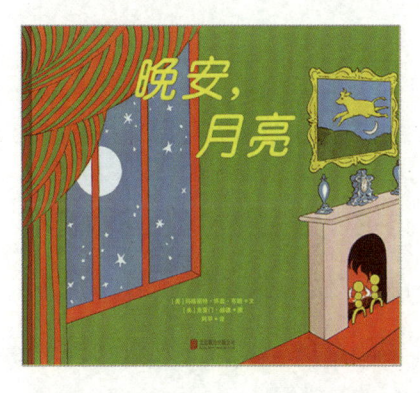

《晚安，月亮》

［美］玛格丽特·怀兹·布朗／文，［美］克雷门·赫德／图，
阿甲／译，北京联合出版公司

临睡前的温柔致意，从"晚安，房间""晚安，灯光""晚安，红气球"到"晚安，所有的声音"，白天的喧闹和活泼在"晚安"的问候中悄然退场，灯光暗下去，月亮升起来，睡意逐渐酝酿。每一声"晚安"都强化着语言的节奏，渲染出夜晚的安宁。向着房间里各种各样的事物道一声"晚安"，既表达出一天时光里安然的满足，也蕴含了对世界和生活的无言感恩。本书是世界图画书史上的经典之作。如果孩子喜欢，可以再取同样由本书作者和绘者创作的另一部作品《逃家小兔》，和孩子读一读。孩子也许会很快发现，《晚安，月亮》里这个房间，正是《逃家小兔》里小兔子的房间。这两本书，讲的其实是同一个故事。

《迷你立体宝宝绘本》（共12册）

［日］和田琴美/文，［日］冬野一子/图，季颖/翻译，北京联合出版公司

小小的每一册，适合孩子的小手尝试抓握。12册书用简约有趣的方式，向孩子讲述日常生活中的形状、声音、颜色、名称等。各种拟声词的运用，带来声音的趣味与表达的活泼。"当当当，这是谁？喵喵喵——是猫咪。汪汪汪——是小狗。"每页都包含简单的翻页设计，打开来，"秘密"藏在里面。把每一页耐心地翻给孩子看，读给他们听。让他们动手尝试翻页的感觉。纸页不算厚，孩子如果用力拉，可能把它撕破。演示给他们看，怎样准确地打开书中的折页。孩子不一定做得很好，但要允许他们学习和尝试。

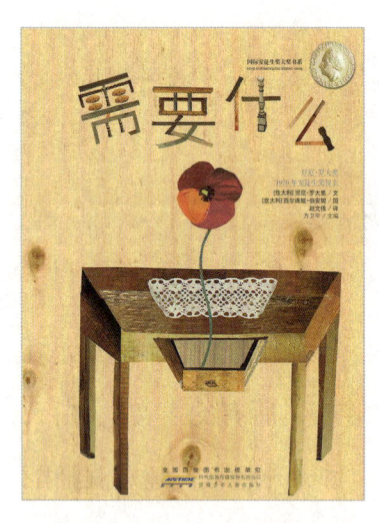

《需要什么》

［意大利］贾尼·罗大里/文，［意大利］西尔维娅·伯安妮/图，赵文伟/译，安徽少年儿童出版社

国际安徒生奖作家奖得主、意大利知名儿童文学作家贾尼·罗大里的隽永小诗："做一张桌子，需要木头；想要木头，需要大树……"从桌子、木头、大树到种子、果实、花朵，最后归于"做一张桌子，需要一朵花"。由坚固的桌子到柔嫩的花朵，由实用的工具到美的对象，体味一首小诗怎样带我们发现日常语词里的温柔、普通生活中的诗意。居家风格的拼贴画风，营造出身边家常的诗意。诗歌所用均为日常生活中的常见词语，前后重复的句式，上下连锁的语言形式，易于孩子理解和接受。很快，他们就能跟着上半句，说出下半句。他们或许还会试着发明自己的"需要什么""做一本书，需要什么""做一个月亮，需要什么"。鼓励这种语言的创造和发挥，看一看孩子的想象能把我们带向哪里。

1—2岁的孩子，开始真正走进语言和意义的世界，其阅读接受水平将从一个词、一句话逐渐过渡到一个完整的故事。同时，语言上的第一个模仿期到来了。这一时期，很多孩子的语言表达水平将突飞猛进，从实词到虚词，从词语到句子，他们对语言的敏感和把握都将逐渐增强，他们在语言的世界里也将表现得更为自信。

1岁以后，孩子渐渐能稳当地走路了，自己探索世界的愿望也日益强烈。亲子阅读中，他们不但乐于跟随，也善于发挥和创造。书本里的故事和讲述，为他们提供了语言和生活的丰富体验与想象。

这是早期阅读的黄金时期。如果给予充分的阅读时机，这会是孩子的阅读量迅速攀升的阶段，也是孩子向我们展示更多阅读惊喜的阶段。

1—2岁

怎样养成最初的阅读习惯？
——孩子的习惯，就是大人的习惯

1岁之前，孩子的阅读活动与一般游戏活动之间的分界尚不那么明确。1岁以后，随着幼儿语言能力的迅速进阶，他（她）对书本、对阅读大跨步地发展，这个阶段的孩子逐渐可以参与标准意义上的阅读活动，即翻开一本书，从头到尾有序地读完书中的文字，看完书中的图画，基本把握全书的主体内容；清楚地知道阅读活动与其他活动的区别，也能在阅读中保持更长时间的专注。这也是早期阅读习惯养成的重要时期。这个习惯，不仅是指尽量每天坚持阅读，还包括对待书本和阅读的态度、方式。

对成人来说，帮助孩子养成阅读习惯的过程，很可能也是自己重拾乃至重建阅读习惯的过程。你会尽量每天和孩子一起阅读吗？你翻开一本书的时候，会感到一种愉悦的期待吗？你享受阅读一本书的过程吗？阅读时，你会耐心、细心地关注书中的全部讯息吗？你在多大程度上把阅读当作任务，把快速读完书中的文字视为阅读任务的完成？

所有这些，都是阅读习惯的一部分。

培养孩子的阅读习惯，除了让他（她）习惯每天的阅读，还要引导他（她）建立良好的阅读观念和阅读意识，以及阅读一本书的细心与耐性。在这个阶段，应避免在孩子面前用轻佻的态度对待一本书。等孩子今后逐渐长大，将认识到有很多种对待书本的态度，但在这个时候，保持一种基本的尊重感和珍爱感非常重要。要爱护图书，正如我们应该爱护生活中许多其他物品。读完一本书，就把它放回原位，明天，后天，一天天，它会在那里，安静地等着我们再次翻开它。家庭阅读没有固定的场所，但应该尽量坐下来阅读，因为阅读在总体上是一种趋于安静的行为。阅读中大人孩子会发出各种各样的声音，朗读的声音、对话的声音、提问的声音、游戏的声音，但这些都不是喧哗吵闹的声音。因阅读而打开的这个用无形却有力的语言创造和支撑起来的世界，需要我们用专注力、想象力去维持。

培养孩子阅读习惯的过程中，我们或许也将从孩子身上重新找回许多弥足珍贵的感觉。阅读是精神的旅行。当我们和孩子一起打开一本书，周围的一切如同消失了一般，书里的世界从阅读中浮现而出。这是一个充满神奇的时刻。我们中有多少人还记得小时候翻开一本故事书的神奇感受？和孩子一起，慢慢探索书中的每一个角落，回味这种童年阅读的神奇感觉。许多优秀的童书，每一个角落都充满用心的细节。事实上，即便面对一本普普通通的图画读物，孩子也会不断发现、创造他们自己的阅读惊喜。和孩子一起阅读，从他们身上重新感受和体验这种无时无刻不在发现和创造的快乐。

大人自己不读书，却要求孩子爱读书；自己用轻率的态度对待阅读，却要求孩子认真读书，这是很不合理的。如果身为父母的你希望自己年幼的孩子乐于以书本为伴，那么你首先得愿意在每一天的忙碌里抽出哪怕一点点时间，来与你的孩子一道分享书本里的乐趣。要知道，很多时候，幼儿时期的阅读留给孩子最深刻的印象和最珍贵的回忆，并不仅仅是某一则故事或者某一本书，而是与这则故事和这本书相连的那段不可复制的共享时光。

怎么给孩子选最好的书？
——基本的原则与方法

在当代育儿生活中，"最好"是一个引人注目的词语。很多时候，我们认定并期望，给孩子的东西都应该是最好的：最好的食物、最好的玩具、最好的教育、最好的成长，当然也包括最好的童书。与此相应地，我们特别不能接受孩子被分配给任何"不好"的事物。这个以孩子为受惠人的朝向"最好"的愿望和努力，代表了当代家庭、社会和文明的一种温柔、正直、富于远见的伦理关切。"最好"当然是一种理想的表达。很多时候，我们期望的"最好"，其实是在目前许可的条件下尽可能地好。

在孩子的阅读中，我们也希望给孩子选最好的书，让孩子读最好的书。由于童书的"最好"并非直接体现为可见的价格、材料、样式等，我们不得不寻找并依赖另一些可能指向"最好"的标签。作家作品的获奖记录，官方或非官方的各类推荐，专业人士的指导意见，购书平台的畅销榜单等，这些标签成为我们借以判断"好"童书的常用尺度。由于这些年来全球童书创作与出版事业的兴盛，童书出版数量每年激增，加上各类相关讯息的爆炸式增长，作为家长，有时容易陷入眼花缭乱、无所适从的苦恼。

许多年轻的爸爸妈妈因为不知道该如何在书店里摆得满满当当的幼儿故事书架上挑选出孩子喜欢的好故事来而发愁，其实不必，很多专家也一样不知道。这是一个永远在等待解答的问题。但从操作的角度，为了给这个阶段的孩子尽可能挑选最合适的好书，大概可以参考以下几点做法。

第一，如无题材内容等方面的特殊要求，自己对图书的判断又没有把握，除了参考各类推荐，一般来说，可考虑选择出版时间相对较长，已经在读者中获得较好口碑的图书。对图书来说，时间总是最可靠的筛选和衡量尺度之一。

第二，最好看一看图书内容的介绍，读一读样章的文字和图画，判断图书质量以及孩子会不会喜欢。如果可能，在实体店里，从头到尾翻一翻图书。按照我们在前一阅读阶段的讨论中曾提到过的，除了考虑孩子会不会喜欢，不妨也想一想，就文学和艺术的质量而言，这本书的图画和文字是否也能得到你的认可。不论给年龄多小的孩子准备的书，图画是否讲究艺术性，文字是否具有文学性，或多或少会体现出来。当你用心给孩子选书时，一方面，你的选择对孩子来说可能是最好、最合适的；另一方面，由于你自己也对图书感到满意，亲子阅读时也将从中获得更多乐趣。

第三，给这个年龄段的孩子选书读书，并非越多越好。孩子的阅读生活刚起步不久，后面还有很长的路，不必急于让他们赶着阅读。在早期阅读中，数量本身并无特别的意义，相反，一本孩子喜欢的好书却值得多次翻读、玩味。事实上，我们会发现，1—2岁的孩子在阅读的趣味方面既有新的拓展，又开始表现出反复阅读的强烈冲动，即同一本书读了又读，不厌其烦。词汇、语感和语言、思维的逻辑，正是在这样的"读了又读"中才得到有效的巩固。反复阅读是婴幼儿阶段非常典型的阅读表现，我们在后面还会具体谈到。

此外，也要认识到，我们给孩子看的有些书，看上去可能并不那么优秀，但孩子在这个阶段恰好喜欢，那也没有关系，完全可以纳入他们的阅读书单。在孩子的阅读和成长中，总有些书扮演的是纯粹桥梁性的角色。事实上，在孩子的阅读生活中，容许一些带有随意性和临时性的阅读变数存在，比追求并不真正存在的"最好"，可能更有意义。这个观念，或许也可推及至孩子的其他生活事务中。

这个阶段的孩子爱读什么？
——故事书的选择

1岁以前的早期阅读，考虑到孩子的注意力不能长时间集中和记忆时长较短，阅读材料在内容的编排上往往相对松散一些，如单个的名词、句子、单首的歌谣等，彼此之间相对独立，读到任何一页，可随时停下。1岁以后，孩子进入了故事阅读的阶段，开始可以阅读具有一定情节和语言长度的故事书。

1—2岁是故事书阅读的起步期。针对这个年龄段孩子的故事书，简洁和欢乐的总体法则依然适用。具体文本方面，以山本直美称之为"车轱辘故事"的结构居多,即"相似的一段情节反复出现"。[1]语言方面,一是包括较大重复成分,二是重复中又有小变化。以图画书《好饿的小蛇》为例,这是适合该年龄段孩子起步阅读的典型读物。这个故事的语言特别适合1岁左右的孩子听读。"好饿的小蛇扭来扭去在散步……它发现了一个圆圆的苹果。你猜猜,好饿的小蛇会怎么样?啊呜——咕嘟!啊——真好吃。"这一段文字,词汇、句法既简单干净,又生动有趣。"扭来扭去"的形象描绘,"啊呜——咕嘟"的拟声模仿,"你猜猜……会怎么样"的亲切设问,"啊——真好吃"的可爱感叹,对孩子来说都具有亲和力和吸引力。

第二个开页的语言与第一个开页高度相近,只是增加了"第二天"的时间描述,将"一个圆圆的苹果"替换为"一根黄色的香蕉":"第二天,好饿的小蛇扭来扭去在散步……它发现了一根黄色的香蕉。你猜猜,好饿的小蛇会怎么样?啊呜——咕嘟!啊——真好吃。"随后的文字和图画,基本上保持着相同的重复和变化规律。在一再地重复中,孩子很快就能跟上故事语言和情节的节奏,其中小小的变化则带来了语言、情节上的自然拓展。这样,经过一系列铺垫,到了故事最后,当一个情节和语言上的更大变化出现时,孩子也能顺利地理解和接受。

低龄儿童读物中,有大量作品采用这类讲故事的基本模式,如《和甘伯伯去游河》([英]约翰·伯宁罕/文图)、《胡萝卜的种子》([美]露丝·克劳斯/文,[美]克罗格特·约翰逊/图)等。这类作品故事和语言的节奏均高度鲜明可辨,它既带来了稳定、愉悦的阅读快感,也是孩子从片段叙事进入连续叙事,继而走向更为复杂的叙事体的重要过渡和中介。

学者刘绪源在《美与幼童——从婴幼儿看审美发生(增订版)》一书中谈论幼儿美感的发生,提出了一个重要的概念——"节奏的松开"。他指出,"婴儿期的一切审美感觉,几乎都离不开节奏引领"[2]。世界范围内,凡提供

---

[1] 山本直美.每日7分钟 让绘本滋养孩子的头脑和心灵[M].林静,熊芝,译.浙江:宁波出版社,2016:39—42.
[2] 刘绪源.美与幼童——从婴幼儿看审美发生:增订版[M].江苏:江苏凤凰少年儿童出版社,2017:45.

给幼儿的故事读物，往往都离不开句子、段落等的重复，究其原因，"这与心跳的节奏、呼吸的节奏、儿歌的节奏，本质上是一样的，都是一种有节律的重复，让人感到熟悉、不紧张、有自信、能把握"[1]。随着个体审美感觉的扩张，"现在的节奏放慢了，'松开'了，似有若无了，由显而隐了"[2]。孩子的阅读成长正是一个节奏不断松开的过程。在较高年龄段儿童的阅读中，情节、情感等的节奏都将以更隐蔽的方式存于其中。但在此时，鲜明的节奏还是其阅读需求的重要特点。

这个阶段的孩子可以读什么？
——多样化的趣味与延展阅读的尝试

童谣、儿歌、短小的儿童诗、节奏鲜明的图画故事、带有操作性的游戏书，这个阶段的阅读选择，跟1岁以后孩子食谱的拓展一样，在适合儿童的接受水平和能力的前提下，不妨尝试各种各样的类型、风格和趣味。低龄孩子的阅读趣味尚未固化和狭窄化，他们正处在对各种事物都充满好奇和热情的阶段。通过尝试多种多样的文本，他们的阅读口味会得到更全面的培育。我们会发现，孩子的个性也是各种各样的。许多孩子喜欢声音、情节上热闹的作品，也有的孩子喜欢安静的文本；有的孩子喜欢读拟人手法的童话故事，有的孩子则更钟爱发生在日常生活语境下的故事；有的孩子喜欢虚构的想象，有的孩子则对各种知识类读物表现出特别的兴趣。当然也有很多孩子，哪一种都喜欢，都愿意尝试。

---

[1] 刘绪源.美与幼童——从婴幼儿看审美发生：增订版[M].江苏：江苏凤凰少年儿童出版社，2017：52.
[2] 刘绪源.美与幼童——从婴幼儿看审美发生：增订版[M].江苏：江苏凤凰少年儿童出版社，2017：52.

和孩子一起阅读，在阅读中发现孩子的兴趣和个性特点，也可以在阅读中有意识地拓展他们的兴趣和个性。这个阶段的阅读，一方面，应该充分考虑孩子的口味和选择，另一方面，对于开始表现出较为浓厚的阅读兴趣的孩子，我们建议家长适当尝试延展阅读的方法，拓展孩子阅读接受度的边界。我们所说的延展阅读，是指在与孩子阅读时，有意识地引入一些看似超过这个年龄段孩子阅读能力的图书，以此锻炼孩子阅读能力的延展性，就像锻造金箔的延展性一样。

比如，一般认为，1—2岁的孩子比较能够接受的是简单的日常语言，对于较为诗意、抒情或更复杂的表达，可能没有兴趣。根据这个认识，我们自然会将后一类文本从这一阶段的阅读中暂时排除出去。但在实际的阅读中，我们发现，这个年龄的孩子对于一些较为复杂的语言表达，很可能也充满兴趣。尽管他们并不能完全理解文本的意思，却能从语音和图画中获得"囫囵吞枣"般的别样收获与乐趣。1岁1个月大的孩子，有时可以和大人一起阅读千字左右的图画书文本。对自己尚不完全理解的文本也充满热情和兴趣，并能用自己的方式占有、接纳这个文本，这是早期阅读的可贵品质与潜能的体现。在这样的阅读行为里，可能蕴藏着童年阅读的某些重要秘密。

要注意的是，尝试延展阅读的首要前提是孩子认可、接纳这样的阅读活动，它是在跟随孩子阅读兴趣和热情的过程中自然完成的延展。同时，延展阅读不适合频繁进行。如果孩子对延展阅读的素材不感兴趣，应该适时停止。要认识到，延展阅读的核心仍然是兴趣与热情，它与其他形式的阅读在基本功能、目标上并无二致。

怎样和孩子读一本书？
——慢慢读，跟着孩子读

当我们坐下来，准备和孩子一起读一本书，一定要有充分的耐心。这跟我们自己读书可能有许多不同。比如，我们读一本书，可能会直接将它翻开，找到开头，顺着文字快速阅读下去。但和孩子一起读书，速度首先会放缓，重心和次序也会发生一些变化。

和孩子一起看封面，看整本书的样子。封面上有什么？慢慢地说给孩子听。这是孩子进入一本书的开始，有如一首曲子的前奏，虽然不会太长，但渲染气氛，准备情绪，却必不可少。哪怕这本书你和孩子已经读了许多遍，封面阅读的前奏仍然不容忽视。它是孩子熟悉的阅读生活的一部分，也是孩子阅读乐趣和专注的一部分。从封面开始认真地对待一本书，是培养儿童良好的阅读素养的起点。

打开封面，像打开魔法盒子一样，让里面五彩缤纷的内容显露出来。由于成人早已习惯文字优先的阅读方式，我们在给孩子读书的时候，很容易将第一注意力放在书中的文字上。但一定要努力想象，对此时的孩子来说，文字还是一些抽象的符号，他们的注意力必定会先放在直观、生动的图像上。给他们充分的时间，一点点地捕捉、接受页面上的各种讯息。我们也许很快就读完了一页上的文字，但孩子的阅读或许才刚刚开始。事实上，对于这个年龄段的阅读，书中印刷的文字只是引导的参考，父母既可以照着文字念一念，也可以用孩子熟悉的语言方式来讲述。很多时候，父母是比作者更了解孩子想听什么的人。在这个阶段儿童的阅读中，他们扮演着重要的桥梁角色。某种程度上，他们也是阅读文本的再创作者。同一本书，在不同的家庭会形成各不相同的阅读文本，与原书相比，父母选择讲什么，怎么讲，由此形成的文本讯息集合体，才是孩子真正"读"到的那本书。这是婴幼儿阅读活动的独特性之一。

因此，为婴幼儿创作的一些图画读物，有些甚至没有文字。没有文字，却不意味着它的缺席。它隐藏的文字语言，一部分在图画里，一部分在成人的讲述中。这也对成人的阅读陪伴提出了更多的要求。给 1—2 岁的孩子读书，要缓慢、清楚，适当停顿，让孩子有反应和回想的时间。语言的解释可多可少，但不能说得太快、太密集，要像带着初学行走的孩子一样，放慢脚步，并随时关注孩子的回应。当你给孩子读书的时候，在他们小小的头脑里激起的是一场由语音、语意、图像、经验、逻辑等多维要素构成的复杂讯息风暴，不要担心自己读得太慢，而要给孩子留足讯息整理和接受的时间。

读累了，就停下来，不管眼前这本书有没有读完。不论在阅读还是其他任何活动中，适时的休息与活动本身一样重要和富有意义。一件事情，只有当我们高高兴兴地放下它，在另一些时候，才会又高高兴兴地重新想起它，重新去做它。

为什么孩子有时候喜欢读过的书，有时候喜欢新书？
——注意力的分段与迁移

在 1—2 岁的阶段，孩子面对一个文本，其阅读注意力具有很大的选择性。第一，不论一个文本看上去多么简单，孩子在阅读时都不是一次把握其中的全部讯息，而是有选择地分配注意力。就文字而言，首先被接收到的往往是他们最熟悉的词句。比如，孩子刚刚学会说的词，如果出现在图书中，最容易先引起他们的注意。这时候，阅读同时是重要的语言巩固。

第二，随着同一文本阅读次数的增加，孩子会逐渐放松对已经非常熟悉的那部分语词的格外关注，而将注意力迁移到新的语言对象上。图像的阅读也遵循相近的规律。读图画书《母鸡萝丝去散步》，孩子最先关注的可能是画面上的母鸡和（或）狐狸，接着会更清楚地看见院子、池塘、干草垛、磨面房、栅栏、蜂箱、鸡舍等，再接着是农场里的其他动物、植物等，比如青蛙、鸟、蝴蝶、山羊、老鼠、果树、花、鸟巢、太阳、云等。

正因为孩子的阅读注意力有分段和迁移的过程，在一段时间里，他们可能会喜欢反复阅读同一本书。实际上，每一次阅读并不是简单的重复，而是孩子的注意力逐渐完成迁移，从而逐步掌握书本内容全貌的过程。

一旦孩子感到对一本书已经完全熟悉，他的注意力又会发生新的迁移，其基本的表现，就是孩子对一些已经熟悉的书不再那么热衷，转而愿意去读另一些新的图书。这是1岁之后儿童阅读行为的一个新表现。例如，1岁之前，孩子对躲猫猫类的玩具书很感兴趣，他们会一再翻动书中的机关，找到掩藏其后的"秘密"，乐此不疲。但1岁之后，这类较为简单的操作性图书对孩子的吸引力会逐渐下降。更准确地说，由于孩子阅读力和理解力的拓展，他们已经很好地掌握、熟悉这类图书的操作方式与内容，注意力也将自然地发生迁移。

所以，当我们看到这个阶段的孩子喜欢反复阅读同一本书，这意味着他正在积极动用自己现有的认知力和理解力，一遍遍地同化、理解书中的内容，努力将它变成一个熟悉的、可以完全把握的对象。等到孩子不再对这本书表现出如此的热衷，而开始对新的图书产生兴趣，这意味着他（她）对前一本书的理解和占有已经暂告一个段落，另一场新的阅读挑战和旅程即将开启。很可能过段时间，他又会重新拿起原来放下的那本书，由于一段时间的暂停，书中的内容对他（她）来说重新变得陌生，其阅读的注意力也会再度被激活。

如何引导孩子的注意力？
——创造性阅读的延续

当我们和孩子一起读书的时候，明显感到他（她）对书本或者读书这件事缺乏兴趣，也许是因为孩子还没有建立起阅读的习惯，或者因为他（她）的注意力还不够集中，或者所读之书不能引起他（她）的足够兴趣。这时候，除了换一本书，还有什么方法可以吸引孩子的注意力？

陪伴这个年龄的孩子读书，有时候，是我们把书本里的内容读给他们听，但也有很多时候，"照本宣科"的方法并不适合。当孩子表现出对书本的不耐烦，不妨适时地对文本进行增减改动，以提起孩子的阅读兴趣。

学者刘绪源谈到他在孙女1岁多以后与她共读图画书的经验，便举了这样一个例子：

> 比如那本《拉尼尼》，是讲孩子大便的，娃娃很能理解，但兴趣不是太大。我在讲小熊一次次找厕所并越来越着急时，增加了"噔噔噔噔"的跑步声。原文是小熊边跑边自语："拉尼尼，拉尼尼，去厕所拉尼尼。"我在这后面加上"噔噔噔噔"的象声词，她立刻兴趣大增，咯咯咯笑个不住，以后每回都要先讲这一本，而且每讲必笑，屡试不爽。[1]

在这个例子中，"噔噔噔噔"四字的加入，极大地增添了文本角色与场景的动作感，比之"小熊边跑边自语"的第三人称客观描绘，"噔噔噔噔"是具有亲身参与感的听觉讲述，生动地渲染出小熊急着去厕所的感觉，在声音上也具有一定的幽默性，因此引起了孩子新的兴趣。

---

[1] 刘绪源.美与幼童——从婴幼儿看审美发生：增订版［M］.江苏：江苏凤凰少年儿童出版社，2017：45.

我们在讨论 6 个月到 1 岁孩子的陪伴阅读时，曾经谈到过父母的创造性阅读。这个法则在这一阶段的阅读陪伴中仍然适用。由于 1 岁之后，孩子能够阅读的故事长度有明显增加，书本的文字也会变得复杂一些。根据孩子现有的语言能力，将过于复杂的表达简单化，过于书面的表达口语化，可以在一定程度上帮助孩子维持阅读的注意力水平。当书中的文字不能有效吸引孩子的注意力时，不妨把这些文字暂时"抛掉"，和孩子一起去发现画面上的有趣内容。有时也可以围绕画面内容向孩子提问，通过问答的互动，适时把孩子的关注点拉回来。

接受美学认为，文学作品的意义有一半是由其读者创造的，在读者介入之前，作品只存在了一半。"接受美学关于文学作品的概念包含着这样的两极，一极是具有未定性的文学文本，一极是读者阅读过程中的具体化，这两极的合璧才是完整的文学作品。"[1]婴幼儿阶段的亲子阅读生动地体现了这种读者参与文学意义生产与塑造的现象。

有的家长或许会担心，对书本文字的这种改编，会不会影响孩子接受规范的语言表达？我们认为，在这个阶段，这样的担心是不必要的。首先，这个时候，孩子的兴趣比规范更重要。其次，成人有意识地即兴改编在语言表达的规范与生动方面，往往并不逊于原文。再次，随着孩子年龄的增长和接受水平的提升，他们很快就会回到原文本的完整阅读。当孩子发展起充足的耐心和兴趣来参与具有一定时间的阅读活动，这样的改编阶段也就基本结束了。

---

[1] H.R.姚斯，R.C.霍拉勃.接受美学与接受理论［M］.周宁，金元浦，译.辽宁：辽宁人民出版社，1987：5.

需要每天定时定量阅读吗?
——阅读时间与阅读习惯的关系

经过前一阶段的阅读活动,到了 1 岁半左右,孩子开始建立起对于阅读活动的清楚认知:知道读书是一项有别于其他游戏的活动;知道读书是有特定仪式感的活动(坐下来,不随便吵闹);知道读书可以了解里面的故事;等等。如果从 1 岁起,孩子经常读书,那么他(她)现在也已经有了初步的阅读习惯。随之而来的问题是:为了养成和巩固阅读习惯,应该每天给孩子定时定量阅读吗?

如果父母和孩子喜欢和习惯定时定量的阅读方式,当然可以。比如,每天临睡前十五分钟到半个小时,和孩子一起读书。但如果大人和孩子的阅读时间难以定时定量,有时多,有时少,有空时读一读,都可以。不过,不论每天的阅读时间、阅读量固定与否,从这个时候开始,只要可能,应该尽量每天和孩子一起读书,哪怕只读一点点。习惯的养成,往往与数量的多少没有必然的联系,却与行为和时间的延续性密切相关。每天阅读,阅读就会成为我们日常生活中一个不间断的行为,这就是习惯。

事实上,当亲子阅读逐渐成为家庭日常生活的一部分,当孩子把阅读视为一种特别的乐趣,不知不觉间,我们会发现,阅读的时间变得越来越长,以至于我们不得不有意控制它。

这样,又一个问题产生了:这个时候让孩子读书,越多越好吗?原则上来说,对孩子的阅读热情应予以充分的肯定和鼓励。要注意的一点是,由于孩子的视力正处在重要的发育阶段,阅读中长时间的短距离视物,非常容易导致眼睛疲劳,需要及时休息。如果是在夜灯而非自然光线下阅读,这个问题更应引起家长的警惕。有的孩子在这一阶段可能已经萌发对文字的敏感,更应注意不要让孩子长时间盯着书本。因此,在同一次阅读活动中,阅读的时间应有适当的控制,让孩子的眼睛得到适时的休息。如果孩子表现出延长阅读时间的强烈愿望，可以适当换用听读的方式，即父母读，孩子只听不看，以此缓解眼睛疲劳。

这个阶段，让我们用更从容、成熟的心态对待孩子的阅读。孩子愿意和书本亲近，这是一件非常好的事情。但与此同时，日常生活中还有许多与书本同样重要的内容。从阅读中学习到的名字、体验到的感受，也需要到生活的实践中去落实印证和融会贯通。一阵风吹过的温暖或凉爽，一场雨过后的清新与湿润，一声鸟鸣的空灵，一树花开的热闹，首先是"写"在生活中的生动"语言"。所以，有时候要放下书，也放下手机，带孩子去外面走一走，用眼睛"读一读"周围的一切。这也是另一种"阅读"的好习惯。

书本上的语言会不会太复杂？
——告诉孩子事物的正名

1岁半之后，一部分孩子会进入快速学语期，对语言的模仿和掌握非常迅速。我们跟这个时候的孩子讲话，内容也越来越丰富，几乎涵盖日常生活的方方面面。与此同时，由于孩子的发音器官、辨音能力等尚未发育完全，对于稍显复杂的语音、表述等，接收和表达尚有一定的困难。大人跟孩子对话时，会有意将一些语言简单化，以方便孩子接受和学习。我们曾经提到，在阅读中有时也有必要对文字做适当的临时改动，以适应孩子的注意力和接受水平。

成人与孩子对话时，有一个常见的语言现象，即倾向于使用孩子气的叠词，如"吃饭饭""夹菜菜""坐车车"等。某种程度上，这样的叠词用法甚至被默认为是幼儿语言"奶声奶气"的标志。传统童谣中也有类似"排排坐，分果果"的意趣。今天，这类"奶声奶气"的叠词用法被当下网络文化吸收，其所表现出的滑稽与亲切，带来了独特的表达效果。然而，在与学语期孩子的交流中，我们并不建议频繁使用这样的叠词交流。这个时候的语言学习，非常重要的一点，就是告诉孩子事物的正名，亦即准确的名称。慢慢地，这种准确性会成为孩子语言表达的基本面貌。

在面向孩子的语言表达中，准确性不仅是指一个词语用法的准确，还包括该词所指的准确性。看见一辆公交车开过去，仅仅告诉孩子"这是车车"，是不够准确的。车子有许多种类，用最简单的"车车"来统称，孩子掌握起来虽快，却失去了更准确地了解和把握讯息的机会。

一个有意思的现象是，当成人不再使用稚气的叠词跟孩子交流时，会更倾向于用更具体的名字（车的种类、品牌乃至型号）来称呼对象。这种讯息的具体程度，也是语言准确性的一种体现。

阅读之于孩子语言习得的意义，与这种准确性有很大关系。如果孩子接收到的词汇一直都是简单的称呼，他们语言的准确性也将保持在这个基本水平上。

应该看到，孩子在1岁以前的语言习得主要以身边成人的日常语言为主，1岁以后，随着各类阅读活动的开展，书面语言将越来越多地进入他的表达世界。这两种语言在表达方面各有优长：前者胜在亲切、生动、自然，后者则往往更体现词汇的丰富与表达的复杂。对孩子来说，两种语言形态的学习和熟悉都很重要。

成人有时担心孩子不能理解较为复杂的书面表达。这种担心不无道理。不过到了1岁半—2岁的阶段，孩子能够接受的语言的专业与复杂程度，很可能超出我们的想象。比如，我们来看下面这段选自一本低幼读物的文字：

挖掘机是重要的工程车，可以用它挖地基，还能把挖出的土石装进卡车。挖掘机驾驶员坐在驾驶室里，操作机械臂上的专用铲，让它来干活。[1]

---

[1] 根浩瑟.我的第一本书 建筑工地［M］.郑少文，译.上海：复旦大学出版社，2016.

在口语交流中，我们可能不会使用"工程车""地基""土石""机械臂""专用铲"这样多样、专业的表达。只有在书面语言中，才可能看到各类语词最细致的分工。这样的专业词汇对孩子来说会不会太难？我们发现，在孩子对这一题材感兴趣的情况下，把这段话读给1岁半的孩子听，非但没有造成阅读的障碍，反而激起他极大的专注与热情。很快，"挖掘机""地基""驾驶室""机械臂"等词语，也出现在这个孩子的表达语汇中。和孩子一起读书，我们也许还会发现，书里的许多名称对我们来说，同样是陌生和新鲜的。你知道工程车包括挖掘机、装载机、推土机、压土机、吊车、拖车、混凝土泵车等各种不同功能的车吗？你知道挖掘机分为轮式挖掘机和履带式挖掘机，以及它们各自的优点吗？你知道有的建筑工地还会在路底下建一条专用地道，保证动物安全通行吗？除了自己专业领域的精细知识与词汇，我们或许习惯了用最简便的语言完成各种表达的需求。但这简便的背后，很可能包含了对世界、对事物的简陋认知与草率态度。

和孩子一起读书，也是和他们一起学习。学习事物的正名，学习准确表达与精细表达的乐趣，学习看见这个世界每一棱面的丰富和闪亮。

孩子为什么觉得好笑？
——阅读幽默感的萌发

2岁左右，孩子的阅读幽默感开始进一步显现。首先是语言游戏的幽默感。这个阶段，孩子对拟声词的敏感加强，能从声音的模仿中感受明显的幽默。秋千荡起来，"咻——咻——"；钟声响起来，"当——当——"；灯亮起来，"啪嗒"一声。此时在亲子阅读中适当加入拟声元素，会令孩子感到故事变得更"好玩"了。除了拟声词，还有儿化音、双声、叠韵、叠词等，都容易引发孩子的笑声。"吃葡萄不吐葡萄皮儿"之类的童谣，是这一阶段孩子钟爱的读物。

这种感到"好笑"的幽默感，是幼儿审美情感最初发生的标志。学者刘绪源认为，到了2岁前后，孩子听儿歌不再只听声音节奏，而是懂得了其中的意思。他们对"恶作剧"一类的儿歌表现出格外的兴趣：

> 他们会挑某一首儿歌让你念，有时念了开头，他就开始发笑，他知道后面会有什么内容，他在等候并迎接他所期待的高潮。比如，当他听到"雁，雁，摆不齐"时，他已在准备让它们"掉到河里哭奶奶"；当他听到"月亮月亮梳梳，里面住个哥哥"，他已在想象麻雀拉屎撒尿时先生的狼狈样并暗暗窃笑了；当他听到"小老鼠，上灯台"时，他已在做好"骨碌碌碌滚下来"时的大笑的准备……①

孩子喜欢这类滑稽的儿歌，其实是婴儿时代幽默感觉的延伸。我们跟1岁以内的婴儿做躲猫猫游戏，把脸藏起来，再从不同的地方露出脸来，每一次不在其位的出现，常常逗得婴儿咯咯大笑。但与此同时，这样的出现在婴儿的意识中又不完全是意外，他们知道，躲猫猫的时候，大人的脸肯定会从附近的哪个地方露出来。这是一种既带着意外的惊喜，又符合安全的期待的快感。

现在，这种感到事物"不在其位"又"在期待中"的幽默感，进一步迁移到了阅读中。他们读到故事里的角色遭遇一些无害的麻烦，包括衣服穿反了，鞋子掉了，手套变成了帽子，就会发笑。孩子对这些带有小小"破坏性"的情节和表达产生兴趣的时候，并不是他们变"坏"了，而是幼年时代的幽默感从日常现实向着想象世界的拓展。

在孩子的早期成长中，笑是一种积极的表情，也蕴含了珍贵的生命感觉。在阅读中，幽默感是一种应该予以鼓励的感觉和体验。不过，给这个年

---

① 刘绪源.美与幼童——从婴幼儿看审美发生：增订版[M].江苏：江苏凤凰少年儿童出版社，2017：107.

龄的孩子选择幽默的读物，也有需要格外注意的地方。台湾地区儿童阅读研究者叶嘉青认为，给2岁左右的孩子挑选具有幽默感的图画书，应该考虑到两点：一是故事主角是否能够鼓励孩子形成正面的自我认同，二是故事的幽默是否还能带给孩子新的认知、情感和思维的拓展。[①]这两点考虑非常重要，也很具有指导性。那些一味通过嘲笑他人来制造笑点的故事，那些缺乏幽默的温暖、诙谐与智慧的故事，反而会传递给孩子对待生活和他人的一种恶劣态度，需要加以警惕。

孩子看见的为什么和大人不一样（一）？
——细枝末节的意义

和 1—2 岁的孩子一起读书，我们常常会发现，孩子从书上看见的内容与我们看到的往往不大一样。这个不一样可能有各种情形。有时是我们看见的，他们看不见；有时是他们看见的，我们没有看见；有时是我们想让他们看什么，他们却自己看别的。

导致这种不一样的一个基本原因，是成人与儿童有着不同的阅读理解方向和逻辑。在长年的阅读学习和测试中，我们形成了与阅读有关的一些基本观念和能力，包括快速提取核心线索、把握主要内容、推断故事寓意等。此外，当我们阅读时，往往还有一些不易察觉却又十分强大的阅读观，悄然在起作用。比如，面对一个文本，我们可能顺理成章地认为，与主要线索相比，枝节讯息往往是不重要的，甚至是误导性的。如果拿到一个文本，不去

[①] 叶嘉青.图画书小学堂——与 0~6 岁孩子一起悦读 [M].广西：广西师范大学出版社，2019：101—103.

关注它的中心线索，却将注意力"浪费"在无关紧要的细枝末节上，往往是不对的。在阅读测验中，它尤其会是一种失败的阅读。

然而，和1—2岁的孩子一起读书，我们会发现，恰恰是那些不起眼的细节，成为孩子首先关注的对象。或许是因为孩子自己也是生活中的"小"对象和小"细节"，因而对图画书的"小"处格外敏感。明明是一个大象的故事，故事里也没有提到老鼠，孩子却指着画面的一角告诉你："这里有老鼠。"图书画面上许多在我们看来只是点缀的背景，孩子却一样一样读得津津有味。有时候，我们正投入地读着故事，"母鸡萝丝去散步。她走过院子。"孩子却指着一个角落说："看，这里有一个鸟窝，鸟窝里还有鸟蛋。"鸟窝里有鸟蛋跟母鸡萝丝去散步有什么关系呢？你也许感到自己身边的这个孩子好像不太能集中注意力，或许还为此感到了那么一点点沮丧。

但这种沮丧是不必要的。很多时候，亲子阅读不只是孩子跟随我们学习读书，也将校正和丰富我们对阅读的理解。长期以来，我们习惯的阅读，其实更多的是一种普通的资讯阅读——在第一时间提取关键讯息，撇除其他无关的讯息，以方便大脑处理讯息，并给它腾出储存新讯息的空间。但在其他类型的阅读——比如文学阅读中，细枝末节在某种程度上可能比主要线索更重要，因为正是这些细节提供了找到线索的可能，没有它们，生活和世界就会是抽象、失真、缺乏血肉的。

让我们还是回到前面的问题：鸟窝里有鸟蛋跟母鸡萝丝去散步有什么关系呢？

从文学的角度看，当然有关系，而且很有关系。因为鸟窝里有鸟蛋，母鸡萝丝的散步才显得格外悠闲——这是晴好、闲适、生机勃勃的一天。也因为鸟窝里有鸟蛋，伏在母鸡身后的狐狸和他捕猎的一扑，就不那么让人紧张。鸟窝里有鸟蛋，端端正正，果树上有果子，齐齐整整，所以狐狸的一扑注定要落空。你看，故事的情节、风格、氛围以及其间微妙的对冲与平衡，是不是都跟鸟窝和鸟蛋有关？

孩子对我们不曾看见或并不看重的那些意象、细节的关注，也将带我们重新回味阅读的单纯乐趣。阅读就像生活，不必总是那么紧张。走在路上，不妨把视野放开去，看一看道路两旁的树，望一望树上有没有鸟窝。你也许正要去完成一项重要的工作，但有那么一刻，你暂时忘掉了工作，心里只有树和鸟窝，不也很美好？

孩子看见的为什么和大人不一样（二）？
——和孩子一起去发现

在阅读中，当孩子的"看"和我们的"看"不一样时，首先要充分尊重他们看见什么的权利和趣味；其次，要学会认识孩子眼中的许多细枝末节，它们可能不像我们以为的那样不重要。

意大利教育家蒙台梭利举过这样一个她亲身经历的例子。有一次，她与几位妇女一起讨论儿童书籍的问题，其中一位带着她 18 个月大的孩子的母亲提到了《小黑人萨博》这本书。在复述了书中的故事之后，这位母亲总结道："这个故事的结局是愉快的，因为在这本书的最后一页可以看到他父母原谅了他。他的面前还摆着丰盛的晚饭。"然而，当她将书传给其他人看时，她的孩子开始不断地重复说："不，Lola。"孩子的母亲解释道，Lola 是曾经照看过孩子几天的一个保姆的名字。但此后，小男孩开始哭了起来。他喊"Lola"的声音也更大了。

最后，大人们只好把《小黑人萨博》这本书给他。只见他指向了最后一幅图画。这幅图并不在书的正文中，而是在封底上。画面上，那个可怜的非裔小孩正在哭。此时大家才明白"Lola"的含义，原来他把西班牙语的"llora"（哭泣）说成了"Lola"。显然，这本书的最后一幅画并没有描绘一个愉快的场面，而是萨博在哭，却没有人注意到这一点。这个孩子在对他母亲所说的"结局是愉快的"结论表示抗议。

这个例子说明，很多时候，幼儿对文本的观察力和理解力超出了成人的预期。蒙台梭利认为："很明显，这个小孩看书时比他的妈妈更仔细。他看到了最后一幅画是萨博在大哭。虽然他还不能完全理解她们的对话，但他那准确的观察力确实令人惊叹。"[①] 实际上，在这个例子里，大人之所以没有注意封底，很大程度上也是因为在成人普遍的阅读观中，一本书的内容是在正文结尾时结束的。孩子的反应则让我们看到，封底也可能是故事的重要部分。

反过来，许多优秀的童书也在重新定义我们对文学的细枝末节的理解。一本给低龄儿童读的图画书，从封面、环衬、扉页、正文到封底，可能每一处细节都与作品的整体构成和表达意蕴密切相关，需要仔细对待。同样，一本给孩子看的书，从文字到图画，每一处细节的处理是否严谨缜密，考虑充分，也是判断一本童书优秀程度的标准之一。

瑞士儿童文学作家、插画家约克·米勒有一本图画书，书名叫《推土机年年作响》。我们给1岁11个月的孩子读这本书，从第4页起，他注意到了画面上大树枝条的遮掩下，有一个不起眼的小车库，并反复指认。我们循着孩子的指认重新回看，才发现这个车库如何在画面上渐渐地从无到有，又从有到无。它以这样一个极不起眼的细节，呼应着整个故事的时间、情节、节奏、氛围和意蕴。在孩子的提醒下，我们进一步发现，这本图画书中原来遍布着这样的细节。

所以，如果一个孩子关注到一本书中的某个小细节，这个细节又确实与作品内容无甚关系，不妨想一想，会不会是因为作品此处（或许还包括其他地方）的处理不够用心或到位？

和孩子一起读书，跟着他们去发现一本书如何在叙事的连贯一体与细节的缤纷交织下，构成一个有机的整体。

不要小看细节，就像不要小看孩子一样。

---

① 玛利亚·蒙台梭利.童年的秘密[M].金晶，孔伟，译.北京：中国发展出版社，2003：83—84.

读得害怕了怎么办？
——帮助孩子应对阅读中的恐惧感

1—2 岁的孩子，身心都处在弱小的阶段，一方面充满探索世界的勇气和意愿，另一方面也对恐惧、不安等负面情绪十分敏感。表现在阅读活动中，一些包含紧张、不安或刺激内容的阅读材料，可能会令孩子感到不适。

我们察觉到孩子在阅读中产生了恐惧或不安的感觉时，应该怎么办？

要随时关注孩子的这种感觉。每个孩子的个性气质不同，恐惧感的阈限也各有不同。有时候，对一个孩子来说完全可以接纳的图书，对另一个孩子来说却可能激起恐惧或不安的反应，因此，需要及时关注到孩子的反应。如果孩子特别抗拒读某一本书，很可能是因为书中有内容令他（她）感到不适。由于孩子尚不能清楚地表达自己的感觉，我们也许一时弄不清楚到底是什么地方出了问题，但这时候应该停下来，把这本书暂时放到一边。那并不意味着这本书一定不好，只是它可能不适合孩子在这个阶段读。

比如，我们观察到，有的 1 岁多的孩子不愿意读五味太郎的图画书《鳄鱼怕怕 牙医怕怕》，很可能是因为书中"害怕"的感觉以及整体上偏暗调的色彩风格，令他们感到本能的警惕。等到年龄稍长后，再读这本书，就完全没有问题。有的孩子在这个阶段不大能接受带有对抗、紧张（比如狼吃小羊的情节、森林里黑黢黢的场景等）情绪的故事，也要充分理解。这时候，不要再加强阅读的刺激，认为只要孩子习惯就好了。这样的习惯带来的只是感觉的麻木，是对情感和精神的另一重伤害。

那么，面对这样的情况，父母可以怎么做？

第一，尽量给孩子选择风格明快、情绪欢乐的图书，建立他们对书本和故事最初的乐观印象。像《一个黑黑、黑黑的故事》这样的图画书，虽然是一本不错的作品，但其哥特式的叙事方式与氛围，很可能不适合这个阶段的孩子阅读。等到有一天，孩子的身心已经完全准备好了，那时候，书中的紧张和幽默就会转化为另一种无比吸引他们的乐趣。作为父母，在孩子的很多事情上，我们都要学会耐心地等待。

第二，如果希望逐渐拓展孩子在这方面的接受度，可以选择一类图书：故事虽不无紧张情节，但又通过艺术的处理巧妙地化解了它。前面曾提到的《母鸡萝丝去散步》是一例，其鲜亮明朗的用色、清晰稳当的装饰画风，自然而然地消除了狐狸捉母鸡的紧张感。再如宫西达也的图画书《今天运气怎么这么好》，虽然包含狼吃小猪的内容，但其稚拙圆润的画风、均匀稳定的边框，缓解了紧张的氛围。这类图书能帮助孩子用另一种视角看待害怕的情绪。

阅读中产生的恐惧感，源自孩子自我保护的本能。它虽然常常表现为消极的反应，在根本上却是一种积极的行为，应该得到理解和尊重。事实上，在童年的每一个阶段，直至长大成人，恐惧感的对象和水平会发生变化，但它始终是我们生活中的一种重要感受和情绪。在早期阅读中帮助孩子做好准备，去逐渐认识、接纳、理解这些特别的生命感觉，也是童年成长的重要内容。

孩子撕书怎么办？
——成人的宽容与自我省思

1岁多的孩子读书时，撕书是常见的现象，也是正常的现象。[1]我们在前面也提到过，这个阶段的孩子撕书，可能有多方面的原因，不能简单地认定为孩子不喜欢书或不爱护书。

遇到孩子撕书的情况，父母不妨参考以下做法。

---

[1] 山本直美.每日7分钟 让绘本滋养孩子的头脑和心灵[M].林静，熊芝，译.浙江：宁波出版社，2016：31.

第一，选择孩子撕不破的书。

由于这个时候，孩子还不能很好地控制手力，抓住书页后容易撕扯。但如果在阅读过程中不允许孩子触碰书本，又会在很大程度上影响孩子对书的认知与热情。一般说来，我们建议家长给孩子选择那些不容易撕破的图书，比如纸板书、布书、塑料材质的书等，可以放心地让孩子翻动，而不用担心随时被撕破。这样的话，也可以鼓励孩子自己从书架上取书，自己翻书。

让孩子亲手去触摸书本，学着自己翻动书页，也是早期阅读学习的基本内容。这是我们为什么建议给孩子选择撕不破的书而不是禁止孩子撕书的原因。只需经历一段时间的共读，1岁左右的孩子就能较为熟练地掌握翻页动作，并乐于重复这个新学会的动作。当孩子从书架上取下书来，自己翻动时，哪怕动作还很笨拙，也不要随意打断他（她）。

第二，观察撕书行为是否频繁伴随其他破坏行为。

如果孩子持续做出撕书、摔书的举动，同时也用同样的粗暴方式对待其他玩具和日常生活用具，成人就有必要注意孩子是否正在经历情绪方面的某些问题。造成这类行为肯定是有原因的。在生活中找一找原因：家庭生活中是否经常出现比较紧张的气氛，平常对待孩子是否显得粗暴，孩子近期是否经历过特定的创伤性事件，等等。如果有，及时调整家庭生活的状态，给予孩子充分的安抚。

应该意识到，这样的调整不是大人为孩子做出的牺牲，而恰是孩子用他们的方式提醒我们及时校正生活的方向，努力拨开生活的迷雾。一个孩子，初涉人世，很多时候，父母就是他（她）的全部世界。或许正因如此，孩子对我们的生活有着异乎寻常的本能敏感。他们是镜子，清楚地照出生活中我们自己的样子。从这个意义上说，孩子也是我们重新认识和塑造自己的机会。

第三，大人是否在孩子面前有过撕纸的行为。

吉姆·崔利斯在《朗读手册》中举过一个例子。一个叫安的女孩在15个月大的时候表现出一种恼人的行为：她会选择性地撕掉书和杂志里的某些页面。大人反复耐心地告诉她，这是不对的行为，但都没有用。直到有一天，母亲看见父亲正在翻一本刚寄到的杂志，只见他翻上几页，便将夹在里面的广告页撕掉，再翻几页，再撕。她一下子明白了女儿为什么会撕书。[①]

　　这个例子提醒我们，在孩子面前，父母不仅是独立的个人，也是重要的榜样。我们的许多不经意的行为，很可能会对孩子产生影响。撕报纸只是小事，生活中无伤大雅。但会不会也有些从我们不经意的举动中透露出来的讯息，对孩子的观念、行为产生着不知不觉的深刻影响？面对孩子的信赖，一种慎重、负责的生活态度是必要的。

---

① 吉姆·崔利斯.朗读手册［M］.沙永玲，等，译.天津：天津教育出版社，2006：57.

小课堂
怎样认识幼儿与幼儿读物

幼儿天生的韵律感

幼儿是伴随着对韵律的天然感觉而出生的。婴儿还在胎儿时期就感受到母亲有节奏的心跳；婴儿期出于本能的吮吸行为，也是一个具有节奏感的动作。实验发现，如果对哭闹的新生儿播放与母亲心跳频率相近的声音，会使他们安静下来。婴儿也很享受像摇篮那样有节奏的摇晃运动。

早期儿童发展研究发现，具有听觉能力的婴儿对于周围环境中节奏分明的声音，更容易表现出注意的行为。这种幼儿期的节奏感包含着原始和天然的审美成分。美国发展心理学家 H.加登纳在《艺术与人的发展》一书中写道："在制作领域，一个一岁的幼儿有时能获得规则的节奏或制作出非常原始的绘画，虽然那也许只是胡乱的练习而不能算作品，然而开始作画的笔触都是有节奏的；它使我们感到，与生俱来的熟练行为的运动成分从一开始便构成了原始的审美活动。"[1]

幼儿的这种天然的韵律感，或许与我们所知道的所有生命，甚至我们周围的一切环境所表现出来的内在韵律感有着深刻的联系。四季轮转、昼夜更替、草木枯荣、候鸟迁移，这个世界上的所有事物似乎都有着属于自己的某种节奏规律，而人类正是生活在这样一个巨大而又无形的节律场之中。这意味着，幼儿期对于韵律的特殊敏感，很有可能是长久以来人类集体无意识中留存下来的节律原型的表现。这使得

---

[1] H.加登纳.艺术与人的发展[M].兰金仁，译.北京：光明日报出版社，1988：152.

幼儿期的韵律感觉也具有了深厚的人类精神的底蕴。

幼儿期的韵律敏感也与幼儿对秩序的敏感有关。有规律的声音或语言的节奏代表了一种可以预期和把握的秩序感，这种秩序感可以带给幼儿安全和愉悦的舒适感。因此，幼儿会不厌其烦地重复某些动作，以此来建立和巩固一种广义上的节奏规律。低龄的幼儿特别喜欢这样的游戏：

> 一个孩子爬到一张桌子下面，桌子上盖着垂到地面的桌布。小伙伴们看着他爬进去之后就走出房间，然后再回来掀起桌布。他们发现桌子底下的同伴时，就会高兴得大声叫嚷。这个游戏一遍又一遍地重复着。他们依次说："现在，我来藏。"然后爬到那张桌子底下。[1]

不停地重复意味着节奏规律性的叠加和强化，这是幼儿对于韵律的需要的一种表现。

在阅读生活中，我们也不断地碰到这样的情形：一个幼儿在听完一则短小的故事之后，不断地要求成人反复地重新讲述这个故事，并为自己可以开始表现其中一些动作或参与情节的预测而感到无比开心。

所有这些都意味着，幼儿期是一个从身体到心理都富于韵律敏感的发育时期，同时，通过各种方式迎合、肯定幼儿对韵律的需求，并巩固这种韵律感，对幼儿身心的健康发展，具有特殊的积极意义。这是幼儿读物为什么格外重视声韵和结构形式方面的韵律感的重要原因。

幼儿读物的韵律性

幼儿读物十分重视显而易见的语言韵律感。在所有语言类作品中，富于韵律感的歌谣、故事等作品能够迅速赢得幼儿的好感，并加强幼儿对这些语言对象的记忆。

---

[1] 玛利亚·蒙台梭利. 童年的秘密［M］. 金晶，孔伟，译. 北京：中国发展出版社，2003：66.

崔利斯在《朗读手册》中谈道："押韵的文字对孩子的影响可以追溯到出生之前。在一项研究中，妇女在怀孕的最后 3 个月反复诵读苏斯博士的《戴高帽子的猫》，结果婴儿出生 52 小时后，可以从其他未押韵的书中分辨出苏斯博士的韵文书。"[1]

幼儿读物的韵律特征主要表现在两个方面：

1. 声音的韵律 幼儿读物的韵律性首先体现在语音方面。对于幼儿期的阅读来说，韵文类幼儿文学作品占据着十分重要的位置，这其中既包括传统童谣、儿歌和短小简单的儿童诗，也包括采用韵文体手法创作的故事、童话等。

儿歌是以语音上的韵律为第一审美要素的幼儿文学作品，其韵律特征体现在语言的各个方面，其中既包括韵脚、双声、叠韵、连锁等语音上的韵律效果，也包括对偶、排比、回环、重复等结构上的韵律效果。传统童谣中的绕口令、连锁调、问答歌等，大多同时综合了上述多种韵律手法，其抑扬顿挫、节奏分明、朗朗上口的音韵特点，使得幼儿早在理解这些歌谣的意义之前，就已经记住了它的语言。研究证明，韵文作品的听诵对幼儿语言能力的发展具有明显的促进作用。

考虑到幼儿对富于韵律感的语言的敏感和喜爱，许多散文体的幼儿故事也常常将韵文手法融入其中，它成为幼儿故事创作的一个特色。让我们来读一读下面的这篇小童话：

小花瓣

张秋生

在碧绿的草地上，开着一朵花。一朵金灿灿的小花，像是一张美丽的小脸蛋。

小花有十片花瓣，她们紧紧地挨在一起，手拉手，肩靠肩，围成一个小圆圈。

风姐姐吹过这里，她说："小花瓣，小花瓣，让我看一看，哪

---

[1] 吉姆·崔利斯. 朗读手册[M]. 沙永玲，等，译. 天津：天津教育出版社，2006：84.

瓣最好看。"

十片小花瓣都摇晃着小脑袋说:"我们是平平常常的小花瓣,谁也不好看。"

风姐姐笑着说:"奇怪真奇怪,十片并不好看的小花瓣,围成了一张美丽的小脸蛋。"

在碧绿的草地上,开着一朵花。听了风姐姐的话,十片花瓣笑得多么甜……

尽管这则小童话并没有采用韵文体的形式,但它在许多地方使用了含有"an"韵的字,它们有的放在句子的末尾,比如"蛋""肩""圈""看""甜",有的则嵌在句子中间,比如"灿""脸""片""圆",从而带来了声韵上和谐的节律感。与此同时,这些字也与作品中含有"a""ai""ao""ang"等韵的字——像"花""她""拉""开""挨""在""袋""怪""草""小""靠""好""笑""脑""像""张""让""晃""常"等——构成了声韵上的隐约呼应。这些声韵上相关的字词在如此短小的故事篇幅内的高密度集合,给这则散文体的童话带来了一种齐整而又错落有致的韵律感。为幼儿朗读这样一些富于声韵感的故事,特别能够激发起他们的听觉敏感,从而使他们更易于记住和复述故事的内容。

2. 结构的韵律　幼儿读物的结构韵律也体现在许多散文体的作品中。我们来看下面这则小童话:

甜甜的手掌

冰波

住在北边的小黑熊,用大手掌把大苹果捏碎,揉呀揉呀。

小黑熊说:"我要让手掌变得甜甜的,有股苹果味。"

住在南边的小棕熊,用大手掌把草莓捏碎,揉呀揉呀。

他说:"我要让手掌变得甜甜的,有股草莓味。"

有了甜甜的手掌,两只小熊去冬眠。

小黑熊住进了一个大树洞里。

一会儿,小棕熊也住进了大树洞里。

两只小熊头碰着头,躺下来。

你看看我,我看看你,两只小熊都在想:是苹果味的好呢,还是草莓味的好?

小黑熊说:"我的苹果味给你尝尝。"小棕熊说:"我的草莓味给你尝尝。"

舔着甜甜的手掌,两只小熊都睡着了。

这则童话中关于小黑熊和小棕熊的叙述采用的是相同的句式,只有少量一些词语的替换,它们在故事里的轮流出现,造成了故事结构上的一种韵律感。它使短短的故事就像一支回旋的曲子,沿着幼儿可以把握和理解的节奏,有规律地向前推进。这样节奏分明的故事结构有利于帮助幼儿读者顺利进入故事的情境,也有利于其听读注意力的集中。

在另一些幼儿故事中,三段式的回环结构是经常被用到的手法。比如下面这则童话:

大海那边

[日] 冈本良雄 著

季颖 译

早晨,海对面的天空呈现出美丽的玫瑰色。静静的海滩上,三只早起的小螃蟹,挥动着大钳子在做体操。

一,二,咔嚓,咔嚓,三,四,咔嚓,咔嚓,五,六,七,八……就像是听从指挥一样。随着小螃蟹钳子的挥舞,玫瑰色的天空,渐渐变成了金色。

"瞧！瞧！"小螃蟹停止了做操。这时候，海面上突然冒出了又大又圆的太阳。这里，那里，到处都像撒下了金色的粉末一样。

"啊，海那边是太阳的故乡。"一只小螃蟹说。

中午，三只小螃蟹在热得发烫的沙滩上比赛吹泡泡。噗噜噗噜，噗噜噗噜。这时候，一艘白轮船鸣着汽笛，飞快地朝海对面开去。

"那艘船是去美国的。"另一只小螃蟹说，"所以，海那边是美国。"

到了夜晚，三只小螃蟹在漆黑一片的海滩上散步。这时候，对面的天空忽然一下子变亮了。小螃蟹们觉得波浪上仿佛架起了一座银光闪闪的桥，一直从海那边通到海滩上。噢，月亮升起来了。

这时候，第三只小螃蟹说："海那边是月亮的故乡。"

真的，大海那边到底是什么呢？

显然，这则带有知识性和哲理性的幼儿童话在结构上很清楚地分为三个部分：随着时间从"早晨"到"中午"再到"夜晚"的三次时间变化，大海边的景色在发生变化，关于"大海那边是什么"的问题也有了三个不同的答案。童话的三个结构存在着故事内容、语言表达方面的不同之处，但又有着基本相同的语法和许多形式相近的句子。这样，在故事的推进中，它一方面为幼儿提供了新的阅读挑战，另一方面又保持着十分整齐的结构韵律。绝大多数幼儿可以十分顺利地发现和把握这一规律，从而顺利地理解故事。

对于幼儿读物来说，语音和结构的韵律性几乎是无处不在的。这种韵律性能够使幼儿读者愉快、方便地进入到作品的听读过程中。此外，它的韵律感也有助于增强幼儿读者对于身边世界的一种稳定的秩序体验。

传统儿歌与创作儿歌

儿歌是整个幼儿阶段的基础读物，不但适合用作婴幼儿最初的启蒙阅读素材，也在整个幼儿阶段的阅读中扮演着举足轻重的角色。幼儿读物中的儿歌作品，主要有传统儿歌与创作儿歌两类。

传统儿歌是指在人类漫长的社会发展过程中诞生于民间，并经民间流传下来的那些儿童歌谣。这类歌谣在不同民族、文化传统中都有悠远的历史。

中国古代童谣又称孺子歌、小儿语等。古代童谣往往有着典型的儿歌形式，也借儿童之口吟诵传播，但从今天的眼光来看，它们中的许多作品，其真正的接受对象其实并非孩子，而是成人。历史上，童谣曾经普遍被认为具有预示世事变化、朝代更替的作用，尤其是明代以前的童谣，往往具有强烈的政治色彩，其意义接收者自然也是成人。不过，传统童谣中同样不乏天真、朴素、简约、活泼，适合幼儿欣赏的歌谣作品。

我们看到，历代童谣中流传下来并仍然为当代孩子吟唱的，往往是那些从民间生活的土壤里生长出来的歌谣。它们或者是与民间日常生活息息相关的歌谣吟唱，比如节气歌、问答歌等，或者是从儿童嬉戏中产生的歌谣，如摇篮歌、游戏歌等。这些歌谣内容、形式清新活泼，贴近儿童生活和趣味，因而深受当代幼儿读者的喜爱。

传统儿歌在其漫长的演进发展过程中，逐渐形成了一些特定的样式，如：

1. 摇篮歌 摇篮歌是成人安抚婴儿入睡时哼唱的歌谣。比如下面这首《觉觉喽》：

啊哦……

啊哦……

觉觉哟……

觉觉哟……

狗不咬哟……

猫不叫哟……

乖乖睡觉觉喽……

这首摇篮歌以简单的日常用语配合亲昵的抚慰语气，营造出一种安宁、温柔的入睡氛围。每句歌行后拖长的尾音强化了摇篮曲轻柔绵软的音韵效果，也进一步渲染出安抚和入睡的恬静氛围。透过歌谣，我们仿佛看到了一位慈祥温柔的母亲轻拍宝宝、哄他入眠的场景。即便幼小的婴儿还完全听不懂歌词的意思，歌谣那柔软亲切的语音特征也足以令他感受到其中温柔的深情。

2. 游戏歌　游戏歌是指在儿童的游戏活动中用来配合动作吟唱的一类传统歌谣。比如这首《炒蚕豆》：

炒蚕豆，

炒豌豆，

骨碌骨碌翻跟头。

这首歌谣对应的儿童游戏是这样的：两个孩子相向而立，双手互拉，一面吟唱歌谣，一面同时举起互相拉着的一侧手臂，向左或向右做持续的翻身动作。游戏过程中，歌谣的吟唱既控制着游戏的节奏，也增添了游戏的欢乐。今天，许多古老的童年游戏正逐渐消失，但通过游戏歌的传承和吟唱，我们仍然能够感受到其中荡漾着的那亘古不变的童年游戏的动感和快乐。

3. 数数歌　数数歌是把数字融入歌谣吟唱中的一种传统歌谣形式。例如这首《数蛤蟆》：

一个蛤蟆一张嘴，

两只眼睛四条腿，

扑通一声跳下水。

两个蛤蟆两张嘴，

四只眼睛八条腿，

扑通扑通跳下水。

数字本身是一个抽象的概念，但在数数歌中，抽象的数字往往与具体的形象、事件结合在一起，从而赋予了前者以具体、生动的生活内涵。数数歌的数字一般都是简单的基础数字，它在歌谣里的编排也是连续和有序的，对幼儿来说，这类歌谣具有初步的数字学习功能。当然，歌谣中那由数字的递增递减、回环往复形成的节奏感和旋律感，也给孩子带来了莫大的乐趣。

4. 时序歌　时序歌，也称时令歌，是以一年四季或十二个月等的时序变化为吟唱内容的歌谣。如这首《十二月歌》：

正月要把龙灯耍，
二月要把风筝扎，
三月清明把柳插，
四月牡丹正开花，
五月龙舟下河坝，
六月要把扇子拿，
七月双星桥上会，
八月中秋看桂花，
九月重阳登高去，
十月初十打糍粑，
冬月天寒要烤火，
腊月过年把猪杀。

这首儿歌通过一年之中十二个月的时序变化，将时节与传统文化和民俗生活之间的密切关联表现了出来，使儿童在吟唱之间，增添了对于自然界和日常生活的认识和了解。时序歌易记易诵的韵文形式，除了承担语言游戏的功能外，也能够帮助幼儿观察、了解自然景物、农事活动、民俗生活等的岁时更替。

5. 连锁调 连锁调是一种歌行之间首尾相接的歌谣形式。连锁调中，前后句子之间如同链环般环环相扣，通常每一歌行末尾的一个词，正好是下一行开头的那个词，这样首尾相衔，直至结束。

我们看这首《排排坐》：

> 排排坐，吃果果。
> 果果香，吃干姜。
> 干姜辣，吃枇杷。
> 枇杷苦，吃豆腐。
> 豆腐烂，吃鸡蛋。
> 鸡蛋圆，吃龙眼。
> 龙眼好，吃甘草。
> 甘草凉，吃腊肠。
> 腊肠香，吃高粱。
> 高粱细，吃荔枝。
> 荔枝红，吃沙虫。
> 沙虫甜，好过年。
> 年热闹，放鞭炮。

"连锁"的特征在这首歌谣中一目了然。与其他形式的传统歌谣相比，连锁调并非一韵到底，而是随着尾词的变化随时换韵，其声韵效果显得更为活泼。至于连锁调的前后歌行间，主要是依音韵的"连锁"关系衔接在一起，有时并无意义方面的逻辑考虑。但正因如此，倒使连锁调带上了某种不受常规限制的词语和意义游戏的性质。

6. 问答歌 问答歌是以一问一答或连问连答的方式形成韵文的一种歌谣形式。传统儿歌中的大量问答歌，原本其实是一种民谣，但它以韵文形式编织的生动的问答游戏，在过去和今天都受到了孩子们的青睐。

例如这首《谁会飞》：

谁会飞？

鸟会飞。

鸟儿怎样飞？

扑扑翅膀去又回。

谁会游？

鱼会游。

鱼儿怎样游？

摇摇尾巴掉掉头。

谁会跑？

马会跑。

马儿怎样跑？

四脚离地身不摇。

谁会爬？

虫会爬。

虫儿怎样爬？

许多脚儿慢慢爬。

许多传统的问答歌本是民间的即兴创作，歌中互问互答的游戏，同时也是对歌者智慧的考验。与此相应地，问答歌中的所问所答，涉及的也都是普通人生活中最常见的事物，从不卖弄生僻的知识。这使得问答歌中的"考验"显得格外亲切而朴素，也是这类歌谣受到年幼孩子喜爱的原因之一。

7. 颠倒歌　　颠倒歌是一类有意将现实生活中的事物逻辑、关系等加以颠倒或互换的歌谣形式。比如这首《颠倒歌》：

倒唱歌，顺唱歌，
河里石头跳上坡。
凳子爬上壁。
灯草打破锅。
爸爸娶亲我打锣，
妈妈出嫁我抬盒，
我打舅父门前过，
看见舅父摇外婆；
外婆只知哇哇哭，
舅父忙得叫我买糖哄外婆。

这首颠倒歌把正常的空间、位置、运动方式、长幼秩序等逻辑加以互换，造成了一种荒诞的趣味。通过改变人们习以为常的词语搭配和修饰关系，颠倒歌创造了一种不无滑稽的语言游戏。过去，人们也运用颠倒歌的"颠倒"隐喻来讽刺现实中有悖常理的社会状态。

8. 绕口令 绕口令也称急口令或拗口令，是利用字、词之间语音上的相近关系编织韵文、营造趣味的传统儿歌形式。比如这首《酒换油》：

一葫芦酒九两六，
一葫芦油六两九，
六两九的油，
要换九两六的酒，
九两六的酒，
不换六两九的油。

相近声韵字词间的重复缠绕，造成了绕口令吟诵的难度。要把上面这首"酒""九""六""油"的绕口令念得平直快顺而又字正腔圆，殊非易事。绕口令的趣味也正在于此，它的挑战性和考验性使它有些类似古老的猜谜游戏。孩子读绕口令，还可训练唇舌控制，辨清字音，锻炼自己的思维和反应能力。

与集体性的传统儿歌不同，创作儿歌是由儿童文学作家专为孩子创作的儿歌作品。也就是说，它是一种自觉的儿歌文体。创作儿歌继承了传统儿歌的一些基本形式特点，包括语言简白、声韵整齐等。

我们来看谢采筏的两首创作儿歌：

水仙

水仙娃，

顶呱呱。

大冷天，

光脚丫。

喝清水，

开白花。

洋葱

好笑好笑，

脱衣睡觉。

脱了八套，

还有八套。

脱了半天，

还没脱掉。

两首儿歌分别以水仙和洋葱两种常见的植物为题，用简单朴素而富于节奏感的歌行，形象地勾勒出它们的习性或特征，读来朗朗上口，又颇有妙趣。

一些创作儿歌也借用了传统儿歌的特殊体式。比如这首金波的《野牵牛》：

野牵牛，爬高楼，

高楼高，爬树梢，

树梢长，爬东墙，

东墙滑，爬篱笆，

篱笆细，不敢爬，

躺在地上吹喇叭：

嘀嘀嗒！嘀嘀嗒！

儿歌运用了连锁调的歌谣形式，歌行间上下"连锁"，自由转韵，其声韵、意象、用词等，也体现出传统歌谣质朴、活泼的美感。

创作儿歌继承和发挥了传统儿歌的形式及语言韵味，但很多时候，其艺术面貌和审美趣味又与传统儿歌有所区别。与来自民间文学的传统儿歌相比，创作儿歌都有自觉、明确的儿童读者意识，也更注重对现代童年视角、生活及情趣的表现。比如徐焕云的儿歌《摘樱桃》：

> 樱桃树，
> 弯弯腰，
> 樱桃熟了，
> 摇摇摇。
> 爷爷摘，
> 孙儿摘，
> 留下几颗，
> 喂小鸟。

儿歌中有关樱桃成熟了、祖孙摘樱桃，以及"留下几颗，喂小鸟"的场景和情绪描写，呈现的乃是一种纯真的童稚视角和一份可爱的童年趣味。歌谣最末两行流露出的那份天然的童心与善意，无疑也是属于现代儿童文学的独特审美。在当代，优秀的创作儿歌正是以天然、清新、生动的歌谣语言，吟唱童年天真、单纯、活泼的生活世界与生命情味。

幼儿读物的文本构成

幼儿读物的文本结构可以分为语音层、语象层和意味层三个层次。在这三个层次上，幼儿读物都表现出它自身的鲜明特点。

让我们以下面这首传统儿歌《小耗子》为例：

> 小耗子，上案板，
> 猫来了，打战战，
> 猫走了，再玩玩。

在这里，由 18 个汉字组合而成的语音整体，构成了这首儿歌的语音层；在此基础上，这些文字共同描绘的"小耗子在案板上玩，见了猫吓得直打战，猫走了又乐得再玩玩"的具体场景，构成了儿歌的语象层；最后，这首儿歌借节奏分明的音韵和淘气可爱的小耗子的故事所传达出的童趣和游戏情味，则构成了作品的意味层。

幼儿读物的语音层、语象层和意味层，与读者年龄较高的儿童读物相比，体现出它自身的特殊性。这是由幼儿读物读者对象的特殊性决定的。首先，对幼儿读物的文本来说，语音层不仅是一个基础性的层面，也是一个具有独特欣赏价值的层面。幼儿期的孩子对声音保持着高度的敏感，当他还是一个婴儿的时候，他对于声音的特殊兴趣就已经明显地表现了出来。我们常常看到在日常生活中，父母用一些响亮的、有节奏的、与众不同的声音（比如摇铃声、音乐声）让哭闹的婴儿安静下来，使他转而去寻找声音的来源。而进入语言学习阶段的幼儿对于儿歌、故事中那些富于音乐性的节奏、韵律等，同样表现出了浓厚的兴趣。

几乎在所有的幼儿读物中，音韵层面特殊的排列组合效果都有着举足轻重的意义。对于儿歌来说，由押韵、排比、对仗、双声、叠韵等语音修辞造成的声音效果，本来就是这些作品最为重要的文学性元素，很多时候，幼儿并不知道大人或自己吟咏的儿歌的意义，却仍然津津有味地沉浸在语言的声韵游戏中。也就是说，对幼儿来说，这些文本的语音层本身就足以构成一个自足的审美对象。

在散文体的成人文学和读者年龄段相对较高的儿童小说、童话中，语音层的重要性会自然而然地被削弱，变成"透明的层面"（韦勒克、沃伦语），但这一点却不适用于解释幼儿读物。即便是在幼儿故事里，语音的重要性也十分突出。对许多中外幼儿童话和故事的写作者来说，让故事在语言上保持相对整齐的节奏和声韵组合，能够使幼儿更容易喜欢上和记住这些故事。因此，对幼儿读物的任何一种文体来说，语音层面的营造始终是需要考虑的中心问题之一。

其次，幼儿读物的语象层不但可以寄寓在语音层之上，同时也可以通过图像画面得到特殊的传达。

与面向儿童和少年期孩子的作品相比，在幼儿读物中，图像作为一个意义传达的媒介，常常占据着与文字同等重要的位置。幼儿年龄越低，作品的这一特征便越明显。之所以会这样，除了鲜艳形象的图像更能吸引幼儿注意之外，对于语言能力还比较低下的幼儿来说，直观图像的出现也有助于他们更方便地领会语言的意义。对于一个从未见过长颈鹿的幼儿来说，一幅绘有长颈鹿的插图可以解决许多语言无法描述清楚的问题；对于还不能很清楚地理解"愤怒"的意思的幼儿而言，一幅表现"愤怒"情绪的儿童插图也比语言的符号性说明更能解释问题。对于许多幼儿读物的文本来说，它借文字所传达的语象不仅要依靠文字的符号媒介，同时也要依靠相应的图像媒介来呈现。

在一些无字图画书中，图像甚至完全取代文字，而直接承担起了文字表达的功能。也就是说，图像本身变成了一种可以独立传达意义的特殊的"语言"。由于作品的画面跳过了文字符号的中介，而用幼儿所能够理解的直观的图像来讲述故事，因此，幼儿可以凭借自己的理解力来"读"懂这些图像，从而也读懂图画里的故事。我们可以说，在这里，幼儿读物的文本跳过了对一般文学作品来说必不可少的语音层，而以另一种方式实现了语象层的任务。对主要以语言文字为载体的文学作品来说，幼儿读物的上述尝试解放了图像的叙事能力，也在一定程度上将幼儿读物的创作从文字的"独裁"下解放了出来。

再次，幼儿读物文本的意味层由于考虑到幼儿理解能力的限制，往往显得比较清浅。
幼儿读物所传达的意味，大多是与幼儿生活密切相关的一些小小的稚情稚趣和生活领悟，它有的时候是一些小小的快乐，有的时候是一种小小的幽默，有的时候是一些小小的感动，都没有什么刻意寄托的寓意。比如下面这首儿童诗：

进城怎么走法

[加拿大] 丹尼斯·李 著

任溶溶 译

进城怎么走法？
左脚提起，
右脚放下。
右脚提起，
左脚放下。
进城就是这么走法。

诗歌为"进城怎么走法"的问题给出了一个孩子气的巧妙回答，从而使诗歌呈现出一种特殊的幽默效果。对幼儿读者来说，这首诗歌的意味就是这么一种简简单单的游戏趣味。

但当我们从成人的视角来读这首诗时，我们或许会感到，在这样一个简单的回答过程里，也包含了一种人生的智慧。进城的走法有多么复杂？其实不过是左脚右脚轮流提起放下。同样，人生的走法有多么复杂？或许也不过是一步一步耐心踏下。来自童年游戏的小幽默，就这样生发出了生活的大领悟。对于幼儿读者来说，这样的意味是不可能在他们阅读这首诗的过程中产生的，但它或许会在他们长大之后的某一个瞬间里，像一根划亮的火柴那样点亮某种生活的智慧。

这就是许多优秀的幼儿读物文本意味层的独特之处。在面对幼儿读者时，它完全是清浅的、透明的，是一望到底的童年趣味，然而，对成人读者来说，它还天然地包含着另一种深刻的、悠长的、带有启示性的人生意义。这种意义，部分地也是童年本有的审美意义。

幼儿阅读是一项综合性的活动

幼儿阅读活动的综合性体现在其文字文本与绘画、音乐、舞蹈、舞台表演等艺术样式的结合上。

1. 阅读与绘画 在幼儿读物中，文学与绘画的结合是最为常见的艺术呈现形态。由于幼儿对直观形象的画面往往表现出比文字更大的兴趣，因此，许多幼儿读物常常通过搭配各式风格的插图，来吸引幼儿读者的注意。这就是早期幼儿图画书的源起。这一时期的幼儿图书，其插图部分是幼儿可以凭视觉直接欣赏的，文字部分则需要成人转换成声音，才能被幼儿所理解。因此，这时的幼儿读物不但包括了文学与绘画两种艺术形态的结合，也包括了视觉与听觉两种感官的双重运作。

随着幼儿读物的发展，图画书中原本大多用作文字解释的画面，也逐渐吸收了文学的叙事特征，从而发展出了特殊的叙事能力。许多插图不但能够给予抽象的文字符号以直观的画面呈现，还能够帮助文字补充讲述故事。还有一些无字图画书甚至完全摆脱了文字，而只让连续的图画来讲述故事。

比如英国儿童文学作家、插画家雷蒙·布力格的《雪人》，全书没有一个文字，只是以一帧帧的画面来表现一个小男孩清晨起床、出门、堆雪人的过程，夜晚降临后雪人复活，与男孩一起玩了一个晚上的情景，以及第二天小男孩起床后发现雪人已经融化的故事。尽管我们在书中找不到一个文字，但这并不意味着文学已经完全被画面取代了，而是说，文学的特征被转化到了画面中，从而使原本静止的画面具有了线性流动的时间，并组织出一个完整的故事。这是幼儿读物中文学与绘画结合的一种特殊的方式。

2. 阅读与音乐 广义上来说，富于韵律性的幼儿读物对幼儿来说，本身就是一种带有音乐性的体验对象。尤其是其中一部分韵文体的作品，它们有规律的节奏变化、和谐的语音韵律，以及悦耳的声调组合，能够唤起幼儿心灵中天然的音乐感觉。我们会发现，听读或诵读儿歌的幼儿常常像置身音乐的环境中一样，随着语言的节奏表现出自然的身体动作配合。

幼儿读物与音乐的结合由来已久。许多知名的中外童谣，都是与它们的乐曲一起被人们长久地记住的，比如英文童谣中的《一闪一闪亮晶晶》《伦敦桥要垮了》《玛丽有只小羊羔》等。今天，这样的童谣读本是幼儿读物的一种重要类型。

很多时候，人们也常常将字母、数字以及幼儿生活知识等编成童谣的形式，配以乐曲，以方便幼儿记诵。

与此同时，许多幼儿歌曲的歌词本身往往就是一首儿歌或者儿童诗。这些歌词讲究整齐的格式、节奏和韵脚，即便没有曲谱的配合，读起来也朗朗上口。

音乐使幼儿不由自主地想要手舞足蹈，因此，在幼儿阅读中，文学与音乐的结合常常也伴随着自然的舞蹈运动。由于幼儿期大肌肉的发展往往先于小肌肉的发展，与幼儿歌谣配合的舞蹈动作也大多以拍手、踢脚、身体的摇晃等大动作为主。比如一些幼儿拍手歌，就将儿歌、音乐与拍手、跺脚等舞蹈动作结合在了一起。

3. 阅读与表演 幼儿读物与幼儿表演直接结合的产物，首先是幼儿戏剧，它将幼儿生活故事或童话故事转化成舞台表演的内容，并常常由幼儿参与表演。这样的表演也是一种幼儿游戏。"戏剧游戏是最具价值的一种儿童游戏。"[1]通过这样的表演，幼儿可以以想象的方式完成现实生活中无法实现的事实，从而满足内心的某些角色扮演需求，并且通过表演更好地记住和复述一个完整的故事。这些既有助于幼儿认知能力的提升，同时也有助于其社会性发展。

除了专为幼儿表演撰写的戏剧作品之外，许多幼儿故事也可以很容易地转化为游戏性的表演，它们为表演性的幼儿戏剧游戏提供了上乘的素材。

以幼儿戏剧或幼儿故事为蓝本的表演可以是由幼儿亲自进行扮演的，比如将《三只小猪》的故事改编成戏剧，可以让不同的孩子分别扮演狼和三只小猪的角色，同时也可以采用手指戏、木偶戏、皮影戏等方式。后者是一些需要一定的手指精细动作和协调能力才能完成的表演游戏，它既富于新奇的趣味，也有助于促进幼儿手部小肌肉的发展。

由于在表演中，幼儿不可能对着剧本或故事念诵，因此，他（她）或者必须记

---

[1] Hilda L. Jackman. 早期教育课程——架起儿童通往世界的桥梁[M]. 杨巍，等，译. 北京：中国轻工业出版社，2002：116.

住整个故事，或者需要为自己所扮演的角色设想出合理的语言、动作反应。这就使得表演本身为幼儿提供了一个自由发挥想象的机会，同时也为原来的文本提供了一个读者参与再创造的机会。

当幼儿故事进入表演游戏的层面时，它所指向的艺术样式往往不仅仅是文学和舞台表演，而且同时包含了音乐、舞蹈的艺术形式，从而发展成为幼儿歌舞剧。融文学、音乐、舞蹈、表演等于一体的幼儿歌舞剧，最为集中地展示了幼儿读物的综合性特征。

由此，幼儿读物不仅是一种阅读的文学，同时也是一种操作的文学，不仅是用来欣赏的，同时也是用来实践的。它与幼儿的学习、生活、游戏有着密不可分的关联，它所训练的不仅是精神的能力，也包括身体肌肉的能力。它能够让一个孩子的所有内外感官和运动机能，都在文本的这一操作实践中得到相应的发展。

幼儿阅读活动的综合特性也让我们看到了幼儿读物文本的多重使用方法。仅仅被阅读并不是幼儿读物的最终命运，它还可以被转化成各种各样的活动，并且要求自身介入这些活动。比如，一首儿歌可以配上表演的动作进行朗诵，也可以方便地衍生出一首轻快的幼儿歌曲、一支简单的集体舞蹈；一个动听的幼儿故事，可以变成音乐剧、歌舞剧，可以为幼儿的游戏扮演提供精彩的素材，还可以在游戏中成为幼儿改编和再想象的对象……这一点也提醒我们，不要把幼儿的阅读静止化、孤立化，而要让它融入幼儿丰富的活动世界之中。一本幼儿读物的使用可以是发散的、多样的、富于创意的。

文本细读

怎样读懂一本幼儿图书

小书里的智慧、乐观与哲理：《约瑟夫有件旧外套》

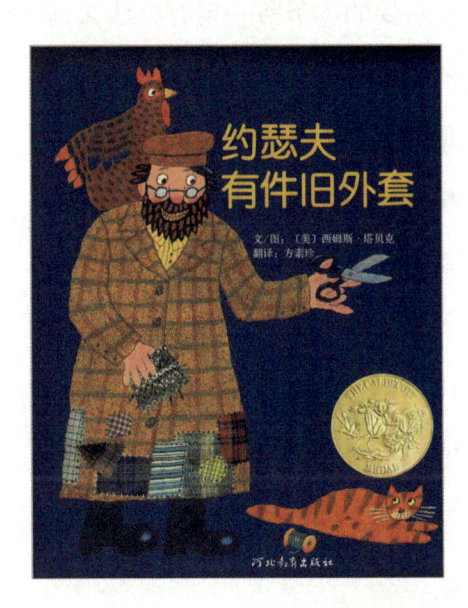

西姆斯·塔贝克的图画书《约瑟夫有件旧外套》是根据一首意第绪语（犹太语的一种）民谣改编演绎而成的。

民谣中常常保存着民间文化最日常，可能也是最重要的智慧和信念。而它的保存方式常常是这样的——简单的故事，素朴的情感，单纯而又坚定的信念，质朴而富有韵律感的语言，等等。于是，

我们在欣赏《约瑟夫有件旧外套》时，也会时时感受到它的图文呈现过程中传递出来的民间叙事特质和文化意蕴。它是智慧的。

约瑟夫有件小外套，已经很破旧了，于是，约瑟夫把外套改成了夹克，而故事也就由此变得一发而不可收。破旧的用品，在约瑟夫的生活灵感和智慧的引领下，总是能够"绝处逢生"，花样翻新。外套变成了夹克，夹克改成了背心，背心变作围巾，围巾裁为领带，领带做成手帕，手帕又变成一个扣子。最后，有一天，扣子不见了，于是，约瑟夫把这个故事做成了一本书。在这一源源不断的情节变化过程中，我们看到了一种民间智慧的原型，它充满了异想天开的创造力，同时又朴实无华，仿佛天然地

潜藏于我们每个人的心性之中。

它是乐观的。

最平常的生活中，我们也会时时遭遇各种悲苦或无奈，一件破旧的外套，可能就是这些遭遇当中最普通而常见的一种。然而，我们从约瑟夫的"剪裁"和应对之中，分明感受到了一种积极乐观的人生态度，感受到了在许多民间叙事作品中都能够触碰到的快乐天性。他穿着新夹克去市场，穿着新背心在侄子的婚礼上跳舞，披着新围巾在男生合唱团里唱歌，打着新领带去城里拜访妹妹一家人……整个故事也就平添了一份轻松和幽默，甚至是一缕隐隐约约的狂欢气息。

它是充满哲理的。正像这本书的结尾告诉我们的，你可以把"没有"变成"有"，不断创造出新的东西。的确，我们也可以像约瑟夫那样，把"无用"变为"有用"，在"绝境"中找到"出路"。因此，这篇从一首民谣生发而来的故事，其实也是一则寓言，在看似简单浅显的叙事形态中，隐藏着人类最基本的生活信念和生存哲学。事实上，在单纯中传递丰富，在浅显里蕴含深刻，这也正是图画书乃至整个儿童文学最重要的艺术特质。

也许，那首关于小外套的意第绪民谣，在西方已经成为一个人们熟知的故事原型和灵感来源，由此演绎变化而来的作品，还有不少。仅在图画书领域，菲比·吉尔曼的《爷爷一定有办法》，就是我们熟知的一个同类故事。不过，西姆斯·塔贝克的《约瑟夫有件旧外套》与吉尔曼的作品在文学构思和图画书的呈现方式上，也有着诸多的不同和微妙的差异。因此，它们都有着情趣各异、不可替代的阅读价值。而这些不同的情趣和价值，都等待着我们去一一发现和品味。

（《约瑟夫有件旧外套》，[美]西姆斯·塔贝克／文图，方素珍／译，河北教育出版社）

从数学算式到一首诗：《很多加很多等于几》

这个幼儿故事起始于一个平平常常的幼儿生活场景：在幼儿园学会了简单的加法的孩子，饶有兴致地给前来接她回家的妈妈出考题。从"一加一"增加到"四加四"的试题在我们看来，透着一个年幼孩子可爱的稚气。

然而，当我们就要在这个温馨却普通的童年生活片段前一笑而过的时候，孩子提出了另一个让人眼前一亮的新问题："很多加很多等于几？"

这个问题把我们从简单的数字和逻辑推演的情境中，一下子带到了另外一种生活的诗意境界。它也是这则故事的艺术之眼。从"一加一"到"很多加很多"的变化，涉及的不再是一种数字规模的增长，而是问题性质的转移。"很多加很多"显然不是一个可以从逻辑上给予精密解答的问题，而孩子对于这个问题的回答，则让我们看到了童年的诗意如何越过思维公式的框架，抵达对于生活的某种审美的观察和理解。

"很多小草加很多小草，等于草地"，"很多花加很多花，等于花店"，"很多山楂加很多山楂，等于糖葫芦"……这些充满诗意的答案呼应着之前孩子和母亲一起走过的每一个场景，并赋予了这些原本普通的场景以不一样的感觉和意义。

我们也可以说，这种"很多加很多"的智慧，实际上也还原了"加法"作为一种人类生活经验的最初意义。在"加号"成为一个缺乏温度的数学符号之前，事物的叠加本身对我们而言意味着什么？我们看到，在故事里，它意味着一种丰富的欢愉，一种开阔的想象，以及与此相连的各种对于生活的美感经验。

故事中，孩子天真的诗心也触发了大人们的想象力，并将"很多加很多"的诗意进一步推向了更开阔的生活世界。"很多皱纹加很多皱纹等于老爷爷、老奶奶"，"很多灯很多灯加在一起，组成了一片灯的海洋"，在这样的诗性表述和理解中，包含了有关时间的"加法"的某种朴素感受，以及有关光亮的"加法"的温暖生活体验。

透过童年的诗的眼睛，这些通常被遮蔽在生活的各种烦扰之下的诗性意义，向我们展露出了它们质朴亲切的面容。它也让我们看到，在童年时代呵护和培育这样一颗诗意的心灵，是多么值得我们去努力的一件事情。

(《很多加很多等于几》，今晓/著，颜青/绘，明天出版社）

读出幼儿故事里的象征：《一个和七个》

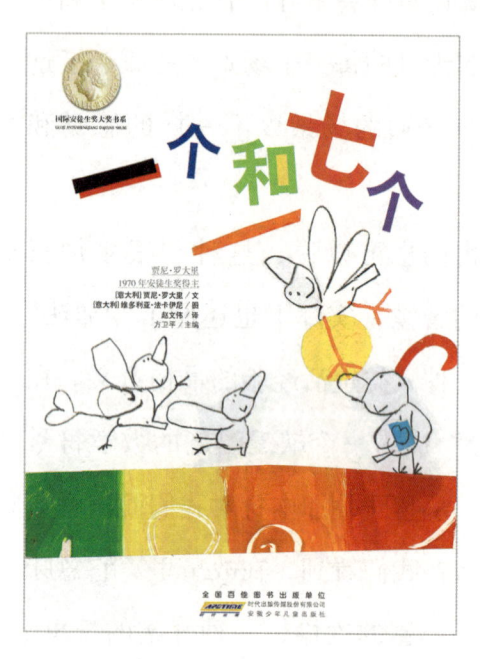

贾尼·罗大里的《一个和七个》写的是一个很小的故事，说的却是一种很大的思想。

故事很短，但一开头就很有意思。叙述人说"我认识一个小孩"，却又接着补充道，"确切地说，应该是七个小孩"。他要讲的，到底是"一个"还是"七个"小孩的故事呢？

开出"谜面"之后，他开始逐一介绍这"七个"孩子，他们分别是来自罗马、巴黎、柏林、莫斯科、纽约、上海和布宜诺斯艾利斯的保罗、吉恩、科特、尤里、吉米、秋和巴勃罗，他们的爸爸分别是电车司机、汽车制造厂工人、大提琴家、泥瓦匠、加油站工人、渔民和粉刷匠。这样，一共就有七个小孩。

可为什么"我"说他们"更像是同一个小孩"呢？"保罗的头发是褐色的，吉恩的头发是金色的，科特的头发是黑色的"，"尤里是白皮肤，秋是黄皮肤"，"巴勃罗看的是西班牙语电影，吉米看的是英语电影"。为什么"我觉得他们就像是同一个小孩"呢？"我"的回答是这样的：尽管这七个孩子来自不同的地方、不同的家庭，他们的皮肤和头发颜色各异，他们说的语言也各不相同，但他们却有着共同的需要、共同的爱好，还有一样欢乐的笑声。这也正是"我觉得他们就像是同一个小孩"的原因。

这是一则富于象征意味的小故事。作者当然不是真的要向读者介绍"七个"真实的小孩，或者"一个"同时住在七个地方的奇怪的孩子。我们很容易就能看出，这里的"七"并非实数，而是虚数，作者是想以少代多，以故事里的七个孩子来指称世界上所有的孩子，以他们来自的七座城市来指代世界上每一个地方，以他们父亲的七种职业来代表世界上的一切职业。这样，"一个和七个"的故事就意味着，地球上所有的孩子，无分名字、地域、生活方式、肤色、语言以及其他的一切区别，都分享着童年共同的愿望、感受、欢笑和乐趣，他们都是同一个"孩子"投下的不同身影。这些孩子成长起来，"就像是同一个人"，所以，"他们之间永远也不可能发生战争"。这就是为什么我在本文开头就说了这样的意思，《一个和七个》讲的是小小的童年故事，说的却是很大的人类的事情。它告诉孩子们，这个世界上，所有的小孩都一样是小孩，所有的人也都一样是人，他们拥有共同的名字，也正是这个名字，提醒着我们从"一个"的视角，来看待多样化的世界和生活在其中的每一个人。

意大利插画家维多利亚·法卡伊尼为《一个和七个》所配的儿童涂鸦风格的插图，以鲜亮的色彩烘托出了罗大里这则故事的总体情感，其画面包含的叙事想象，也增添了故事的阅读趣味。

阅读这样的作品，我们或许会问：写给低幼孩子欣赏的文学作品，可以这样讲故事吗？那些阅读故事的小孩子，能理解故事里"一个和七个"的象征内涵吗？

我们要说的是，幼儿文学不但可以这样讲故事，而且应该这样讲故事。这倒不是说这类文学一定要讲出一个很大的意义，而是说，那些写给孩子，尤其是写给低幼孩子的文学作品，应该具备这样一种开阔的视野与情怀，它虽然是面向小孩子的一种讲述，但这不妨碍它向孩子们传递一种大关怀、大意义。相反，正因为这类文学面对的是年纪尚小的孩子，它们的精神面貌的大与小就显得尤为重要，因为对孩子来说，这样的文学阅读不但为他们提供着游戏的趣味，也塑造着他们将来的模样。哪怕孩子们一时并不能完全领会作品的全部意义，那也不要紧，有一天，它们会像泥土里过冬的种子那样，从孩子的意识中苏醒过来，生长，开花，孕育出美好的情感。

那些能够用大思想来为孩子们写作的人，是一些了不起的儿童文学作家。贾尼·罗大里正是其中的一位。他在1970年获得了国际安徒生奖作家奖。

如果我们喜欢他的《一个和七个》，还可以读一读他另一首题为《面包》的儿童诗："如果我是面包师/我要烤一个巨大的面包/……穷人，孩子，老人，小鸟儿/都能吃得到。"这是一种与《一个和七个》一脉相承的艺术情愫，它让我们体会到了童年故事里的深厚情感，也让我们感受到了儿童文学作品中的伟大蕴意。

（《一个和七个》，[意大利] 贾尼·罗大里/文，[意大利] 维多利亚·法卡伊尼/图，赵文伟/译，安徽少年儿童出版社）

爱是拥有，也是放手：《亲爱的小鱼》

图画书《亲爱的小鱼》有一个很好听的书名和一个十分别致的封面。封面的背景只是相接的水与天，以不调匀的幽静的蓝，刷成深浅不一、朦朦胧胧的一片；在这个背景上，衬了一轮静静的满月和一个十分特别的吻。

这是一本十分适合在安静的晚上，爸爸妈妈和孩子一起分享的图画书。

这本书的作者兼绘者安德烈·德昂是知名的法国作家和插画家，其作品一向以故事情节、色彩、构图以及情境设计的独树一帜为人称道和赞叹。在《亲爱的小鱼》这本图画书中，他用开阔的双页单帧画面和朦胧变幻的大面积背景色彩铺绘，配以速写般简约的角色和场景勾勒,为我们讲述了一个单纯、快乐,又带有一丝说不出的感伤的故事:"我"在鱼缸里养了一条小鱼;"我"用面包和吻向小鱼表达爱意,还会在小鱼长大的时候,忍痛把它送到开阔的水里;而当获得自由的小鱼在"我"的期盼中仍然游回到"我"的身边时,"我"也将因此得到最好的爱的回报。事实上,故事一开始,我们就已经从画面里"读"到,这位情意绵绵的"我",原来是一只虎斑花纹的小猫。

对于这则故事的理解,有一点很重要。尽管"我"把小鱼出游和回来的场景描绘得具体而生动,但事实上,从"我"的叙述语态来判断,全部情节不过是"我"坐在鱼缸前想象的结果。从第一页到最末一页,现实时间几乎没有发生什么变化,小鱼仍然是鱼缸里的小鱼,不过"我"的思想却已经在很遥远的时间和空间里走了一圈。

这样来看,整个故事其实全是"我"对于小鱼的爱的承诺与独白,而最后那个甜蜜特别的吻,既是一种爱的回报和证明,也表达了"我"对于爱的一种理解和希冀。爱是与自由相伴的;真正的爱是"我"愿意把自由送给所爱的小鱼,而小鱼也愿意在自由的选择中仍然回到"我"的身边。然而当"我"把爱与自由一道送给小鱼时,"我"又是那么深切地盼望着来自它的自由的"爱"。作家有意设置的独白的叙述语气,给整个故事染上了一层说不出的感伤气氛,而当我们看到在夜的淡蓝和静谧中,"我"与"我"的帽子一道背对读者,面朝大海,孤独地等待着小鱼归来的画面时,我想每一个人都会被深深地感动,不管他(她)认同自己是故事中的"我",还是那条被爱的小鱼。

熟悉德昂的作品的读者自然会很容易地认出,这部作品的主角虎斑花纹猫也同样出现在了他的另外一部作品《猫和狗》中,而且也在那里认真地想象了一场与小狗的快乐嬉戏。当作者把原本对立的动物放在一起,用温馨别致的故事和画面来诠释爱与被爱这样的主题时,我们除了体会到作者的幽默之外,也会为展现于其中的明亮而温暖的和谐所感动吧。

每一本好书,总是可以有很多层面的理解和阐释,《亲爱的小鱼》也不例外。每一位大读者和小读者,都会有自己切身的体验和感受。不过,当我们把这本书推荐给爸爸妈妈和孩子们的时候,我特别想再说一句:

亲爱的父母们，爱小鱼，就请给小鱼自由。

亲爱的小鱼，请在自由的时候，也仍然记得曾经予你自由的那一份最为宽广深切的爱。

（《亲爱的小鱼》，[法]安德烈·德昂/文图，余治莹/翻译，河北教育出版社）

成长的远行与归来：《玩具船去航行》

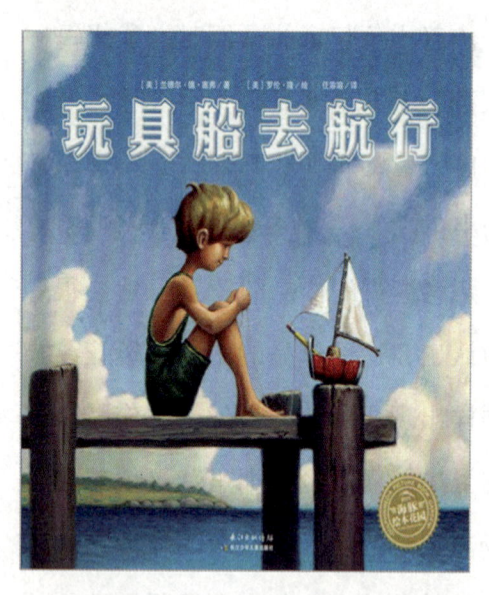

2003年美国金风筝童书奖插画奖获得者罗伦·隆从自己的童年阅读经验中受益良多。隆曾经为他童年时最喜欢的一则故事《小火车做到了》绘制插图，结果该书一路飙升至《纽约时报》畅销书榜之首。这使他更加信任童年的感觉和经典的力量。2007年，隆选择了与步入童书创作界不久的兰德尔·德·塞弗合作，为她的故事《玩具船去航行》绘制插图。该书随后获得了由美国童书销售商们投票决出的《出版人周刊》年度童书奖。

罗伦·隆选择《玩具船去航行》的理由之一，是他认为塞弗的这则故事拥有一种"永恒、经典的感觉"。故事的主角是一艘用罐头盒、软木塞、铅笔和白布做成的小玩具船，它与它的小男孩主人每天形影不离。不过，尽管玩具船也爱小男孩，它却同时向往着自由自在的生活。有一天，玩具船漂走了。第一次出远门的它不得不独自面对海上狂暴的天气和不友善的同伴。当它最后通过考验，在一艘善良的渔船的帮助下学会航行时，它终于又回到了小男孩的身边。

这则故事涉及与童年有关的多个文学母题与主题，包括依恋与自立、出走与回归、历练与成长，以及爱的矛盾和方式的探讨等。故事中玩具船与小男孩之间的关系很容易令我们联想到现实中的孩子与父母，我想许多孩子都能从玩具船身上体认到对于独立、出走和成长的渴望。故事结尾，爱的双方对"爱"的认识与理解都有了升华——小男孩懂得了该"不时放开"牵着玩具船的绳索，给它自由；而玩具船则清楚自己不管漂到哪儿，最后都会回到那牵系着它的"爱"的起点。从这个意义上说，《玩具船去航行》的故事为父母与孩子之间爱的交流和对话提供了一个富于寓言意味的文字空间，也使孩子和父母很容易对其中的角色产生认同。

不过这则故事的叙事最为特别的地方，在于它为儿童读者提供的双重角色认同。也就是说，孩子在阅读这本图画书时，可以同时进入小男孩和玩具船的角色扮演，真切地体会双方的情感。一般情况下，在故事起始处，幼儿读者会十分自然地将自己认同为故事中的小男孩。但随着情节的推进，这种角色认同会慢慢转移到玩具船上。在与玩具船一道经历冒险回来后，小男孩的角色重新成为孩子们可以选择的认同对象。这使得幼儿读者能够同时体味到故事中拥有爱的幸福与被爱的约束、逃逸的自由与失落的忧伤、冒险的快意与等待的焦虑，

这就大大丰富了孩子在阅读过程中的情感体验，也可以帮助他们更好地理解现实生活中来自父母的关爱。

罗伦·隆的插画富于美国特色，有人评价其图画书插图的用色、塑形以及角色表现仿佛跟随着爵士乐的节律。在《玩具船去航行》中，画家用梦幻般的蓝色来表现水域的状态和气氛变换，以及作品主角玩具船的情感变化；双页单帧铺展的画面背景开阔，笔触精细，用色华美，令人颇觉震撼。隆喜欢一则故事为插图留下足够的发挥空间，而他的确用色彩和线条的语言，很好地诠释、叙述和成全了塞弗的这则故事。

在作者兰德尔·德·塞弗的书桌上，就摆放着故事中的这艘玩具船，那是她和女儿波林娜共同的成果。而在画家罗伦·隆的心里，也清晰地保存着对于纸船游戏的童年记忆。是童年的魅力把两位作者一道带入了玩具船的故事中，而故事也将反过来滋润那孕育了它的永恒的童年。

（《玩具船去航行》，
［美］兰德尔·德·塞弗／著，
［美］罗伦·隆／绘，
任溶溶／译，长江少年儿童出版社）

自由是最美的舞蹈：《跳舞的熊》

《跳舞的熊》是一本涉及自然、生命、自由、动物保护、生态意识等多重主题的图画书，但它首先是一则清新而富有诗意，充满叙事和情感张力的图画故事。葱绿茂密的树林中，一头熊用自由的舞蹈来表达它内心抑制不住的那份生命的欢愉感，直到它被一群头戴红帽的人囚禁在一个大铁笼里，带到集市上。在这里，熊不得不用它曾经如此热爱的舞蹈，来换取观众粗俗的哄笑和饲者微薄的粮食。它怎么能忍受这一切呢？趁着夜色，熊逃跑了，它回到了树林山峦和清风明月的怀抱，也重新找回了自由舞蹈的快乐。

作为这部图画书的中心意象，"跳舞的熊"是一个有着双重含义的特殊意象。它既是指森林里自由自在的那头"跳舞的熊"，也是指锁链间无可奈何的那头"跳舞的熊"。如果将作品中熊在集市上跳舞的画面与作品最后熊在山顶跳舞的画面做一个对比，我们会发现，这两个动作之间是如此相像，然而它们所指向的内涵却是如此不同：前者是背负着被迫求乞的耻辱而起舞，后者则是迎着生命自由的光亮而起舞。这两种截然不同的意义在同一个意象上的叠合，使得这个意象本身被赋予了意义和情感上的特殊张力，它所包含的自由与禁锢、欢乐与痛苦、人的欲望与自然的权利、人的价值与其他生命的价值的对立和矛盾，让我们在读完这本图画书之后，并不容易那么平静地接受故事快乐的结局，而是在难以拂去的情感的激荡中，温习它所带给我们的关于自然与生命的换位思索。

为了使图画书保持这样一种生命故事的庄重意味，作者有意不将它处理成一个普通的童话故事，而是在动物故事与童话之间寻找到了一处特殊的空隙，来讲述"跳舞的熊"的遭遇。作品中的熊有着自己的欢乐悲苦，却从未像童话里的动物那样开口说话，也不曾与人类有任何语言上的交流。相反，在面对来自人类的骚扰和侵犯时，熊是沉默的、无语的，它的所有情绪只是从它的肢体语言中自然地体现出来。作者似乎是刻意地要让我们感到，这不仅仅是一个虚构的故事，也是一头熊的真实的命运。在文字部分，作者杰·沃尔甚至避开了儿童图画书中常见的为这头作为主角的熊取一个名字或加一个特指定语的手法，而是以具有泛指性的"熊"的统称，来指代故事里跳舞的熊。这在一定程度上使作品主角的命运更像是整个群类而不仅仅是一只熊的命运。上述看似不经意的手法进一步加强了这本图画书的思想和情感的力度。如果说通过这个故事，作者还希望传达对于作为人类的我们的某种批判的反思，那么这些手法无疑有助于让这一批判变得更有力度，也更令人印象深刻。

当然，承载着所有这些生命蕴意的《跳舞的熊》，首先是一本儿童图画书。也就是说，它必须以孩子们包括年幼的孩子可以理解的方式，来讲述这个故事，以及传达个中意味。我们注意到，这部图画书的故事有着简明的叙事线索和清晰的悬念转折，并且沿用了承袭自民间故事传统的"回归"母题和三段式结构。它很清楚地分为三个部分：围绕着熊从自由到被捕再到回归自由的情节推进，故事场景从代表自然的森林挪移到人类的聚居场所，又从这里返回自然，整个叙事过程显得十分干净利落。因此，尽管作品所传达的意义中包含着一份略显深沉的思想和情感的重量，但它并不妨碍一个孩子对其故事精神的基本领会和理解。

更重要的是，瑞士插画家莫妮克·弗利克斯为本书所绘的插图，为图画书的故事提供了另一个视觉直观的、充满形式美感和儿童情趣的特殊的叙述层次。这些大多以跨页大画面的形式出现在纸页上的插图，以其色彩的丰富、鲜亮、柔和以及构图的幽默、智慧和创意，在诠释和丰富故事情节，传递和渲染情绪氛围，以及发掘和表现图画书的思想内涵方面，发挥了重要的作用。它既是整部图画书艺术上的重要构成部分，同时也为儿童读者更好地理解故事提供了一个重要的媒介支点。

莫妮克·弗利克斯是知名的瑞士童书插画家，她的以小老鼠为主角的八册无字图画书系列在2003年由明天出版社引进到国内，其纯以童话画面讲解儿童生活概念的趣味与意味，展现了无字图画书独特的叙事艺术魅力，也给国内读者留下了难忘的印象。而在这部《跳舞的熊》中，莫妮克以另一种与这套无字书系列相比迥然有别的插画风格，再度展示了她不寻常的图画叙事才华。

如果说《跳舞的熊》的文字叙述部分更多地体现出一种简朴、收敛的语言风格，而并不追求对环境、氛围以及角色心理的细致描摹，那么该书插图部分则自觉地承担起了对于文字的上述补充叙事功能；而且，这种叙事所涉及的不仅仅是时间性的叙述推进，更是利用画面特殊的空间表现能力，来传达作品中一些往往难以用语言符号准确描绘的微妙的生命感觉。

比如作品扉页之后的第一个跨页画面，大幅铺开的青绿颜色衬着由远及近、由淡至浓的树干的褐色，将皮毛颜色最深的熊的形象，推到了整个画面的前景中心。熊的身体左倾约四十五度角站立，它所围抱着的那株树干则呈现约八十度角的斜右倾侧，这两个方向相对的倾侧巧妙地打破了森林背景上大量平行直立的树干所造成的呆板感，从而营造出一种俏皮的自然生趣，但又仍然保持着画面的均衡感。与此同时，就在这株树干上方，斜向下还伸出一根细长的枝条，枝上栖着两只蓝色知更鸟，另有一只似乎正准备降落在枝条上，它们所带来的向右下微坠的重量感，似乎再次打破了画面的平衡。但这股力的作用恰好与树干下方和它平行的熊的站立着的身体，形成了又一次力的平衡。在这样的画面处理中，我们一方面感受到了森林宽阔、茂密和未被外物打扰的那份宁静，另一方面又体会到了这里无处不在的勃勃生机。阅读画面时，我们的目光先是掠过森林的背景，落在画面中心的熊身上，继而跟随着倾斜的树干以及熊的目光，望见了枝头的知更鸟，最后又随着知更鸟啼鸣的方向，重新回到作为画面主角的熊的身上。这种空间的流动感进一步增添了画面的生气，并为接下去熊所跳出的那支欢快的生命之舞，做好了氛围和情绪上的铺垫。

与杰·沃尔偏于客观的文字风格相比，莫妮克的插图也完整地呈现了随着故事情节的展开，发生在熊身上的主观情绪的转变。在森林里跳舞的熊是快乐的；被塞进笼子时的熊带着些许不解的表情；关在笼子里饿肚子的熊感到了沮丧和害怕；被许多人拽着项圈的熊显得格外愤怒；从笼子里逃走的刹那，熊的眼睛似乎闪过一丝坚定的向往；奔回森林后，熊又成了快乐的熊……所有这些情绪透过熊的动作，特别是熊的眼神，生动地传达出来，以至于我们可以想象，一个年纪还小的孩子，仅仅通过一页页翻阅这些画面，就能够大致地说出故事里发生了些什么。

像许多有趣的图画书一样，《跳舞的熊》的插图中也藏有不少特殊的细节。它们有的是对于故事情节走向的某种隐秘的暗示。比如在故事开始后的第三个跨页，当夜色开始降临，几乎占据整个画面的棕黑色的熊惬意地衔着一小簇野花在草地上手舞足蹈，任由月光"挠着他的脚掌"时，细心的读者会注意到，就在画面右上方不起眼的一角，远处的山路上，正隐约行进着一辆红色的有人驾驶的马车。这是故事开始以来，画面上第一次出现不属于森林的事物，它会给故事的情节发展带来什么变化吗？在接下去的阅读中，我们很快会知道，远处的这辆车子正是后来那辆把熊运出森林的笼车。同样，在紧接着该页的下一个跨页画面上，当熊跳完了舞，美美地在草地上入睡时，不远处绿色的树干后，隐现着一些头戴红帽子的偷窥者的脑袋。

显然，这正是后来熊所看到的那些把它塞进笼子的人。尽管该页的文字叙述依然专注于表现熊的快乐，丝毫不曾提及有关人的话题，但我们却从这些红帽子所围成的包围圈里，提前感受到了正在逼近熊的危险。

另有一些画面细节，在作品中包含了特殊的象征意味，比如曾在画面上反复出现过的那个淡黄色的月牙儿的意象。图画书中，这个月牙儿的意象先后出现了五次，而且都是在熊拥有自由的时刻。我们看到，当熊在草地上跳舞和睡觉的时候，月光就照在它的身上；而从它被抓起来运出森林的那一刻开始，月亮消失了，即便到晚上也没有再出来；直到熊最后逃出笼子，奔回森林，淡淡的月牙儿才重新出现在了画面的右上方。在作品最后的那个画面上，这个细细弯弯的月亮再次见证了重获自由的熊的舞蹈。显然，月亮和月光的意象在这里除了承担布景的功能之外，也象征着自然和自由。正因为这样，在熊被抓走前的两个跨页画面上，画家才有意运用一种带有超现实意味的画法，让月牙儿如童话般落在了睡着的熊的怀里——这一刻，睡着的熊在梦中仍然拥有自由，但当它醒来，自由将像它怀里的月亮那样，在现实中消失。

对孩子们来说，这样一些画面细节构成了图画书阅读乐趣的一个重要来源。在成人的提示下，他们能够迅速找出这些细节，并据此补足自己正在试图建立的理解的那个故事的框架。但很多时候，他们更懂得如何凭借自己的观察去发现画面上这些不起眼的视觉细节，因为他们太明白由于"尺寸"小而被忽略是怎么回事了。如果你对年幼的孩子阅读图画书的能力有所怀疑，那么就去看一看他们发现细节的能力吧。我猜想，阅读《跳舞的熊》，许多孩子会在许多成人之前，敏感地发现那辆不祥的红色马车的踪影，以及那个淡淡的黄色月亮的秘密。

我也相信，透过这本图画书的文字与画面所传达出的自然生命节律以及与此相连的那份自由、珍贵的生命感觉，尽管可能超出了一个幼小的孩子理解的范围，却会伴随着孩子对故事的接受，以一种特殊的方式融入他的心灵结构中，继而潜在地影响他对自然、对自己、对世间一切生命的态度。

（《跳舞的熊》，［美］杰·沃尔／文，［瑞士］莫妮克·弗利克斯／图，赵霞／译，明天出版社）

推荐阅读

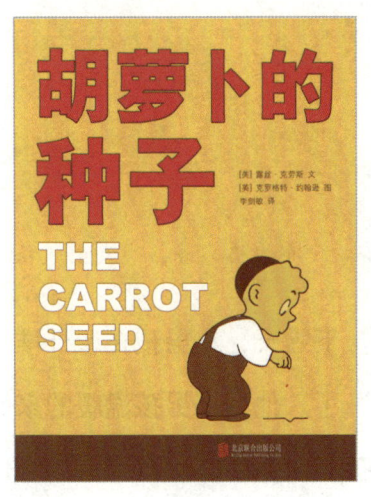

《胡萝卜的种子》

［美］露丝·克劳斯/文，［美］克罗格特·约翰逊/图，李剑敏/译，北京联合出版公司

这本图画书有着极简风格的文字与插图，却蕴含了深刻的生活隐喻。小男孩种下一颗胡萝卜种子。所有人都说，这颗种子不会发芽，只有他坚持给种子浇水、除草。有一天，胡萝卜长出来了，就跟小男孩想的一样。我们可以把它当成一个单纯的儿童故事来读。生活中，面对一颗总是不发芽的种子，理性的成人会说"这颗种子不会发芽"，孩子则往往坚守着"胡萝卜会长出来"的信念。有时候，孩子可能是对的。我们也可以从中读出人生的某种寓言：单纯的信仰和坚持，最终将换来梦想的实现。如果你的孩子有一个像胡萝卜种子那样的梦想，不要只是对他说"这颗种子不会发芽"，请给他坚持梦想的时间和机会。有一天，梦想也许会变成惊喜。

《好饿的小蛇》

［日］宫西达也/文图，彭懿/译，二十一世纪出版社

可爱的题材，稚拙的画风，重复的节奏，夸张的幽默，非常能够激发这个年龄段幼儿的阅读兴趣。随着"好饿的小蛇扭来扭去在散步"的重复讲述，孩子会很容易把握住整个故事的节奏和语言，而始终在变化中的小蛇的食物和身体形状，又不断扩充、丰富着这一节奏。读这个故事，孩子会学习一些基础的认知名称（小蛇、苹果、

香蕉、饭团、葡萄、菠萝、苹果树）、形状（圆圆、长长、三角形、带刺）、时间的顺序（从"第一天"到"第六天"）等。读完正文，别忘了看一看封底——孩子很可能比我们更早注意到封底的画面——那才是整个故事的结尾。好饿的小蛇终于吃饱了，睡着了。"饿"的需求得到了满足，故事的驱动力也停止了。望着封底中央倚着草丘呼呼大睡的小蛇，孩子也会在想象的游戏之后，感到安宁和释然。

《雪人》

[英]雷蒙·布力格/著，明天出版社

无字图画书的代表作之一。下雪天，小男孩在屋外堆了一个雪人。晚上，雪人"活"了。他在小男孩温暖的家里经历了一番冒险，又带着男孩飞向空中，进行了一场奇妙的旅行。全书没有一个文字，只用画面表达。孩子会从最主要的那些意象读起：雪、小男孩、雪人……随着他能够辨识的画面意象越来越多，他也会慢慢建立起对故事基本情节的理解。

和孩子一起读这样的书，我们不妨先做观察者，看一看他自己能读到什么程度。这个阶段，孩子还注意不到画面中的许多细节，但对整体情节、情感的把握却往往相当准确。雪人融化了，他还会回来吗？和孩子一起说一说吧。

《我爸爸》

[英]安东尼·布朗/文图，余治莹/翻译，河北教育出版社

把孩子最熟悉的爸爸和对爸爸的感受，用充满温暖的夸张和幽默表达出来。孩子眼里的爸爸无所不能：跳得高，吃得多，游得好，跑得快，会跳舞，会唱歌，什么也不怕，什么都难不倒他。最重要的是，爸爸爱我，我也爱爸爸。对

孩子来说，爸爸永远是站在全世界的最前面、闪闪发亮地对着"我"微笑的爸爸。一句"这是我爸爸，他真的很棒"，说出了孩子对爸爸的全心信赖与爱。画面上的爸爸穿着睡衣，披着睡袍，有点滑稽好笑，又那么亲切温暖，不管他变成什么样子，我们都能一眼看出来。找一找画面上各种充满安东尼·布朗风格的小细节：爸爸头顶由云气聚成的王冠，爸爸身后会走钢丝的袜子，和爸爸站在一起的两位男高音歌唱家，躲在门外树下的三只小猪和小红帽，等等。对很多孩子来说，这个世界上找不到第二个人，像小时候心里的爸爸那样棒。

《母鸡萝丝去散步》

[美]佩特·哈群斯/文图，信谊编辑部/译，明天出版社

这是一场自在悠闲的散步，也是一次危机四伏的历险。母鸡萝丝走在前面，狐狸尾随在她身后。一个浑然不觉危险存在，却总能化险为夷；一个看似占据上风，却总是处处受挫。明快稳当、充满稚趣的装饰画风，巧妙地化解了故事的紧张氛围，回应和渲染着其中的幽默效果。这个故事为儿童读者提供了不同的视角，看一看，孩子是更多站在母鸡、狐狸还是叙述者的立场上来读这个故事？立场不同，他们的阅读反应也会有所不同。读完了，还可以回到扉页看一看，那里的插画其实就是整个农场。和孩子一起用手指画一画，说一说，母鸡萝丝是沿着怎样的路线穿过院子，绕过池塘，翻过干草堆，经过磨面坊，从蜂箱下面走过去，最后回到了鸡舍的。从部分看整体，从整体看部分，是不是又有不一样的趣味？

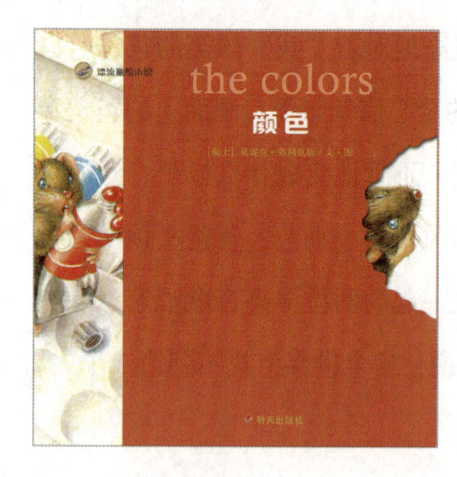

"小老鼠无字书"系列

[瑞士] 莫妮克·弗利克斯 / 文图，明天出版社

这套较早引进中国的无字图画书，今天读来依然经典。该系列包含《字母》《小船》《颜色》《房子》《数字》《反正》《飞机》《大风》八册，由同一只灰色小老鼠的形象贯穿始终。八册封面上有不同位置、形状的镂空，镂空后能窥见不同姿态、表情的小老鼠。翻开来，白而空旷的背景上，孤零零的小老鼠，总能想办法咬开纸面，去发现、创造丰富奇妙、五彩缤纷的世界。让孩子试着看图说一说：故事里的小老鼠都经历了些什么？这些故事向孩子传递的不只是颜色、数字、字母等的初步认知，也是像小老鼠那样的自信、勇气和无边的创造力。

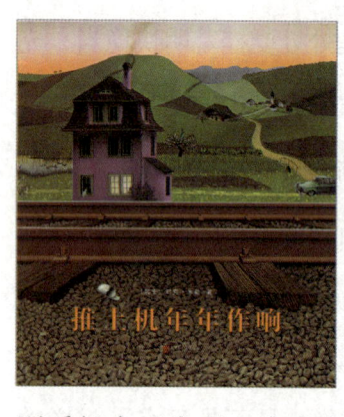

《推土机年年作响》

[瑞士] 约克·米勒 / 著，北京联合出版公司

这是一本内涵非常深厚的图画书，但因为文字很少，几乎都由画面叙事，而画面又始终保持在同一视角，因而也适合较低年龄段的幼儿阅读。这一阶段，孩子阅读的主要乐趣在于发现。本书印制有别于一般的图书，其中每一页都做成独立的折页形态，可以一张一张地取出来读，每一张展开来，就是三个跨页连续构成的一长幅绘画。把画页平铺在桌子或地板上，和孩子一起来发现，画面上有些什么，哪些东西在慢慢地消失，哪些在逐渐增加，哪些发生了显而易见的变化。书中插图遍布精准安排的细节，寻找和比较的过程充满趣味。这一切变化里，有时间的消逝，有生活的变迁，有人与自然关系的演化。孩子虽然还不能感受其中深层的蕴意，但艺术的观赏和阅读自会留下其独特的滋养和熏陶。

《鼠小弟的小背心》

［日］中江嘉男/文，［日］上野纪子/图，赵静、文纪子/译，
南海出版公司

"可爱的鼠小弟"系列中最具代表性的作品之一。鼠小弟有了一件漂亮的背心，鸭子、猴子、海狮、大马、大象都想借来穿，结果会发生什么？每页只有寥寥几字，除了开头和结尾，几乎都在重复以下简单的对话："小背心真漂亮，借我穿穿好吗？""嗯。"这些对话一定要跟画面合在一起读，会有浓郁的幽默感从文本间升腾而起。正文最后，鼠小弟拖着被穿得拉拉垮垮的背心，伤心地走了——但这并非故事最后的结尾。一定要一直读到封底，在那里，我们会看到小背心成了一架秋千，挂在大象的长鼻子上，鼠小弟呢，正快活地荡着秋千。如果孩子喜欢这个故事，可以继续挑选该系列的更多作品来读。

《一园青菜成了精》

周翔/图，明天出版社

由中国传统童谣改编的图画书，韵律欢快，节奏鲜明，易于幼儿跟读。故事想象张扬而贴近现实，在"最近几天没人问"的菜园子里，各种蔬菜上演了一场热闹的狂欢。歌谣由不同蔬菜的特点敷衍开去，为它们在这场无人知晓的"战事"中安排角色，从将帅到兵卒，各有高招与绝技，各显本事和神通。一番打斗的结果，恰好红了萝卜，紫了茄子，熟了一园子青菜。战斗中的"挂彩"与蔬菜成熟的特征交相呼应。作品绘图将写实与写意、物性与人性巧妙糅合，十分耐读。

本书获得第一届丰子恺儿童图画书奖评审推荐图画创作奖。

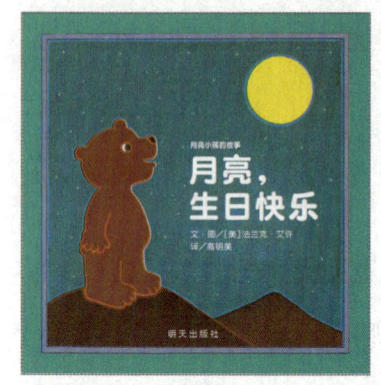

《月亮，生日快乐》

[美]法兰克·艾许/文图，高明美/译，明天出版社

小熊与月亮之间的对话，虽然完全是回声的重复，作家却在故事的语境中利用这重复造成巧妙的误解。小熊的回声成了月亮的回答，于是有了送给月亮的生日礼物。除了声音的误会，故事也用画面视角、错觉等营造巧合。最后，小熊和月亮都收到了生日礼物。给孩子读小熊和月亮之间远远的对话，他们也许会从前后话语的重复中感到莫大的乐趣。这个故事不只有"回声"一种解释——谁能说落在地上的帽子不是月亮用它的方式送给小熊的礼物呢？孩子会愿意相信小熊和月亮之间真的发生过这场对话，也的确互赠了礼物。我们或许也会感到，在生活更深处，这样的相信才赋予一切以更充实的意义。

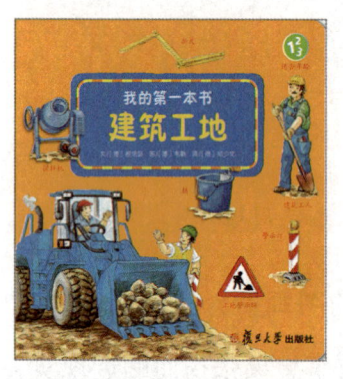

《我的第一本书 建筑工地》

[德]根浩瑟/文，[德]韦勒/图，[德]郑少文/译，复旦大学出版社

幼儿对日常生活中的机械表现出的某种热情与痴迷，有时会令成人感到惊讶。一台工地挖掘机有什么可看的呢？但在孩子眼里，工程车巨大而坚固的车体、缓慢而有力的移动、粗犷而精准的作业，无不激起他们巨大的好奇。本书向孩子介绍建筑工地围栏背后的机械世界，从挖掘机、搅拌机、装载机、卡车、推土机、平地机、塔吊、沥青混凝土摊铺机等大型机械到路障、警示灯、工地警示牌、安全帽、铅垂线、气泡水平仪等小型工具，其庞大与精细、机械与人力的结合，既是对建筑工程与机械知识的较为全面的介绍，也蕴含着科学、人文的机器理念。先不要担心孩子能不能理解如此复杂的名词，一一读给他们听一听。他们对事物"正名"的接受态度和接受能力，很可能远远超出我们的想象。对许多大人来说，这样的阅读恐怕也是一次崭新的学习。

《跑跑镇》

亚东/文，麦克小奎/图，明天出版社

这本图画书的基本创意源自我们日常生活中的一种普通联想，但作者从这普通的日常里产生了生动的巧思。作品里，当我们熟悉的各种事物、对象以"碰撞"的方式发生意外的关联，咣的一声，轻快的幽默和趣味也随之荡漾开来。小猫和小鹰"撞"出了猫头鹰，黑熊和白熊"撞"出了大熊猫，小鱼和仙人球"撞"出了刺鲀，公主和海豚"撞"出了美人鱼……最初几页翻读下来，你一定会想，哈，原来是这样好玩的"碰"和"撞"！再多翻几页，看到馒头和肉丸"撞"成包子，荷叶和拐杖"撞"成雨伞，你或许还会想，这个"碰撞"的逻辑，其实也不是多么特别，是什么使它读来始终如此别具生趣和情味盎然呢？

本书获得首届图画书时代奖。

2—3岁的孩子，常常让我们惊讶地感到，他们似乎已经什么都懂了。这个阶段，孩子的语言能力进一步发展，表达也更为完整、丰富。他们开始喜欢提问，喜欢搞怪，预示了思维和趣味的重要拓展。与此同时，他们也表现出想要参与一切事务的强烈愿望。

这个年龄段的孩子，已经认识和想要探知的世界都不断扩大。在原有的整体认知能力基础上，归纳和推理思维开始发展。表现在阅读上，这时候孩子读一本书，并不满足于静态地接受，常常还会针对书中内容做出特定的逻辑归纳和推理。阅读过程中，孩子提出问题的频次与难度都开始上升。

太阳已经升起，世界完整地敞开在孩子们眼前，等着他们去发现，去探索。书本和阅读将成为满足他们这一冲动的重要途径。

亲子阅读中，父母需要做好准备，迎接孩子向你抛来的各种难题。面对这些问题，你或许会感到无奈，但也会同时感到欣慰和欢喜。

2—3岁

孩子是怎么读图画的？
——读图能力的奥秘与意义

从进入阅读的世界开始，孩子阅读的第一语言就是图画。在认识"苹果"两个字以前，他已经能看懂苹果的图像。这是因为与抽象的文字符号相比，图画是一种直观语言，也是一种与幼年时代更为亲近的表意符号。实际上，绘在石洞上的那些远古壁画，正是人类文明最初的符号语言。我们今天使用的汉字，同样是由图像演进而来的符号。成年以后，我们大多数人主要使用文字阅读、学习、工作，这使我们容易忘掉，图像符号也是我们生活中十分基础、重要的一种语言。

孩子似乎天生洞悉图像阅读的奥秘，那也许是积淀在他身心之中人类原始本能的流传。正如婴幼儿时期的认知和记忆往往是整体性的，孩子面对图像符号，也表现出独特的整体认知与辨识能力。如果留心观察，2—3岁期间，幼儿对图像的整体记忆和辨识达到了令人惊讶的水平，其图像语言的识别能力进一步发展，从粗略识别到精细辨别，辨识速度之快、精度之高，令人赞叹。

这时候再给孩子看一些视觉发现类的图书，可以见证他们本能而高超的图像辨识和解读能力。首先是图像辨识的精确性。尤瓦·左默的图画书《走进奇妙的虫子世界》，是一本向孩子介绍各类虫子的知识类读物。该书画面信息十分丰富，除了昆虫知识的图文解说，全书还有 15 页画面上隐藏了一只蓝色的苍蝇。我们注意到，2岁半左右的孩子可以准确地找出画面上的蓝苍蝇。尽管在一些页面上，蓝苍蝇的身影混在与它大小、形体相似的各种昆虫中，很容易混淆，但孩子的定位却十分精准。他们辨析图像依靠的不是精细的观察和分析，而是一种综合和整体的直观把握。

其次是图像阅读的完整性。这个阶段的孩子除了关注细节，还进一步注意到了图像叙事的完整性。在这一点上，孩子尤其是大人的榜样。他们对书本上的图像信息似乎有着本能的全局把握意识，能够在看似随意的翻读中关注到画面信息前后的连贯性与一体性。有些画面上的信息，因其与故事主要情节并无直接关联，大人在阅读时很容易错过，孩子则常常会将这些信息自然地纳入故事整体之中。2岁半的孩子读图画书《这是谁的自行车？》，注意到封面和封底不起眼处，还有鸭妈妈和小鸭子在骑自行车。虽然正文情节中并没有这一内容，但这个藏在封面和封底的前后呼应的画面细节，却是整个故事中重要的一环。对于这样的图画信息，许多成人读者往往需要经过图画书阅读的培训或指导，才会予以及时的关注和专业的解读。2岁多的幼儿在这方面表现出的敏感和直觉，也是其读图天赋与能力的体现。

或许有人会问，对孩子来说，这样的读图能力有什么用？在当代教育体制和文化传统下，随着孩子逐渐长大，其阅读必然会从图像逐渐转向以文字为主的阅读。那么，关注幼年时期读图能力的奥秘，鼓励幼儿读图能力的发展，又有什么不同寻常的意义？

首先，在孩子进入文字符号的抽象世界以前，图像阅读让孩子体验到了视觉符号阅读的丰富趣味，也培养了初步的符号意识与解读能力。我们认为，仅仅是这种乐趣本身，就足以为幼年时期的图像阅读提供充分的意义。

其次，在图像阅读中得到培育的阅读素养，未来也会迁移到文字符号的阅读中。对细节信息的敏锐、完整的关注，不论在图像还是文字的阅读中，都一样重要。事实上，高质量的图像阅读比低质量的文字阅读可能更有益于儿童识读和理解力的发展。正因如此，近年来，一些西方儿童阅读研究者在探讨、尝试如何通过图画书的阅读，促进小学中高年级儿童阅读能力的发展。

我们生活在一个读图时代，电影、电视、电脑、手机等媒介中，各种图像信息以前所未有的密集程度遍布我们的生活。图像符号的直观性使我们容易忽视，解读图像与解读文字对人的智能的调动和考验，在根本上并无二致。

和孩子一起阅读图画故事，也是重新认识、学习图像作为一种人类文化符号的丰富与深厚。

这本书里都有些什么？
——让孩子说一说，听孩子讲一讲

受到家庭阅读习惯和氛围的影响，幼儿在2岁左右，会对书本、纸页上的符号产生特别的兴趣。我们有时看见孩子翻开一本书，煞有介事地读出声来，仔细一听，其实全是他自己胡诌，但这胡诌很有意义。此时孩子尚未正式开始识字，这是他对文字符号的本能热情的一种体现。我们会想起德国哲学家卡西尔的著名论断——"人是符号的动物。"儿童对符号（不论是文字符号还是图像符号）产生解读和创造的兴趣，是他正在走进符号世界的标志。

这时候，翻开一本书，可以先听孩子自己说一说，书中都有些什么。孩子也许会指着画面上的物体，一样一样地说过去，当然也可能是跳着说，还可能是照着自己编的线索说，怎么说都可以。对于故事类图书，有的孩子会依据图像符号和之前的听读记忆，试着简单地复述其基本内容。要充分鼓励孩子的这种表达和讲述，不论它听上去多么不完整、不准确，甚至与原文相差甚远。表达的愿望和行动本身是最重要的。

由于此时孩子的阅读表达主要依赖的是图像符号，可以选择一些没有文字、纯以图像叙事的图画读物，和孩子一起读。雷蒙·布力格的无字图画书《雪人》，在画面节奏、图像语言、情节内容等方面，都很适合这个年龄阶段的孩子翻读。由于全书没有文字，家长可以让孩子自己说一说，在每个画面上看到了什么，小男孩是怎么遇见雪人的，他们一起经历了什么，最后雪人怎么样了。这个时候孩子的表达基本上是片断式的，以单个的词语或简单句子的组合为主，前后不能自己连贯，需要成人帮助串联。

瑞士插画家莫妮克·弗利克斯的"小老鼠无字书"系列中，《大风》《飞机》两册，也是很适合的读讲文本。约克·米勒的《推土机年年作响》，每一大页都可以从书壳里单独取出、展开，成为长长的一幅图画。画面意象有大有小，有主有次，细节很丰富。孩子会乐于从大画面上一一搜寻各种细节。由于这本图画书的画面讲述本身就是散点式的，很适合孩子片断式的表达，看见什么就说什么，不必前后相连，也不必遵循特定的顺序。

每个孩子语言能力的发展速度、阶段、方式等都有所不同。如果孩子在这个时候还不擅长口头表达，家长不必催促，在孩子愿意参与的情况下，试着让他（她）从一两个字或一两个词语说起。从一个字到一个词语再到一个句子，孩子的进步，不知不觉就会超出我们的预期。

孩子一读书就走神，怎么办？
——共读的智慧与方法

如果孩子表现出了对书本的兴趣，但往往翻开书后，读一小会儿就走神了，基本上有两种原因。

第一个原因是读累了。每个孩子注意力的发展进度与程度各不相同。有的孩子在 1 周岁前就建立了较好的注意水平，有的则会较长时间地停留在注意时间短、注意力容易转移的阶段。如果孩子每次都表现出短暂的阅读兴趣，往往只是因为他（她）此刻的注意力水平刚好能够维持这么长的时间。这时候，应该果断地停下来，等到下一次或者第二天，再继续阅读。随着时间的推移，孩子的注意力会慢慢发展，阅读的专注时间也会逐渐变长。这个过程也许会比较长，我们要对孩子有信心和耐心。

第二个原因是读不懂。年幼的孩子参与阅读，往往是典型的不完全阅读。也就是说，这时候的孩子在一次阅读活动中，很少完整地读完一本书的内容。在整个婴幼儿阶段，这种不完全阅读的基本状态都会持续，但在 3 岁之前表现得尤为明显。孩子这时候读书，必然是半懂不懂。"鱼在水里游""鸟在空中飞",看着很简单的句子,对这个年龄的孩子来说,可能是十分陌生的表达。他(她)不但要理解"鱼"和"鸟"是什么,"游"和"飞"是怎样的动作,还要理解"在……里""在……中"的方位表述,才能完整地读懂这两个句子。一本书,如果令孩子感到难以理解的词句出现过多,自然容易令他们失去兴趣。生活中,一些女孩早期语言水平的发展常常优于同龄的男孩,导致男孩可能比女孩更容易产生阅读走神的现象。

这时候,成人的陪伴角色就显得格外重要。如果发现孩子可能因为读不懂而发生注意力的转移,不妨试着改变一下书中的某些表达,使之更为靠近和适应孩子当下的语言理解水平。比如,如果发现"鱼在水里游""鸟在空中飞"的表达对六七个月的孩子来说还太陌生了些,试着说"这是鱼,鱼会游,哗啦啦","这是鸟,鸟会飞,扑啦啦"。等到孩子渐渐熟悉了书中的内容,再试着说"这是鱼,鱼在水里游","这是鸟,鸟在空中飞"。婴幼儿时期的阅读,在某个阶段,常常是以这样的创造性阅读为主。

值得注意的是,上述创造和发挥并不是大人随意而为,而是有赖于他们对孩子语言理解力和敏感区的了解,因此也很难直接模仿。语言的迁移和发展需要支点,而陪伴孩子最多的父母,最明白眼前这个孩子此刻的语言支点在哪里。所以,也只有父母最能胜任这种阅读中的即兴发挥。

还要强调的是,在早期阅读中,这是应不同孩子的现实需求而做出的一种暂时、权宜的创造性回应,尽管当时确有其必要性,但在孩子的语言理解达到相应的程度之后,还是应该逐渐回归文本的规范表达和文学语言的正确运用。

当然也有一种情况:由于文本语言自身的问题(比如翻译语言问题),成人在伴读过程中对其进行了创造性的改编。这种情况有时发生在年龄段略高一些的儿童阅读活动中。我们在后面还会单独说说这一点。

怎样让孩子喜欢一本新书？
——和孩子一起做"阅读拉伸"

2岁以后，孩子在阅读方面的自主性进一步加强。现在他的小书架上可能已经有一批很熟悉的图书了。阅读时间，他会清楚地知道去挑选一本自己喜欢的书，交给大人。这时，往书架里放一本新书，孩子会马上发现它。如果觉得这本书有意思，他可能会要求大人读一读。如果感到这是一本自己不喜欢的书，或者读了之后不喜欢，他就会很明确地把它排除在阅读范围之外。

一些表现出典型反复阅读行为特点的幼儿，对新书的接纳往往尤为审慎。一本新书的到来意味着熟悉的阅读格局在某种程度上被打破，其中可能有新鲜的趣味，但也可能有难以预知和把握的冒险。我们有时会听到父母善意地抱怨："我家孩子只喜欢读这本书，不愿意读别的书。"这时候，怎么让孩子接纳和喜欢上一本新书呢？

首先，寻找孩子阅读的兴趣点和兴奋点，以此作为支点，拓展孩子的阅读。比如，如果孩子对恐龙类书籍特别感兴趣，就可以从这一题材入手，为孩子挑选一本新书。一般说来，这个方法非常奏效。也可以选择适合这个年龄孩子的系列读物，从其中孩子感兴趣的一本开始，逐渐扩展阅读。熟悉、喜欢的题材会大大增添这本新书在孩子眼里的趣味和吸引力，从而使他们乐于打开和阅读新的图书。围绕着喜欢的某类题材，有的孩子会列出长长的一串阅读书目，涵盖不同的作家、风格、难易程度等。幼年时期，这样的阅读拓展带来了可贵的阅读深度，也对孩子有很大的激励作用。

其次，通过成人的讲读引导，帮助孩子顺利接纳新的阅读内容。有时候，即便是孩子感兴趣的题材，如果书本内容和语言比较复杂，也可能造成接受方面的障碍。这时候，家长的引导角色就非常重要。我们在前面也谈到过，和孩子一起翻开一本新书，如果发现书本语言与孩子当下语言水平的契合度不高，可以将它改为孩子更易理解的日常口语，或者暂时将文字放到一边，只讲画面上他最感兴趣的内容。到了孩子可以理解相对较为丰富的书面语言、能够接受书中作家的文学表达方式的时候，再照着文本来读。这时候，即便碰到一些生词，也不必在意，孩子会很快将这些生词"收入囊中"。但如果生词太多，也要注意适当地用简单词语替换；长句难句多了，也要注意适当删减替换。这个时候的孩子，每天的阅读基础和境况都在变化，不同孩子的状况又各不相同，因此，这样的循序渐进，一直陪着孩子的大人最能处理妥当。当然，这样的阅读处理不必太过严谨，完全可以由家长自由发挥，只需把握基本原则。

还有的时候，孩子努力读完了一本新书，但并不喜欢，之后就将它放到一边，那也没有关系。我们把这样的尝试称为"阅读拉伸"。就像做一次挑战自我的肌肉拉伸，第二天略有酸疼的不适，歇歇无妨。这种"阅读拉伸"是对孩子当下最大阅读潜能的一种探测和了解，也是对阅读潜能的一种锻炼。同时，孩子还会体验到，读一本书有时候也许不那么好玩，但坚持读，我们也能读完它。

这样的坚持，也是阅读的另外一种乐趣和收获。

孩子想要知道什么？
——早期知识读物的选择

从 2 岁开始，父母应该有意识地为孩子挑选一些知识类读物，既是为了满足这个年龄段孩子对万事万物的好奇心，也是为了从小培养、激发孩子走向世界、探知世界的兴趣。

从成人的角度，我们可能想当然地认为孩子最喜欢的一定是天马行空的童话故事，但实际上，他们对身边真实世界的兴趣一点儿不亚于童话。或者更准确地说，在他们眼中和心里，这个充满新鲜感、新奇感的世界，就跟童话故事一样有趣、好玩。为什么天空有时出太阳，有时会下雨？为什么树叶有时是绿色的，有时是黄色的、红色的、褐色的？为什么花朵里会有花蜜？一场雨过后，一只蜗牛从泥地上慢慢爬过，为什么会留下一串亮晶晶的"脚印"？

对孩子来说，这个世界太神奇、太有趣了，每一天都有新东西值得了解和学习。有时候，当我们与家人、朋友絮絮叨叨着生活中各种无关紧要的琐事时，孩子会在一边专注地倾听。他们想要知道的东西太多了，生活中再细小平常的事物，在他们看来都有着不寻常的魅力。早期知识类读物恰好迎合了孩子这一阶段对"知"与"识"的敏感。

可以看到，凡是儿童文学传统深厚、发达的国家和地区，都很重视早期知识类读物的创作与出版，这类读物的总体质量也往往较高。这些年来，在世界范围内，早期知识类读物的内容做得越来越精细，富有艺术性，覆盖的知识范围也越来越广泛、精细。这说明大家越来越意识到优质的早期知识类读物在幼儿阅读中的位置，同时，这类读物也日益受到读者的欢迎。

那么，如何为 2—3 岁的孩子选择知识类的启蒙读物呢？主要有两点基本的考虑。

一是知识的准确性。这是幼儿知识类读物最基础的要求，却也是非常高的要求。我们当家长的是不是有过这样的体验——孩子到了 2 岁以后，有时向我们提出一个知识性问题，会让我们感到一时无从解释？其中的困难，一是如何用适合这个年龄段孩子能理解接受的语言来解释相关的知识，二是如何保证这一知识解释的准确性。有时候，在孩子的提问下，我们才意识到，自己对一些基础的自然、物理、天文、地理等知识的掌握，其实非常浅陋。所以，要选择可靠、准确的知识类读物。比如，图书市场有大量介绍恐龙知识的幼儿图画读物，作为家长，我们能从中挑选出知识介绍比较可靠的读物吗？出版社的资质、作者的专业性、编辑团队的水平等，都会直接影响相关读物在知识内容方面的可靠性。这方面，家长要做的功课不少。

二是表现的艺术性。这时候的幼儿知识读物，一定是图画和文字的双重呈现。就文字而言，是否简洁、明晰、亲切、生动？就图画而言，是否体现了构图、设色、节奏、表意等方面的审慎艺术考虑？知识读物常用到实物照片，但并不等同于照片读物。如果照片的拍摄、安排杂乱随意，毫无美感可言，或者说明作者缺乏能力，或者说明此书制作粗糙，都不值得读。作家和画家在文字与图画上的用心，我们是能读出来的。比如从法国引进的科普读物"第一次发现丛书"，其中《恐龙》一册，讲到恐龙的身躯有大有小，小的跟火鸡差不多，大的相当于 14 头大象。对应的插图虽算不上多么精致，思虑却十分周全。仔细看，画面上，左边的巨大恐龙与右边的 14 头大象之间，在色彩、线条、平衡以及气韵的流动等方面均构成对比与呼应。尤其是画面上的 14 头灰色大象，虽是文字中的陪衬，却动作各异，神态丰富，从领路的头象到依偎着母亲的小象，几乎可以读出每一头象的鲜活个性。这就是作者专业和用心的体现。

针对这一年龄段的幼儿读者，一些早期读物并非专门的知识类读物，但也往往包含特定的知识内容。比如艾瑞·卡尔的图画书《好饿的毛毛虫》，既是一则以"好饿的毛毛虫"为主角的趣味故事，也包含了毛毛虫怎样长大、做茧、变蛹、化蝶的自然知识。对孩子来说，这类融故事和知识于一体的图书，也是非常不错的阅读选择。

"这本书是哪里出版的？"
——教给孩子更丰富的信息

有一个问题，我们不妨先问一问自己：读书的时候，我们会关心这本书是哪个出版社出版的吗？这个问题，看上去跟读书关系好像不大。不管一本书是哪个出版社出版的，只要是同一本书，书里的内容总是一样的。不管我知不知道它在哪里出版，总归不影响我读它。我们许多人都读过中国古代四大名著，有谁还记得当时读的是哪个出版社的什么版本吗？

但这个问题跟读书的关系实际上很大。一本书除了作者在正文中写到的内容，还包含许多其他信息。它是谁写的？哪个出版社出版的？如果是翻译作品，译者是谁？作品还有其他版本的译文吗？书出版于哪一年？这个版本目前为止已经印刷了几次？这些都是阅读素养的基本构成部分。如果说阅读首先是一种信息的接纳与吸收，那么，我们在多大程度上准确、完整地把握住了这一信息的来源及其发出的语境，则将直接影响我们对信息的理解和处理。

关注一本书是由哪里出版的，就像关注一则新闻的来源并据此判断其性质、可靠程度一样，是一种重要而基础的现代阅读素养。

和孩子一起读书，除了关心书中的故事内容，还应该有意识地培养孩子对其他书本信息的敏感。这本书是谁写的？由哪个出版社出版？2岁以后的孩子，正处在对一切信息都十分敏感的阶段。在和孩子翻开一本书前，先读封面上的信息；不但读上面的书名和图画，还可以读一读作者、绘者、译者、出版社等。在轻松、愉悦的亲子阅读中，自然而然地帮助孩子培养相应的阅读素养。

大人也许需要首先改变一些观念和习惯。你在看一本儿童图书的时候，会注意它的作者和出版社吗？有的家长也许会问，如果一本书的作者既不那么知名，也不那么优秀，而且仅仅在一本书里出现了一次，还需要读给孩子听吗？应该看到，当我们能从相应的信息里做出"既不那么知名，也不那么优秀""仅仅在一本书里出现了一次"等判断时，一种重要的阅读素养已经显现于其中。在阅读中关注作者、出版社等信息的目的不是记住它们，而是注意到它们，并据此获得关于图书的更全面的认知。

只要开始在亲子阅读中和孩子一起注意这些信息，你就会开始听到孩子这样告诉你：这个名字叫×××的作家，我们已经看了他（她）的哪本书；这个名字，我们以前读过的哪本书也是他（她）翻译的；这个出版社的书，我们家里有很多本。拿到一本书，他们会很自然地问：这本书是哪里出版的？在这样的询问中，他们理解、把握世界的模式，也已经有了新的拓展。

这种看似不经意间形成的阅读素养，会自然而然地融入孩子未来的一切生活事务。一个孩子，除了关心一本书里的故事，还关心它的作者、出版社、译者等信息，将来遇到一件事情，也会自然地去关注它的来龙去脉和相关语境，从而就此做出更恰当、有效的应对和处理。过去、现在和将来，这都是一种非常重要的信息素养。

孩子边读书，边跑来跑去，怎么办？
——培养阅读的基本礼仪

2—3岁的孩子，精力充沛，活泼好动。读书是一项能让他们安静下来的活动。即便是游戏书，亲子阅读的总体氛围也是相对安静的，因为唯有安静地聆听，才能让孩子顺利进入书中讲述的故事。

但这个阶段也会出现这样的现象：孩子刚开始读一本书时，能够较为安静地聆听，等到对这本书的内容较为熟悉进而了如指掌时，就开始表现出一些不安分的举止。大人念书的时候，他（她）也许会跑来跑去，跳上跳下。父母可能以为他们走神了，但其实他们同时也在听。如果此时停止阅读，孩子会问："怎么不读啦？"这说明他们还在阅读活动的状态里。大人可能会为此感到烦恼：这是孩子三心二意、注意力不能集中的表现吗？

碰到这样的情况，应该怎么办？

首先，应该认识到，边读边玩是这个阶段幼儿阅读的正常现象，可以适当允许。孩子在阅读一本书时情不自禁地又跑又跳，是其阅读情绪的一种外化，这说明他（她）在这段时间感到了愉悦和放松。这类举止在反复阅读的过程中往往更容易发生。由于孩子经过反复阅读的温习，对书中内容已经了然于心，不必保持注意的高度紧张便可顺利接收、理解父母朗读声音中的信息，因为读有余力而多出的剩余精力，便外化为各种能量消耗的活动。有时候，故事内容或情绪就是热闹的、欢快的、又蹦又跳的，孩子以身体动作来自然而然地做出配合，再正常不过。

其次，注意不要让孩子养成总是边玩边读的习惯。如果一段时间里，孩子在阅读每一本书时都表现出跑来跑去的行为，那么家长就要予以及时的注意与干涉。这意味着，孩子可能把父母的朗读和陪伴仅仅当成了游戏的背景，长此以往，容易使他们养成对书籍和阅读的轻率态度，也不利于他们的阅读理解。此时，不要大声地呵斥或责备孩子，以免他们很快把阅读跟一种强制的、不愉快的体验联系在一起。可以暂时停止朗读，引起孩子的注意，并耐心地等待他（她）停下脚步。他（她）也许会问："怎么不读啦？"语气平和地告诉他（她）："爸爸（妈妈）希望你不要跑来跑去，这样你才能听清书里到底讲了什么。"他（她）也许会为自己的行为提出新的理由。听他（她）说完，但仍然温和地坚持原则，等他（她）坐（站）回旁边，才继续阅读。很快，孩子就会接受这一阅读的基本礼仪。

对基本阅读礼仪的重视和培养，不但关系到孩子阅读态度、能力的养成，也包含了重要的生活观念教育。如果父母和孩子约定读一本书，在没有外力干涉的情况下，彼此就应该在这场阅读活动中各司其职，共同实践这一约定。当父母正在为孩子朗读的时候，静下来聆听，这是孩子对父母基本的尊重。这样的尊重，不仅是在阅读中，也应该在其他亲子活动中得到充分重视。

孩子缠着你读书，需要时刻以他为中心吗？
——不助长孩子的自我中心意识

孩子喜欢读书，当然是一件好事情。但有时候，当孩子缠着你读书，而你又有别的事务难以分身时，需要时刻以他为中心吗？如果此时未能满足孩子的要求，你会因此而焦虑吗？

父母对孩子的爱是无私的，但这种无私，有时候会以父母意想不到的方式，误导乃至伤害年幼的孩子。

当餐桌上出现一道美食时，对孩子说："妈妈不吃，宝宝吃。"当孩子喜欢一件物品时，对他说："我们都不用，给你用。"当孩子提出让父母为难的要求而总能得到满足时，会让他感到"爸爸妈妈没关系，最重要的是你高兴"。这样的"无私"行为给孩子造成的误导和伤害在于：孩子会认为，这个世界只有一个中心，那就是"我"。渐渐地，他会理所当然地把"我"放在一切家庭事务的第一位。等到他成长起来，进入更大的社会交往场域，还会以这样的自我中心意识去要求别人。当他意识到很多事情竟然都不以"我"为第一位时，就会感到不满、不快，甚至痛苦。

如果父母的"无私"只是一味助长孩子的自私，就要马上对此进行反省和修正。在有些家庭，二胎孩子降生后，较年长的哥哥或姐姐往往需要长期、艰难的磨炼，来克服早先形成的自我中心意识。这时候，父母或许也应该反思一下自己与孩子相处的方式。

孩子爱读书，父母往往全力支持。他们在读书方面提出的各种要求，也很容易得到父母最积极的回应。因为我们都认可读书对孩子成长的意义。但与此同时，也要认识到，读书这件事情，并不因其特殊性而区别于孩子生活中的任何其他事情。在读书的事情上，自我中心同样是一种不应盲目鼓励的生活观念。

当父母没有时间一直陪着孩子读书，我们的建议是：在有限的可以自由支配的时间里（不管多么短暂），努力抽出时间和孩子一起阅读；而在另一些感到为难的时间里，诚恳地告诉孩子："对不起，爸爸妈妈现在有重要的事情，不能陪你读书。""爸爸妈妈现在需要休息，你能自己读一会儿吗？"既要让孩子感受到，身边的人们对他充满关切和爱意，也要让他慢慢明白，世界并非只围绕"我"一个人转动。在家庭生活中，每个人都要为彼此着想，同时也受到彼此的体贴爱护，在社会生活中同样如此。

读书也是生活，不能为了读书违背生活的规矩、伦理。"只要你肯读书，一切都该给你让路"，这种想法不应该得到盲目的鼓励和纵容。一个从小懂得体贴父母的孩子，长大以后，绝不会因为他人不以"我"为中心而感到痛苦，而是会在对他人的感同身受中，收获生活的温暖与幸福。

孩子为什么喜欢打破砂锅问到底？
——思考力的萌发

大约从 2 岁半开始，不少孩子会进入典型的提问期。其突出的表现有三点：一是问题的数量明显增多，在任何场合好像都有无尽的疑问；二是提问常呈现连环形态，一个接着一个的"为什么"，每个问题得到答案后，常常会在答案的基础上继续提问；三是有些问题的难度开始升级，有时甚至会让大人感到回答起来颇为棘手。

这时候，在阅读中，"谁""什么""怎么样""为什么"等等，也会成为孩子挂在嘴边的词。"这是谁？""他（她、它）在做什么？""站在他（她、它）后面的是谁？""为什么这头大象想吃苹果？""为什么房子要拆掉？""为什么我们现在不坐这样的火车了？""怎么这两本书都是关于太阳的？""怎么这么多书里都有小老鼠？"

要重视这时候孩子提出的所有问题。它们承载着孩子对这个世界可贵的新鲜感和好奇心，也是孩子思考的萌芽，其中许多蕴含了人类哲学思考的起点。哲学的起源就是提出问题。这些问题也许幼稚、好笑，但千万不要忽视它们或懒得回答，也不要流露出哪怕是善意的嘲笑态度。孩子非常敏感，他们会从你的语气中马上感觉到，这样提出问题是好笑和有失尊严的，从而很快放弃提问的冲动。如果这样做，我们就会因为成人的无知和傲慢，扼杀了孩子提问和思考的珍贵天性。

西班牙哲学家费尔南多·萨瓦特尔在《哲学的邀请》一书中说："谁不能学会在疑问中生活，谁就永远不可能真正地进行思考。"[1]当一个阅读中的孩子开始提问的时候，就是哲学的精神在他（她）身上被点亮的时刻。认真地对待孩子提出的问题，真诚地回答孩子提出的问题，你会发现，这些问题包含了语言和知识的重要学习。你也会发现，有时候，解答这些问题并不容易。

下面是我们记录的一段对话：一个2岁9个月的孩子读了"第一次发现丛书"中的《火车》一册后，了解了老火车与新火车的区别，在玩自己的老式小火车玩具时，向母亲提出了以下问题。

孩子（指着压扁了的火车玩具盒）："这是装老火车头的盒子。妈妈，怎么这个盒子也老了？"

妈妈："这个盒子不是老了，是旧了。"

孩子："为什么它不是老了，是旧了？"

妈妈："因为这个盒子不是很多年前的盒子，是新生产出来不久，因为被我们用得多了，所以旧了，但盒子和盒子里的火车玩具，都是现在的东西，不是老东西。一样东西，得过很多年，才会变成老东西。"

孩子："妈妈，很多年以后，你也变成老妈妈了？"

妈妈："是的。"

孩子（拿着崭新的老火车头玩具，继续问）："那这个新火车头怎么看上

---

[1] 费尔南多·萨瓦特尔.哲学的邀请[M].林经纬，译.北京：北京大学出版社，2007：202.

去像老火车头的样子？"

妈妈："这个火车头虽然是新做的，但它做成了老火车头的样子。"

孩子："为什么我们现在不用老火车头了？"

妈妈："因为老火车头是很多年以前的火车头，开得太慢了。"

孩子："为什么它开得太慢？"

妈妈："因为它的技术是很多年以前的技术，那时候的火车只能慢慢开。现在开得这么慢，人们就不愿意了。"

孩子："为什么新火车头就开得快？"

妈妈："因为新火车头用的是新技术，嗖——开得很快。"

孩子："为什么它开得这么快？"

妈妈："因为它用了新技术。"

孩子："为什么它用新技术？"

……

这段对话中，孩子绕圈似的稚气提问，其实包含了他对相关语言和知识信息的本能敏感与深入探求。第一，从提问中可以看出，他不但明白了"新""老"二字意义的显著区别，也把握了"老""旧"二字所指的微妙差别。第二，他试图追问，在"新"与"老"的字面意义之下，还包含了什么样的深度内涵。显然，"新"不只是指看着新，"老"也不只是指看着老。那么，究竟是什么使"新"成为"新"，使"老"成为"老"呢？

从这个年龄段起，孩子的一些提问乍看普普通通，却会让我们感到，自己对这些看似再简单不过的问题，并不见得能够解答得很好。有时候，我们一边回答，一边会生出谨慎和犹疑：我这样告诉孩子对吗？孩子的提问，也在激发我们对许多简单知识的重新反思，这同样是哲学精神的重要内涵。萨瓦特尔说得好："对某些最为一般的问题学会很好地提问，同时也就是学会质疑太过武断的回答。"[1]留意一下，当孩子向我们提问的时候，是不是也在

---

[1] 费尔南多·萨瓦特尔.哲学的邀请[M].林经纬，译.北京：北京大学出版社，2007：202.

提醒我们不能做"太过武断的回答"？

当然，这样的问答不可能一直持续下去。我们有时候很忙，有时候很累，有时候也会烦。

如果孩子问得你停不下来，或者感到回答不了，试着比较下面三种结束问答的方式：

第一种：好了好了，小孩子哪儿来这么多"为什么"！我现在没空回答你的问题。没有"为什么"，事实就是这样。

第二种：对不起，现在我有别的事要忙，我们回头再来谈这个问题好吗？关于这个问题，我很想知道，你是怎么想的呢？

第三种：你的问题非常好，但是我现在还不知道该怎么回答。我们可以一起学习，看看谁先解开这个问题。

总而言之，对于这个年龄段的孩子提问的兴趣和热情，一定要肯定、鼓励。只要我们懂得幼年时期提问的意义，就会知道选择什么样的方式来结束这场愉快的问答。

读书能帮助孩子养成良好的生活习惯吗？
——家庭环境的支持

养成良好的阅读习惯，对孩子的认知、情感、思维发展等均有很大助益。也因此，我们对阅读寄予很大期望，除了促进语言的自然学习，还希望它能帮助孩子应对、纠正生活中的一些问题。有许多幼儿读物以面向孩子的生活教育为主旨，从"生活习惯养成""情感管理控制""爱与帮助"等大主题的表现，到餐桌礼仪、饮食健康、如厕行为等小细节的指导，应有尽有。孩子不爱吃饭，那就读一本告诉孩子应该好好吃饭的书；孩子喜欢发脾气，读一本让他（她）学着理解、控制自己情绪的书；孩子不愿意分享，给他（她）读一个分享主题的童话故事；孩子跟别人说话不够礼貌，读一本书让他（她）学学该怎么礼貌地交谈；等等。

那么，读书能帮助孩子养成良好的生活习惯吗？

如果家长自己爱发脾气，爱爆粗口，自私自利，却要求孩子能够控制情绪，礼貌待人，乐意与他人分享，答案当然是——不能。如果家庭环境并不支持孩子养成礼貌、乐观、温暖的生活态度和性格，不可能仅靠阅读来改变一切。对这个年龄的孩子来说，读书的影响永远不会大于日常生活，书本的榜样作用也不可能大于身边的成人。所以，如果家长对孩子的生活行为习惯感到不满而有所要求，首先应该自我反省。孩子之所以情绪紧张，爱发脾气，是否因为父母在不经意间做出负面榜样，或者家庭生活氛围比较紧张，或是成人对其任性行为给予了不恰当的纵容？

在家庭环境充分支持的基础上，阅读的功能才会得到最大程度的实现。如果孩子不爱吃蔬菜，不妨一起读一读图画书《爱吃青菜的鳄鱼》（汤姆牛/文图），故事里的小鳄鱼因为爱吃蔬菜，肚子里都是健康的"绿色小精灵"，把坏细菌都赶走了。大家知道吃蔬菜有这么多好处，都喜欢上了蔬菜。2岁半—3岁的孩子大多对故事十分信任，也愿意学习故事里的正面榜样角色。如果孩子习惯把玩具扔得到处都是，和他们一起读一读《米米学收拾》（周逸芬/文，陈致元/图），学着怎样把玩具送回家。如果孩子正在努力练习适应小马桶，托尼·罗斯的图画书《我要小马桶》是不错的选择，其中幽默的夸张和无言的宽容，会让孩子在笑声中如释重负。

帮助孩子养成良好的生活习惯，首先要理解孩子，理解这一过程中他们面临的各种紧张和困难。作者是不是怀着这份理解为孩子创作相应主题的图书，也是家长挑选这类读物的重要考虑。孩子是这个世界的新来者，需要学习的东西很多，需要学习的时间也很长。作为成人，应该时刻提醒自己，要有理解和等待的耐心。

给孩子读书需要声情并茂吗?
——自由地读,聪明地读

我们有时会听到父母说:我从小不擅长朗读,普通话也不标准,不适合给孩子读书。

给孩子读书,不是参加朗读比赛,跟朗读能力强不强、普通话标不标准,完全没有关系。亲子阅读首先是一项愉悦、放松的家庭活动。父母给孩子读书,不是为了教他们怎样用标准的普通话朗读一本书,而是为了用读书这项温馨的活动来充实这段在一起的时间。在这个世界上,没有人会像爸爸妈妈一样念书给你听:你们靠在一起,用最放松的姿态和表情,慢慢地读一本书。他们念书的声音,是这个世界上你最熟悉、亲切的声音,独一无二,无可替代。

所以,亲子阅读中,怎么读完全是爸爸妈妈的自由。有的父母擅长声情并茂地朗读,当然很好,有的父母习惯从容平静地朗读,也很好。有的父母给孩子念书,会根据书本内容、风格的不同,变换不同的朗读风格。有的父母则可能自始至终保持着差不多的同一种风格。孩子非常聪明,他们本能地知道应该如何从爸爸妈妈的朗读中学习。尤其2岁半以后,幼儿的社交生活日渐丰富,有的已经开始体验丰富多彩的幼儿园生活。对他们来说,父母的朗读只是家庭和学校里诸多语言表达方式中的一种,而不是仅有的一种。因此,在亲子阅读中,父母大可不必为自己的朗读技巧感到纠结。有一天,在学校或其他场合,会有人教给孩子如何更好地朗读一个文本,但此刻,爸爸妈妈给孩子读书时传递出的最重要之物,并非技巧,而是一种舒适、自信的欢愉和温暖。所有父母的陪伴朗读对孩子来说,都是最珍贵的财富。

当然,针对孩子现阶段的听读状况,父母朗读的方式有时可以稍作调整。比如,针对一些情绪欢快昂扬的文本,略微加快朗读的速度,提升朗读的音调,可以帮助带动孩子的情绪;再比如,有的时候,一些较为紧张的情节会令敏感的孩子本能地害怕，此时的朗读，恰恰不需要声情并茂，而是可用平静的语调，尽量弱化故事中的紧张与冲突。通过这样的方式，我们可以在不知不觉中慢慢拓展孩子的阅读接受域。父母是最了解孩子的朗读者，也最能根据孩子的反应做出适时的朗读调整。我们要再次强调：没有任何设备的语音和智能，比得上父母朗读的声音和智慧。

到了惯常的阅读时间，孩子却不想读书，怎么办？
——别把阅读当任务

如果到了平常的阅读时间，孩子却表示不想读书，是应该坚持让他（她）读够一定量的时间，还是由着他（她）？

这时候，先要弄清孩子为什么不想读。是因为累了吗？还是书本对他（她）来说不够有吸引力？不论哪种情况，在孩子不愿意的情况下坚持要他（她）参与阅读，很可能会令孩子对阅读产生抗拒心理。

对待这一情况，有两个基本原则：一是从心所欲，二是适可而止。从心所欲的意思是，不想读就不读，尤其是孩子感到疲倦的时候。对这个年龄的孩子来说，任何时候，适时的休息都比阅读更重要。适可而止的意思是，如果孩子今天流露出不太想读书的意思，即便你们已经开始读了，也不必要求定时定量，不妨少读一点儿，甚至只读几页。乘兴而读，兴尽而止。在亲子阅读活动中，应该时刻牢记，努力让阅读成为一件跟愉快的感觉和情绪相关联的事情。

如果孩子精力依然充沛，只是不愿静下来阅读，不妨挑选一些语言游戏类的阅读素材。2岁半之后，幼儿有了一定词汇量与表达的累积，开始自发地创造自己的语言游戏。如果留心，我们会从孩子身上发现不少语言游戏的创意。典型的如反义表达游戏：你说"穿大衣"，他（她）咯咯笑着说"穿小衣"；你说"关大灯"，他（她）偏说"关小灯"；你说"喝开水"，他（她）告诉你"喝不开水"；你说"取快递"，他（她）乐不可支地说"取慢递"；等等。孩子用这样的方式，既获得游戏的快意，也完成了重要的语言练习。

这时候，试着读一首颠倒歌给孩子听，看能不能激起他（她）的兴致：

奇唱歌，怪唱歌，
鱼吹笛子蛋唱歌。
咚咚咚，
冬瓜打大鼓；
汪汪汪，
王瓜打大锣。
土墙嗡嗡地叫，
屋梁蹦蹦地跳。

绕口令也可以：

六十六岁的陆老头，
盖了六十六间楼，
买了六十六篓油，
养了六十六头牛，
栽了六十六棵垂杨柳，
……

如果孩子对此感兴趣，挑一本带有鲜明的语言游戏特色的图画书，如《六十六头牛》（王祖民/图）、《一园青菜成了精》（周翔/图），一起读一读。

不只是读给孩子听，也可以和孩子一起玩一玩语言游戏。比如，可以和孩子一起来发明日常语言的颠倒游戏："现在，让书来读我们吧！""晚饭吃过我们了吗？""我的鞋子要穿一双脚。"还可以拿起一本孩子熟悉的书，从尾到头颠倒着念。当然也可以和孩子一起编好玩的韵文游戏。总之，别把阅读当任务。要让孩子感到，读书不是一成不变的常规，而是可以充满乐趣的创意。让孩子参与到这类游戏的发明与创造中来，一点儿不亚于读一本书的意义。

需要严格照着书上的文字读吗？
——孩子怎样创造自己的文本

我们曾经谈到亲子阅读中父母的创造性朗读。在这个阶段，随着孩子语言、知识接受能力的提升，他们对各类文本的接受水平也会有明显的提升。对于总字数在两三百字以内的读物，只要孩子能够听下去，父母完全可以依照原文读给孩子听。对于语言能力发展较快的孩子，还可以尝试阅读更长篇幅的文本进行"阅读拉伸"。这是儿童语言表达快速拓展的阶段，书本中出现的各种新的词语、句型等带来了丰富的语言刺激。除非因为文本生词过多而阻碍孩子理解，或者文本本身存在表达、翻译不当等语言问题，否则，可以不必做有意的替换。我们会发现，孩子对这些新词、新句往往异常敏感，并且能够在阅读中很快掌握其基本的使用方法和语境。

当然，为了更好地保持孩子的阅读注意力和兴趣，无论何时，创造性朗读的法则依然适用。同时，也要鼓励孩子用他们自己的方式创造性地阅读文本。我们发现，这个年龄的孩子有着惊人的发现力和创造力，非常善于从简单的文本中进一步发现、创编、书写新的文本。孩子的这种创造在阅读活动中不知不觉地发生，他们自己意识不到，却代表了一种自发的艺术冲动和可贵的创造潜能。

以下是我们观察到的一个幼儿创造性阅读的例子。2岁8个月的孩子与母亲一起阅读《想吃苹果的鼠小弟》（［日］中江嘉男/文，［日］上野纪子/图）。翻到第一页，文字是这样写的："飞来了一只鸟，叼走了一个苹果。"孩子从右往左数了数树上的苹果，一共8个。他自己给这些苹果标了号：1号、2号、3号、4号、5号、6号、7号、8号。小鸟叼走的是从右往左第2个苹果。他说："小鸟叼走了2号苹果。"接下来出现的是猴子。孩子说："猴子摘走了1号苹果。"随后，在妈妈的鼓励下，他又先后说出了"大象摘走了7号苹果""长颈鹿摘走了8号苹果""袋鼠摘走了3号苹果""犀牛摘走了6号苹果"。直到最后，他和妈妈一起确认，海狮和小老鼠摘走了4号和5号苹果。这个给苹果标号并观察每一个苹果与摘苹果的动物之间如何对应的活动，就是孩子自己的发明创造，是对原文本的进一步丰富。

可以看到，在上面的例子中，除了孩子，母亲也扮演了非常重要的共读角色。当孩子用创造性的方式阅读文本时，千万不要因为急于朗读书中的文字而打断他们的创造。耐心地倾听，积极地参与，真诚地对孩子予以鼓励，我们会看到他们如何把一本简单的书读得更厚、更丰富、更有滋味。幼年时期的阅读，在某种程度上生动地体现了法国作家罗兰·巴特所说的"可写文本"的观念，即读者积极地参与并创造着文本的内容与意义。这也是一个非常值得研究的阅读现象。

孩子从书中学到了什么？
——阅读是一项多元智能活动

迄今为止，对于孩子通过阅读究竟能够得到什么，我们所知的还太少。20世纪70年代末，新西兰童书作家多萝茜·巴特勒以其残障外孙女的阅读成长为素材出版了一本书，书名叫作《卡索拉和她的书》。在这本书中，作者讲述了被医生诊断为智力与身体发育迟缓的卡索拉如何通过父母为她持续地阅读，成为一个智力正常的孩子。这本书在西方儿童阅读研究界一度很有名。吉姆·崔利斯在《朗读手册》里举了更多的例子，告诉人们阅读之于儿童智能发育的神奇作用。这些事例或许无法用科学解释清楚，但的确给了我们启示：阅读活动似乎与人类智能的许多方面有着深切的关联。

我们的观点是，阅读是一项触发、激励和促进多元智能的活动，早期阅读尤其如此。多元智能是美国心理学家加德纳于20世纪80年代提出的一个概念。加德纳的多元智能理论认为，人的智能不单指传统意义上的学习智力或智商，而是一种多元智能，它包括音乐智能、身体运动智能、数学逻辑智能、语言智能、空间智能、人际关系智能、自我认识智能等。[1] 早期阅读在很多方面体现出与多元智能有关的特点。

语言智能。 阅读与语言智能之间的关系最为一目了然。阅读中专注的聆听和表达，既需要孩子具备基本的语言理解和组织能力，也对儿童早期语言能力的获得和建构具有显而易见的促进作用。阅读为孩子提供了丰富的词汇，也帮助他们培养了重要的语感。有研究表明，孩子早期词汇量的差异，除了受到家庭交谈语言的影响，另一半差异来自阅读。[2] 具有良好阅读习惯的幼儿，其语言的发展进程往往也较为顺利。这种发展，有时直接体现为幼儿

---

[1] 霍华德·加德纳.多元智能[M].沈致隆,译.北京：新华出版社,1999：14—28.
[2] 吉姆·崔利斯.朗读手册[M].沙永玲,等译.天津：天津教育出版社,2006：33—34.

口头语言的表达水平，有时则是一种内在的语言把握和理解能力。经常阅读的孩子，往往在语言的词汇、表达等方面表现出较高水平。

空间智能。幼儿读童书，主要是听文字，读图画。在听读的同时，他们的目光始终往返于书本的图画之上。而相比于文字，图画首先是一种与空间密切相关的表现符号。德国文艺批评家莱辛在著名的《拉奥孔》一书中便指出，诗歌在时间中发出声音，绘画则是采用空间的形体、颜色来表现。加德纳也认为，视觉艺术"是空间智能的一种运用"[1]。早期阅读因此在很大程度上包含了空间阅读的成分。在特定的画图空间里，形体和颜色如何分布，如何传递意义，如何在图画中发现需要寻找的对象，都是空间智能的运用和体现。当代幼儿读物中有一类专门的发现类读物，让孩子寻找各种隐藏的画面讯息，也是空间智能的一种练习。

数学逻辑智能。阅读的理解看似与数学没有直接关联，其实往往包含或隐或显的逻辑直观或推理。我们观察到一个有趣的案例。1岁3个月左右的孩子读图画书《好饿的小蛇》，读到"第三天，好饿的小蛇扭来扭去在散步……它发现了一个三角形的饭团。你猜猜，好饿的小蛇会怎么样？"一页，其中"饭团"一词对他来说是完全陌生的词语和对象。他既没有见过，也没有吃过饭团。大人问他：饭团是什么？他应该是依据之前出场的苹果、香蕉在文字与画面中的位置逻辑，一下子指认出了插图中的饭团。其中就有很大的逻辑推演成分，而且像加德纳谈论数学逻辑智能时所说的那样，是不经过语言表达的瞬间直观推演。其实在早期阅读中，很多时候，孩子是带着各种各样的"不解"在读书，那些似懂非懂的表达、迷迷蒙蒙的逻辑，随着阅读的展开，在孩子的大脑中不断得到澄清、领悟。这也意味着，语言智能与数学逻辑智能很可能以某种神奇的方式彼此相通。

人际关系智能。我们认为，早期阅读在根本上是一种交往关系。一方面，成人与孩子在共读过程中的交流、对话，构成了孩子对人际交往关系最

---

[1] 霍华德·加德纳.多元智能[M].沈致隆，译.北京：新华出版社，1999：24.

初的认知和体验。另一方面，在阅读一个文本时，孩子设身处地的想象和揣摩，感同身受的理解与同情，也是人际关系智能的重要方面。"人际关系智能的核心，是留意他人差别的能力，特别是观察他人的情绪、性格、动机、意向的能力。"[1]当故事里的角色遭遇困难，孩子会因为关切而感到紧张，当他们最终解决问题，孩子也会为之释然和欣喜。

自我认识智能。早期阅读中，幼儿的认识能力向着两个主要方向不断拓展：一是对周围和世界的认知，二是对自我的认知。我是谁？我和你、和他有什么区别？为什么我的样子、感受、想法跟别人不一样？如何认识自己的情绪？这些与自我认识密切相关的话题，也是儿童读物格外关注的话题。这些童书，有的在日常生活的语境中引导孩子认识自己，比如《菲菲生气了——非常、非常的生气》（[美]莫莉·卞/文图），有的用拟人故事的手法探讨对自我的认知和肯定，比如图画书《青蛙与男孩》（萧袤/文，陈伟、黄小敏/图）。1岁以后的幼儿，自我认识水平迅速发展，许多困惑也由此而生。通过阅读，孩子将从故事中学习如何看待、对待"自我"，从而建构起更为完整、健康的自我认知。

从多元智能的角度看待早期阅读，不是将它视为早教的重要方法和途径，而是让我们看到，一个孩子在阅读时可能进行着多么奇妙、复杂的精神活动。某种程度上，它是孩子塑造和创造自我的一种方式。认识到这一点，我们和孩子的每一次共读，或许也将充满惊奇和惊叹。

---

[1] 霍华德·加德纳.多元智能[M].沈致隆,译.北京：新华出版社，1999：24.

小课堂
怎样认识幼儿与幼儿读物

认识幼儿读物的认知功能

与读者年龄段相对较高的少儿读物相比，幼儿读物与认知教育之间有着难以割断的密切"瓜葛"，因为严格说来，幼儿的文学接受活动本身就无可避免地会同时成为一个对幼儿实施认知教育的过程；而且很显然，在幼儿认知教育方面，幼儿读物有着其他形式的材料所无法替代的优势。

首先，幼儿读物通常是以幼儿易于接受的图像或者形象的语言来组织一个篇幅短小的韵文或散文作品。通过运用奇妙的语言声韵规律，幼儿读物能够将特定的认知对象转化为一则新奇有趣、易记易诵的儿歌，或者一个简单扼要而引人入胜的故事，它可以使幼儿在不知不觉的游戏乐趣中学习知识，达到认知目的。与此同时，所有幼儿读物都为幼儿提供了一个潜移默化的语言认知学习的语境。

其次，幼儿读物善于用贴近幼儿理解能力的形象化的方式，来解释或者呈现某个特定的知识对象，比如事物的名称、概念、性质等等。它能够帮助幼儿在具象思维的语境中获得认识，并学会接受和识别抽象的概念与符号，从而逐渐发展出抽象思维的能力。幼儿读物创作中常用的童话手法十分符合幼儿思维中的某种泛灵心理，因而易于让幼儿读者感到亲近和便于理解。从幼儿读物的创作来看，大量看上去难以用幼儿可以理解的语言直接解释清楚的知识，都曾在幼儿读物中得到生动的说明和传达。

再次，幼儿读物的中心之一是故事，很多时候，它是通过对一个简单、连贯、合适、生动的叙事过程的表现，来为幼儿读者提供关于世界和生活的各种认识的。它向幼儿期的孩子反复展示，一个事件是如何在一种语言的组织下，得到比较完整和有秩序的呈现的。这样，在孩子们自己没有意识到的情况下，故事已经在他们心中种下了"逻辑结构的种子"（贾尼·罗大里）。

与此同时，它也为幼儿读者提供了丰富的角色扮演的可能。在皮亚杰的儿童心理研究中，采用游戏方式的"角色扮演"行为在2—6岁幼儿的认知发展过程中具有重要意义，而幼儿读物的故事则为这样一种扮演提供了比普通游戏更富于想象力、更为丰富多彩的素材，也提供了比游戏更广泛的认知内容。"从孩提时候开始，故事伴随着我们成长，故事让我们认识世界，分辨美与丑、善与恶，了解对和错的道德抉择"。[1] 同时，由于这种扮演是在符号的层面上展开的，它将有助于在无形中提升儿童对符号活动的认知和掌控能力。

对年幼的孩子来说，各种题材、类型的幼儿读物提供了包括语言与符号、名称与概念、情绪与行为等多个层面的认知内容。

1. 语言与符号认知　早在幼儿开始说话之前，成人朗诵儿歌所发出的富于音乐感的声音，以及他们朗读故事时所采用的抑扬顿挫的语调，对孩子来说就是一种潜在的语言能力培训。从幼儿开始学习语言起，除了日常生活中出现的词汇和句子之外，大量由成人朗读或讲述给孩子的幼儿读物，成为他们早期语言发展阶段的自然模仿对象。这种阅读帮助孩子储存下一个日益扩充的词汇和句式的"心理词典"，并在反复的语言听说训练过程中，不断地激活大脑皮层的语言知觉脉冲，使幼儿对语言的理解广度、深度和敏感度不断得到相应的提升。可以说，任何幼儿读物都是一种语言认知的材料，它们为幼儿提供了丰富的语言素材。

2. 名称与概念认知　幼儿读物的一大任务，是向幼儿读者传递关于事物名称和生活中一些基本概念的知识。许多从民间童谣流传下来的儿歌，就包含了对于大量日常生活中事物名称的吟唱，其中包括日月星辰、风雨雷电等自然现象，也包括关于各种动植物以及节气等的基本知识。在创作儿歌时，这种围绕着特定事物的描

---

[1] 马一波,钟华.叙事心理学[M].上海:上海教育出版社,2006:19.

写而设计的吟唱，仍然是十分常见的手法。

与此同时，幼儿读物也常被用来向孩子传授关于一些基础性的抽象概念的知识，比如数字、色彩、空间（方向）、时间等等。以美国儿童文学作家、插画家李欧·李奥尼的图画书《小蓝和小黄》为例，这本图画书讲述小蓝和小黄两个好朋友一起玩耍，而这两个好朋友其实是蓝色和黄色的两个色块。因为太要好了，两个朋友互相染上了彼此的颜色，变成了绿色，以至于爸爸妈妈都不认识他们了。在这本图画书的故事里，就同时包含了关于颜色的概念以及不同色彩之间变化关系的知识。

3. 情绪与行为认知 如前所述，幼儿读物中的故事能够为幼儿提供特殊的角色扮演。在这样的角色扮演体验中，幼儿可以获得对于他们所经历过或者将会经历的情绪和行为的认知提升，比如对于日常生活中的一些自我情绪、行为方式的认知。

由英国作家希亚文·奥拉姆编文、日本插画家喜多村惠绘图的图画书《生气的亚瑟》，就是一部表现儿童生活中愤怒情绪的作品。作家用夸张而又幽默的手法来表现男孩亚瑟的愤怒。亚瑟因为看不成电视而感到委屈、生气，他的愤怒化作乌云雷电、冰雹狂风，甚至引发了一场"宇宙大爆炸"。但是最后，当亚瑟一个人"坐在火星的碎片上"时，却怎么也想不起来自己生气的原因了。书中亚瑟"生气"的情绪或许令许多孩子都感同身受，但与此同时，故事各处充溢的幽默感和结尾那个故作轻描淡写的提醒，也会让孩子们意识到这份情绪的滑稽之处，从而领悟到如何适当地处理它。

幼儿与我们这个世界相处的时间还不长，这里发生的许多在我们看来司空见惯的事情，对他来说却有可能意味着陌生的不安、紧张或慌乱。在某种程度上，幼儿是孤独的，他迫切地需要通过故事知道，在这个世界上，不仅仅是他一个人，还有许许多多和他一样的孩子，面临着与他相似的生活情境，体验着与他相同的情绪感受。而通过观察和认识这些故事里的孩子处理这些问题的方式，能够帮助现实中的幼儿获得对于合适的行为方式的积极认知。

作为幼儿读物的成人读者，父母在为幼儿挑选阅读材料时，应当对幼儿读物的认知性和文学性特征及其关系有一个合理的认识。

一方面，作为幼儿教育的主要参与者，父母和教师应该对幼儿期的认知需求有一个比较全面的了解，在为幼儿选择幼儿读物时，除了"有趣""好玩""幼儿喜欢"

等被普遍认同的一些选择标准之外，还应通盘考虑幼儿认知教育，有意识地使读物能够覆盖各个不同方面的认知教育内容。

另一方面，在考虑幼儿现实教育需要的同时，作为其阅读选择代理人的成人读者也应该具备从数量庞大、色彩纷繁的幼儿读物中选出那部分真正体现幼儿读物艺术魅力的作品的能力。

幼儿图画书的文本构成

幼儿图画书（又称幼儿绘本）是适合幼儿读者阅读、欣赏的一类图画书作品的总称。今天，它已经成为当代低幼儿童的一类基础启蒙读物。

与文字类儿童文学作品相比，图画书的最大特点在于，它使图画成为作品叙事的一个重要媒介。我们知道，文字作品的阅读必然包含了一个由抽象符号（文字）到具体形象（内涵）的转化过程，其前提是读者已经具备一定的识字能力。而在图画书中，由于图画本身是一种具有直观性的"语言"，即便尚未识字的幼儿，也能借助视觉直观读懂许多图画的意思，并从中领会意义，收获乐趣。现实生活中，我们常常可以见到这样的例子：年幼的孩子翻开一本图画书，虽然书中的字多半或全不认得，却可以顺着图画的指引说出大概的内容。在低幼儿童的阅读生活中，这正是图画书相对于文字书的优势。

幼儿图画书的文本有其相对于文字图书的特殊性，成人同样需要学习。完整地了解其文本的构成，对于成人更好地进行幼儿图画书的亲子阅读来说，十分重要。

一本典型的幼儿图画书主要由以下部分构成。

1. 封面和封底 幼儿图画书的封面是幼儿读者与图画书相遇的"门户"。一般说来，从封面上可以见出一本幼儿图画书的基本风格、主要角色等讯息。由于这些内容在很大程度上是以图画形态得到呈现的，幼儿虽然尚未识字或识字不多，却可以凭借直观的画面语言对图画书的风格、基调做出直觉的判断。如果你把若干图画书同时放在一个幼儿读者面前，你会发现，他（她）能从封面的感觉来判断、挑选符合自己口味的作品。因此，对于幼儿读者来说，在翻开一本图画书之前，封面其实已经是他们阅读的起点。

幼儿图画书的封底是我们结束一本图画书的阅读旅程的终点。值得一提的是，除了装饰性的插图外，有的时候，封底还承担了独特而重要的补充叙事功能。比如日本图画书《鼠小弟的小背心》（中江嘉男/文，上野纪子/图）。故事里的鼠小弟有一件漂亮的小背心，它穿着可真神气。于是，大伙儿都想借小背心来穿一穿。随着鸭子、猴子、海狮、大马、大象的先后出场，小背心被撑得越来越大，最后，鼠小弟只能拖着已经变得又长又大的背心，伤心地走向画面的一角。正文就结束在这一有点伤感的场景上。

但故事到这里却还没有结束——封底中央有幅小画：在这里，撑大的红色小背心成了挂在大象长鼻子上的一架秋千，而原本伤心的鼠小弟正坐在这独一无二的秋千上，享受游戏的快意。这才是整个鼠小弟故事真正的结局，它是友善的、欢乐的、温暖的，体现了幼儿读物应有的情感和精神风貌。所以，在阅读幼儿图画书时，不应忽略、错过封底可能包含的内容和意义。

2. 前后环衬　幼儿图画书的前环衬和后环衬，分别是指图画书的封面、封底与内页部分相连接的两个大衬页，因其展开时状若蝶翼，又称蝴蝶页。环衬通常的作用，一是保护书芯，二是加固书芯与封壳的连接。图画书充分利用并开发了这一区域的创造空间。幼儿图画书的环衬大多不采用空白的形式，而是通过与文本内容相关的各式图案，构成对故事及其氛围的一种渲染和呼应。比如安东尼·布朗的图画书《我爸爸》，环衬部分正是故事里爸爸睡衣的图案，它所传递的那份温暖、柔软、明亮的感觉，正与整个故事的情绪氛围相衬。

有的环衬还会参与故事的讲述。比如《好饿的小蛇》的前后环衬，绘出的便是整个故事必不可少的情节内容。前环衬中，好饿的小蛇正游走在一片树林里，如果你注意的话，会发现林间独有一株结着红苹果的树。而在后环衬上，小蛇与树林的场景再次出现，只是那棵结满苹果的树已经连枝带叶被小蛇"吞"掉，只剩一截树桩。这样，前后环衬实际上道出了小蛇的基本活动区域，也使故事首尾呼应，结构上更为紧密统一。

3. 扉页和版权页 扉页是位于图画书前环衬之后、正文之前的单页，印有图画书的书名、文图作者、译者（译介图画书）和出版机构讯息。图画书的扉页除了文字，通常也配有插图，或是从正文中截取出来的某个形象、场景，或是单独设计的一幅相关画面，其作用包括预告故事、渲染氛围、增添趣味等。

版权页是图画书中印有本书详细版权讯息的书页。版权页的位置常依据图画书的不同排版而灵活处理，有时安排在前环衬与扉页之间，有时在扉页与正文之间，有时则在书末后环衬之前。

4. 正文 幼儿图画书的正文是整本图画书的主体部分，它是由文字与画面合作完成的一个完整叙述过程。以艾瑞·卡尔的图画书《好饿的毛毛虫》为例，其正文部分起始于一个毛毛虫卵的出现和孵化，结束于毛毛虫破茧而出，化成美丽的蝴蝶，首尾构成一个完整的故事。在幼儿图画书的亲子阅读和阅读指导中，正文是我们关注、赏析的重点。

了解幼儿图画书的文本构成及其各部分的基本功能，有助于我们完整地认识图画书作品的基本面貌，进而更好地开展图画书的阅读活动。

幼儿图画书的三种基本文图关系模式

相比于幼儿读物的其他文体，幼儿图画书在艺术上的独特性更进一步体现在其文图合作的艺术特性上。在幼儿图画书中，文字与图画之间的创造性合作带来了多重表意可能，它也构成了幼儿图画书最大的艺术特色。

幼儿图画书有三种基本的文图关系模式。这三种模式的多元创意与交替组合，赋予了幼儿图画书丰富的文图艺术可能。

1.意义解释关系 在这一关系模式下，幼儿图画书的文字与画面之间彼此解释，画面以视觉直观的方式解释文字的述说，文字则以语言符号的方式道出画面的内容。这是幼儿图画书最常见的一类文图关系。

比如图画书《萝卜回来了》（方轶群/文，[日]村山知义/图），开篇的文字这样叙述道："雪这么大，天气这么冷，地里、山上都盖满了雪。小兔没有东西吃了，饿得很，他跑出门去找。"与之相应的跨页大画面上，我们看到主角小兔正站在小屋门口，望着外面白雪皑皑的世界。画面部分以生动的场景和色彩诠释着文字中叙述的大雪天景象和小兔子的境况，文字部分则清楚地道出了画面上小兔的行为趋向（准备出门）及其心理动机（饿得很）。接下去的故事都依据这一文图解释的基本关系得以推进。借助文字与图画的配合，同一个故事得到了更为形象、有趣、丰满的叙述。

在以解释关系为主模式的幼儿图画书中，如果将文字与画面分开阅读，往往也能得出它们各自基本完整的讲述内容，但对于优秀的图画书作品而言，这种分离会大大减损故事的阅读趣味。同时，在不少图画书中，图文之间的意义解释关系，其表现也更为丰富、复杂。

比如图画书《野兽国》（莫里斯·桑达克/文图），其故事以这样一句话开头："那天晚上，麦克斯穿上狼外套在家里撒野。"在随后的画面上，我们看到了穿着狼外套的小男孩麦克斯"撒野"的情景：他举着锤子，抿紧嘴巴，正把一枚大钉子狠狠钉进墙里。然而，除了解释事件的基本内容之外，画面还传达出了更丰富的情绪意义。麦克斯举起的锤子上那格外尖锐的羊角部分，他的狼外套上同样尖锐的两只"耳朵"，还有画面左侧那个被垂直吊挂在晾衣架上的玩具，无不渲染着故事开始时有些紧张、不适的情绪氛围。这也是整本图画书中最小的一幅画面，整个插图被压缩在空白书页的中央，伴随着一种略带压抑的气氛。

随着麦克斯告别现实生活，进入幻想世界，画面所占的比例越来越大，在故事高潮部分甚至占满了整个跨页，此后再逐页缩小，最后恢复到与单张书页一样大小，隐喻着麦克斯的情绪恢复了正常。请注意，是恢复"正常"，而不是恢复到开始时的压抑状态，也就是说，经过这场幻想的旅行，麦克斯起初的不安情绪得到了宣泄和释放，他与妈妈之间的紧张关系也得到了调和。

在这样的合作中，画面与文字之间的解释关系远远超出了一般的插图读物，画面传递的意义不但是对文字的意义解说，也是对文字的意义填充。这一合作的方式充分体现了现代图画书的典型艺术形态。

2. 叙事互补关系 在这一关系模式下，幼儿图画书的文字与画面虽然也共同讲述一个故事，但二者互为补充，文字与画面各承担一部分内容，两者合在一起，才构成一个完整的故事。在这一关系中，如果没有画面的参与，文字部分会出现重大的叙事缺失，反之亦然。

比如图画书《鳄鱼怕怕　牙医怕怕》，它的文字部分读来是这样的："我真的不想见到他。我真的不想见到他。但是我非见不可。但是我非见不可。……"如果仅看这些文字，读者大概会一头雾水。只有当我们同时看到对应的画面，才会明白这是发生在鳄鱼和牙医之间的一场趣事，而它的幽默感的来源，很大程度上正得益于文字和画面之间的上述互补。结合文图的共读，我们知道了首页文字叙述中的前一句"我真的不想见到他"，表达的是鳄鱼不得不去看牙医的心情；后一句"我真的不想见到他"，表达的则是牙医不得不给鳄鱼看牙的心情。一模一样的语言，表达的是同样的不情愿和不安，又恰好适合故事里彼此对应的两个角色。但在适合的同时，又从两者身上生发出了各自不同的内涵：鳄鱼害怕的是什么？牙医忐忑的又是什么？这些问题的答案在文与图的互补中既一目了然，又留给读者想象的空间。于是，在文与图的巧妙配合下，简单的语言重复带来了意想不到的叙事和语言幽默效果。

再比如图画书《母鸡萝丝去散步》（［英］佩特·哈群斯/文图），其文字部分讲述了母鸡萝丝出门散步的简单行程："穿过院子，绕过池塘，翻过干草堆，穿过磨面坊，从蜂箱下面走过去，最后回到鸡舍，正好赶上吃晚饭。"但图画书的画面部分除了表现萝丝的散步，还讲述了文字中没有提到的另一半故事：在萝丝散步的过程中，有一只狐狸始终跟在它身后，其动机不言而喻。然而，狐狸试图逮住萝丝的努力却一次次遭遇滑稽的失败，先是踩到钉耙上，再是跳进池塘里，之后又陷入干草堆……

这样，在画面和文字的叙述之间就构成了有趣的反衬关系。文字叙述的悠闲感反衬了画面叙述的紧张感：毫无危机感的母鸡会被早有预谋的狐狸抓住吗？但这紧张的悬念又一次次被悠然的情绪所化解：狐狸的预谋无一成功，而母鸡的散步从未被打断。故事独特的叙事趣味就在这样的图文互补中得到了充分的传达。

一般说来，幼儿图画书的图文叙事，其基本方向往往是一致的。但一些作品则通过有意制造两者之间的叙事矛盾，来营造特殊的表达效果。比如图画书《大卫，不可以》（［美］大卫·香农/文图），与每一页上"大卫，不可以！""不行！不可以！"等命令文字相反，对应的画面上，我们看到的恰恰是那个正在违反禁令的孩子的快乐身影。这样充满喜剧感的矛盾场景，大概写出了现实中许多幼儿的普遍生活状态；而在这一切的矛盾和对立之后，故事最末的那句"我爱你"和那个爱的拥抱，也才显得尤为甜蜜和温暖。

3. 趣味点缀关系 在幼儿图画书中，画面的主要功能是解释文字和参与叙事。除此之外，图画书的画面也常通过设计各类有趣的视觉游戏和细节，来增添和点缀文本阅读的趣味。比如《我爸爸》（［英］安东尼·布朗/文图）中的各个画面，一方面是其对应文字内容的视觉呈现，另一方面也设计了不少幽默的小机关。在"我爸爸什么都不怕，连坏蛋大野狼都不怕"的大跨页上，与文字叙述相对应，画面上的"爸爸"正神气地把坏蛋大野狼赶出门去。狼夹着尾巴，一副不甘心又灰溜溜的模样。而在门外远景处的一棵大树旁，露出了三只小猪的脑袋，还有提着竹篮的小红帽的身影。这里的小猪和小红帽都是文字中并未提到的内容，与故事情节之间也没有直接和必然的联系，作为常与"大野狼"联系在一起的众所周知的童话形象，他们在画面上的出现增添了图画书阅读的小乐趣。这类画面细节的趣味设计，在许多当代幼儿图画书的创作中已经成为一种常态。

上面谈到的三种图文关系模式并非彼此孤立。比如，图文之间的趣味点缀关系在幼儿图画书中十分常见，但由于它并不适合承担相对独立的整体叙事功能，因而都是融合在前两种关系模式中；再如前面提到的《野兽国》，在意义解释关系的主模式下，一些页面的图文关系更接近叙事互补。有些时候，在一本幼儿图画书里，我们还可以同时看到这三种关系在一种主模式下的合作演绎。比如图画书《大猩猩》（［英］安东尼·布朗/文图），在意义解释的主模式下，还包含了图文之间的叙事互补和画面设计的各种趣味点缀。

幼儿知识类图画书的基本类型

知识类图画书是以促进幼儿知识习得为基本目的的一类图画书。它是幼儿图画书的一个重要门类，也体现了幼儿图画书有别于一般图画书的一个重要特征。这类图画书的兴起与幼儿日常生活中的知识学习需要紧密相关，其文字与画面内容均带有鲜明的幼儿知识启蒙性质。

依照知识内容的基本性质，知识类图画书主要可分为两类。一是以日常生活知识为主要认知对象的图画书。这类图画书中常见的幼儿知识内容，包括数字、形状、色彩、文字（字母）及各类日常事物的名称等。许多知名的西方图画书作家都曾为幼儿读者创作字母认知类图画书，比如莫里斯·桑达克的《周围的鳄鱼》、苏斯博士的《苏斯博士的ABC》等，均为此类读物中的经典。瑞典图画书作家莫妮克·弗利克斯以小老鼠为主角的系列无字书作品，也包含了字母、数字、颜色等幼儿日常生活知识的学习意图。随着幼儿读者年龄段的上升，幼儿图画书所关注和呈现的生活知识也会不断拓展。比如英国图画书《各种各样的家——超级家庭大书》（[英]玛丽·霍夫曼/文，[英]罗丝·阿斯奎思/图）所传达的"家"这一生活概念的多维内涵，针对的显然是年龄稍长的幼儿读者。

二是以儿童科普知识为主要认知对象的图画书。这类图画书也是当代幼儿科普读物的一种重要形态，其传统或许可以追溯至捷克教育家夸美纽斯出版于1658年的《世界图解》，该书以图文并茂的形式为孩子讲解百科知识，在某种程度上开创了科普类图画读物的先河。在当代，知识类图画书已经成为幼儿科普阅读和学习的一个重要载体，代表作品如法国知名的系列科普图画书"第一次发现丛书"。

依照知识内容的呈现方式，知识类图画书又有两种基本的类型。一类是以较为松散的顺序逻辑呈现特定的知识内容，开展特定的认知训练。比如美国图画书作家艾瑞·卡尔创作的"我的第一本书"系列，其中《颜色》《形状》《数字》《单词》等册，结合画面与文字的上下搭配游戏，旨在培养和促进幼儿对于一些日常生活基础知识的把握。该书前后内容除了隶属相近的知识条目，彼此并不存在特别细密的逻辑联系。很多时候，这类图画书更接近广义的插图读物。

另一类是以相对连贯的叙述线索串联起特定的知识内容。比如莫妮克·弗利克斯的《字母》（"小老鼠无字书"系列之一），原是西方儿童读物中常见的字母认知类读物，但作者以小老鼠的前后活动串起了从 A 到 Z 的 26 个字母。只见空白的纸面上，一只小老鼠一手扶腰，一手挠头，显然正思忖着干些什么好。很快，它在光洁的纸面上咬出一个洞，钻了进去。随着啃咬的继续，从纸洞里先后抛出来印有不同大写字母的小碎纸片，参差的边缘说明了它们显然是小老鼠啃咬劳动的成果。不久，我们的主角叼着余下的一沓字母，也从洞里钻了出来。这时候，从纸洞口钻出来另一只小老鼠，它的手上捧着一沓写有小写字母的碎纸片，也加入了故事角色的行列。两只老鼠克服困难，齐心合作，依照顺序排出了大小写英文字母表，这才满足地依偎在纸洞里睡着了。在这本图画书里，因为有了小老鼠这一充满游戏性的叙述线索的介入，原本抽象的字母知识变得充满了新鲜的趣味。

成人是幼儿阅读的榜样

2009 年 4 月，新闻出版总署中国出版科学研究所公布了第六次"全国国民阅读调查"结果。该调查首次同步对 18 周岁以下未成年人的阅读状况进行了调查。调查包含了一项"对家长和孩子是否喜欢读书这一行为的对比研究"，结果显示，家长"喜欢且经常看书"会直接影响孩子对阅读的喜爱程度，其中 95.1% 的儿童因家长喜欢且经常看书而喜欢读书。

我们相信，在影响儿童阅读的各种积极因素中，这种言传身教、潜移默化的方式是最直接也最有效的。这样一种阅读榜样的作用，远胜过作为任务布置给孩子的阅读作业。

因此，在孩子的阅读生活中，成人并不只是扮演着外在的陪伴者与监督者的角色。要真正指引孩子的阅读，他们的另一个任务，就是让自己也成为一个阅读者。对于出生在一个钟表匠家庭的法国学者卢梭来说，正是童年时代与父亲一起度过的那些晚餐之后"没完没了"的经典阅读时光，使他在未来的艰难岁月中不曾沉沦，最终成为启蒙运动时期伟大的思想者。

成人的阅读爱好与阅读行为是对于儿童的一种天然的指导。但要真正胜任儿童阅读指导者的角色，很多时候，仅仅自己阅读还不够，我们还需要与孩子一起分享阅读的经验和体验。

苏联电影大师塔可夫斯基曾谈及，孩提时代母亲第一次建议他读《战争与和平》，往后数年中，又常常援引书中的章节片段，向他指出托尔斯泰文章的精巧和细致。"《战争与和平》于是成为我的一种艺术学派、一种品位和艺术深度的标准；从此以后，我再也没有办法阅读垃圾，它们给我一种强烈的嫌恶感。"

塔可夫斯基的母亲所做的，是一种有意识的阅读指导。通过这样一种方式，她将孩子渐渐带入到经典的"精巧和细致"中，从而培养了他对于这种"精巧和细致"的分辨能力。而这样一种特殊的阅读指导，只有在成人与孩子共同参与到阅读活动中，在成人自己真切、深入的阅读体验的基础上，才能够得到有效的实现。

塔可夫斯基的童年经历再生动不过地表明，要阅读照亮童年，它也要照亮童年周围的世界——要让书本吸引我们的孩子，它首先得吸引我们自己；要让读书成为孩子的习惯，它首先得成为我们自己的习惯。这是一种最原始、最简单的行为导引方法，却也可以说是最具难度的。

文本细读

怎样读懂一本幼儿图书

为幼儿园做准备：《再见！》

荷兰作家南茜·考夫曼与韩裔荷兰插画家琼-希·斯佩特合作的图画书《再见！》，讲述的是一个常见的幼儿成长话题。小猪汤姆第一天去上幼儿园，他多么不想和送他到学校的爸爸说"再见"。告别的时候，他向爸爸要了一个吻，一次拥抱，又要他念了一个故事，挠了一记痒痒，荡了一个飞摆，蹭了一下鼻子……猪爸爸怎么忍心拒绝这些请求呢？他给了小猪一个吻，又一个吻，再一个吻……当他最后终于决定和儿子挥手道别的时候，却遗憾而又惊喜地发现自己已经等到了放学的时间。于是，父子俩还没有来得及道完别，就欢欢喜喜地走在了一起回家的路上。

故事中，陌生的环境，艰难的告别，还有不安的恳求，哭泣的泪水，这一切都令我们想起在幼儿故事中反复演绎的"第一次上学"的母题与情境。让我们始料未及的是，作者在结尾处以一个文学味十足的漂亮转折，把一个几乎被讲滥了的教育故事变成了一则充满情味和意味的生活童话。故事里的汤姆到最后还是没有学会一个人上幼儿园，这使得我们原本期待见到的教育意义在结尾处出人意料地落空了。

然而，正是这一巧妙的落空处理，为另一种新颖的故事构思与深浓的情感描摹的实现，设置了一个独一无二的语境。毫无疑问，我们看到猪爸爸带着一身因爱而生的甜蜜的疲倦走到窗口准备与儿子道别，却发现等候着他们的是另一段相聚的时光时，一种难以抗拒的温暖的情愫在瞬间淹没了我们此前所生的关于它的教育意义的一切期待。尽管汤姆最终并未能完成他学习独立的第一课，然而在他与爸爸之间以彼此之爱为圆心所展开的妥协游戏之间，有一种比暂时的成长目标更能打动我们的内容，使我们不但对他的所有任性的行为抱着真诚的理解，更为他所得到的这样一个欢欣的结尾感到由衷的快慰。

这样一个特别的结尾也改变着我们对于故事此前所有细节指向的理解。在故事最后的惊喜出现之前，汤姆向爸爸提出的每一个片刻的挽留恳求，似乎都为一种必然要离别的紧张、焦虑与惆怅所深深地浸润着。也因为这个缘故，每一次挽留的成功都同时增加了即将到来的别离的沉重感。那个看似埋伏在不远处的分离犹如一支已经搭上弓弦的竹箭，随着情节的丝弦被逐渐拉开，随时可能蓄势而发。

但它恰恰是作者设下的一个情节的圈套。一直要到故事终于松开悬念的弓弦，向读者奉上它俏皮而又完美的结局时，我们才知道，原来发生在汤姆与爸爸之间的一切从来不曾指向某种伤感的分离。相反，它所传达的爱的快意，就是它所要指向的那个情节和意义的终点。

事实上，又为什么要分离呢？如果汤姆是如此爱着爸爸，爸爸也如此爱着他，那么，让这样一份简单而又真切的生活之爱得到圆满的实现，不正是我们乐于在一则幼儿故事中寻找到的结局？

所以，这是一个关于深情、关于眷恋、关于爱的故事。阅读这样的作品，我们显然需要放弃有关幼儿故事的某些过于功利的想法，而专心去体味它所包含的叙事的机巧与动人的深情，只有这样，我们才能真正领略故事里那个最终也没能走出自己的情感依赖的小猪所享有的那份珍贵的人间欢乐。

当然，我们也不妨把它作为一个童话式的寓言。虽然一天一天，我们总是要和身边所爱的人们做暂时或长久的告别，但彼此之间的那份深情牵连，却从不曾因为别离而消失。

爱，就意味着永远不说再见！

（《再见！》，[荷]南茜·考夫曼/文，[荷]琼-希·斯佩特/图，明天出版社）

"不可以"和"可以"的教育智慧：《小熊的巴掌》

小熊有一对"又大又厚"的巴掌，他发现自己可以用巴掌的"暴力"换来各种想要的东西：小兔子的玩具，小狐狸的冰激凌，还有小象的服从。不过，当他试图用同样的方法从爸爸那儿满足自己任性的要求时，情形反了过来，因为爸爸有一对"更大更厚"的巴掌。挨打后的小熊哭了，他挥舞着小巴掌，把家里弄得一团糟。

故事里的小熊，有着我们在生活中常常可以见到的那些难以管理自己情绪的孩子的身影。很多时候，他们欺负同伴的行为其实只是出于一种简单的攻击冲动和较强的自我中心倾向，还无关任何善与恶的概念或者分辨力。因此，幼儿的这种行为表现还不能直接以道德判断的标准进行衡量或批评。

故事作者准确地把握并呈现了这样一种前道德阶段的幼儿行为特点。不论是表现小熊用巴掌向小伙伴们"施压"的情形，还是他用同样的方式向爸爸示威却遭到惩罚的情境，叙述者都没有表现出任何形式的长者道德优势。作者很清楚，面对这一阶段的孩子，道德性的禁令、训诫或惩罚本身，都没有切中问题的要害，也不能够解决问题。

让这些孩子告别消极情绪或行为的最好方式，不是否定的批评或禁止，而是肯定性的引导，是通过巧妙的"可以"自然而然地转移和消解他们行为中那些"不可以"的成分。故事里，小熊的妈妈承担起了这个引导人的角色。慢慢地，小熊明白了自己的巴掌不但可以用来"握握手""拍拍手""拉拉手"，在自己生气想"打打打"的时候，还可以"打小鼓""打篮球""打水花儿"。这样，小熊不但得以顺当地宣泄自己的情绪，也在不知不觉中学习着与他人、自我和世界相处的适宜的方式。

你瞧，没有高声的责备，没有严厉的惩罚，甚至也没有平和的训导，妈妈用"可以"的教育智慧，巧妙地解决了"不可以"的教育难题。

(《小熊的巴掌》，张月/著，曹小影/绘，明天出版社）

领略一棵树的诗意：《树真好》

有这样一本图画书，它用一种真挚、自然，又不乏优雅和诗意的笔调，表达了人类对于自然、对于树木的质朴情感和赞美。许多年过去了，当我们今天读到这本图画书时，我们依旧会被它天然的生态意识和动人的生命情怀深深地打动。

这本图画书，就是由贾尼思·梅·伍德里编文、马可·塞蒙绘图的《树真好》。

从生命和生态演化史的角度来看，树木无疑是比人类更早来到这个世界上的一种生命形态。后来，树就成了这个星球上陪伴人类生活的最天然、最生动、最坚韧、最美丽的生命形态之一。但是，也许是因为人类生活中树木的普通和无所不在，许多时候，树的亲切和围裹反而很容易使我们对它产生一种迟钝和麻木之感。我们忘记了，对于造物的赐予，我们应该倍加珍惜，并且心怀感恩。

读《树真好》，我发现，在我生活和记忆中沉默已久的关于"树"的情感和体验，忽然间又被唤醒了。

《树真好》让我们重温生活中有关树的一切美好的记忆和体验。"树真好。高高的大树遮住了天空"；"树长在河边，树长在山谷，树长在高高的山顶上"；"很多很多树在一起，就叫作大森林。树让一切都变得那么好"；"如果你只有一棵树，那也很好。因为，树上有好多树叶。整个夏天，都可以听到风吹树叶，沙沙地响"……作者特别用心地发掘了童年与树木之间的记忆和联系——"我们爬到树上,看各家的院子。我们坐在树杈上,静静地思考。我们还在树上,嬉笑玩耍,扮演海盗"……娓娓道来的散文化的讲述风格,令人在看似琐屑的欣赏过程中油然产生一种亲切而又充满温情的阅读体验。

《树真好》出版于1956年。对于文字作者贾尼思·梅·伍德里来说,这部作品是她创作出版的第一本书。1950年,她从美国西北大学毕业以后,在芝加哥的一家托儿所工作。由于朝夕接触图画书和儿童,她深谙图画书的趣味和重要性。

伍德里的童年是在乡间度过的,很显然,《树真好》的故事中融入了作者童年时代关于树的深刻情感和记忆。而插画作者马可·塞蒙早在1939年就出版了由他绘图的第一本童书。这位1915年出生于巴黎的童书画家,其父亲是一位西班牙画家。在父亲的鼓励下,他从小就开始美术创作,而且一直把父亲视为自己最重要的老师。1935年,他来到美国,定居纽约,并决心终身从事美术创作。马可·塞蒙一生共为一百多种童书做过插图,而《树真好》是一部为他带来重要声誉的图画书作品。

《树真好》别致的外观和开本令人玩味不已。它在外形设计上采用了8厘米长、16厘米宽的长方形开本形式。垂直方向延伸和增长的页面设计,增强了树干和枝叶的挺拔、婀娜的视觉效果。画家采用了彩图和黑白画面交替呈现的方式,将现实的美丽与记忆中的生动融为一体。许多年后的今天,欣赏这部作品,我们会发现,它所体现的20世纪50年代的简朴画风,竟让我们产生了一缕挥之不去的怀旧情绪。

1957年,《树真好》出版翌年一举夺得了凯迪克奖。《纽约时报》评论说,这是可以促使孩子们意识到日常世界之美的图书之一。《出版人周刊》也认为,这本获得凯迪克奖的图书,朴素而又优雅地讲述了一棵树所带给我们的许多快乐。

我最喜欢这本图画书的结尾:

一天又一天,一年又一年,眼看着小树越长越高。你骄傲地告诉每一个人:"那是我种的树。"人人都想有棵树。他们回到家中,每人种下一棵树。

是的,每人种下一棵树,就是种下生活的诗意,种下记忆的美丽。

(《树真好》,[美]贾尼思·梅·伍德里/文,[美]马可·塞蒙/图,舒杭丽/译,二十一世纪出版社)

踏上神奇的失物之旅：《拉夫旅行记》

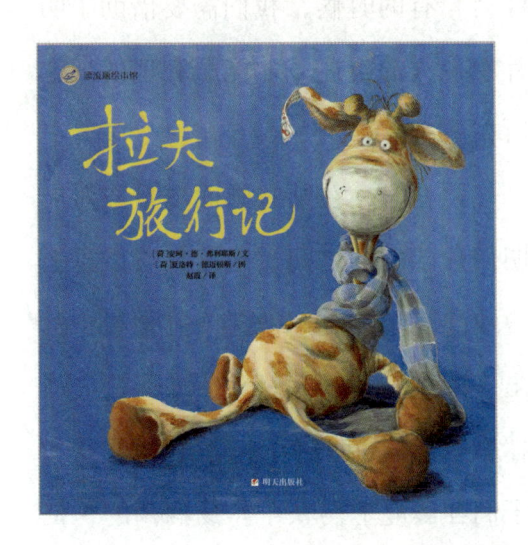

《拉夫旅行记》的主角是一只布绒长颈鹿玩具，它是男孩本最亲密的伙伴。

可有一天，它的突然"失踪"让本的生活一下子陷入了无边的沮丧之中。

不过没多久，本开始收到拉夫从旅行途中寄来的明信片。一张、两张……等到明信片不再出现了，有一天，拉夫也回到了本的身边。

读完这个故事，我们大概会忍不住猜想：故事里的拉夫为什么会离开本？它是怎么离开，又是怎么自己跑去旅行的？它的出走和回归，会不会是谁为本安排的一场游戏？毕竟，从故事逻辑的角度，我们会很自然地期待拉夫的这趟旅行能有一些更清楚的来龙去脉。

但作者要讲述的并不是一个关于逻辑的故事，而是一个关于情感的故事，它所处理的是无数幼儿每天都在面对和学习应付的一种体验：突然的分离，绵长的思念，迫切的等待，快乐的团圆。仔细想一想，与父母、与朋友、与身边各种事物的暂别，是不是频繁地发生在幼儿的生活中？哪怕是从晨起到晚归的暂别。对我们来说，这样的分别或许太惯常、太微不足道了，但对于刚刚开始带着自我意识进入世界和生活的幼儿来说，他实在需要具备很强的理解力和承受力，来应对生活中这些"突如其来"的变化。

安珂·德·弗利耶斯用这样一个想象的故事触及了年幼孩子的这一日常生活经验，并以一种童话的方式来帮助孩子接受和安置这样的体验。故事里，与拉夫的分离给本带来了短暂而又强烈的焦虑，但这份焦虑很快被拉夫的明信片带来的惊喜所取代。来自远方的信件默默地见证着本和拉夫之间不能相见的事实，却也同时将别离的不安和等待的无奈，转变成了充满希望的企盼和一次次令人兴奋的发现。简短的问候诉说着相隔遥远的本和拉夫之间的那一份克服距离的牵挂和系念。的确，两个好朋友被分开了，但他们好像又一直在一起。离别并不意味着爱和友情的消减，相反，彼此的牵念最后将把拉夫重新带回到本的身边。

被牵挂所充满的等待时光是温暖的，却也是漫长的。为了补偿这种漫长的心理感觉，作者为拉夫，事实上也是为本安排了一场有趣的非洲旅行。拉夫在旅行中走过了非洲的沙漠、大湖和丛林，见识了那儿的各种动物，而本则从拉夫寄来的明信片里，间接地参与和体验了这场奇妙的旅行。

通过这样的方式，作者巧妙地将幼儿日常生活中不无焦虑的别离和等待，转变为了一场快乐的冒险游戏。在每一张明信片背衬着的跨页大画面上，插画作者夏洛特·德迈顿斯用充满阳光感的明亮华丽的色调，描绘着拉夫所到每一处的景致：蔚蓝天空下的金色沙漠，被火烈鸟的羽毛映亮的彩色湖水，梦一般幽深的葱郁丛林，身披落日余晖的长颈鹿群……这些充满视觉冲击力的画面在诠释故事的同时，也为读者提供了一场色彩和光影的盛筵。

当然，小读者们一定会急于从画面中寻找拉夫的身影。在空间如此阔大的画面之上，拉夫小小的身躯并不那么惹人注目，有的时候，我们需要借助于明信片中拉夫的自述，才能顺利地发现它的所在。

与此同时，在某些画面场景与对应的明信片的叙述之间，也存在着讯息上的微妙"偏差"，这"偏差"在故事中酝酿出一种特殊的幽默感。比如，拉夫从丛林那儿寄来的明信片上写着："我正和猴子们在藤蔓上荡秋千。荡啊荡的，把我的脖子和尾巴都拉长了一点。"然而从明信片背后的插图中，我们看到的却是这样一幅景象：树枝上，两只猴子为了争抢拉夫，分别从两边各拽住了它的脑袋和一条后腿，显然把它当成了一件稀奇的玩物。可以想见，拉夫的"脖子和尾巴都拉长了一点"，很可能是这一争抢的结果。大概是为了掩饰这种尴尬的境遇，它编出了"和猴子们荡秋千"的"体面"情节。

同样，在见识过真正的非洲长颈鹿之后，拉夫说道："他们请我留下吃饭。非洲饭真好吃，我怎么也吃不腻。"但从画面上的情景来看，可怜的拉夫伸长了脖子也没能够到长颈鹿的蹄子，整个画面只能看到这些大型动物的一部分长腿，再加上拉夫充满企盼而又不无落寞的神情，这很可能意味着，它的这些身材高大的"本家"并没有能够注意到这位身量实在太过纤小的"亲戚"的来访，而所谓的"留客吃饭"，也只是拉夫自我安慰的想象而已。这小小的隐瞒为故事增添了有趣的遐想，同时也透露出童年可爱的狡黠——孩子们大概最能够理解这种不愿意被看轻的狡黠。

在本和拉夫的故事主线之外，作品里还掩藏着另外一条重要的叙事线索，它完全隐没在文字的底下，而且是以一种令人不易觉察的方式从画面中开始延伸的。在本书的第二个跨页上，也就是拉夫失踪的那个晚上，只见小床上静静地卧着五个显然也属于本的毛绒动物玩具。其中的三个玩具已经睡下，醒着的两个则把它们的目光投向了小床上一个空空的角落，仿佛在暗示着拉夫的缺席。插画作者有意让这些玩具彼此叠压在一起，以至于读者要在很仔细的画面阅读中，才能辨清每一个玩具的真实面目。

不过我们很快会发现，这样的耐心和功夫是值得的——在随后讲述拉夫非洲之旅的五个跨页画面上，先后出现的各种主要动物恰好与这群毛绒玩具形成了有趣的对应：沙漠上缓行的骆驼、大湖中涉水的火烈鸟、在水中嬉戏的大象、丛林枝头的猴子，以及最后出现的长颈鹿，不正是故事起始处本的那些毛绒动物玩具的"真实版本"？

秘密之下还有秘密。在上面提到的第二个跨页上，本的动物玩具中还有一条青色的大蛇，然而，在其后的五幅跨页插图中，却似乎只先后出现了骆驼、火烈鸟、大象、猴子和长颈鹿五种动物，唯独少了青色玩具蛇的"本家"。是作者把它给遗漏了吗？不，在拉夫与猴子相遇的那个画面里，与明信片的右侧边缘相交的那根树枝上，正静悄悄地盘着一条青色的大蛇，它的颜色几乎与丛林的枝叶融为一体，一小截蛇身又被明信片遮住了，因此不大容易被察觉。再加上这些画面基本上采用了"一图一物"的表现手法，即每个画面主要用来表现一个场景和这个场景里的一种动物，因此在翻阅它们的过程中，我们很容易产生一种注意的惯性，即倾向于在每一个画面上，只关注到一种动物的活动。事实上，即便我们注意到了大蛇的存在，如果没有意识到前后画面之间的上述互文关系，同样会倾向于把它仅仅看作一个普通的背景意象，而不能发现这个细节所指向的特殊内涵。

如此一来，拉夫的这场旅行就不再

像故事刚发生的时候那样显得毫无章法，而是多了一层潜在的秩序：拉夫似乎是要代表本去会一会那些只在玩具世界里才见过的动物朋友。不过，图画书的文字叙述丝毫也没有提及这些真实的非洲动物与本的毛绒玩具之间的这一特殊关系，相反，各种动物与毛绒玩具之间在形体大小和样貌上的反差，加上插画者有时故意只绘出动物的一部分躯体，反而增加了辨识这一关系的难度。这么一来，它更成了埋在故事里的一个特别的"秘密"，等着读者自己去解开。

一旦上述潜藏的画面和意义关联被发掘出来，对孩子而言，那种发现和恍然大悟的惊喜可能是难以言传的，他们的故事阅读将因此而增添许多新的乐趣，他们对于作品的理解也将得到新的丰富。事实上，只有见出了这个"秘密"，我们才会真正明白，为什么当拉夫顶着不知名的粉色鸟儿拉下的一坨便便在湖水中漂游时，会向着本发问道："你知道它们叫什么名儿吗？"本当然知道，因为这种鸟儿显然正是与他朝夕相处的其中一个玩具的"本家"。

带着这样的理解再来重读整个故事，我们会感到，不仅仅是拉夫和本，所有的玩具都成为这场旅行某种意义上的参与者。因此，故事临近结束时，毛绒玩具们翘首以盼等待拉夫归来的场景，不只是本的心理感受的一种投射与转达，也可以理解为发生在玩具世界里的一场盛事。可以想见，从童话的角度来看，这里的每一个玩具都会迫不及待地向拉夫打听它们在非洲的那些遥远"本家"的消息。这样，图画书的结尾也就多了一重想象延伸的意味。

《拉夫旅行记》的主角是拉夫，但它显然是一个为本而讲的故事。不过，插图中本的形象只在最初的两个跨页上出现过两次，而且出现的方式都比较特别。第一个跨页，画面上只看到一条戴手套的手臂，这条手臂紧紧地握着布绒长颈鹿的一条后腿，告诉我们这两个好朋友之间有多么不可分离；翻过来的第二个跨页上，花格被子下露着本的一只穿蓝色条纹袜的脚，玩具们就卧在脚的周围。然而自此往后，画面上就看不到关于本的更多讯息了。尽管他的名字在故事的文字叙述中被一再提及，但他的形象在插图中却是缺失的。

这是一种很特殊的画面处理方法，它有点像是以留白的方式，为小读者在想象中塑造和认同男孩本的形象提供了完全开放的空间。事实上，这个不曾现身的男孩的位置，就是留给正在读故事的每一个真实的孩子的，阅读这本图画书，他们和本一样经历了一个从沮丧、紧张到惊喜、兴奋，再到满足、安定的情感体验过程，这是对于低幼儿童日常情感的一种抚慰和宣泄，也是对于他们情感的一次延展和丰富。在故事最后的画面上，我们看到归来后的拉夫变得跟从前有些不一样了，它那焕然一新的样子，既令我们对它的这场丰盛的旅行遥想万千，同时也传达着本与好朋友重逢时的心理情绪。

对年幼的孩子来说，《拉夫旅行记》还是一本小小的非洲知识图册，它以一种近似于风物图鉴的方式向小读者描绘了非洲的几个著名景观和几种代表性的动物。其中，还有一些小小的知识细节隐藏在画面中的明信片上，比如："贴"在明信片上的那些邮票，也绘着包括金字塔、犀牛、鳄鱼、斑马等在内的各种"非洲标记"；在一些邮票和邮戳的角落里，还绘有非洲地图的基本形状。这种地理和文化感觉的呈现一直延续到了故事的最后，当拉夫通过邮递的方式回到了本的身边，它身下的那个大邮包上，还"贴"着绘有各样事物的非洲邮票。这些画面的细节在故事之外，为小读者们提供了另一种视觉阅读的快乐。孩子们大概会很乐意去发现和观察藏在一枚枚"邮票"里的这些小小的讯息。与之伴随而来的那样一种遥远、奇妙的文化感觉，对童年来说，也是一种重要的精神滋养。

(《拉夫旅行记》，[荷] 安珂·德·弗利耶斯/文，[荷] 夏洛特·德迈顿斯/图，赵霞/译，明天出版社)

追寻心中的自己：《宝儿——一只没有羽毛的大雁》

1963年，时年27岁的英国美术设计师约翰·伯宁罕尚不十分确定自己的艺术天分最终会将他带向何方。就在这一年，他的图画书处女作《宝儿——一只没有羽毛的大雁》被伦敦乔纳森·凯普出版社相中出版，而此前，这家老牌的文学出版社尚未接受过任何图画书作品。同年，作为英国最高图画书奖项的凯特·格林纳威奖选择了《宝儿——一只没有羽毛的大雁》，证明了出版社的眼

宝儿
——一只没有羽毛的大雁

文/图 [英]约翰·伯宁罕 翻译 宋珮

光和这位艺术家的实力。从这一年开始，约翰·伯宁罕感到自己被推入了图画书的创作世界，他也因此寻找到了一生的艺术归宿。

作为伯宁罕创作的第一本图画书，《宝儿——一只没有羽毛的大雁》陪伴了几代人的成长。故事中这只没有羽毛的小野鸭宝儿，很容易令我们联想到安徒生笔下的丑小鸭。不过，如果说安徒生的丑小鸭必须等待自我的蜕变才能获得幸福，那么伯宁罕笔下的宝儿则是在对于自我身份的坚持和执着中，赢得了命运的眷顾。没有羽毛的宝儿并不缺乏家庭的温暖，但她的与众不同还是令她离开了野鸭群。寒冷的季节，宝儿独自登上一艘海轮。她通过自己的努力，与船长、大副和大狗费乐结为了朋友。最后，特别的她在皇家植物园里找到了自己的位置，成了一只快乐的鸭子。

坦率地说，这则故事的情节并没有十分扣人心弦的地方；从叙事的角度来看，似乎也没有太多的新意。但它清晰的故事结构、恬淡而温暖的情感氛围、传统的叙述风格，加上富于幻想色彩的伯宁罕特色的插图画面，的确使这本图画书成为一部特别适合幼儿欣赏的作品。据伯宁罕自己说，这只没有羽毛的野鸭的故事在他心中盘桓已久，这也奠定了其后伯宁罕所有图画书"故事成于先"的创作习惯。而他为这则故事绘制的插图，充分地诠释和丰富了故事中的每一个场景及其所散发出的情感气息。

伯宁罕认为"要成为一名成功的童书作家，就得实现与某一个年龄段孩子的相互沟通"，而他坦承自己创作时的心理年龄停留在5岁孩子的层面上。的确，伯宁罕那些奉献给低幼儿童的图画书作品总是特别能够亲近孩子们的心灵；而他的不因读者年龄的低幼而降低质量或内蕴的插图作品，也为他赢得了父母们的青睐。距离《宝儿——一只没有羽毛的大雁》初版四十多年后，一位上了年纪的美国读者在一封题为《约翰·伯宁罕：我的故事》的信中写道，三十多年前，他曾经与他的孩子们一道快乐地分享过这部作品；三十多年后，他特地来到伦敦的皇家植物园，亲身体验故事中的宝儿最后安居的这片天地。当这位美国读者靠近一片栖息着鸭子的湖边草坪时，他听见一旁参观的孩子们也在唤着"宝儿"的名字。我们发现，时隔三十多年，故事中的宝儿依然拥有她独特的魅力。

伯宁罕是一位在图画书的语言和插图方面都对自己要求颇严的作家。他的图画书故事特别注重语言方面的情趣，尤其是对低幼儿童来说显得十分重要的音韵趣味。有节奏的断句、句子内部和句子之间形成的押韵关系，以及某些英语口语特有的游戏性质，在他的许多作品中得到了充分的运用和发挥。《宝儿——一只没有羽毛的大雁》也不例外。可惜的是，这种语言上特有的情趣，由于不同语言形态之间无法一一对应和转换，已经很难在中文译本中领略到了。

从《宝儿——一只没有羽毛的大雁》到《和甘伯伯去游河》，约翰·伯宁罕先后两次获得凯特·格林纳威奖。此外，他还创作了《迟到大王》《莎莉，离水远一点》《外公》等优秀图画书作品。他与同样因其出色的童书插图获得两次凯特·格林纳威奖的妻子海伦·奥克森伯里共同组成了世界上为数不多的拥有四枚凯特·格林纳威奖章的家庭。而在《宝儿——一只没有羽毛的大雁》的初版扉页上写着十分浪漫的一句题词：献给海伦。与众不同的宝儿让我们隐约看到了少年伯宁罕的影子，它神奇地开启了一位不断带给我们惊喜的优秀图画书作家的创作之旅和一份与图画书相伴的甜蜜爱情。

（《宝儿——一只没有羽毛的大雁》，[英] 约翰·伯宁罕/文图，宋珮/翻译，河北教育出版社）

生活是美好的：《香喷喷的节日》《好像》《奶奶家的大猫和小猫》

孩提时代，什么样的生活最令我们欢欣难忘？大概就是秦文君在《香喷喷的节日》（徐晓璇/图）里写到的那些热闹的、温暖的、喜气洋洋的日子。这样的时光往往定格在某个晴好的太阳天里，有敦实的握手，温暖的问候，当然也必定少不了一群叽喳推搡的孩子。忙碌的序幕总是由大人们操持，翘首的企盼则是小孩子的任务，就像故事里的小老鼠米尼，在节日降临前的兴奋中还会忧心忡忡地想：第二天刮大风、打大雷怎么办？要是客人改主意了，来不了，又该怎么办？这孩子气的无谓担忧，实在是因为即将到来的日子太甜蜜，太美好，太叫人害怕错过。这日子里有响亮的笑声、热情的拥抱、贴心的礼物，有喷香的美食、愉快的畅谈、欢乐的游戏，更

重要的是，有我们挚爱的亲人、伙伴和朋友彼此相伴，一起分享此刻的幸福。

因此，作家和画家用温软的笔墨与心情，细致地描画着这样的日子里发生的生活故事：从绘着图画、贴着花朵邮票的邀请信开始，到野花、山果、灯笼、鲜花浴的准备，再到鼠大伯一家、鼠姑妈一家、鼠爷爷、鼠奶奶的——到来，还有姗姗来迟的鼠叔叔和他从猫爪下逃脱的不无惊险的旅程。随着情节的展开，热闹的气氛一点点地增浓，欢乐的情绪也一点点地累积，每一个叙事的段落都洋溢着那份丰美、跃动、欢快、温暖的日常生活感觉。这样灿烂的日子里，再没有什么比生活在此时此刻更美妙的了。你瞧，鼠叔叔历经险情归来，"虽然领带歪了，皮鞋掉了，西装破了，但是还活着，能笑，能说，很快又是一只生气勃勃的老鼠"。这是一段多么耐咀嚼的文字，从它简简单单的叙述里透出的那份对生活的毫无抱怨的单纯热爱，让最平常的日子都变得珍贵和闪亮起来。

而这一切欢笑、乐观和"生机勃勃"的源头，是家人之间深情的关切、等待、

陪伴与照料。这小小屋檐下汇聚的温情，也是日常生活中最令人踏实的一种幸福。

但生活的海洋无疑还有着更宽广的朝向。如果说鼠家族的这个节日聚会让我们感受到了属于"家"的那份相亲相爱的暖意，那么图画书《好像》（秦文君/文，刘洵/图）则带我们从窄小的屋宇走向广阔的外界，从自我的"小"家走向自然的"大"家。与洋溢着欢声笑语的亲朋聚会相比，这里呈现的是世界与生命的另一副奇妙的面孔：太阳、白云、雨点、豆梨、花瓣、柳树叶、小蘑菇、蚯蚓、蚂蚁、瓢虫……它让你从生活的喧闹中独自安静下来，去感受一道阳光、一滴水的变化，去聆听一朵花、一片叶子的心情，去想象一只振翅高飞的云雀的快乐。透过这样的感受、聆听和想象，我们仿佛也融入了那万物有灵的自然生命乐章中。

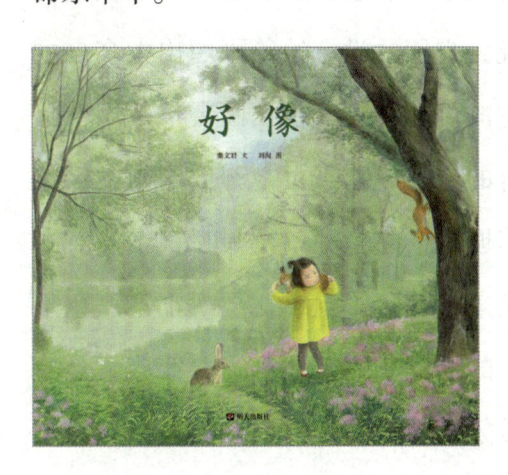

对童年来说，这是一个重要的生活课堂。在钢筋水泥的世界和熙攘功利的生活越来越将人与太阳、与泥土、与一只小虫的亲切交往隔绝开的今天，懂得欣赏自然生命并与之平等相待、对话，越来越成为一种需要学习的生活方式。而唤醒孩子天性中那份与自然相亲近的情愫，正是这人生课堂的起点。因此，在《好像》里，作家用透着天真气的美文赞美着哪怕最微小的生命的美与尊严："每一根小草都在做着自己的梦，草叶的影子连起来，起起伏伏一长条。一根最小的草弯着腰，好像在祷告：我好不容易长这么高，千万不要把我踩矮掉呀。""一只红底黑点的瓢虫停在一颗红色的野果子上，细细的腿儿紧紧搂着果子，好像在宣布：这只球和我一样红，是我的球！"这些充满童趣的移情和想象，从一个独特的视角诠释着诗人华兹华斯笔下"最卑微的花朵都有思想"的深意。

这是自然的声音，也是我们自己灵魂的声音。从一株小草、一瓣小花身上见出的对自然万物的尊重，对造物之功的赞美，以及对宇宙存在的敬畏，归根结底是我们对世界的一种理解和对生命的一种态度；而那投向自然万物的充满温情的目光，最终也来自纯善、敏感、充满诗意、丰富的心灵。正是这样的心灵让我们得以充分领略生活中的自然和人情之美，也让我们深深明白朱光潜先生所说的那种生活的遗憾所指为何："许多人在这车如流水马如龙的世界过活，恰如在阿尔卑斯山谷中乘汽车兜风，匆匆忙忙地急驰而过，无暇一回首流连风景，于是这丰富华丽的世界便成为一个了无生趣的囚牢。这是一件多么可惋惜的事啊！"在生计的奔忙中仍然葆有回首观赏的生趣和心境，正是美的生活给予我们的馈赠。

然而，真正懂得生活的人一定知道，人生中固然有许多"一切都很好"的时刻，也有不少不那么令人愉快的场合。即便在家里，有时也难免发生矛盾、误解，甚至因此生出嫌隙、怨恨。就像在《奶奶家的大猫和小猫》（秦文君/文，弯弯/图）中，小猫紫玉的到来让大猫绿宝感到了莫名的威胁和嫉妒，因为它似乎"分"走了奶奶对绿宝的关心和爱。它于是处处与紫玉为敌，又总将紫玉的示好解读成示威。无休止的斗气和计较让原本快乐的日子变得"又寂寞又沉闷"，直到有一天，绿宝带着灰暗的心情默默逃离了亲爱的家。它需要时间来舔舐心底的伤口，走出唯我的世界，继而开始新的生活。

这样的挫折永远是生活的一部分，但也唯有历经砥砺之后，我们方能从内心深处领会那份感悟。这个过程可能充满苦涩和艰难，却也是生命必不可少的一种成长。谁说这样的精神顿悟和成长，不是生活带给我们的另一种"美"的体验？

"美"在文字里，也在插图中。后者是这套图画书作品格外值得一提的地方。尽管从典型图画书的角度看，这三部作品的文字在表意上已经相当自足，也就是说，它们并没有给绘画留出太多自主表达的可能，但三位插画者仍然用图画特有的方式，在纸页上开辟了与文字各异其趣的想象空间。《香喷喷的节日》中线条柔和、色彩温馨、层次丰富、意象密集的插图，完美地演绎着家族聚会的温暖氛围。当阅读的目光落在鼠家族出没的地窖、丛林、山谷、原野等生动场景之上，我们几乎要相信，在无人看见的地底，真的生活着这样一群欢乐自在的生灵。《好像》用富于节奏感的画面想象，再现文字里的景致，其色彩、笔触透着梦一般迷离的美感，一页页地翻过去，如同欣赏一组静美的雨后风景画。《奶奶家的大猫和小猫》中，画家似乎有意用绵软的轮廓柔化着情感的锐度，就像生活始终以它的宽厚容纳着我们的所有任性，并等待我们最终接纳它的怀抱。

从这个角度看，这套由知名作家秦文君与三位富有才华的年轻画家合作的图画书作品，也为读者描出了一道缩微的人生图景。那是我们每个人都会经历的生活世界：家里家外、人与自然、集体与个体、热烈与宁静、欢乐与痛苦……作家和画家用文字与色彩的合奏，带我们去认识、体验、欣赏人生不同片段独一无二的美，以及从它们的彼此交会和碰撞中升腾起来的、"生活"这个字眼所蕴藏的丰富深厚的内涵。阅读和领受这笔墨色彩中的生活之美，本身也是一种美的生活。

（《香喷喷的节日》《好像》《奶奶家的大猫和小猫》，秦文君／文，徐晓璇等／图，明天出版社）

推荐阅读

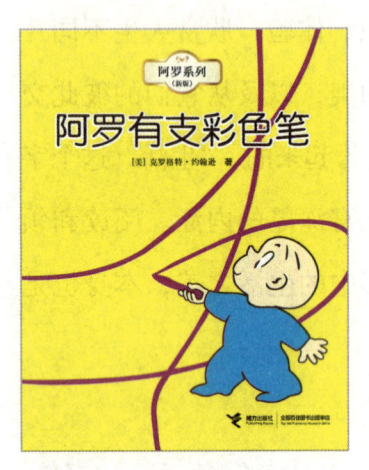

《阿罗有支彩色笔》

［美］克罗格特·约翰逊 / 著，接力出版社

阿罗凭着手中的一支彩色笔，从无中生有，自由创造自己的世界。单维的线条，在阿罗手里幻化出无尽的风景与神奇，整个世界都在他的手下。然而，事物一旦诞生，也开始依照它们自身的逻辑运转。作为创造者的阿罗，因此常常也会面临困境。他的笔又成了他借以摆脱危险、开辟新境的契机。跟着阿罗走啊走，你不知道接下来会有什么样的惊喜从他笔下流泻而出。无边的想象、无尽的智慧与无畏的乐观汇聚在一起，构成了阿罗和他笔下的神奇世界。孩子或许也会喜欢上阿罗的游戏：用自己手中的笔，创造一个无边无垠的世界；也用手中的笔，把握这个无边无垠的世界。

《好饿的毛毛虫》

［美］艾瑞·卡尔 / 文图，郑明进 / 译，明天出版社

低幼图画书中的经典之作，也是艾瑞·卡尔最具代表性的作品。毛毛虫变蝴蝶的故事有不少，看看作者是如何通过幼儿视角、感觉、趣味的把握和呈现，让他笔下的故事成为孩子们共同的喜爱。故事里，好饿的毛毛虫一直在吃啊吃，很有意思，这个"吃"的动作与意象，对幼儿读者往往具有莫大的吸引力。是否因为人在幼年时期对食物充满了最健康的欲望呢？该书有一定的知识性，同时又添加了想象发挥的趣味。看着毛

毛虫从又小又瘦长成又大又胖，最后成为美丽的蝴蝶，我们能够从中感受生命成长、蜕变、升华的满足和喜悦。该书封面上那只胖胖的、漂亮的毛毛虫，已经在一代代孩子的阅读中，成为一个标志性的意象和符号。跟许多广为人知的经典童书一样，该书有不少后续的衍生版本，包括可以操作的游戏立体书、布书等。

《幼儿园 我来啦》

［法］克里斯托弗·卢比／著，戴磊／译，北京科学技术出版社

孩子就要上幼儿园了，读一本书，帮助他（她）为新的生活做好准备。许多同类题材的作品往往选择在日常生活的场景中向孩子介绍幼儿园的生活，帮助他们做好上幼儿园的心理准备，这本图画书的作者则用看似抽象的色块、色点，表现幼儿园里的欢乐时光。阅读的过程既是观察和思维的练习，又充满想象游戏的快乐。"在幼儿园的操场上，小朋友们玩得多么开心！有时候，女孩子和女孩子一起玩，男孩子和男孩子一起玩。有时候，我们一起手拉手围成圆圈做游戏。"孩子会很快辨认出并告诉你，不同大小、颜色、组合、分类的圈和点，在画面上都代表了什么。和孩子一起找一找，"我"在哪里？听孩子说一说，在幼儿园里，大家都玩了哪些游戏？孩子从中体会到的趣味和欢乐，就是幼儿园生活最好的心理准备。

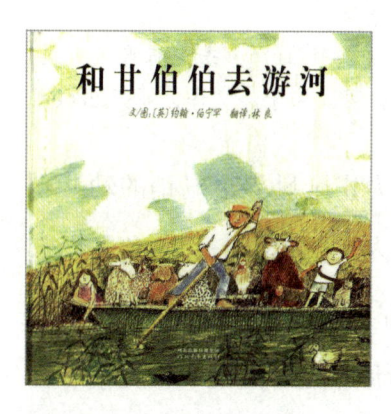

《和甘伯伯去游河》

［英］约翰·伯宁罕／文图，林良／翻译，河北教育出版社

甘伯伯的小船，上来一个又一个游河的客人，一个又一个不听甘伯伯的劝告。最后，当然，船翻了，大家都落到水里。孩子从故事外从容观望，最能感受其中的滑稽趣味。眼看着船上的乘客越来越多，看着他们开始按捺不住，看着期待中的结

果终于发生，令人忍俊不禁。但这个故事的趣味不只在于好玩。船翻了，没有谁责备谁，大家都高高兴兴地游到对岸，高高兴兴地上了岸，高高兴兴地去甘伯伯的院子里喝下午茶。从出发到回程，始终是那样的活泼、欢乐、兴致盎然。阳光明亮，茶点味美，这个世界上，没有什么不可收拾的事情。这个热热闹闹的故事，带给我们愉快的心情和乐观的心境。

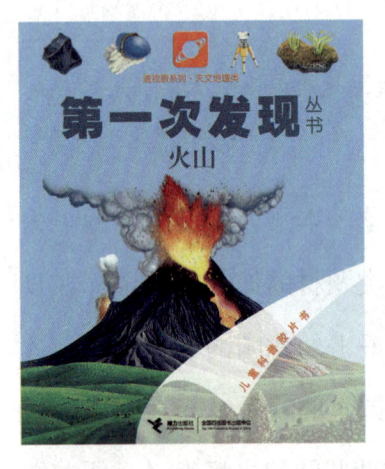

第一次发现丛书·透视眼系列

法国伽利玛少儿出版社 / 文图，接力出版社

面向幼儿的基础启蒙科普类图画书，包括概念类、植物类、动物类、技术类、天文地理类共 52 小册。

每册薄薄一本，文字不多，画面清晰，知识的介绍较为浅显，但又十分有趣，适合较低年龄的幼儿阅读。在同类科学启蒙读物中，这套书的印刷颇为精致，插图也十分精细。夹在书中的透明胶片，给阅读带来了更多的游戏趣味。科普知识的背后，常常还能读到温暖的人文关怀。一些分册在知识介绍后还附有动手操作指南：用蘑菇印一张画，到菜园里去种菜，自己动手做一辆玩具小车……和孩子一起试一试，做一做，感受将知识付诸操作的乐趣。

《猜猜我有多爱你》

［英］山姆·麦克布雷尼 / 文，［英］安妮塔·婕朗 / 图，梅子涵 / 译，明天出版社

这本书也许是迄今为止全世界最畅销的幼儿图画书之一，在全球范围内长销不衰。由小兔子发起的这场关于"爱"的对话和"比试"，洋溢着幽默的温情。"爱"与"比试"原本是矛盾的，因为前者往往愿以"我"成全他人，后者却总想要"我"胜过他人。在这个故事里，这两个看

似矛盾的词巧妙地结合在一起，带来独特的故事滋味：在"猜猜我有多爱你"的比试中，每一次"较量"都令人在微笑中默默感动。你注意到了吗？这个故事里的大兔子扮演的是爸爸的角色。想想看，这一点在多大程度上重塑着我们对于亲子生活中爱的表达的理解。

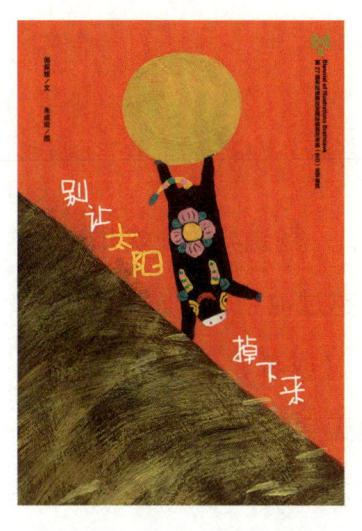

《别让太阳掉下来》

郭振媛/文，朱成梁/图，中国和平出版社

山顶上的一群动物，为一个共同的烦恼所困扰：怎样才能不让太阳掉下来？鸟儿想捆住太阳，猴子想撬起太阳，松鼠想托起太阳，牛儿想顶起太阳，熊猫想举起太阳，袋鼠想驮起太阳，猫儿想抓住太阳……每个动物都想出了自己擅长的办法，却都没能留住太阳。当太阳终于落到山后，大家决心要把它挖出来。他们挖呀挖，直到累得在黑夜里睡着了。第二天一早，动物们欣喜地发现，太阳被"挖"出来了。故事用童稚的趣味酝酿独特的幽默，插图借鉴、融入了漆器、布偶等中国传统艺术表现手法和元素，一派天真之下，深藏着厚重的文化、艺术和生活的积淀。

本书获得第三届图画书时代奖金奖。

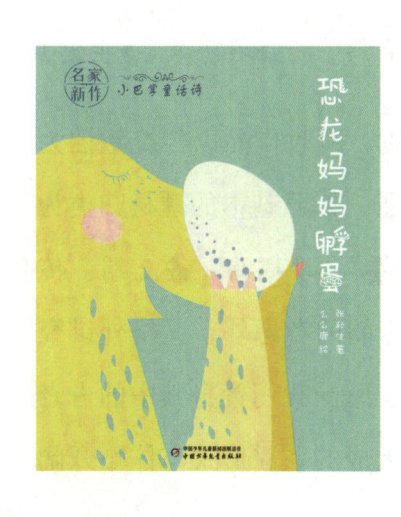

《恐龙妈妈孵蛋》

张秋生/著，么么鹿/绘，中国少年儿童出版社

本书是儿童文学作家张秋生的"小巴掌童话诗"中的一册。简短的诗歌，清澈的语言，天真的童趣，温暖的善意，读来单纯清浅而引人回味。几乎每一首诗都带着童年闪闪发亮的想象与创意。阳光、雪花、小雨点，

大象、墨鱼、猫头鹰，不论什么都充满趣味；风铃、草垛、肥皂泡泡，上学、游戏、过生日，不论什么都带给人欣喜。孩子一定会喜爱这些小诗，因为这里面藏着孩子的眼睛、孩子的感觉，以及每一个孩子来到这个世界上欢欣雀跃的心。

该书获得第十一届全国优秀儿童文学奖。

《疯狂星期二》

[美]大卫·威斯纳／文图，河北教育出版社

"星期二晚上 8 点左右"，一场奇异的狂欢开始了。无数青蛙坐着荷叶飞起来，越过池塘，穿过城市，从一扇扇窗户外飞快地掠过，又或者，干脆飞进屋子，来一场更刺激的冒险……和孩子一起，体验这本图画书里无字的狂想与创造，见证这个夜晚带给整座城市的惊疑与困惑，体味作为画外知情者的独特趣味与幽默。故事最后只有半句话："下星期二晚上 7 点 58 分。"加上画面一角微露的动物尾部与投映在墙上的影子，有如侦探小说的悬念开场，再度为读者打开了无穷的想象空间。

本书获得 1992 年凯迪克奖金奖。

"读首童谣再长大"系列（共 8 册）

方卫平／选评，浙江少年儿童出版社

适合幼儿阅读的童谣集，所收作品以传统童谣为主，兼及原创儿歌，共 8 册，依照基本的题材归类为"游戏卷""生活卷""植物卷""动物卷"各 2 册。传统童谣的遴选，除语言、声韵的考虑外，又格外讲究趣味的天然与纯粹，让孩子在朗朗上口的诵读中，学习、感受我们置身其中的古老而新鲜的生活与世界。原创儿歌的选择，尤为重视浑然天成的歌谣形式与体贴开阔

的儿童观念。书中附有选编者撰写的"分享阅读",作为阅读欣赏的参考与指引。各册后附有实用的"互动课堂",可供阅读中亲子互动的参照。

《蝴蝶·豌豆花——中国经典童诗》

金波、蔡皋/主编,河北教育出版社

一本选文精粹、插图精美的现当代儿童诗歌集,所收作品从徐志摩、叶圣陶、冰心等现代作家富于童趣的小诗,到圣野、金波、林焕彰、高洪波等当代诗人的儿童诗作品。阅读这些诗,像走过一场时光的巡礼,我们从中隐约窥见汉语诗歌语言的某种演变,也感受到诗歌恒久的灵魂与趣味。给幼儿读这些诗,不一定要让他们领会每首诗的意思,而是更多地带他们感受诗歌的节奏、韵律、意境和气息,以及在语言的想象中重现、创造一个世界的奇妙与惊喜。

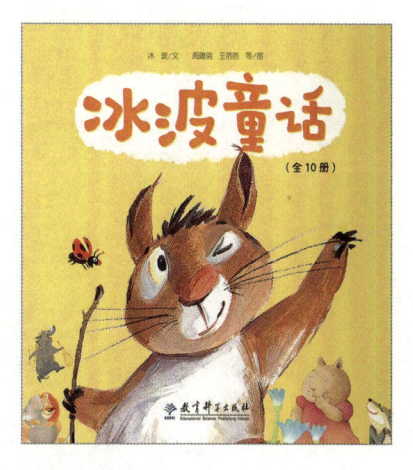

《冰波童话》(全10册)

冰波/文,周建明等/图,教育科学出版社

该系列收录童话作家冰波的十个幼儿童话代表作,包括《会动的房子》《小老虎的大屁股》《小丑鱼》《小熊的森林》等,题材丰富,风格多样,有的顽皮,有的富有诗意,有的活泼,有的深沉,但我们都能从中读出温暖的底色。冰波幼儿童话的语言简约而生动,清澈而蕴藉,其童话的世界则兼有单纯与丰美,轻灵与厚重。《梨子提琴》里淡淡的忧伤,《小老虎的大屁股》里滑稽的幽默,《会动的房子》里意外的惊喜,《小熊的森林》里执着的坚守,等等,构成了一个多维、多彩的幼儿童话世界,带给孩子丰富的审美熏陶。

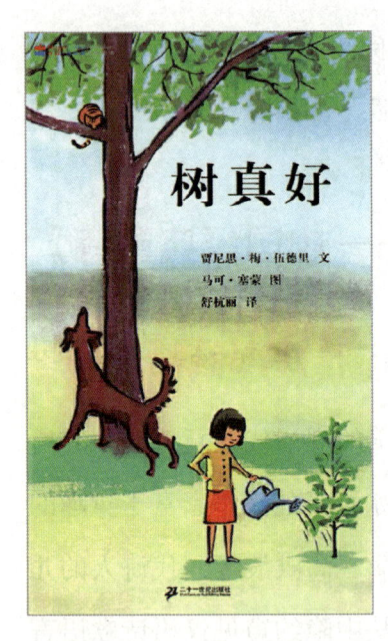

《树真好》

[美]贾尼思·梅·伍德里/文，[美]马可·塞蒙/图，
舒杭丽/译，二十一世纪出版社

从文字到插图，是一篇清新、诗意、深情的散文，处处洋溢着"树让一切都变得那么好"的美妙气息。一年四季，春夏秋冬，树下的绿荫，树上的果实，吹过树叶间的风，可以让我们靠一靠、爬一爬的树干……原来一棵树带给我们这么多风景，这么多欢乐。窄而长的特殊开本，仿佛专门为了一棵树而设计，也让我们想起一棵树的样子。对孩子来说，曲折的故事固然吸引人，这样抒情诗般的散文，静静的，缓缓的，也自有另一番意趣和魅力。"人人都想有棵树。"读完了，你会去和孩子一起种下一棵自己的树吗？

本书获得 1957 年美国凯迪克奖金奖。

3 岁左右是幼儿身心发展的重要飞跃点。从这时候起，孩子将在更完整的意义上步入他们与成人共同分享的这个生活世界。从语言到观念，从认知到情感，他们的社会化程度将有鲜明的跃进。

这一时期孩子的阅读仍然是以图像为主，但对文字的敏感与关注会持续增强，对语言修辞的理解也开始丰富。随着孩子见闻和能力的增长，一个更大的阅读世界将进入他们的视野。

家庭仍然是 3—4 岁幼儿的主要生活场域，与此同时，孩子的社会交往也在不断拓展。他们结识的伙伴越来越多，对生活的认识也越来越丰富。社会交往题材的读物在这一阶段的幼儿阅读中占据显著位置。这个阶段，孩子的阅读胃口会变大、变杂，甚至变得有些让人把握不定。这都是长大的标志。

到了 4 岁左右，如果孩子尚未建立日常阅读的观念和习惯，家长又希望孩子能够喜欢阅读，应该在这个阶段尽快开始尝试共读。每天和孩子一起读一会儿书，享受读书的愉悦，也享受彼此陪伴的愉悦。你们不但会收获书本里的一切，还将播下一段幸福时光的种子。

3—4 岁

阅读如何影响说话与思维？
——爱读书的孩子讲道理

阅读对于儿童语言发展的作用，已有许多真实的案例，但早期语言学习与早期阅读之间的关系比较复杂。不见得读书多的孩子讲话早，也不见得读书多的孩子讲话多。3 岁左右的幼儿，即使从不读书，日常表达也可能非常流利。这是因为早期语言学习的第一途径并非读书，而是生活。同时，孩子开口说话的时机、风格等，也与个人语言智能发育的速度直接相关。但有一点是肯定的，读书多的孩子只要开口讲话，往往讲得不错，词汇丰富，表达准确，有条理，有逻辑。

生活中，有的孩子也许开口讲话比较迟，甚至到了 3 岁后，尚未开始整句的表达。但只要他（她）对阅读感兴趣，能够在阅读中保持较好的专注，一旦开始讲话，语言水平往往都不错。

语言的背后是思维。阅读一本书的活动，首先是一个具有延续性的时间过程。在这个过程中，孩子不但需要保持连续的注意力和记忆力，还要在前后信息之间快速建立逻辑关联。每一本优质的图书，都是一个有机的整体，情节的完整、前后的呼应、细节的设计、语言的安排，均围绕着同一个表达的意图展开。孩子在阅读过程中，除了接受书中的语言、情节、情感等信息，不知不觉间，也在学习这样一种连贯、统一、细密、有机的思维理性。美国传媒学者、《童年的消逝》一书的作者尼尔·波兹曼这样褒扬以书籍为代表的印刷文明所培育的能力："富有逻辑的复杂思维，高度的理性和秩序，对于自相矛盾的憎恶，超常的冷静和客观以及等待受众反应的耐心"。[1]这种逻辑、理性、秩序、统一、耐性的养成，在童书的阅读中就已经开始。

在这样的阅读中得到锻炼的逻辑感觉和思维能力，会直接影响孩子处理

---

[1] 尼尔·波兹曼.娱乐至死［M］.章艳，译.广西：广西师范大学出版社，2004：84、110.

日常生活事务的方式。如果阅读让孩子感到，我们生活在一个讲求逻辑和秩序的世界里，他（她）就会倾向于认可，一切生活中的事务也须依照逻辑和秩序来处理。无理取闹显然是违背这一原则的。如果在聆听一个故事从头讲到尾的过程中，孩子感觉到，必须要有足够的耐心来等待故事慢慢展开和结束，他也会逐渐懂得把这份耐心迁移到其他事情上。这就是为什么我们常常会看到，许多爱读书的孩子较早就开始表现出稳重、耐心、讲道理的品质。

3岁是培养上述逻辑感觉和思维能力的关键时期，也是这种感觉和能力开始初步显现的时期。留心观察你身边的这个孩子，他（她）在阅读中是否变得更稳重、更有耐心了？这样的稳重和耐心，一定也会投射到他（她）的日常生活中。

记住了吗？
——比记住更重要的是乐趣和创造

3岁之后，孩子的记忆力飞速发展。表现在阅读方面，对文本语言的记忆力大大增强。很多时候，翻开一本图书，我们给孩子念文字，他们的目光和专注力好像都在图画上，但不知不觉间，他们已经记住了书中的文字内容，其准确和完整程度，常常超出我们预料。如果我们不小心读错其中的词语或句子，他们往往会准确地予以纠正。如果想要印证孩子在多大程度上记住了书中的内容，可以拿一本已经读过多遍的书，跟他（她）一起玩"我读你接"的游戏。一个句子，家长读前半句，让孩子接读后半句，你会发现，他们的脑海里其实已经储存下了相当数量的文字文本。孩子的词汇量、语感、表达水平等，都将从这样的阅读记忆中得到提高。

这时候，我们会明显感受到早期阅读之于儿童语言学习的作用。一直保持家庭阅读习惯的孩子，说话不一定很多，但往往表达清晰、条理清楚、词汇丰富、语感敏锐。在阅读中自然发生的语言记忆和学习，极大地促进了孩子的语言智能发育，从阅读中获得的见识与表达的自信，进一步推动着孩子语言能力的提升与建构。

要注意的是，这种记忆是阅读效果的体现，却并非阅读的目的。所以，在亲子阅读中，可以让孩子试着复述书中的文字，但不要让他们感到这是在测试、检验对文本的掌握程度——他们会很快对这样的测试表示反感和抗拒。有时候，孩子的复述可能有他（她）自己的创造，比如有意无意地替换其中的某些语词。这样的替换非但不是错误，反而意味着孩子是以充分理解而非机械记忆的方式进行着语言的学习。

我们发现，大约从2岁半到3岁左右起，孩子每掌握一种新的语言表达，常会通过各种各样的迁移，来巩固表达的方式，试炼表达的趣味。"吃葡萄不吐葡萄皮儿"会变成"吃苹果不吐苹果皮儿""吃鸡蛋不吐鸡蛋皮儿""吃牛奶不吐牛奶皮儿"；"推土机年年作响"会变成"房子年年作响""桌子年年作响""肉包子年年作响"……这种语言迁移的创造难能可贵，因为它是在熟悉、掌握特定表达方式基础上的发挥与创编，往往比直接记忆更加能够体现语言的内化。一个2岁多的幼儿，刚学了儿歌《谁会飞》："谁会飞？鸟会飞？鸟儿怎样飞？扑扑翅膀去又回。"有一次，大人放一个录音材料，问他录音里面"谁在讲"，他马上接道："谁在讲？猫在讲。猫怎么样讲？嗒哩哪，当哩哪。"这段临时的韵文编凑，不但句式结构上与《谁会飞》高度一致，连押韵的趣味也保留着。当孩子不愿意重述原文，而喜欢用自己的方式对文字加以创编，这时候如果非要他（她）照着原文重述，就得不偿失。总之，千万不要用机械的记忆去压制阅读的欢乐和创造。

如何和孩子一起读数字？
——数字读物的选择与阅读

到了3岁，如果孩子已经懂得数数，可以和他们一起读一些数字读物。事实上，不少孩子在2岁左右便已经能够进行10或20以内的点数，但那时他们还没有自觉形成数字符号的意识。到了3岁，随着孩子符号意识的逐渐觉醒，数字在他们的认识中不再仅是可闻的声音和可见的数量，也是一系列特定的、可辨识的符号。在阅读活动中自然而然地引入一些数字内容，能够帮助孩子初步建立数字符号表达的观念和意识，也有益于促进孩子符号认知的启蒙。

和孩子一起阅读数字读物前，先请做好两点准备。

第一，这时候的阅读，应以读和玩为主，而不要急于训练孩子掌握认数字、数数等技能。要相信，对孩子来说，这些基本技能会在日常生活中得到自然的培养，也会在各种学习活动中得到不知不觉的培育。提前训练这类技能，就像提前让尚未到学步期的婴幼儿学步一样，事倍功半，甚至可能适得其反。相反，通过让孩子感受数字阅读的乐趣，体验数字游戏的奇妙，孩子收获的将不只是技能，还有更重要的兴趣和自信。

第二，数字阅读素材的选择，应从基础、少量开始，不贪多，不冒进。像《动物数字》（［英］妮可拉·基兰/文图）这样的读物，虽然只有1—5五个数字，语言也十分简单，但其简明轻快的风格，非常适合作为数字阅读的初级读物。读一读，数一数，也可以让孩子自己说一说。很可能孩子在更小年龄已经读过这本书，现在再读，可以引导他们进一步关注画面左边大大的数字符号，用手指沿着大数字描一描，感受这些符号的线条。作为进阶类的挑战，可以选择《1001大发现·快乐农场》（［英］吉莉安·多尔蒂/文，［英］泰里·高尔/图）、《德国专注力养成大画册·找数字》（德国慕尼黑康帕特出版社股份有限公司/文，［德］克劳迪娅·毕希勒/图）之类的读物。对这个年龄的孩子来说，这样的读物既有趣味，又带有一定的挑战性，对专注力和观察力均提出了较高的要求。

实际上，在幼儿读物中，正如在日常生活中一样，数字无处不在。数字读物既是讲述日常生活中的数字，也是要让孩子进一步注意到这类符号的集合性与特殊性。一些幼儿读物富于创意地将数字符号融于故事之中。读图画书《100只兔子闯进了花园》（［法］玛丽-伊莲·普拉斯/文，［法］卡罗琳·封丹-里奇耶/图），跟随着巴尔达萨和佩平的足迹，我们一路寻找和发现，从1只棕色兔子一直到10块碎饼干。数字藏在故事里，既有具体的物象，也有写在书页右下角的大大的数字符号。如果有兴趣，父母也可以和孩子一起编一编生活中的数字故事。在这个年龄，数字不是单纯的知识，也不应该当抽象的知识来学和教。让孩子感到数字与我们的生活之间的密切关系，感到每一个数字既是指称的符号，也充满了可爱的生机和趣味，这是幼儿数字读物能够传达的最重要的意义。

除了故事书，还可以读什么？
——和孩子读一读儿童诗

大约从3—3岁半开始，孩子进入了诗歌语言的某种自发表达时期。在大人听来，这时候的孩子说话，常常会有写诗的感觉。"天黑了，虫子要回家了。""鱼儿住在水里，鸟儿住在树上，我住在家里。""花啊草啊口渴了，所以雨落下来了。""猫走出来，看一看风景。""我最小，我比蚂蚁还要小！"想一想，我们身边的孩子在这个年龄，是不是都说过类似的"诗话"？在这些语言里，世界是鲜活的、新奇的，充盈着生命感。这样的"诗歌"创作不是孩子有意为之，而是这一阶段其特别的感觉、思维和语言方式使然。这时候的孩子看待一切，往往都以同一个"我"投映于其上，从而将"我"的感觉赋予万事万物。又由于孩子此时的语言表达受到语言惯例的影响还很小，他们的语言组织虽然稚嫩，却往往充满新鲜感，所以给人"诗"的印象。在有的孩子身上，这样的"诗话"现象会持续至六七岁。

这个阶段，不妨和孩子一起读一些儿童诗作品。可以先从短短的小诗读起，既可以选择节奏感和韵律感较为鲜明的作品，也可以是形式自由、带着孩子气的絮语。

和孩子一起读郭风的这首《蝴蝶·豌豆花》：

一只蝴蝶从竹篱外飞进来，
豌豆花问蝴蝶道：
"你是一朵飞起来的花吗？"

想想看，是什么时候，你身边的孩子好像也说过类似的话吧？
再比如圣野的这首《巨人》：

我看不见
地上爬着的蚂蚁
蚂蚁却能看得见
地上走着的我
妈妈把我当小孩
但在蚂蚁的眼睛里
我却是一个
了不起的巨人

这是活脱脱的幼儿思维和语言。走在外面，你身边的孩子是不是也有过类似的想法？

也可以一起读一首俏皮的诗，边读边玩游戏，比如林焕彰的这首《咪咪猫》：

一只小猫，
一个名字，
五只小猫，
五个名字。

老大，大咪，
老二，二咪，
老三，三咪，
老四，四咪，
老五，五咪。

咪，
咪咪，
咪咪咪，
咪咪咪咪，
咪咪咪咪咪。

孩子读儿童诗的感觉与我们可能略有不同。对我们来说，诗歌背后那双充满童稚的眼睛带来了陌生而新鲜的趣味，但对孩子来说，这就是他们的眼睛。和孩子一起读一读这些亲切、可爱的诗歌，不但孩子会感到兴趣盎然，我们也会越来越发现，自己身边原来住着一个小诗人。

现在有些儿童诗做成了精美的插图版本，可以一边翻着图画一边读。但还有许多儿童诗收在诗歌的集子里，插图不多，容易被认为是给年龄较大的孩子的读物。对于后者，家长们大可以试着翻开来，也读给孩子听。他们听着听着就会知道，世界上好看的书各种各样，有的主要用图画来表达，有的则是用文字。不管图画还是文字，都能写出有趣、好看的书。这种感觉指向的是对书籍的更完整的认识，对于培养孩子日后的文字阅读观念和意识，也是很好的铺垫。

如何带孩子走进科普阅读的世界？
——科学是知识，也是观念和态度

我们建议，从这一阶段起，科普类读物应该在孩子的阅读食谱中始终占有一席之地。

实际上，在今天的童书界，这个年龄的孩子可以阅读的科普读物已经十分多样，相关题材覆盖从日常生活、生理、生物知识到物理、天文、航空航天、地理环境等各个科学领域，一些读物的印制十分精美，且常包含立体、翻翻等各种游戏设计，能够激发孩子的阅读兴趣。科普写作的手法也十分多样，既有精细、冷静、客观的科学知识讲解，也有生动、有趣、好玩的科学故事讲述。以自然知识为例，前者如图画书《走进奇妙的虫子世界》（［以］尤瓦·左默/文图），是以较为客观的第三人称讲解生活中、自然界的各类虫子；后者如图画书《我看见一只鸟》（刘伯乐/文图），是以一个小女孩在大坑风景区发现一只陌生的鸟为缘起，循着她和妈妈一路寻找、辨认的线索，以图文呈现了风景区的多种鸟类。

儿童科普读物的创作和出版也越来越富于创意。比如取名"企鹅冰书"的图画书《哪里才是我的家？》（金皆竑、林珊/文，刘昊/绘），是以全球气候变暖和环境保护为主题的科普读物。该书采用热敏油墨技术，使得书中内容只有在一定的低温下才能显现。常温下阅读，需要先将书本放入冰箱冷冻，书中故事才能清楚地显现出来。随着阅读的展开，书页温度上升，内容又会逐渐消失，恰如全球变暖中冰山逐渐融化。最后，无家可归的小企鹅问道："妈妈，哪里才是我的家？"保护地球环境的紧迫感，不但体现在书本的内容中，也在阅读过程中得到生动的传递。这类读物在媒材使用与阅读方式等方面的创意，显然增添了阅读活动的趣味。

应该看到，这一年龄段的科普阅读中，保证知识的准确性仍然是第一前提，但其第一目的却并非让孩子完备地掌握某类科学知识，而是重在培养孩子对科学的兴趣，同时培育一种科学的观念和态度。

首先，通过科普阅读让孩子初步明白，世界上的许多事物皆有因果和逻辑。面对一个对象或现象，通过获知相关的知识或原理，我们就能够更好地认识、理解、把握它们。对幼儿来说，知识带来了重要的安全感与稳定感，这也是很多孩子在这个阶段有问不完的"为什么"的原因之一。考虑到这一阶段幼儿的接受能力，相关读物的科普知识讲解往往并不以求全求备为目的，而是大多以点带面，通过一部分知识（或多或少）的介绍，拓展孩子所知，提起他们的兴趣。这时候的科普读物，哪怕只涉及一小点初步的知识，只要知识讲解本身是准确的，就有它的意义。

其次，科学不仅仅指向知识，也塑造着我们看待、对待万事万物的观念与态度。读《在我脚下　土壤中的生命》（［法］艾曼纽·乌赛/文图）这样的科普读物，感受我们脚下这片大地生命的循环往复与蓬勃有力，同时也会认识到生命并非人类独有的权利，大地也并非人类独占的场地。一种共存、共享的地球生命意识和观念，会影响、塑造孩子的世界观和生命观，最终也将惠及孩子未来的生活。

孩子读这样的书，是不是太小或太大了？
——跨龄与跨级的阅读

孩子到了 3 岁半左右，在阅读水平方面的差异可能已经十分明显。一部分保持早期阅读习惯的孩子此时已经可以阅读具有相当篇幅和词汇量的图书，还有一些孩子则可能刚刚步入阅读的门槛。这种个体区别并不意味着任何智能方面的差异，对于尚未发展到一定阅读水平的孩子，父母也不必为此焦虑。从这个时候开始阅读，对孩子来说一点儿也不晚。但这种差异带来了一个困难：当我们给这个年龄的孩子选书时，到底应该遵循何种标准？今天的一些幼儿图书出版物会在封面或封底注明大概的建议适读年龄。这类建议往往并无严格的生理、心理或语言学依据，只是综合考虑图书语言、内容、一般幼儿阅读水平等的总体情况做出的大体判断，而且弹性较大，比如 1—3 岁、3—6 岁，甚至 1—6 岁的适读年龄建议，其实跨度很大。很多时候，该选哪本书，还是要由父母根据孩子的实际情况来判断。

那么，可以让 3 岁的孩子读显然是以 1 岁左右的婴幼儿为对象的图书吗？又或者，他们可以阅读看上去显然是给 5 岁、6 岁，甚至更年长的孩子阅读的图书吗？

一般来说，只要孩子自己愿意和能够接受，其阅读并不受年龄与年级的特别限制。3—4 岁的孩子，既可能喜欢一本简单的婴儿翻翻书，也可能不排斥那些显然是以较大年龄的孩子为读者对象的图书，甚至读得津津有味。对于此时的孩子来说，其阅读选择并不存在太小或太大的问题。同样是一本婴儿书，3 岁的孩子读与 1 岁的孩子读，读出的内容并不完全相同。只要孩子喜欢读，完全不存在问题。同样，如果孩子乐于接受、阅读在语言、情感等方面似乎超出其理解水平的图书，也要予以充分的鼓励。你会给 3 岁多的孩子读维吉尼亚·李·伯顿的《生命的故事》这样内容恢宏、术语专业的科普图画书吗？或者读《房子》（［美］J.帕特里克·路易斯/文，［意］罗伯特·英诺森提/图）这样抒情舒缓、沧桑厚重的诗体作品吗？我们观察到的例子显示，这样的阅读并非不受这个年龄段孩子的欢迎。我们曾经谈到过如何给孩子做"阅读拉伸"。到了 3 岁半左右，许多"阅读拉伸"其实是孩子自己能够完成的。成人要做的是为他们提供尽可能丰富的"阅读拉伸"的机会。

同时，千万不要误以为，向上跨龄、跨级的阅读一定优于向下跨龄、跨级的阅读。对孩子来说，这两种跨越式的阅读各有其无可取代的意义，前者也许多为拓展和学习，后者则多为温习与创造，都应予以尊重、鼓励。实际上，在一个阅读的孩子身上，向上和向下的跨龄、跨级阅读往往同时存在。或许，我们应该向孩子学习，学习他们对待图书的巨大容纳力。这种容纳力，是他们健康的阅读胃口和阅读心智的标记。

一本书读几遍？
——反复阅读中的反复创造

成人只要开始陪伴幼儿阅读，一定会注意到他们喜欢反复阅读同一本书的现象。此前我们也曾几次谈到这一阅读现象。在幼儿发展的各个阶段，反复阅读的具体表现不尽相同，但"反复"的表现始终是一致的，而且持续时间很长，通常覆盖整个幼儿阶段。到了 3 岁左右，反复阅读的表现，一是阅读对象更明确，往往是自己明确选定的那一本或几本书；二是阅读的持续时间更长，有的书一读就是半个月、一个月。

在每一个阶段，都要充分理解、支持幼儿的反复阅读。我们说过，反复阅读是孩子逐步、完整地把握一个文本的过程；与此同时，每一次反复的阅读看似重复，其实并不相同。3—4 岁期间，孩子对一个文本的整体把握度大为加强，其反复阅读的第一阶段，即是对阅读文本的把握。在反复的阅读和温习中，孩子对于文本的语言（包括读出来的文字和看见的图像）不断熟悉，常常达到能够完全记诵的地步。

然而，对孩子来说，反复阅读绝不只是语言上的反复刺激与学习，还充满了再创造的契机。在反复阅读的过程中，文本虽然是固定的，孩子对文本的理解和接受却具有很大的创造性。刚开始读一本书，孩子往往会指着图画上的陌生事物，提出"这是什么""这是谁"等问题，这是他们在建立关于图书内容的基本认知。随后，他们会依据故事语言以及个人生活经验，逐渐在这些事物之间建立逻辑关联。这是一个充满创造性的过程。比如，图画书《胡萝卜的种子》（[美]露丝·克劳斯/文，[美]克罗格特·约翰逊/图），讲述一个小男孩种下一颗胡萝卜种子，尽管他的妈妈、爸爸、哥哥都说，这颗种子恐怕不会发芽，他还是坚持给胡萝卜浇水、除草。最后胡萝卜真的长出来了。书中正文共有12页插图，前9页上，可以看到种下胡萝卜种子的地面一直没有动静。到了第10页，文字是这么讲的："结果，有一天。"文字并没有说这里发生了什么，但右边的画面上，仔细看，地面变得微微凸起，上方现出若干点状物。我们观察到，2岁多的幼儿在阅读这本图画书时，指着画面上的点状物说："这是胡萝卜种子长出来了。"这就是孩子自己的发挥和解释。因此，幼儿阅读中一遍又一遍的"反复"，"对他来说每一遍都是不一样的，因为他的想象不断在做新的补充，他的情感在故事中涌动"[1]，从中，他获得了更为丰富、深切的审美愉悦。

有的时候，孩子在反复阅读中的创造甚至超出了文本原来的叙事意图。图画书《想吃苹果的鼠小弟》（[日]中江嘉男/文，[日]上野纪子/图）中，随着不同动物的出现，它们分别找到了不同的办法吃到苹果。苹果树上原来有几个苹果，后来一一减少，直到最后一个也被摘走。我们发现，3岁多的孩子在反复阅读的过程中，开始关注每次从树上摘下来的是哪一个苹果，它

---

[1] 山本直美.每日7分钟 让绘本滋养孩子的头脑和心灵[M].林静，熊芝，译.浙江：宁波出版社，2016：37.

原来在树上的什么位置。在孩子的创造性发现和阅读中，苹果从树上被摘下的顺序，也成了这个故事的一部分。而画家处理这一细节时的缜密考虑，也在孩子的阅读中得到了检验。

只要留心观察，我们就会注意到，这个年龄的孩子在反复阅读中有许多创造性的发现和理解。在亲子阅读中，父母应该充分肯定、鼓励这样的阅读创造。

一本书读几遍？只要孩子还想继续读，多少遍都可以。每一遍对孩子来说，都有其独一无二的意义。

怎样让孩子读你想让他（她）读的书？
——阅读兴趣的进一步拓展

3岁以后，孩子对一样事物喜欢或不喜欢，表达更为明确而强烈。在阅读上也是如此。读过的书，他们往往可以非常清楚地指认书名。到了阅读的时间，你问："今天要读什么书？"他（她）会清楚地表达自己的主张。

这时候，在充分理解、支持幼儿反复阅读行为的同时，应该尽可能尝试让孩子阅读多种多样的图书，同时观察孩子的阅读兴趣集中在哪些方面。跟着兴趣走，让他们有机会接触更多的图书。一般说来，一个孩子的阅读兴趣可能集中在某几个方面，不会是单一的。试着往不同的兴趣方向多选一些书。如果孩子喜欢热闹幽默的读物，《和甘伯伯去游河》（［英］约翰·伯宁罕/文图）、《跑跑镇》（亚东/文，麦克小奎/图）等图画书都是合适的作品。如果孩子喜欢夸张好玩的读物，可以读一读《100万只猫》（［美］婉达·盖格/文图）、《噢呜！噢呜！》（抹布大王/文图）。如果孩子对调子舒缓的作品表现出特别的兴趣，《树真好》（［美］贾尼思·梅·伍德里/文，［美］马可·塞蒙/图）、《月亮，生日快乐》（［美］法兰克·艾许/文图）等也都是不错的选择。

有的时候，我们很想让孩子读一本新的图书，孩子却不愿意。有什么办法可以让他们愿意进行新的尝试吗？

一个非常可行的办法，是邀请孩子陪你读这本书。请注意，是让孩子"陪"你读一本书。从"你陪孩子读书"到"孩子陪你读书"，包含了阅读思维的有趣转变。我们观念中的亲子阅读，一般都是父母陪伴孩子读书。想一想，为什么不能是孩子陪爸爸妈妈读书呢？父母陪孩子读书，读的是孩子喜欢的书；孩子陪父母读书，读的是爸爸妈妈喜欢的书。

可以这样告诉孩子："我陪你读一本你的书，你也陪我读一本我的书吧。"孩子很可能会非常乐意担任这样的陪伴角色——实际上，只要给孩子足够的鼓励，他们会非常乐于承担这样的"反转身份"，也很懂得如何扮演好相应的角色。哪怕孩子没有立即走到你身边来，你也可以自己打开这本书，慢慢地朗读。在安静的空间里，你的朗读会自然而然地把孩子吸引过来。他很可能会发现，这本书比自己原来想象的好玩多了。

让孩子陪父母阅读，不仅有助于在不知不觉中拓展孩子的阅读范围和兴趣，也对孩子的阅读观有着潜移默化的影响。它让孩子意识到：阅读不仅是爸爸妈妈想让"我"去喜欢的一件事情，也是他们自己乐于从事和享受的一件事情。爸爸妈妈之所以陪"我"读书，不只是为了陪"我"，也是因为他们喜欢读书。

唯有这种内在的影响与认同，才有可能培养对阅读的终身热情。

孩子在自己翻书了，他是真的会读书了吗？
——尝试和鼓励独自阅读

在亲子阅读的过程中，通常的情形是家长和孩子一起陪伴阅读。当这种阅读活动逐渐日常化之后，也可能有时候，孩子会自己走到放书的地方，取下一本书翻读。这本书也许是读过的书，也许是没读过的新书。这时候，请不要打扰他（她）。先别问："你想读一本书吗？"让孩子自己安静地翻一会儿。他（她）也许翻得很快，翻得很随意，但请不要打断这种阅读。这是一个重要的时刻，孩子在尝试一个人读一本书。与大人共读时的所有阅读习惯、规则等，此刻或许都在他（她）的脑海里自然地复现、重演。这个翻读的活动，也许持续时间比较长，也许很短。读好了，他（她）也许把书放回去，继续玩别的，也许会举着书过来，请你再读一遍。

如果孩子表现出想要自己翻书、读书的意愿，哪怕只有一小会儿，也应予以支持和鼓励。对孩子来说，从亲子阅读到独立阅读，还有很长的一段路。这时候的独自阅读远未进入自觉时期，却是必要的桥梁和过渡。独立阅读的意识和能力是在日积月累和不知不觉中形成的。

有的幼儿园比较重视早期阅读教育，会专门考虑安排孩子自由阅读的时间。每到这时，孩子们各自挑选喜欢的图书，到自己喜欢的角落去翻读。在这样的环境里，一个人阅读的习惯会在许多人阅读的氛围中得到培育。有的孩子看着别人读书，慢慢也学会了自己一个人翻书。在家里也可以营造类似的氛围。有时候，爸爸、妈妈和孩子一起读书，却是各读各的书。可以跟孩子说："接下来的五分钟，我们每个人都读一本自己的书。"有时候，孩子想找你读书，而你正忙着，不妨试着对他（她）说："我现在很忙，你能自己读一会儿书吗？"

不同的孩子个性不同。当独自阅读的行为刚刚萌发时，有的孩子需要有声的鼓励："我刚才看见你一个人读一本书，非常棒！"他们会带着被肯定的激励继续阅读。有的孩子则不希望自己的这个举动受到格外的关注，那就让它悄悄地发生。

当孩子自己翻书的时候，他（她）是真的会读书了吗？有的家长或许会有这样的疑虑。其实这是不必要的。一本书可以有无数种读法，每个孩子的读法也是其中一种。当孩子用有别于我们的方式翻动书页，此刻他（她）究竟读到了什么，对我们来说，可能永远是一个秘密。但这个秘密让我们感到欣慰。就在孩子一个人翻书和读书时，一个只属于他（她）自己的空间，正在缓慢地建构。

怎样通过阅读让孩子学习与人相处？
——社会交往的阅读与学习

3 岁半以后，孩子进一步熟悉了幼儿园的生活，也交到了新的朋友。他们对于伙伴和朋友的理解会更加丰富，也表现出强烈的交往愿望。这时，一些表现幼儿社会交往生活的故事读物能够引导孩子更积极、愉快、自信地走向交往生活。

谈到社会交往，需要教孩子的好像太多了，比如，说话要礼貌，举止要文明，要善于沟通，乐于分享，愿意帮助别人……做父母的大概都希望孩子跟别人交流时，能够落落大方、彬彬有礼、人见人爱。但实际上，交往是一个终身学习的话题，大人与孩子一样，也在不断地学习和领悟。同时，每个人的交往方式也与个性有很大关系，并不存在完美的交往技巧或模式。有的人擅长用语言沟通促进交往，有的人则做得多，说得少，大家都能在交往的环境中找到各自的位置。所以，在孩子刚刚步入社会交往的环境时，首先不要对他们提太多要求，而要更多地给予他们交往的自信和乐趣。

那就从好朋友的故事开始。有许多和孩子谈友情的好书：《我的兔子朋友》（［美］埃里克·罗曼/文图）、《找到一个好朋友》（［荷］马克斯·维尔修思/文图）、《青蛙和蟾蜍·好朋友》（［美］艾诺·洛贝尔/文图）、《南瓜汤》（［英］海伦·库柏/文图）、《三个朋友》（刘海栖/文，罗玲/图）、《七个好朋友》（希和/文，早秋丸/图）……读一读李欧·李奥尼的图画书《小蓝和小黄》，这既是一个关于色彩的知识故事，也是一个关于友情的故事。"小蓝有好多朋友，可是他最好的朋友是小黄"，他们住在同一条街的对面，他们喜欢一起玩躲猫猫，转圆圈……简单的叙述，也许道出了许多孩子共同的体验和感觉。小蓝和小黄这对好朋友的经历，让所有人发现了色彩融合的秘密，故事结束在高兴的拥抱和欢快的游戏中。和好朋友在一起，多么愉快！这种情绪就是对孩子交往最好的鼓励。

在优秀的幼儿故事中，许多与交往有关的教益其实都包含于其中。《青蛙和蟾蜍·好朋友》中，当青蛙感到不太舒服时，蟾蜍关切地询问，并且给他煮了一杯茶。《找到一个好朋友》中，归来的小熊对弗洛格说："你是我最亲爱的朋友，我属于这里，跟你在一起。我知道我再也不想走了。"你看，温暖的表达也是友情的重要部分。《南瓜汤》和《三个朋友》这样的图书，告诉我们友情中的彼此尊重、谅解和包容。《小蓝和小黄》中，两个好朋友拥抱在一起，变成了另一种颜色，随后又在哭泣中找回了各自原来的颜色。跟好朋友在一起的时候，我们会变成另一个人吗？怎样在友情中既拥抱朋友，又坚持自我？其中的交往话题其实非常深刻。孩子此时当然理解不了，但这点启示会沉淀在他们的阅读中，等待未来的反刍。

从好书的阅读中学习交往，很多时候是潜移默化的影响。孩子遵从的不是任何抽象的社交礼仪或规范，而是在生动的故事中领会生活的启迪。它比礼仪或规范的概括更能说服和打动我们，而且往往更具体、更入微、更深刻。这也正是书籍独特的力量。

我是谁？
——自我意识的发展

在 2 岁左右，孩子开始学着使用第一人称"我"来称说自己——"这是我的东西""我要这个玩具""我想吃饼干"，而不再像前一阶段那样跟着大人使用第三人称，如"宝宝现在要吃饭了"。到了 3 岁以后，孩子基本已经习惯第一人称的表达。这是孩子自我意识发展的重要进阶，也是孩子进一步认识自己的基础。当孩子意识到"我是×××，我不是任何叫作别的名字的小孩子"，他就把"我"从人群中区分了出来，并且对"我"加以认同。这个"我"，意味着独一无二，与众不同。

与此同时，这个年龄幼儿的虚拟想象也日益旺盛地生长：我是青蛙，我是蚂蚁，我是老虎，我是鹰……这个"我"，可以投映到生活中各种有生命或无生命的对象之上，它也是经常被提到的幼儿"万物有灵"思维的一种体现。从孩子这种投入的虚拟想象中可以看到，人类似乎天生就具有移情的本能，能够从"我"出发，对他人、他者感同身受。这是共情这一珍贵品质的基础和萌芽。

如此，既以"我"来统摄和想象万物，又以万物来想象和丰富"我"，这两个向内和向外的"我"交织在一起，推动着这一阶段孩子自我认知的发展。这时候的孩子阅读故事，表现出前所未有的全情投入。故事里，不论是跟自己差不多的孩子还是小鸭、小鸡、小鸟、小虫子、小板凳，都能激起他们的认同。在以"我"的身份想象、扮演他人生活的过程中，"我"的感觉和体验得到了极大的拓展。同时，孩子又本能地明白，这个在想象和扮演中成为其他主体的"我"与真正的"他们"还是有距离的，因而对于故事里发生在"他们"身上的许多事情，包括失望与不快，烦恼和沮丧，能退开一定距离来观看、接纳。这使得孩子阅读的接受范围慢慢变得越来越广。

这时候孩子对一些自我认知主题的故事会有新的体味。比如图画书《青蛙与男孩》（萧袤/文，陈伟、黄小敏/图），讲述一个孩子如何从"我"走向"我是青蛙"的想象，又如何从"我是青蛙"回到"我就是我"的自我肯定和认识。从"我"到"他"再回到"我"，对自我的认知经历一个循环，获得了新的内涵。图画书《一只蚂蚁爬呀爬》（赵霞/文，黄缨/图）借蚂蚁的拟人视角表现自我认知的主题。一只蚂蚁在想象中变成了鱼、青蛙、松鼠、鹰、狮子，以便体验从水里到天空、从树顶到草原的广阔生活。最后呢，它重新变回蚂蚁，同时也重新认识了自己的独一无二。在这些故事里，孩子体验到的"我"，既是自我世界的"君主"，又是与无数"他人"同生共存的一员。只有看见他人，才能更清楚地看见自己；也只有认识自己，才能更完整地认识世界和他人。

从现在起，孩子会用很长时间，慢慢学习这重要的一课。

孩子能读懂这样的表达方式吗？
——和孩子说一说修辞，玩一玩修辞

孩子似乎天生就懂得修辞，这一点也许超出我们的想象。我们知道，幼儿画人物或任何其他对象，会将他们认为重要或显眼的部分画得格外大（比如脑袋、眼睛、嘴巴、手），仔细想来，这一手法与夸张的修辞有相通处，都是通过夸大特定对象特征的规模或程度，使某种感觉、印象得到生动的表现。幼儿也特别擅长用类比的方式理解事物的逻辑。4岁左右的孩子可能已经很擅长用类比的方式解释一些现象。"鸟喜欢吃虫子，就像人喜欢吃饭。""爸爸妈妈要去单位工作，就像我要去上幼儿园。"

如果你和4岁左右的孩子一起读图画书《好饿的小蛇》，看到小蛇最后吃掉了一整棵苹果树，孩子问你："蛇真的能吃树吗？"你该怎么回答？

不妨告诉孩子，小蛇饿得一口吞掉了一棵树，这里面有夸张。当我们感到很饿的时候，我们也可以用夸张的方式说："我现在能吃掉一头牛！""我现在吃得下一百个面包！"这并不是说我真的能吃下那么多东西，而是为了夸张地表达"我很饿"的感觉。有时候，用夸张的方式说话、讲故事，很好玩。

这个年龄的孩子会明白吗？试试看。不久，你可能就会发现孩子开始在说话中使用夸张的手法，而且用得十分恰当。

孩子到了 4 岁左右，语感不断加强，对语言的认识也逐渐深刻。这时候，可以借阅读的恰当时机，引导他们关注书中的表达方法。修辞并不是孩子上了小学开始写作文以后才触碰的话题。我们日常的会话，无处不与修辞有关，阅读更是如此。为什么"一排鸭子/个子矮矮/走起路来/屁股歪歪"读起来特别顺溜？因为它每一行都是四个字，而且后面三行末尾的三个字，读起来很像。"小板凳歪歪，里面坐个乖乖；乖乖出来买菜，里面坐个奶奶；奶奶出来梳头，里面坐个小猴……""乖乖"连着"乖乖"，"奶奶"连着"奶奶"，这样一个一个连下去，像长长的火车，一节车厢连着一节车厢。和孩子一起，用这样头尾相衔的连锁方式，玩一玩说话的游戏。

和孩子谈修辞、玩修辞，不必使用"修辞"这样的专业语词。我们的意图不是教给孩子特定的语言知识，而是让他们感到，语言是一件很好玩的事物。同时，这种好玩的语言是我们自己可以参与创造的。看一看，许多图书的作者们是怎样让说话这件事情变得好玩的？想一想，你能把说话变成一件好玩的事吗？

"我讨厌"还是"我喜欢"?
——培养积极的语言和思维方式

许多孩子在 3 岁以后已经可以明确、坚定地表达自己的好恶,并且往往可以说出自己的理由。

这时候孩子常用的两个表达就是"我喜欢"和"我讨厌(不喜欢)"。"我喜欢"和"我讨厌",有时表达的是同一个意思,但表达的情感和方式很不一样。有的人习惯说"我讨厌",有的人喜欢说"我喜欢"。有的孩子说"我喜欢跟别的小朋友一起玩",有的孩子说"我讨厌只有一个人玩";有的孩子说"我最喜欢吃草莓",有的孩子说"我最讨厌吃苹果"。

你的孩子喜欢用"我讨厌"还是"我喜欢"?"我讨厌"和"我喜欢",这两种表达在我们的生活中都很重要。每个人长大的过程中,要会说"我喜欢",也要会说"我讨厌"。但在低龄阶段,应该先鼓励孩子使用"我喜欢"的表达,鼓励积极的语言和思维方式。"我喜欢"是生命的明亮底子,有了"我喜欢"的底子,一切情感才能健康地生长。

有许多幼儿读物带孩子表达和体验"我喜欢"的情感。和孩子一起读图画书《猜猜我有多爱你》([爱尔兰]山姆·麦克布雷尼/文,[英]安妮塔·婕朗/图),感受小兔子和大兔子之间爱的表达。读任溶溶的童诗《怎么都快乐》,体味一个人玩、两个人玩、三个人玩……许多人玩的快乐。读安东尼·布朗的《我喜欢书》,感受"我喜欢各种各样的书"和"我真的很喜欢书"的愉悦。读法兰克·艾许的图画书《月亮,生日快乐》,体味小熊一个人的"生日快乐",幽默里带有淡淡的孤单,但也是"喜欢"的情感。读《你睡不着吗?》([爱尔兰]马丁·韦德尔/文,[爱尔兰]芭芭拉·弗斯/图)、《小猫头鹰的夜游》([美]迪芙雅·崔妮法森/文图),感受安静的夜晚里,一种宁谧而又生机勃勃的喜欢。

生活中当然会有"不喜欢"和"讨厌",但优秀的幼儿读物总是教孩子怎样用喜欢的眼睛去看，也用喜欢的心去想象和思考。图画书《鼠小弟的小背心》里，鸭子、猴子、海狮、狮子、大马、大象，大家都借鼠小弟的小背心来穿，把它穿得又长又大。鼠小弟好伤心。但是请看封底，又长又大的背心成了挂在大象鼻子上的秋千，鼠小弟坐在秋千上，玩得好开心。

图画书《和我一起玩》（[美]玛丽·荷·艾斯/文图）里，"我"想走过去跟小动物们玩，可它们都躲开了，当"我"安安静静地待在那里，它们全都走过来，"和'我'一起玩"。你看，喜欢的感觉，不只跟"我"喜不喜欢"你"有关，也跟"你"喜不喜欢"我"有关。这会让孩子体会到，喜欢不是一种任性的情感，而是包含着对人、事、物的耐心体贴与温柔相待。一个孩子，打心底里喜欢和热爱一切，就是他（她）对未来生活最好的准备。

可以开始读英文童书吗？
——英文童书的阅读启蒙建议

就图书本身的性质、特点而言，英文童书与中文童书并无本质的区别。如果孩子从小生活在双语语境中，两者的阅读也不会有太大差异。但对于主要生活在非英语母语语境下的孩子而言，阅读英文书与阅读中文书的感觉就有很大不同：后者是日常生活语言，前者则往往是阅读中临时打开和使用的语言。

孩子到了3岁，或者更早，可以考虑开始有意识地培养其双语阅读的习惯。在家庭阅读环境和条件能够给予充分支持的情况下，我们鼓励父母将英语读物纳入孩子的每日阅读中。同时也有几点阅读指导的建议。

第一，始终牢记趣味第一。不要把阅读英文童书等同于英语早教学习，虽然它的确能够较好地承担这一功能。但是，为了短期的早教目的牺牲具有生长性和可持续性的阅读趣味，无论如何都是不明智的。

与中文书的阅读一样，从声韵的趣味开始挑选阅读材料是很好的起点。短小的英语童谣，像 Bingo, Hickory Dickory Dock, The Muffin Man, Row, Row, Row Your Boatt 等，是很不错的起步听读素材。Chicka Chicka Boom Boom 这样的英文字母图画书，声音上热闹与滑稽的趣味，也很适合作为这个阶段的英语启蒙读物。艾瑞·卡尔绘图的 *Brown Bear, Brown Bear, What Do You See?* 提供了另一种声韵的趣味，像传统童谣中的连锁调，一环扣一环地层层演进。一般来说，孩子对这样的声韵游戏往往都比较感兴趣。

第二，只要可能，尽量让大人参与阅读，而不是完全由机器读。在今天孩子的语言学习中有一种语音焦虑——对于获得纯正语音的焦虑。外语学习领域尤其如此。一般认为，低龄阶段的语音最易塑造，年长后就会定型。许多父母由于担心自己的英语发音不够纯正，只让孩子用点读笔等机器听读英文书。起初孩子或许也很感兴趣，但长此以往，兴趣能不能保持，却很难说。纯正的语音固然好，但在这里，更重要的或许是表达的愉悦和自信。如果成人能够阅读英语却惧于为孩子朗读，这种不自信也会传递给孩子。试想一下，换作母语语境，我们有谁会因为自己普通话不标准而放弃跟孩子讲话吗？考虑到英语语音的纯正熏陶，不妨使用点读笔等软件，但我们建议父母也尽力参与到相应的阅读活动中来。与点读机器的纯正语音相比，父母的朗读不一定标准，却充满真切的感情和温度，后者才是早期亲子阅读最重要的内核。

第三，不必把英语阅读视为早期阅读的必修课。今天的教育文化和媒介环境下，孩子在成长的过程中有大量机会接触英语读物，培养英语阅读能力，不必急于一时。在早期阅读规划中，英语读物的纳入首先是为了增添、丰富阅读的乐趣。如果父母和（或）孩子感到没有为此做好准备，完全可以暂缓安排而不必感到焦虑。对于一个身心健康的孩子来说，正常的英语表达和交流是一种并不难获得的能力。在任何一种语言的学习中，弥足珍贵的是对这种语言以及与之相关的生活、文化的兴趣与热情。在亲子阅读中开始英语阅读的首要目的，不是培养英语语感，而是点燃这种兴趣与热情。

小课堂
怎样认识幼儿与幼儿读物

认识幼儿诗的艺术特点

幼儿诗是低龄儿童阅读的一类重要文体。它是对于适合幼儿听读欣赏的诗歌作品的统称，是儿童诗的一个分支。理解幼儿诗的艺术特征，能够更好地帮助我们对幼儿诗做出判断，进而为孩子挑选合适的幼儿诗歌读物。

幼儿诗的艺术特征，主要体现在它的诗歌语言、意象、想象和情味四个方面。

1. 简洁明快的语言韵律 幼儿诗在语言和声韵上通常比儿歌自由，但与一般儿童诗相比，又比较讲究形式上的整齐感。不过，无论一首幼儿诗的外在语言形式偏重的是自由还是整齐的格律，其诗歌语言在总体上都体现了一种幼儿诗所特有的简洁明快的韵律。

比如刘饶民的《春雨》："滴答，滴答，下小雨啦！种子说：'下吧，下吧，我要发芽。'梨树说：'下吧，下吧，我要开花。'麦苗说：'下吧，下吧，我要长大。'小朋友说：'下吧，下吧，我要种瓜。'滴答，滴答，下小雨啦！"诗歌以四字短句的交错排比为主，其间有规律地穿插"××说"的三字句式，全诗看上去结构整齐，韵脚分明，很具有形式上的韵律感。

相比之下，姜华的《向日葵》在语言和结构形式上更显自由："每一个花瓣下／都藏着一个小娃娃／一盘向日葵／是一个幼儿园／幼儿园的孩子／喜欢和太阳公公说话／太阳公公走到哪儿／他们就追到哪儿／追着太阳公公／不停地说呀讲呀。"全诗并不讲究上下诗行之间长度、结构的统一，甚至每个诗行的形式面貌都各不相同，但它们简单的句式体现了另一种日常口语式的明快节奏，对幼儿来说，这也是令他们感到格外亲切和熟悉的一种韵律。

2. 生动可感的诗歌意象　幼儿诗是诗，它也要动用对诗歌来说至关重要的意象，来表现诗的情趣和意味。不过与一般的儿童诗相比，幼儿诗在意象的设计上更加注重它与幼儿现实生活的直接关联，注重其生动可感的特征。

这里的生动，并不仅仅是指表现力强的意思，更是指诗歌意象的一种具体的形象化特征。比如《白房子》（盖尚铎）一诗："红房子，是小熊的家。黄房子，是小鹿的家。蓝房子，是斑马的家。绿房子，是袋鼠的家。雪花一跑来，红房子，黄房子，蓝房子，绿房子，一座，一座，都变成白房子。"作为这首诗歌中心意象的"房子"，是幼儿日常生活中十分熟悉的事物，它使得诗中涉及的色彩意象有了具体的依托，也通过"房子"的"变化"，将雪天的情趣生动地表现了出来。幼儿诗所需要的，正是这样生动可感的诗歌意象。像《假如我是一片雪花》（金波）、《鞋》（林武宪）这样的幼儿诗，在诗歌意象的编织、运用上也都鲜明地体现了这一特点。

3. 充满童趣的艺术想象　幼儿诗离不开想象，但它的想象不是漫无边际的空想，而是与幼儿时期特有的思维方式联系在一起，它表现为一种生动而又独特的童趣，这份童趣既贴近幼儿的寻常生活，又总能带给我们不同寻常的惊喜。

比如林焕彰的《拖地板》："帮妈妈洗地板，是我们最高兴的时候；姐姐洒水，我在洒过水的地板上玩儿，像在沙滩上走过来走过去，留下很多脚印，像留下很多鱼。然后。我很起劲地拖地板；从头到尾，像捕鱼一样，一网打尽。"诗歌撷取了幼儿日常生活中一个很不起眼的片段，却通过充满童趣的想象，使这一生活片段变得独一无二，趣味盎然。诗歌中这个游戏的孩子，把洒过水的地板想象成沙滩，把自己的脚印想象成鱼，最后那个拖地板的"捕鱼"动作，充分地传达出了一种属于幼儿的天真童趣。

对于幼儿生活中独特童趣的想象和发掘，是幼儿诗在艺术上实现创新的重要维度。

4. 单纯质朴的诗歌情味　幼儿诗不刻意寻求表现宏大的情感题旨，而是从幼儿生活的寻常细节入手，来展示幼儿真实、有趣、动人的生活感觉、印象、体验等，它所追求的是一种单纯质朴的诗歌情味。但也正是因为幼儿诗对于童年单纯心性的贴近理解，它也常常能够从这份单纯中，发掘出一份清浅天然的深意。

比如《早·晚》（谢武彰）这首诗："早上，我醒了。/妈妈，早安。/爸爸，早安。/太阳，早安。/晚上，我要睡了。/爸爸，晚安。/妈妈，晚安。/星星月亮，晚安。"诗歌所表现的是一个幼儿对于身边世界的最初致意，它不过是一声简单的"早安"和"晚安"。但是从"妈妈，早安""爸爸，早安"到"太阳，早安"，从"爸爸，晚安""妈妈，晚安"到"星星月亮，晚安"，诗歌将幼儿的生活世界自然而然地拓宽到了整个宇宙天地的范围，从而赋予了这份幼儿生活情感以开阔的诗意。

这是独属于幼儿诗的一份单纯的深刻和质朴的宽广。

幼儿故事的艺术手法

幼儿故事常用的艺术手法，包括拟人、反复、对比、夸张等。在幼儿故事里，这些艺术手法被赋予了幼儿诗学的独特趣味，也建构了幼儿故事艺术的独特面貌。

1. 拟人　拟人是赋予非人的对象以人格化的属性，它是幼儿故事最常运用的一种艺术手法。幼儿天性倾向于将自我生命感觉投射到身边的一切事物上，在他眼里，太阳、月亮、动物、植物，乃至一块石头，一张凳子，都仿佛被灌注了人的生命力和精神力。幼儿的这种意识在童话里得到了呼应。童话的拟人既令他们感到亲切，同时，借助拟人对象的投射，孩子也能够从一个安全的心理距离来学习理解生活，认识自我。

例如，在陈梦敏的《八点零三分好》中，戴手表的小河马总是用他特别的方式跟别人打招呼："小兔子，八点零三分好！""小绵羊，八点过十分好！""嗨，九点二十一分好！""嗨，十一点二十九分好！"不过，有一天，当其他小动物都开始学着小河马的方式问候他的时候，小河马却脸红了，他以为大家在嘲笑他呢。于是，他开始按照大家的方式规规矩矩地问候："小喜鹊，上午好！""小花猫，中午好！""小青蛇，下午好！"直到有一天，旅行回来的小花鹿说出了对小河马的想念，小河马才知道，伙伴们从来没有笑话过他那特别的问候方式，相反，在大家心里，对于这"属于他一个人的方式",怀着由衷的欣赏和尊重。这样,小河马找回了他自己的问候方式,也变回了原来那个快乐、阳光、开朗、自信的小河马。这则童话采用的拟人手法在幼儿童话中十分典型,在它的拟人情景的投射中,幼儿也将学会更好地看待、认识集体中的自我。

2. 反复 反复是通过特定词语、句子或段落结构的重复来形成特定的表达效果。日常生活中的幼儿常常喜欢重复的事物:重复说一个词或一句话,重复做一个动作或游戏,重复听一首歌曲或一个故事,等等。这是年幼的孩子游戏的一种方式,也是他们学习的一种方式。或许可以说,"反复"是幼儿心理的内在原型之一。在幼儿童话中,反复手法的运用一方面能够引起幼儿的阅读兴趣,另一方面也有利于幼儿对故事的理解、接受和记忆。

幼儿童话的反复手法往往同时体现在语言和结构两个层面。比如张晓玲的《大家来跳舞》:

> 有一天,小老鼠对小刺猬说:"你愿意和我一起跳舞吗?"
> 小刺猬说:"好啊,我们俩正好差不多大哟!"
> 于是——
> 吧嗒,吧嗒,小老鼠和小刺猬跳舞。
>
> 小兔子对獾说:"你愿意和我一起跳舞吗?"獾说:"好啊,我们俩正好差不多大哟!"
> 于是——
> 嘀哩,嗒啦,小兔子和獾跳舞。
>
> 狮子对豹子说:"你愿意和我一起跳舞吗?"豹子说:"好啊,我们俩正好差不多大哟!"于是——
> 扑通,扑通,狮子和豹子跳舞。

只有大象没有舞伴，孤孤单单坐在一边。"嗨，大象！"一个细小的声音说。大象顺着声音找过去，看到了一只小得不能再小的蟋蟀。"想不想做我的舞伴呢，大象？"蟋蟀问。"可是，我这么大，你这么小……"大象说。"这有什么关系？"蟋蟀跳到了大象的头上，自顾自地和着节奏跳了起来。

大象犹豫了一下，也跟着跳了起来。

窸窣、轰隆，窸窣、轰隆……

小老鼠看到了，说："太好玩了，我们也交换舞伴吧！"

接下来——

小老鼠和獾跳舞，小兔子和狮子跳舞，大象和豹子跳舞，蟋蟀和小刺猬跳舞。

吧嗒，嘀哩，吧嗒，扑通，轰隆，扑通，窸窣，轰隆，嗒啦，窸窣……

大家都觉得从来没有这么快乐过。

这则作品中，有关小老鼠和小刺猬跳舞、小兔子和獾跳舞、狮子和豹子跳舞的三个叙述部分，包含了显而易见的语言和结构上的重复。除了角色的名字、跳舞的声音各有不同，三个部分的对话内容几乎一样，句式和段落结构也保持一致，读上去整齐有致，节奏分明，凸显出语言游戏的效果。同时，这样的反复也为后面的情节停顿和变化做了最好的铺垫。大象和蟋蟀之间的对话与对舞，既打破了之前的语言重复规律，同时也打破了"我们俩正好差不多大"的寻常思维逻辑。在新的认识框架下，动物们创造了新的行动方式，并由此收获了更多快乐。

这样，我们就看到，在幼儿故事中，反复的手法不是简单的重复，而是在重复中蕴含着创造性的变化。在运用反复手法时，这重复中的创造性变化，正是这类幼儿童话的艺术特色之一。它的重复中出其不意的变化和变化中节奏分明的重复，对幼儿读者来说充满了迷人的魅力。

3. 对比　　对比是借具有明显特征差异或矛盾的人、事、物之间的比较来形成特定的文学表达效果。在幼儿故事中，对比手法的运用往往能够带来鲜明的喜剧效果。

我们来看周锐的《门铃和梯子》。在这则短小的童话中，正是对比手法的巧妙安排促成了它独特的趣味和幽默。野猪不怕路远去看望好朋友长颈鹿，可是，当他站在长颈鹿家门外咚咚咚地敲门时，长颈鹿大哥明明在家，却不来开门。隔着门，他是这么跟野猪解释的："野猪兄弟，你往上瞧，我新装了一个门铃。有谁来找我，要先按门铃，我听见铃响以后，就会来开门。"问题是，长颈鹿家的门铃装得太高了，野猪够不着。他只好继续敲门。门那头，长颈鹿也很为难，他说："对不起，野猪兄弟，我知道你真的够不着。但你就不能想想办法吗？要是大家都像你这样，图省事，敲敲门就算了，那我的门铃不是白装了吗？"野猪没奈何，只好折回家去，哼哧哼哧地扛来一架梯子，总算够到了高高的门铃。不料，这个门铃怎么也按不响。长颈鹿在里面解释道："对不起，野猪兄弟。门铃坏了，只好麻烦你敲几下门了。"这下轮到野猪不干了："这怎么行！只敲几下门？那我的梯子不是白扛来了！"这是一则可爱的幽默童话，而它的全部幽默都建立在一个逻辑前提之上，那就是野猪与长颈鹿之间一高一矮的对比。正是因为有了这对比逻辑的存在，按门铃这么一桩普普通通的生活小事，在作家笔下也变得一波三折，充满了滑稽的喜感和幽默的回味。

幼儿故事常常运用类似的对比手法来构架故事情节，制造幽默效果。比如武玉桂的童话《方脸和圆脸》：

> 山脚下住着一户人家，家里有一位老公公和一位老婆婆。
>
> 老公公高高的个子，挺瘦，长着方脸盘儿。
>
> 老婆婆矮矮的个子，挺胖，长着圆脸蛋儿。
>
> 方脸老公公喜欢方东西：他坐，要坐方凳；喝酒，要用方杯；就连走路，也要迈四方步。
>
> 圆脸老婆婆喜欢圆东西：她吃饭，要用圆桌；梳头，要照圆镜；睡觉的时候不用枕头，用一个大南瓜。
>
> ……

接下去的故事就在这"方"和"圆"的滑稽对比中不断展开，两者的矛盾和对立也持续激化，最后，对立的矛盾得到巧妙的化解，故事也走向了圆满的结局。

对比手法带来的不一定都是矛盾，比如木子的《长腿七和短腿八》，其中的两个主角，"长腿七的两条腿有七尺七寸长，短腿八的两条腿只有一尺八寸长"。"长腿七喜欢穿长长的牛仔裤，短腿八喜欢穿短短的短裤头。长腿七住的是高高的高房子，短腿八住的是矮矮的矮房子。长腿七睡高床，用高桌子高板凳。短腿八睡矮床，用矮桌子矮板凳。……"但这一切都不妨碍两个好朋友彼此关心，互相照顾。"时间一年一年，一月一月地过去了。长腿七和短腿八一直都是好朋友。"在这则童话中，对比造成的差异在营造幽默感的同时，也烘托出了友情的珍贵和温暖。

4. 夸张 夸张是将事物的正常规模、数量、程度、逻辑等予以极度夸大或缩小以达到特定表现目的的文学手法。幼儿故事常借夸张手法来突出事物某方面的特性，以塑造鲜明的形象，突出强烈的效果。

比如武玉桂的《小熊买糖果》，便以夸张的手法塑造了一头"记性不好"的小熊的形象。"有只小熊记性很不好，什么话听过就忘记。"这天，家里来了客人，妈妈派小熊去商店买苹果、鸭梨、牛奶糖。小熊一边念叨着妈妈的话，一边上路了。第一回，他在半路跌了一跤，起来时已经把妈妈的话忘了。第二回，他撞上一棵大树，回过神来又忘了妈妈的嘱咐。第三回，他总算顺利买到了三样东西，提着竹篮兴冲冲回家。路上，一阵风吹掉了小熊的帽子，他放下竹篮，去捡帽子，一回头，看见了地上盛着苹果、鸭梨和牛奶糖的竹篮，顿时喊起来："喂，谁丢竹篮子啦？快来领呀！"故事针对小熊"记性不好"的夸张描写，无疑远远超出了生活的正常逻辑。通过这样的夸张，年幼孩子身上常见的粗心和健忘的特征得到了一种喜剧性的放大、凸显，令小读者印象深刻。

夸张的艺术在幼儿故事中十分常见。前面提到的对比手法，也常融入夸张的元素，以突出对比的强度，烘托幽默的效果。在《门铃和梯子》的故事里，野猪和长颈鹿的思维与对话逻辑，都有明显的夸张成分。武玉桂的《方脸和圆脸》中，老公公和老婆婆的性格也是在夸张的描写中得到生动有趣的塑造和呈现。对幼儿来说，夸张的艺术本身就是一种语言和想象的欢乐游戏，它在对有板有眼的日常生活规则与逻辑的颠覆中，带来了不同寻常的故事趣味。

幼儿期反复阅读的意义与实践指导

我们在本书中一再强调，对幼儿阅读来说，"反复"阅读不但内涵丰富，而且意义重大。

首先，"反复"阅读中独特的节奏感和创造性，是幼儿审美活动和审美感受的重要起点。

"对孩子来说，'反复'是愉悦、舒适的情绪表现"[1]，这种"愉悦""舒适"的感受，正是人的审美情感的初步内容。我们看到，借助"反复"阅读的节奏和梯级，幼儿得以从自我设定的最简易的文本阶梯出发，逐渐进入文学作品的审美世界。同时，借助"反复"中的游戏创造，幼儿更进一步参与到文本再书写、再创造的过程中。这种创造的冲动与才能，本身也是个体审美能力的重要构成与体现。

刘绪源在探究幼儿审美发生的《美与幼童——从婴幼儿看审美发生》一书中指出，在幼儿的身心发展进程中，这一审美的维度及其意义不容忽视，它与幼儿的生命同时发生，并在与人的其他智性维度混同及独立发展的过程中，奠定着幼儿精神未来的基石。[2]而幼儿期的"反复"阅读，正是推助这一审美能力发生、发展的重要台阶。

其次，幼儿期自发的"反复"阅读冲动和实践，既是幼儿早期认知活动的形态之一，也大大有助于幼儿认知能力的发展。

"反复"阅读的进阶性，一面生动地反映出幼儿认知水平的现状，一面也不断地推动着其认知能力的发展。在"反复"的阅读进阶中，瑞士心理学家皮亚杰在其发

---

[1] 山本直美.每日7分钟 让绘本滋养孩子的头脑和心灵[M].林静，熊芝，译.浙江：宁波出版社，2016：37.
[2] 刘绪源.美与幼童——从婴幼儿看审美发生：增订版[M].江苏：江苏凤凰少年儿童出版社，2017.

生认识论理论中提出并着力阐明的"同化"与"顺应"的心理建构进程[1]，得到了鲜明、生动的体现。当原本陌生的语言、故事等在"反复"的进阶接受中被逐步"同化"纳入幼儿的理解模式与理解范围，幼儿的认知能力也在这一过程中不断"顺应"文本理解提出的新要求，实现了新的成长与扩容。

在"反复"阅读中，我们发现，2岁半至3岁左右的幼儿能够凭借反复加强的阅读记忆，理解、复述长达百余字的文本内容。若非刻意强化记忆，这些内容会很快被遗忘，但它们所对应的语言知识、感觉等，却会在幼儿的认知力中沉淀为扎实的语言理解、运用、创造的能力。在剑桥大学研究者黛比·普林格看来，这种表面上的语言阅读记忆更充满了隐在的语言及意义创造潜能。[2]

再次，从"反复"阅读中获得的把握、理解特定对象的满足感、成就感，提供了一种对于幼儿未来成长、生活至关重要的"安全感"。

幼儿通过"反复"阅读，逐步克服文学理解的各种障碍，由初步的认知进入到对文本的完全把握乃至创造性的运用发挥，这个过程带来的自我满足感和成就感及其伴随的深层精神愉悦，包含了对于个体未来生活态度、精神的重要奠基和暗示。优秀的幼儿读物提供的理解自我、生活和世界的视野、基点、角度等，在一再地重复、强化中，不但会为孩子理解身边的一切及其当下生活提供积极的模本，与之伴随的把握、理解一个文本的自信和自我实现感，还将给孩子带来把握、理解一个世界、一种生活的自信和自我实现感。这正是幼儿期阅读无可替代的价值。

基于"反复"阅读对于幼儿发展的重要意义，成人在阅读指导和陪伴的实践中，也应在理解这一幼儿阅读活动倾向与特征的基础上，有效促进"反复"阅读的实践，以求更好地发挥"反复"阅读的功能。

第一，应当充分理解、鼓励幼儿期的"反复"阅读。

---

[1] 在皮亚杰的发生认识论中，"同化"是指个体将认识对象纳入既有的认识图式，从而顺利完成认识活动，"顺应"则是指在认识对象越出主体既有认识图式的情况下，个体主动扩充图式，从而完成认识活动。简单地说，前者是"我"对"对象"的进一步占有，后者是"对象"对"我"的进一步扩充。

[2] Debbie Pullinger. *From Tongue to Text: A New Reading of Children's Poetry* [M]. London: Bloomsbury, 2017:46.

"反复"阅读是幼儿期特有的一种阅读模式。在幼儿阅读指导和陪伴的实践中，我们常常看到，"反复"阅读在幼儿与成人读者身上激起的反应大不相同。幼儿读者能从一再的重读中获得莫大的乐趣，成人读者则易在不断的重复中感到某种趣味耗尽的枯燥与无奈。究其原因，这种阅读反应的两极化，其实是由两类读者不同的接受倾向和模式造成的。对成人读者而言，很多时候，"反复"阅读就是重复阅读，个中极少内容的增值，反而伴随着新奇感的削弱。但对幼儿来说，"反复"阅读不是简单的重复，而是包含了意义、内容的不断发现、丰富和累积。忽视这一阅读文化的区别，极易导致成人对幼儿期"反复"阅读行为的轻视、忽视。

在切实的阅读活动中，幼儿针对同一文本提出的"反复"阅读要求，不应被视作一种"幼稚"的"重复"行为。它提醒我们关注幼儿期阅读的独特方式与内容，也以其无可替代的方式促进着幼儿认知、审美的发展。

第二，科学指导幼儿期的"反复"阅读。

要使幼儿期的"反复"阅读充分实现其相对于幼儿成长的独特作用，成人的科学陪伴与指导不可或缺，因为"在幼儿的文学接受过程中，存在着一个十分重要的成人读者的位置，……只有当幼儿和成人在文本所提供的读者位置上各自就位时，一个典型的幼儿文学的接受过程才能就此展开"[1]。

首先，成人应有足够的判断力，来对幼儿在特定年（月）龄阶段表现出的"反复"阅读行为及其对应的阅读发展阶段做出准确的评判，进而在此基础上，对幼儿的阅读活动做出及时、有效的回应。

例如，当低龄儿童读者对文本的关注还停留在语言和图像的若干片段时，成人陪伴者不必急于向他（她）提示更多的文本内容讯息，而应根据幼儿此时的接受兴趣和特点，耐心陪伴他（她）在"反复"阅读中巩固既有的习得内容，为下一步的进阶阅读做好准备。同样，当幼儿在"反复"阅读的过程中发现新的内容并表现出对它的兴趣时，成人应予以及时的肯定和鼓励，这样的时刻，便是幼儿的"反复"阅读发生拓展的时刻。通过成人的肯定，可以将这一拓展的成果迅速巩固下来。

---

[1] 赵霞.幼年的诗学——幼儿文学的艺术世界[M].山东：明天出版社，2016：33.

其次，当幼儿的"反复"阅读在一个较长的时间里始终没有新文本的加入，特别是，当幼儿已经明显掌握了某一文本的完整内容，却仍反复停留在这一文本的重读中，成人可予以适当的干涉。干涉的目的，不是要打断孩子的"反复"阅读，而是要推助其启动新文本的"反复"阅读，进而推动其阅读能力的新发展。干涉的方式，也不是要孩子放弃熟悉的文本，而是用能够吸引其注意力的方式，有意添加新的文本。

比如，根据幼儿日常生活中的兴趣点，有意识、有步骤地加入新的阅读文本。科学指导"反复"阅读的精髓在于，理解"反复"的意义既是反刍和温习，也是不断进行新的创造和吸收，两者合一，才是科学、完整意义上的"反复"阅读。

理解幼儿读物的复杂性

在个体的正常发育过程中，0—6岁的学前幼儿期包含了一个跨度极大的身心变化过程。在这样一个短暂的时间段里，幼儿要完成从爬行到直立行走、从不会说话到习得语言的发展，并逐渐获得丰富的感知与思维能力，这几乎是人类漫长的进化过程的一个缩影。面对这样一个内部差异巨大的身心发育过程，幼儿读物所面临的任务比它的命名看上去要复杂得多。

1. 对幼儿读物内部分级复杂性的认识　与儿童期和少年期相比，幼儿期的身心成长特征决定了哪怕只是一年半载的相隔，对幼儿来说，也意味着一种具有质的飞跃的身心变化。面对这样的变化，严格说来，幼儿的年龄每长一岁，都有可能产生对于阅读材料的与众不同的兴趣和需求。

例如，不到1岁的幼儿对周围环境中形状显眼或颜色鲜亮的事物能形成清晰的印象，并且能从图片中认出它们；但是从第二年开始，他们的这一敏感期过去了，幼儿将兴趣转到了成人不加留心的一些小物体上，比如明信片图案上某个极不显眼的代表汽车的小黑点。[1]再比如随着幼儿年龄的逐年增长，其语言能力的提升也十分

---

[1] 玛利亚·蒙台梭利.童年的秘密［M］.金晶，孔伟，译.北京：中国发展出版社，2003：78—80.

迅速，与此相应地，针对不同年龄幼儿的文学阅读材料，也有必要根据其所处年龄段的语言水平确定不同的词汇范围。

得益于相对完善的童书分级制度，欧美国家对幼儿读物内部的年龄段划分，往往细到逐年分级的程度，也即为 0—6 岁每一个年龄的幼儿制定不同的阅读材料标准，这些标准通常是以比较严格的词汇范围为依据的。相比之下，对于幼儿读物的分级意识在中国刚刚开始普及，而且这种分级大多是依编写者及出版方的经验判断而定出的。在这样的情况下，对于不同年龄幼儿的阅读需求以及不同幼儿读物所适合的幼儿读者对象的确定，就更依赖于成人的主观选择和判断。

2. 对幼儿读物边界复杂性的认识　尽管我们有必要充分认识到在统一的幼儿读物的标签下，覆盖了一个范围十分宽广的"波谱"，但与此同时，幼儿读物毕竟远不仅仅是一些识字或知识教学的材料，它在声韵、故事、想象方面的独特吸引力，使它能够帮助幼儿在一定程度上克服某些词语或事件理解上的困难，而进入到对于诗歌的韵律整体或故事的情节整体的把握中。

很多时候，幼儿对于文学故事的观察力和理解力超出了成人的预期。年龄低的幼儿可以用自己的方式读懂原本适合大龄幼儿阅读的故事，而随着年龄的增长，幼儿也有可能读得懂一些写给小学阶段儿童的故事。因此，对于幼儿读物年龄层级的区分，在一些情况下又难免是机械的。

这里便出现了一个矛盾：一方面，幼儿读物需要根据读者对象的不同年龄充分考虑作品字词使用和内容上的限制；另一方面，幼儿读物在尊重幼儿读者不同年龄段身心发展特征的基础上，也有必要进行破除年龄壁垒的尝试，以促进幼儿语言发展和文学阅读能力的提升。

幼儿读物的文化建构性质

幼儿读物的发展不但受到特定时期儿童观的制约，也带有相应时期社会文化内容的鲜明烙印。事实上，幼儿读物本身也是一种文化产品，它以自觉和不自觉的方式，承载着特定历史时期的某些基本的社会文化讯息。

1. 性别文化 幼儿读物是孩子最早接触的阅读材料，它所处理的幼儿生活话题中也包括幼儿性别教育的内容。在幼儿读物中，有一部分专门针对幼儿性别差异进行认知教育的作品，比如韩国作家闵秀贤的图画书《毛茸茸》，即试图通过幼儿日常生活的情境，来向幼儿解释男女性别的差异（主要是生理差异）。在性别意识开始萌芽的幼儿成长阶段，这是一种有益的认知教育。

但也有许多幼儿读物，在内容上并不涉及生理性别知识的话题，却可能以另一种更具影响力的方式，塑造着孩子的社会性别意识。与生理性别相比，社会性别所强调的是在后天的生活和文化环境中得到建立和强化的对于男女性别的区分，比如将男性认同为一种外向、刚强、富于攻击性的性别类型，而将女性定义为一种内向、柔弱、需要他人保护的性别类型。

比如，在一些幼儿生活故事中，男孩总是被塑造成顽皮、多动、具有保护性的角色，女孩则往往以弱小、文静、温柔的形象出现。与此同时，一些大大咧咧、擅长搞恶作剧的角色大多被分配给了男孩，另一些小气、嫉妒、心眼儿多的角色则由女孩来扮演。这样的性别模式化现象在童话故事中也经常出现。然而，尽管男孩女孩的社会性别表现与其生理性别的差异有着特定的关联，但在幼儿故事中过分渲染社会性别的模式差异，容易过早地限制幼儿的社会性别自我认同，并不利于其身心发展。幼儿读物应该在充分认识到幼儿性别差异的前提下，有意识地打破社会性别塑造的模式化倾向，表现男孩女孩更丰富的个性，以使幼儿的个性潜能获得更全面的开发。

2. 阶层文化 儿童读物最早产生于儿童教育的需求，而在十六七世纪的欧洲，儿童教育还是社会上层阶级的特权。早期儿童文学的出现，带有鲜明的社会阶层文化烙印，它们是上层阶级文化传递的一个工具。安德鲁·奥马里在《现代儿童的塑造——18世纪后期的儿童文学与童年》[①]一书中，就详细分析了18世纪的英国中产阶级如何通过掌握儿童文学的出版权，使之成为本阶层文化的一个重要载体。他们将当时流行于下层阶级的一种通俗文学读物挪用过来，通过对其中的各种故事进行改写，把本阶级的意识形态（比如通过自己的努力获得财富和社会地位的提升）注入其中，提供给儿童阅读。在这些作品中，不属于中产阶级的贵族阶级、下层阶级，其形象往往被塑造得十分单薄，例如，穷人常常被夸张地描写成愚昧、势利、不诚实的仆人形象，贵族则被描绘为高傲、堕落、无用、无助的依赖者。

当然，随着教育的普及以及当代社会流动的加剧，来自不同阶层的人们开始纷纷进入到儿童文学写作和出版的队伍，儿童读物领域的上述"文化霸权"现象也在得到改进，但是一些底层阶级的文化在其中仍然是十分边缘化的。

例如，在今天的大量幼儿生活故事中，对城市文化的贴近表现明显多于对乡村文化的表现，对中产及以上阶层家庭的关注明显多于对底层劳动者家庭的关注，那些质量较为上乘的作品，也主要出现在前一种题材的作品中。这样一种文化的不对等在现实中或许总是难以避免的，但是在当代语境下，幼儿读物应当致力于弥补这样一种不对等的文学表现现象，通过在作品中尽可能呈现来自不同社会阶层的丰富文化，拓展幼儿的文化认同。

3. 族裔文化　　幼儿读物是由特定民族和文化背景的作家创作，并以相应的语言加以呈现的作品，因此，民族文化对于幼儿读物的影响作用是不言而喻的。民族文化既为幼儿读物的产生、发展提供了语言、思维、文化层面的根本基底，也为幼儿读物的创作提供了丰富的素材。同时，许多国家和地区也十分重视在幼儿读物中有意识地进行民族文化以及与此相关的意识形态内容的传授。

幼儿读物应当关注本土民族文化的传承，同时也有必要通过译介和创作的形式，关注对于其他民族文化的呈现。在这一点上，近年汉语幼儿读物的外来文化容纳力是显而易见的，相比之下，它对于汉民族之外的本土族裔文化题材和精神传统的关

[①] 安德鲁·奥马里在《现代儿童的塑造——18世纪后期的儿童文学与童年》目前还没有中文译本出版。原书题名及版本讯息如下：Andrew O'Malley. *The Making of the Modern Child: Children's Literature and Childhood in the Late Eighteenth Century* [M]. New York: Routledge, 2003.

注则还显得十分不够。

  从性别、阶层和族裔文化的视角切入的考察让我们看到了幼儿读物的大标签下所覆盖着的复杂的文化层次和文化问题。了解和思考这些问题，有助于我们在为孩子写作和选择幼儿读物时，能够从一个较高的文化视点出发，至少在阅读中为孩子提供一个视野更为开阔、结构更为合理的文化基底。

文本细读
怎样读懂一本幼儿图书

如果你是一个羞怯的孩子：《宁宁是一棵树》

每一个幼儿园里，都有一些宁宁这样的孩子。他们常常孤单地沉浸在自己的世界里，但这孤单并不是他们主动的选择，而是因为面对陌生的世界、陌生的人群，他们的内心充满了脆弱的不安宁感，这使他们没有办法也不知道应该用什么样的方式，来和身边的人们交流。他们的羞怯加重了他们的沉默，他们的沉默则加重了周围人们的误解，而这误解又反过来持续地强化着他们内心的羞怯感。

这样的孩子的心灵是一朵等待开放的花，在没有遇到最合宜的人际温度之前，这朵花紧紧地闭合着它的花瓣。事实上，它根本不知道怎么让这些花瓣打开。

故事里的宁宁是幸运的，因为她有一个懂得她的羞怯并且愿意花费时间等待和守候她心中的花朵慢慢开放的老师。老师分派给宁宁的"一棵又安静又美丽的树"的角色，为内心羞怯的孩子走入群体生活开辟了一个缓冲的空间和等待的时间。在这里，宁宁的沉默不再被视为弱点，反而正符合她所扮演的童话角色的特征。图画书这部分的插图较为巧妙地安排了在现实生活与童话想象之间构成对比和呼应的双重情景，从而生动地传达出了这一时空的双重性质。在这样一段安静的想象时空里，"小树"虽然没有开口说话，却得到了朋友们的认同，而她也由此开始克服自己的羞怯，融入了与伙伴们的正常交往中。

这一段转变的表现尽管用墨不多，却写出了孩子心理变化过程中的某种细腻感。我们看到，最初进入童话扮演的宁宁完全是被动的，而随着她与扮演小动物的小伙伴之间交流的逐渐增加，她越来越进入了与小伙伴之间积极的双向互动中。在故事结尾处那个洋溢着欢乐的大跨页童话场景上，我们看到了一株开满花儿的小树，它是一种扮演，也是一个象征：这一刻，宁宁心里那些紧闭的花瓣盛开了，她勇敢地走进了面前的世界。

这是我们能够为一个羞怯的孩子想象的最好的结尾，而这样一个结尾的实现，无疑离不开那些懂得理解和等待这些孩子的大人。

(《宁宁是一棵树》，张月／文，钟彧／图，明天出版社)

故事里的知识："动物变形记"

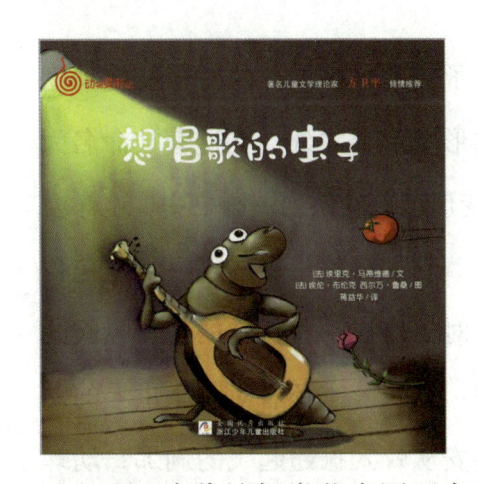

法国当代认知类儿童图画书的创作有着令人称道的艺术传统。近二十年来，从这里走出了一批知名的儿童认知图画书作家和插画家，并出版了"第一次发现"等一系列世界性的经典认知图画书作品。由于认知类图画书的艺术展开在很大程度上受到特定知识教育目的的限制，因此，法国当代认知图画书在故事创意、插画艺术和人文情怀等方面所达到的艺术水准，在同类作品中显得格外引人注目。

由法国童书作家埃里克·马蒂维德编文、皮尔里斯·奥郎等绘图的"动物变形记"系列，显然也是这一传统的成员之一。该系列包括《有爪子的鱼》等六个故事，分别以青蛙、蚂蚁、蜻蜓、蝉、蛆虫和猫头鹰六种生物的生长变化过程为主要的知识介绍对象。

像大多数认知类图画书一样，作者试图以小童话的方式来讲授特定的科普知识。比如，从蝌蚪到青蛙的变化过程，是通过一只名叫"大头"的蝌蚪的成长史加以呈现的；同样，从蝉卵到蝉的蜕变过程，也是以一只雄性"知了宝宝"的成长故事为呈现介质的。这样，六则故事所涉及的每一个物类的相关知识，都落实在了一些具体的生命对象之上，作者与绘者也得以就故事情节展开尽可能丰富的艺术想象。"有爪子的鱼""池塘里的怪物""村庄里的幽灵"，诸如此类的题目带有一般知识童话中罕见的悬疑效果，而作者也在有限的创造空间内极尽故事讲述的曲折逶迤，将一些普通的动物常识巧妙地转化为生发情节的趣味或悬念。

当然，考虑到最终的那个认知教育目的，这些故事的情节安排在总体上仍然显得相对简单和直接。为了帮助孩子顺利掌握其中的认知内容，在每个故事的结尾处，作者还附上了一张形象的知识提炼图，以此作为一种知识的总结和温习。

即便在这些艺术上最难以出彩的地方，作家也别出心裁地为它添上了一份法国式的幽默。你注意到了吗？那位一脸严肃地站在黑板前讲授蚂蚁知识的"老师"，正是曾经作为蚂蚁的天敌出现在故事中的啄木鸟；那位身披白褂讲解着蝉的知识的蜥蜴"教授"，也正是在故事起始处现身过的蝉的天敌；而在总结猫头鹰的成长史时，作者则把知识介绍的任务分派给了处在猫头鹰食物链下一环的老鼠。这么一来，原本平白的知识讲授变得充满了幽默、可爱的游戏情味；至于这些相互为敌的生物为什么会成为彼此物种知识的"启蒙者"，则成为留给读者自己去想象的另一些可能的"故事"。

除了借助故事展开的对于特定动物知识的形象解释之外，在这套被命名为"动物变形记"的系列图画书中，也洋溢着一份蓬勃的自然生命的气息。它包含在作者对于这样一些特殊的生命瞬间的描绘中：蚂蚁公主怀着对陌生世界的渴望与不安从蚁穴振翅起飞的刹那，幼蝉带着对外面世界的向往终于从黑暗中破土而出的瞬间，水蚤从湖底艰难地挣扎出湖面蜕蛹成为蜻蜓的那一刻，甚至蛆虫拖着它们长长的尾巴在臭水潭里嬉闹快活的时候……我们看到的是，在同一个世界里，不同的生命各自取用着属于它们的空气、食物和养分，也一起承担着与生命相伴随的各种欢愉与恐惧、快意与艰辛。在这里，细小如蚂蚁、卑微如蛆虫，也自有它自己独特的生命轨迹和自足的生命意义。

正因为这样，除了对生命自身的肯定态度之外，图画书的作者们努力不让来自人世的其他功利价值标准干扰故事场景的呈现。有的时候，当他们将人的世界与动物的世界进行有意的并置时，其目的也不在于突显人的重要性，而恰恰是为了提醒我们，世界是丰富多彩的，它的丰富不只属于人类，也属于存活其中的那么多其他生命。

关于这一点的认识让我们看到，尽管认知类图画书通常以面向低龄儿童的知识启蒙为最主要的目的，然而，任何优秀的认知图画书都不会仅仅停留在一种单纯功利性的知识传授层面上。相反地，作为幼儿认识世界的一种途径，认知图画书的职责不仅是帮助孩子熟悉他们生活的这个世界，也是为了在他们内心深处唤起一份对万千生命的理解、尊重与关怀的情愫。

因之而生的对于世界的那样一份自然的虔敬感，将会在这些孩子的生命中留下一个美好而又持久的精神印迹。

（"动物变形记"，[法]埃里克·马蒂维德等/文，[法]埃伦·布伦克等/图，浙江少年儿童出版社）

"观看"也是冒险：《深夜入睡》

《深夜入睡》是图画书中的"爱丽丝漫游奇境记"。在这部作品里，瑞士平面设计师罗纳德·孔乔以充满魅惑力的视觉语言为读者编织了一个迷离神奇的梦境，或者说，一场梦境般迷离奇妙的历险。

与卡洛尔笔下以爱丽丝为主角的那场著名的奇境漫游一样，这次历险的起点，也是一个再普通不过的日常生活场景——夜深了，我们的主人公正在自己的小床上睡觉，长夜安宁，一片阒静，只有窗外偶尔传来一两声猫头鹰的叫声，或许更增添了这夜的静默。偌大的房间里，除了主角睡着的小床，空无他物，

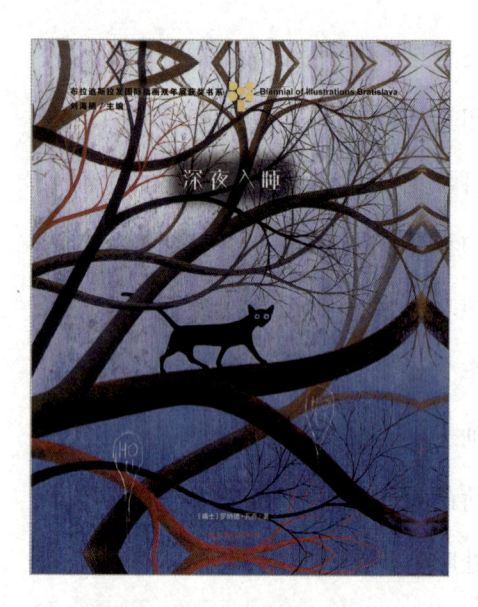

朴素的黑白主色渲染出一种不无单调的现实感，不禁令人想道：此时此地，除了规规矩矩地睡觉，还能做什么呢？然而，沉寂的黑暗里，是什么令床上的小人儿忽然睁大了眼睛，继而站到窗台上去瞭望？下一个瞬间，他的小小黑影已经飞奔在草叶茂密的山坡上。随着画面气氛的由静转动，其色调也由朴实的灰白忽地转向奇丽的鲜妍。原本黯淡的草叶散发出青碧的光芒，干秃的树冠则摇曳着彩绸般的火红。开裂的树干透出火焰般明亮的橘色，似狐似鹿的神兽正从火焰间不慌不忙地迈步走出。悄无声息间，一场盛大的视觉奇幻之旅已经启幕。

　　罗纳德·孔乔用没有文字的画面来呈现、讲述这场奇妙的游历。在宽幅的双页画图上，我们跟随着主人公的身影，上天入地，穿林过海，走过一片片奇异的领地，目睹了一道道奇特的景观。在一大片土地上，一簇簇青翠的缨子下结着比屋宇还要巨大的萝卜状根茎，其间耸立着一栋方正的小红房子，它的烟囱里升腾起炊烟，那是一身长毛的巨人正准备用餐；在一处高高的峭壁，一块长伸而出的岩石底下，倒悬着一座石头的小屋，那应该是屋里正倒吊着休息的蝙蝠人的小巢；接着由高空往下降落，飞经一幢高楼的某个窗口，瞥见长着彩羽翅膀的鸟人正在屋舍里对话；这一落，直落到极地冰川上一头北极熊像的王冠里，那儿竟是一座城池，四个武士般的姑娘正持箭守卫一只状若企鹅的怪鸟；下一站是有着滚滚岩浆的火山，那里的一间猫脸小屋里，住着猫女和她的猫伙伴们，都瞪着他们蓝宝石似的大眼睛……

　　当我试图用这样的语言来描绘这些画面的内容时，却深深感到了文字表达的某种冗赘与无力。因为画面上，所有这些是在令人目眩的视觉意象、色彩和构图中得到统一呈现和展示的，各个场景的奇异感都在画面展开的刹那被全部点亮，那种瞬间扑面而来的视觉和情感冲击，也只有视象的艺术才做得到。这或许正是作家选择用无字书的方式来编织这个奇幻故事的原因之一，在这里，文字的加入似乎反而会搅扰读者沉浸于其中的幻想氛围和意境。

《深夜入睡》的第一亮点，无疑正是这种"看"的艺术。作家将文学的想象与图像的观看巧妙结合，造出了这一个个迷离的视觉奇观。然而，"奇观"一词却并未道尽这个作品的全部艺术特色，因为它毕竟不是一部画册，而是一本图画书，对于后者来说，除了绘画，还有叙事，除了"观看"，还要"行动"。正是在叙事化的行动中，图画书将展示和证明它有别于一般绘画艺术的独特价值。这一价值在这部作品中得到了有力的诠释。我们看到，在整个神奇的历险旅程中，我们的主人公不只是一个旁观者，也是一个积极的行动者，正是他的行为有力地推进和创造着整个故事。画面上，令人印象深刻的是他的奔跑姿态。这个角色就像是一个静不下来的孩子，对一切都充满兴奋的好奇，迫不及待地想要遍览周遭景象。于是，他总是匆匆忙忙来到一个地方，一番胡乱倒腾之后，又匆匆忙忙地离开，顺便带走一点儿小小的留念。

这一举动以奇妙的方式推进着故事情节的发展。他从巨人的餐盘里偷吞了一小撮毛发，下巴上随即长出了尖尖的胡须，在随后的旅程中，这撮胡须成了一个具有高度辨识力的标记；他从蝙蝠人的石屋里顺手取走了一把黑色的雨伞，正好借这把"降落伞"飞离悬崖；在北极熊王冠的城池里，他用这把雨伞偷换了其中一位守卫腰间的长剑；在猫女的小屋里，这把长剑又帮助他得到了一颗宝石似的猫眼；为了躲避猫儿的追捕，他跳进水里，来到章鱼的小屋，带走了它心爱的游泳圈，从充气口吸了满满一腹空气，摇摇晃晃地升上半空；随后，他又降落在了蘑菇人的树上小屋，偷走并吞食了一个亮晶晶的蘑菇，全身闪闪地飞了起来……

尽管主角的形象在画面上仅呈现为一个小小的黑色剪影，然而，透过这一系列的举止，一个精力充沛、敢于冒险、充满古灵精怪想法的生动形象，却从这剪影里立体地显现了出来。从始至终，没有文字来说明这个角色究竟是孩子还是成人，但满溢于画面叙事间的这份生机勃勃、俏皮可爱的孩子气，毫无疑问地宣告了这是一个属于童年的故事。

发现的旅程既属于主人公，也交给了读者。当我们的目光跟随着主角的奔跑出没于这些风格奇谲的场景之间，我们也在寻找那个小心地隐匿于画面各处的小小身影。这既让我们分享了主角历险的紧张与兴奋，也提供了一种有趣的视觉发现游戏。在层叠繁复的色彩和意象间，你或许难以一眼就看见那双与巨人的熊皮袄子巧妙合为一体的黑色脚丫，那个从直柄伞翼的折叠阴影中略略伸出的黑色脑袋，那由茂密的树冠间无声垂下的细长双腿，那对在猫女和猫咪们身后隐约闪动的黑白眼眸，以及那张从章鱼弯曲的黑色触臂边缘悄然探出的黑色侧脸。

如果观察得再仔细些，你还会发现，在王冠上的城池里，当隐身于树丛的主角悄悄伸出手来拔走女守卫悬在腰间的佩剑，并换之以此前偷来的雨伞时，前页图画中并未系剑的守卫，到了这一页，腰间忽然多出了一副腰带与佩剑。这是作家不经意的错漏之笔，还是另藏了故事的玄机？正在享受这场视觉发现游戏的读者，当然也不会错过这样有趣的细节。

所有这些图画语言特有的视觉玄机，大大增添了画面阅读的趣味，也延伸了故事解读的意味。

与上述故事情节与叙事氛围的转换相呼应，这本图画书的色彩与画面构图保持着同步的切换节奏。基本上，小黑影主角"观看"到的奇景均在阔大的全幅跨页图画中得到呈现，而他采取行动改变现状的过程则以连续的分割图得到描绘，前者提供并烘托了视觉的铺展，后者则表现并凸显了动作的延续。同时，前一类画面多用鲜亮显眼的色彩，以突出幻景之绮丽，后一类画面则采用与图画书首页现实场景相近的朴素色调，仿佛也将现实的元素悄然引入了这一如梦似幻的历险旅程中。在真幻莫辨的氛围里，我们难以说清，故事的主角所经历的究竟是身在梦中的一场幻境，还是真有其事的一次游历。

这种似真还幻、似幻还真的故事感觉在图画书的结尾得到了进一步的呼应与升华。在这结束的画幅上，时钟嘀嗒，天色渐明，同样的房间里，我们的主人公还在酣睡，一切仍如从前，仿佛那些幻景从未在现实里发生过。但分明又有些什么不一样的地方：在初阳的光芒里，我们看到主角原本伸出被子的黑色双脚已经变为肉色；而紧挨着双脚的那段毯子下沿，也由此前的灰白黯淡转为五彩缤纷。我们的目光由床头移向地板，那里有火红的颜色正从沉暗的黑格子上显影而出。再想一想：那座藏着彩色布谷鸟的时钟，又是何时出现在卧室墙上的？

你当然可以说这一切本来就是现实，黑夜遮蔽了它，而阳光的到来重新照亮了它。但你一定也很难拒绝这样的想法：这是我们的主角从幻境归来后留下的真实痕迹。

是的，一切幻想并非虚妄，它的神奇，它的炫目，它的无边无际和异彩纷呈，本就是这世界和生活可以拥有的另一重面貌。

我们都知道，对童年来说，拥有这份信仰是多么重要的一件事情。

(《深夜入睡》，[瑞士]罗纳德·孔乔/著，山东教育出版社)

从现实中创造幻想：《跟我走吧？》

一座小镇，几排屋舍，静静的街道，井然有序的生活……翻开荷兰插画家夏洛特·德迈顿斯的图画书《跟我走吧？》的第一个画面，一股日常生活的浓郁气息顿时扑面而来。

作者是要为我们讲述一个什么样的生活故事呢？你看，在第二个翻页上，一个双颊长着雀斑、身穿红色线衣的小男孩正提着一个购物的篮子，准备出发去为妈妈买苹果。看上去，一个真实的童年生活故事就要开场了。

就在我们正等候着故事拉开它普通生活的帷幕时，却意外地发现自己在一瞬间跌入了幻想的深渊。从第三个翻页起，故事的日常生活情境忽然消失得无影无踪，取而代之的是一个个接连不断、神秘幽深的幻想场景。就在通往商店的路上，男孩先后穿过了一片茂密的森林，翻过一座巨大的石岗，涉过一片危险的海域，绕过一座强盗的山寨。在这个过程中，他逃开了一条喷火龙的追击，避开了一位打鼾的巨人，躲过了山洞中恶熊的牙齿，逃过了海里食人鱼的威胁，更与凶猛的海盗和强盗们擦肩而过。幽暗的丛林、险峻的山冈、湍急的水流、广袤的沙地，还有缥缈的林中仙子、斑斓的海底风光、轻歌曼舞的美人鱼群，以及被大野狼拦在半途的小红帽，这一切都在我们的脑海里激发起对过往无数童话与儿童幻想故事的跳跃式联想：屠龙的，探险的，动物的，精灵的，斗智的，比勇的……

总而言之，这是一个与我们的日常生活如此不同的世界，看着故事的主人公小心地行走在这样一段充满险情的路途上，我们几乎以为他的使命是要去完成一次伟大的拯救，而不仅仅是替妈妈买回几个普通的苹果。

但是慢着，为什么这一切从幻想里生长出来的奇异事物，看上去又显得如此令人眼熟？那掩映着巨龙的树叶的团状与色泽，那透着赭红色的陡峭石岗，那在水中穿流过隙的贝形小舟，还有那座支着帐篷的山寨与山寨中吊床上身着海军服的少年，为什么会给我们一种如此似曾相识的感觉？

这种感觉在图画书的最后两个翻页越来越转变为一种恍然大悟的惊讶和惊喜。在作品最后一幅与起始画面相呼应的插图上，故事已经从幻想的情境重新回到了最初的日常生活状态，透过被升高了的观察视点，我们第一次从日常生活的角度，完整地看到了故事里的男孩所经历的一切：被认作森林的草木茂盛的花园，被当作辽阔大海的蓝色池塘，池塘边堆积的石块正是想象中食人熊的所在，池塘里白帆的小船则是海盗船的化身，另外还有池塘边那座为了游戏而搭起的"强盗"城堡。看到这里，我们一定会不由自主地笑起来——啊哈，原来这么一个充满幻想的故事，不过是男孩穿过院子，从侧门前往水果商店途中编织的一次想象的冒险，它所有奇异的幻想都不曾越出生活的界限之外，而就是童年日常生活的一部分。

这正是这部图画书最为奇妙的构思所在。通过向儿童借一双观看的眼睛，它将日常生活中的普通意象"点化"成了一个斑斓奇谲的幻想世界，而通过对日常生活的景象进行别致的情境转换，它也借此展示了儿童丰沛无比的想象与创造的生命能量。

作者在生命体验的层面上把握住了儿童看待世界的独特方式。当日常世界开始经受儿童有限的身高和目力的打量时，改变的不仅仅是世界的大小，更包括它的内在性质。在儿童的眼睛里，一座花园、一堆乱石、一小片水域的空间被放大了，随着这种放大，它们不再是成人眼中那个普普通通的生活场所，而是充满了深幽奇谲的角落与引人遐想的处所。于是，平淡的日常意象在儿童目光的观照里，仿佛忽然拥有了无穷的奇趣，变得色彩缤纷和闪闪发亮起来。

德迈顿斯显然深谙画面表现的技巧。在这部作品中，她巧妙地利用了图画书的画面视点升降来传达作品所要表现的视觉和心理氛围。作品第一个画面是对小镇局部的全景式俯瞰，第二个画面视点有所下降，视域聚焦在了男孩此刻身居其中的花园里，而从第三个画面开始，每一个观看的视点都被下移到了男孩正在经过的一小片地方。通过把这一场景从它的背景中切取出来并加以放大，使之填满整个画面，作者一方面制造出了一种陌生化的图像效果，以此令人产生进入幻想世界的错觉，另一方面更以这种画面的放大生动地再现了一个孩子看待世界的感觉。

我们不会不注意到，随着画面景物的多倍放大，故事主角的形象大小却并没有发生相应的尺寸变化，这一超现实的处理方式将一个孩子眼中世界的庞大以及他对于这种庞大感的心理体验，极为贴切传神地呈现了出来。到了最后两幅画面，随着插图视角的重新上升，人与景物的比例关系又恢复到了日常生活的本来样貌，而我们的主人公也由此告别幻想，回到了现实生活的世界。

或许是为了让幼儿读者更有兴致，也更顺利地进入故事虚实交错的情境之中，作者充分利用了图画书文字与画面叙事上的配合，来制造一种引人入胜的叙事氛围。她不但使用了一个令读者备感亲切的第一人称叙事者"我"的声音来讲述这次"冒险"，而且让这个故事里的"我"不断处于与故事外的"你"的交流中；不但致力于"我"与"你"之间在叙述场域内的交流，更别具创意地安排受述者"你"也参与到故事情节的建构中来。

我们看到，从故事讲述者展开幻想叙述开始，在每一个翻页的最后，"我"往往都需要在"你"的帮助下，才能顺利地渡过险关。比如，在森林巨龙即将朝"我"喷出烈焰的一刹那，"我"在故事里喊道："救命啊，赶紧翻到下一页吧，别让他的火焰烧着我们！"当然，随着"你"的翻页，故事进入了下一个场景，险情也得到了解决。同样,在"我"需要翻越恶熊的山冈时,"我"这样求助道:"假使你用手堵着它的洞口,我就能在这家伙发现我之前,上到我的船上。"这一请求促使我们的目光越过主人公所在的巨石,去寻找画面上那个熊洞的所在;而在许多幼儿读者看来,伸出手指去掩住画面上的洞口,也许真的能够帮助故事里的"我"脱离险境,战胜困难。

通过这种画面与文字之间的配合安排,儿童读者感到自己不再仅仅是故事的旁听者,而是真正走到了故事里面,参与和影响着情节的进展。这份不无殊荣的参与感对幼儿读者来说,无疑是充满魅力和妙不可言的。

不是每一位作家都能够像德迈顿斯那样,将童年心中无时不在的那个为想象所填充的远方,如此自然、特别而又完好地投射到童年身边无处不在的生活情境中,并以画面与文字的双重智慧,来向我们呈现这个世界最为迷人的景致。它让我们在翻完了故事的最后一页之后,不是平静地掩卷小憩,而是带着对故事的重新理解情不自禁地向前回溯,去寻找那些隐藏在不同画面之间的互文关联,去体验一次新的阅读旅行所带来的新的故事情味。我们会惊讶地发现,原来从童年的门窗里望出去,世界可以是这样一番绝妙的模样,而透过图画书的独特媒介,这个世界竟可以得到如此淋漓尽致的表现和书写。

(《跟我走吧?》,[荷]夏洛特·德迈顿斯/文图,路文彬译,明天出版社)

游戏中的哲理:《太阳和阴凉儿》

张之路的文字里有一种韵味。那是字词的声音和意义均以素朴、妥帖、充满美感的形式结合在一起而造成的奇妙滋味。请听《太阳和阴凉儿》的书名如何在我们的音感里悦耳地响起。由再日常不过的"太阳"与"阴凉儿"二词构成的押韵关系,因为那个俏皮的儿化韵,顿时令整个书名在声韵和格式的规整美感里,同时泛开了一点儿生动的顽皮。韵律之外,两个词又在意义上隐隐构成一向一背、一明一暗、热烈与清凉、张扬与收敛的对比,并在对比中营造出饱

满、充沛的故事势能。

随着故事的展开，这种寓于简约形式里的丰盈滋味，在文本内向我们进一步展露出来。让太阳和阴凉儿来玩一场"捉迷藏"的游戏，这是一个多么大的想象，大到上天下地，无边无际。但它同时又是一个多么小的想象，小到让我们想起身边每个孩子最日常的嬉戏。它的"小"令它拥有了亲切的故事面貌，它的"大"则赋予它开阔的故事气息。

"清晨，快乐的小太阳从海面上跳出来，先抓住山上的一棵松树，然后唱着歌儿，嗨哟嗨哟地爬上山来。"这样的轻简可爱，松快活泼，多像在讲述一个邻家孩子的生活。太阳与灰兔子赛跑、与花孔雀比美的铺垫，让小阴凉儿的出场带上了鲜明的戏剧性。随着后者的加入，叙事的节奏变化了，结构的模式伸展了，一再延宕的结果加强着叙述的悬念。当太阳在上缓缓运行，阴凉儿在下默默移动，全世界仿佛都在这场漫天彻地的大游戏里微微地晃动着。

乌猫的插图把这份恍如太初的生命稚趣和混沌美感，渲染得生动鲜洁，神采奕奕。在并不宽裕的叙事发明空间里，画家为这则故事提供的视觉想象和诠释，令人过目难忘。这些插图仿佛同时糅入了神话的瑰丽和童话的朴拙。灰兔子奔跑起来，那些山川树木，草地丘陵，它们的线条与它跑动着的身姿如此自然地融为一体，好像整个世界此刻都被裹挟在了它疾行的风流中。花孔雀开起屏来，蓬大的尾羽撑开一片令人目眩的光彩，这一瞬间的时间和空间似乎在它的羽翼间粲然绽放。把灰兔子和花孔雀"比下去"的那枚小小的太阳，它的蓬勃的活力、稚气的顽皮、舒展的得意和急切的追寻，尽在那一身火焰的光泽和形态中得到传神的表达。还有千变万化、无处不在的小阴凉儿，画家用一抹柔软、清凉的水波般的蓝色，恰如其分地烘染出它的沉静的阔大与柔和的力量。

我们会喜欢故事里的太阳和阴凉儿。小太阳像一个有顽心的孩子，它高高兴兴地来到天空，向地面上的世界发出邀请："咱们今天玩什么呀？"这份邀请里或许有那么一丁点儿孩子的神气和骄傲，更多的却是一片天真混沌的顽皮之意。带着这点玩兴，它高高兴兴地赢了灰兔子，赢了花孔雀，却怎么也没能找着阴凉儿。在一次次寻找的挫折和失败中，若依寻常逻辑，它或许该感到焦虑，感到沮丧。然而，胜负揭晓的刹那，它只是舒展眉头，张开笑脸，高高兴兴地认了输。阴凉儿呢，出场是那样的"细"而"小"，谢幕是那样的"博"而"大"，却始终保持着那样的敦厚、单纯、和善、快活。

在这两个孩子和两种意象之上，洋溢着生命和世界之初本该拥有的透明的天真和净朗的善意。故事最后，太阳和阴凉儿快活地笑着，没有骄矜，没有败馁，有的只是一派天真的欢乐和喜悦。

这份毫无矫饰、纯净明亮的天真劲儿，让这个简洁的故事读来有了淳厚的回味。也是它，使得太阳和阴凉儿之间的这场追逐在完结之时，没有降落为一则关于纠错的小寓言，而是继续上升为一个礼赞成长的大故事。阴凉儿不是用来把太阳"比下去"的，正如太阳也不是真要把灰兔子和花孔雀比下去。一切都是为了向我们揭示，世界那么大，除了太阳，还有阴凉儿，除了"我"，还有"你"。看见"你"，就是看见更完整的"我"的世界；认识"你"，也是认识和获得一个更完整的"我"。

所以最后，阴凉儿赢了，太阳也赢了。图画书末页上，向着整片天空旋转铺展的红色光芒和大地上安静流淌的蓝色阴影，使得整个空间既放肆地张扬着，又稳重地持守着。太阳照在有阴凉儿的地方，这一刻，存在的感觉是扩张的、绽放的，也是安妥的、充实的。

但一切其实早已包含在这本图画书的书名里了。太阳和阴凉儿，就是我们世界的某种本质：大与小，动与静，显与隐，能与不能……把这些词语和它们的意义合在一起，才构成了我们生活于其中的足够辽阔、丰满、圆融、舒展的世界。

多么好，这个世界有太阳，也有阴凉儿。

(《太阳和阴凉儿》，张之路／文，乌猫／图，青岛出版社)

有硬度的幼儿生活故事：《喜鹊窝》

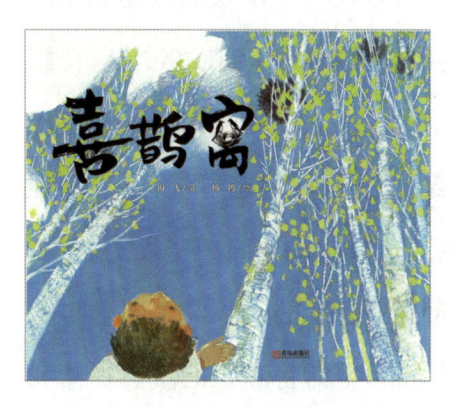

《喜鹊窝》是有硬度的儿童故事。那是不为许多人所知的某种艰难生活的硬度。茫茫的大沙漠里，钻天的杨树林边，凶悍的沙尘暴随时可能袭来，摧毁不久前才刚安定下来的家园。自然的威压之下，那种沉默、负重、无奈的迁徙生活，重新改写着我们对"家""故乡""生活"这些习以为常的词语的理解。当"家"不再意味着居有定所的屋檐，"故乡"不再意味着可以回返的场域，"生活"也不再意味着太阳下缓缓点数的日复一日，与之有关的时间、空间以及那些原本寻常的意象，也被赋予了不一样的内涵与滋味。

所以，《喜鹊窝》写沙泉，写杨树，写喜鹊，明明写的是平平常常的水、树和鸟，却是那样鲜亮灼目，令人难忘。沙漠里的一汪"小海子"，以及围绕着它诞生的那一方小小的家园，像阔大的荒芜里绽开的一滴耀眼的碧绿。生命与生活的珍贵和可爱，旺盛和坚韧，都在这小小的绿洲里轻轻闪动着。冬去春来，杨树的叶子落了又长，喜鹊在枝头筑巢、下蛋、繁衍……这一刻，我们忘却了大漠的荒凉与风沙的暴虐，恍如置身最寻常亲切的生活之中。

沙娃对喜鹊的喜爱和对喜鹊窝的好奇，也让我们想起每一个普通的孩子。在不无单调的沙漠生活中，喜鹊成了沙娃"最亲密、最要好的小伙伴"。他了解关于喜鹊的一切：它们爱吃什么，说些什么，什么时候筑巢，什么时候下蛋，什么时候孵出小喜鹊……唯独让他不能满足的是，他不知道筑在杨树枝头的喜鹊窝里是什么样子。这成了沙娃白天夜里都惦记着的事情。碧蓝的天穹下，男孩仰起脑袋，使劲向着高高的树顶张望，那里，枝叶间若隐若现的黑色喜鹊窝，搅动着童年时期永远的好奇心。"沙娃太想知道喜鹊窝里的秘密了。"

画面上，由下而上的几乎垂直的仰视视角，生动地渲染出一个孩子内心的渴望。我们的目光随着沙娃的仰望，也沿着高高的杨树树干一直向上，伸入碧蓝的天空。在随后的另一幅俯视视角的插图中，沙娃还是仰头站在杨树下，硕大的喜鹊窝掩映在树枝间，看上去是那么近，又是那么远。"大人越说喜鹊窝不能碰，沙娃就越想知道里面到底是什么样子，简直就像中了魔。"这种"中了魔"似的迷醉与想象，何尝不是日常生活的一种安宁与幸福？

然而，一场突如其来的沙尘暴击碎了这些温柔的意象。或者说，它提醒我们，这样的粗暴与毁灭，才是沙漠生活的另一种日常。"黑褐色的沙尘巨墙"滚滚而来，吞噬了曾经的沙泉以及沙泉周围的树木、房屋，一切的一切。"整个'海子'成了新的沙漠，整个绿洲成了寂静的坟场。"光秃秃的杨树下，沙娃终于第一次看清了喜鹊窝的模样："细密的枝条，交错的结构，细软的茅草，密不透风的巢底。"这精巧、结实、漂亮、耗尽心血的巢，经受不住沙尘暴的凌虐，就像沙娃自己的家也在沙尘里被夷为平地。插图上，风沙肆虐中的一团灰暗与它到来之前画面的轻快明丽构成了令人难忘的对比。从生机勃勃到死寂沉沉，从安居乐业到无家可归，此前的欢乐和期望有多高昂，此刻的悲哀与绝望就该有多深切。

然而，在故事里，我们并没有读到洪水般涌动的悲伤。作家的叙述偏在此时保持着异乎寻常的客观和冷静。"默默地清理好被沙尘暴摧毁的家，把还能用的生活用品一件件装到驼背上，沙娃家要搬家了。"这一句简单坚硬的叙述，蕴藏了太多高密度的经验与情感。事实上，当世界和生活将真正的重负加诸我们，我们能回应的或许唯有沉默。这沉默不只是简单的屈从，也是沧桑之后某种不无拙讷的镇定。从唇舌间掠过的"搬家"一词，提起来是这样轻，放下去却是那样重。我们从随后的叙述中得知，这不是沙娃家第一次搬家，也不会是最后一次。对沙漠人家而言，"沙尘暴代代辈辈有"，灾难之下的沉默与平静，带着生存的无奈，也带着生活的倔强与从容。

图画书的插图中，不知你是否留意到，风沙漫天的灰暗与破败里，始终还有一小眼青碧的沙泉。这一抹碧色是那么小，却叫人看见了就忘不掉。在被沙尘暴扫落的喜鹊窝里，也留有一泓同样的青碧。再仔细看，与喜鹊窝的细密枝条交缠在一起的，还有一根隐约的红色丝线，是在春光旖旎的时候，一只大喜鹊把它衔来筑进了巢里。

这些当然是象征——这个世界上，生活的硬度会磨出生命的硬度，但艰难和困顿背后也总会有温暖和希望。就像故事里，一个又一个家园在风沙中支离破碎，沙娃一家仍然走在去往下一个家园的路上。那里还会有风沙，但也还会有小小的"海子"，有高高的杨树，有喳喳叫的喜鹊和枝头高高的喜鹊窝。

那里是我们把它叫作"家"的地方。

（《喜鹊窝》，海飞／文，杨鹁／图，青岛出版社）

推荐阅读

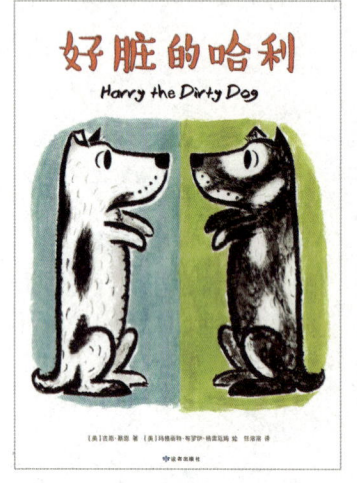

《好脏的哈利》

［美］吉恩·蔡恩 / 文，［美］玛格丽特·布罗伊·格雷厄姆 / 图，任溶溶 / 译，读者出版社

哈利不喜欢洗澡，它在洗澡时间溜到外面，玩了一圈，直到浑身脏得谁也认不出来。为了向家里人证明自己就是哈利，小狗自己跳进浴缸，它又变回了人人都喜欢的哈利。有多少孩子一边读哈利"不爱洗澡"的故事，一边感同身受？这个看似简单的故事其实包含了复杂的自我认知。故事里，怎么都不爱洗澡的哈利和忙不迭跳进浴缸的哈利，都是哈利自我的一部分，都应该得到肯定和认可。所以故事最后，当哈利一身干净、枕着垫子酣睡时，还是做着玩得一身脏的梦，枕头下也还藏着那把曾带给它烦恼的洗澡刷。从哈利身上，你是否也看到身边孩子的影子？

《小黑鱼》

［美］李欧·李奥尼 / 文图，彭懿 / 译，南海出版公司

李欧·李奥尼创作了许多优秀的图画书，本书是他最重要的代表作之一。小黑鱼从大鱼的口中逃脱，虽然害怕，却没有退缩。聪明的它教会别的小鱼怎样游到一起，游成大海里最大的一条鱼。童年小小的孤单和恐惧，勇气和智慧，都在这个小小的故事里。小

黑鱼的故事让孩子看到，生活有时虽然令人不安，却永远不乏能让我们快乐起来的事物。在李奥尼的所有图画书中，这部作品的语言最为简洁隽永。如果孩子对害怕的情绪易有抵触，阅读时，不妨有意弱化故事前半部分的紧张与清冷气氛，强化后半部分积极的行动与情绪。孩子的接受度也许扩展得很慢，但这种扩展会非常稳定。阅读故事，也是锻炼孩子情绪和情感的一种途径。

本书系美国凯迪克奖银奖作品。李欧·李奥尼创作了许多优秀的图画书，感兴趣的话，还可以去读一读他的《田鼠阿佛》《一寸虫》等作品。

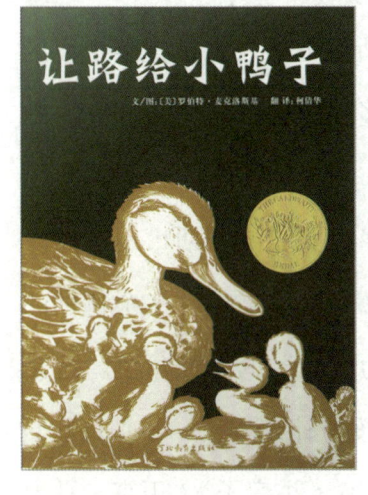

《让路给小鸭子》

[美]罗伯特·麦克洛斯基/文图，柯倩华/译，河北教育出版社

一群小鸭子跟着鸭妈妈过马路，一路引发喧闹。为了让它们安全、顺利地过马路，附近的警察动员起来，专门为小鸭子们开道。这是一个喧哗而温暖的故事，在车来车往、匆匆忙忙中，"给小鸭子让路"的安稳、体贴、温柔和生机勃勃，留给我们难忘的美好。书中还绘出了波士顿的若干地理和建筑标志，比如查尔斯河、培肯山区、路易斯堡广场、州政厅，当然还有波士顿公园。现实与想象的汇流，在素描风格的插图中得到朴素、诗意的传达。本书获得1942年美国凯迪克奖金奖。

《青蛙与男孩》

萧袤/文，陈伟、黄小敏/图，海燕出版社

这是一本自我认知主题的图画书。小男孩与一只青蛙相遇，他被当成青蛙王子带到了青蛙王国。面对青蛙国王，他得自己想办法证明"我"不是青蛙，"我"就是我。故事设计了有趣而意味深长的叙事循环：从

男孩和青蛙一点点发现彼此的共同点，到男孩努力一点点证明自己与青蛙的不同，其中有悬念，有勇气，有智慧，更有独一无二的"我"自己。作品叙事简净，对白有趣，结构巧妙，寓意深长。本书获得第二届丰子恺儿童图画书奖评审推荐创作奖。

《凯迪和一场很大的雪》

[美]维吉尼亚·李·伯顿／文图，
刘宇清／译，二十一世纪出版社

凯迪是一辆漂亮的红色履带式拖拉机，力气大，本领强。这一年冬天，吉波利斯市下了大雪，把整个市区都覆盖住了，人们没办法正常工作和活动。只有凯迪能够胜任艰巨的铲雪任务。她耐心地铲啊铲，为一个又一个地方清除障碍，恢复交通。随着铲雪车的行进，整个城市布局也逐渐显露在我们眼前。和孩子一起看一看，扉页上吉波利斯市地图的各处，怎样在凯迪的努力下从大雪里一点点精确地呈现出来。这本书还有一个特别的地方：它的主角、力大无穷的英雄拖拉机凯迪，被设定为"她"的女性角色。这是对于幼儿读物中较为普遍的男性与女性性别模式的重要反拨与补充。

维吉尼亚·李·伯顿的作品不算多，但每一部都很耐读：《小房子》《迈克·马力甘和他的蒸汽挖土机》《生命的故事》等。她的代表作《小房子》获得1943年美国凯迪克奖金奖。

《你睡不着吗？》

[爱尔兰]马丁·韦德尔／文，[爱尔兰]芭芭拉·弗斯／图，
潘人木／译，明天出版社

这本图画书处理的是许多幼儿在特定的发展阶段普遍会经历的"入睡"难题。假使你身边的孩子也常常在睡觉的时间不愿意关灯躺下来，不妨一起来读一读这本书。故事里的

大熊耐心地陪伴着"晚安"过后却仍然"睡不着"的小熊，一一打消着他心里的不安。最后，小熊"在大熊温暖而安全的怀抱中睡着了"。除了故事角色所提供的认同与模仿外，这本图画书所传递的温情和暖意，也是抚慰幼儿入睡的最好陪伴。

《野兽国》

[美]莫里斯·桑达克/著，宋珮/译，贵州人民出版社

这本图画书是现代图画书艺术发展的先锋与典范。丰富的文图关系、细致的画面语言、创造性的符号隐喻以及对孩子精神世界的深入体贴与理解，使这部作品直至今天仍然是图画书艺术发展的一座高峰。故事从男孩麦克斯在生活中的某种紧张状态开始，让他经历野兽世界的幻想旅行，麦克斯的不安和紧张在此过程中得到了不知不觉的宣泄和释放。作者笔下那些可爱的野兽，颠覆了人们对于童年"野蛮"维度的传统认知，它教孩子如何认识、掌控心中的"野兽"并与之平和共处，也教大人如何接纳、理解孩子身体里的"野兽"。

本书获得1964年美国凯迪克奖金奖。

《大头儿子和小头爸爸》

郑春华/著，长江少年儿童出版社

大头儿子和小头爸爸是中国当代幼儿读物中的经典形象。简洁、明净、充满童趣的语言，带着独特的节奏和韵律，讲述一家人的欢乐、温暖和美好。故事里，稚趣、可爱的"大头儿子"给我们留下难忘的印象，温暖、好玩的"小头爸爸"让我们看到亲子生活中"爸爸"原来可以无处不在的身影。当然还有总是忙忙碌碌的"围裙妈妈"。三口之家的日常，在作家笔下像一个个美好

的太阳天那样，灿烂，煦暖，可爱。如果觉得不过瘾，还可以去读郑春华的"小饼干和围裙妈妈"，在那里，女孩和妈妈成了故事的主角。

《菲菲生气了——非常、非常的生气》

[美]莫莉·卞 / 文图，李坤珊 / 译，河北教育出版社

菲菲的姐姐夺走了她正在玩的大猩猩，菲菲感到非常生气。她像一座喷发的火山，尖叫，跌打，浑身像冒出燃烧的火焰。她生气地跑到外面。风在吹，鸟在叫，水面上卷起轻浪。看着、听着这一切，菲菲的情绪平复了下来。这本书的线条和色彩充满表达力。与姐姐吵架时，大猩猩玩偶爆炸式的皮毛，生动地透露出菲菲此刻的情绪。随着怒火的上升，包裹着她身体的橘色线条变得火红，周围的一切物体也裹上了一圈怒火般的红色边线。随着菲菲情绪的逐渐平复，燃烧的红色边线变为安慰的浅紫、平静的蓝色、柔嫩的鹅黄、葱郁的碧绿，菲菲身体的轮廓线也重新转为温暖的橘色和黄色。这本书让孩子明白，我们有时候会生气，这很正常；同时，我们的愤怒会过去，这也很正常。让我们帮助孩子接受愤怒的情绪，也告诉他们如何理解、应对这样的情绪。

《有时候》

阿力金吉儿 / 文图，明天出版社

这是一本诗意、简洁、气象开阔的图画书。关于我们生活中"有时候"的种种想象与描述，看似细碎寻常，云淡风轻，仔细琢磨却又蕴意深厚，回味悠远。清新的文字与拙美的图画共同织就关于我们的世界与生活的某种寓言，其阅读过程既伴随着声音和视觉的感官愉悦，也充满意义解读和发明的别样乐趣。

4—5岁之间，孩子的阅读生活越来越步入正轨，阅读的素材也日益丰富。对于已经养成阅读习惯的孩子来说，阅读成为日常活动的一个自然部分，其积极影响日益显现。坚持阅读的孩子，从语言能力、逻辑思维到同理心、同情心的发展，均会从中受益。一部分孩子在阅读中开始了自然识字的进程，且识字量随着阅读活动的拓展持续增加。

亲子陪伴阅读仍然是这一阶段幼儿阅读的主要方式。在一些阅读水平相对较高的孩子身上，可以看到自主阅读的愿望和能力都在不知不觉地增长。同时，陪伴阅读在孩子中的影响开始初步显现。

到 5 岁左右，孩子的阅读可能已经非常丰富、多元，他们在阅读方面的主体性也明显提升。保持孩子阅读的丰富度和兴趣，是这一阶段亲子阅读的两大关键点。

4—5岁

孩子开始认字了，需要有意识地教他边读边识字吗？
——阅读与识字的关系

生活中，受到家庭环境、个体智能结构等多方面因素的影响，不同的孩子对文字符号产生敏感的起始点各有不同。有的孩子很早开始发生自觉的识字活动，随后识字量稳定增长，有的则要到小学阶段才开始正式识字。不过，孩子对文字的意识其实很早就萌生了。在亲子阅读中，3岁左右的孩子一般已经意识到文字是一类有别于图像的特殊符号，一些孩子还能够识别书中少数频繁出现的文字。

如果发现孩子开始认得一些文字了，需要在亲子阅读中有意识地教他识字吗？

我们的育儿文化中一直存在着显而易见的识字焦虑。在很多场合，识字量和识字能力被用来衡量孩子早慧的程度，也被认为是将来顺利进入小学学习的重要基础。受到这一识字焦虑的驱动，各种各样的识字卡片、识字读物、识字软件应运而生。在很长时间里，早期阅读也被许多人认为是识字教育的途径。例如，早期西方儿童文学的教学研究便集中在识读教育方面。

我们并不提倡在早期亲子阅读中刻意进行识字教学，尤其反对一味轻图画、重文字的阅读观。在本书中，我们一再强调，对早期阅读来说，图像与文字是同样重要、并行不悖的表现符号。如果在亲子阅读中发现孩子自然而然地开始对文字感兴趣，应当适时鼓励他们的这种兴趣，却不必通过有意的识字训练来促进其识字。在阅读活动中，让识字行为自然而然地发生，而不是将阅读作为推动识字的中介，这一点很重要。

在孩子尚未对文字符号产生真正的认识兴趣和学习愿望之前，没有任何必要以任何抽象的方式（比如识字卡片）提前教他们识字。尽管孩子凭借其新鲜的记忆力，确实能够在短时间内快速记住一些文字，但这种记忆和兴趣既不持久也无潜能。卢梭在《爱弥儿》里反对过这样的识字。他说："把一串对他们毫无意义的符号贴到他们头脑中去这又有什么用处呢？当他们学会所说明的事物时，他们才能学会符号。当你教他们把对他们毫无意义的词语当作知识接受时，你是在树立多么危险的偏见啊！"

在阅读过程中自然发生的识字，其优势在于，文字不曾脱离它诞生的具体语境，它虽然是抽象的符号，但因为有了整体文本语境的支撑，在此刻关注它的孩子眼里，仍是生动的、鲜活的。当我们和孩子一起读维吉尼亚·李·伯顿的图画书《小房子》，看画面上小房子怎样经历从生机勃勃的初建到历经沧桑后的迁移，封面和内文中的"小房子"三个字在孩子看来，就不只是抽象的文字符号，而是同时充满了生活的温度。

我们建议，从这个阶段起，每翻开一本书，先和孩子一起读一读封面上的文字。其目的不是认识和记住这些文字，而是在孩子的头脑里建立最初的文字印象和感觉。文字首先不是抽象的符号，而是生动的表达，这一点在阅读中体现得最为鲜明。在早期阅读中，要努力为孩子营造、保留这种对文字的生动感受与兴趣，切忌用枯燥的识字训练扼杀这样的感受和兴趣。要相信，只要孩子有机会接受正常的学校教育，识字是一件不必急于求成的事情。反过来，只要孩子热爱阅读，识文断字这一简单的目标，将在不知不觉中快乐地达成。

孩子容易用眼疲劳，该怎么读书？
——倡导不以视力损伤为代价的早期阅读

阅读既是一项滋养心力的活动，也是一项耗费眼力的活动。4岁以后，孩子阅读时的用眼已经相当专注、细致，不知不觉间增加了用眼的疲劳，但其视力又尚在重要的发育阶段。当阅读成为今天幼儿的日常活动时，家长尤应注意早期阅读中的护眼，倡导不以视力损伤为代价的阅读。

孩子的视力保护是一项综合工程，日常用眼习惯、户外活动时长等都是重要的影响因素。就阅读活动而言，家长可以多加注意的或许有以下几点。

第一，注意图书文字的字号。4岁以后，孩子对书中文字的关注越来越多，有的孩子已经开始自己识文读书，因此，在挑选图书时，应该尽量选择字体规正、字号较大的图书。2022年3月1日起，强制性国家标准《儿童青少年学习用品近视防控卫生要求》正式实施，其中规定小学一、二年级教科书正文中的汉字、字母和阿拉伯数字，"用字应不小于16P（3号）字"。对于在阅读中开始识字的幼儿来说，这个字号的标准也应该是最低标准。

第二，适当减少在非自然光源下阅读的时长。很多家庭习惯在睡前安排亲子阅读，那么就必定是在灯光下阅读。4岁以后，孩子已经可以保持较长时间的阅读注意力，但我们不建议在灯光下持续阅读太长时间，这样更容易导致眼睛的疲劳。同时，低幼阶段的阅读以插图读物为主，不论在自然光还是灯光下，纸页很可能存在反光的情况，应避免选择纸张异常光滑、反光太强的读物，同时也要注意让孩子的视角避开灯光在书页上照射构成的折射角度，以尽可能减少孩子的眼睛在阅读中承受的反光。由于成人与孩子不论是站着还是坐着，身形上都不等高，有时大人不能及时发现书本相对于孩子的反光情况。建议家长常常俯身到孩子的高度，查看这一情况并做出及时的调整。

第三，幼儿阶段的书本阅读，不必着意求多，最主要是培养阅读的初步观念和习惯。到了4岁，有的孩子也许已经表现出对阅读的鲜明爱好，但在这一阶段并不倡导长时间的"埋头读书"。始终不要忘记，在幼儿阶段，读书与其他所有健康的活动有着一样的重要性和意义。4岁的幼儿可以探索的世界正变得越来越大，书本只是他们"阅读"的对象之一。这时候，安排和坚持适量的书本阅读，也要引导孩子把目光和脚步放开，去"阅读"生活这本更大的"书"。

在阅读与视力的问题上，每个孩子的情况也各不相同。有的孩子天生视力储备充足，即便常常接触电子产品也不容易发生视力问题；有的则天生视力基础较弱，容易受到各种因素的影响。一切需要父母依实际情况做出判断和应对。在阅读活动中，孩子是不容置疑的主体，一切安排都应以孩子的健康和福利为第一考虑因素。

如何引导孩子认识阅读空间与位置？
——培养空间意识与空间想象力

4 岁左右的孩子在阅读时，对于书中所提供的信息整体性的意识进一步加强。翻读一本书，他们不但会注意到书中各个地方的人、事、物，还会注意它们之间的关系。同时，这个时候的孩子开始意识到，一本书的文字与图画不是分离的，而是彼此关联，相互解释。因此，阅读的时候，他们也在不断确认文字与画面之间对应的逻辑。有时候，文字中提到的对象，画面里难以确认或没有出现，他们很可能会提出疑问："这个××在哪里？"有时候，画面里出现的对象，文字中没有提及，他们也会指着问："这是什么（谁）？"这类问题不一定处处缜密，但体现了合理的逻辑性，有时甚至能带我们发现书中作者不曾考虑周全或细密的一些地方。

这个阶段，孩子会格外留意书中对象之间的空间关系，包括特定对象位置空间的变化。我们观察到，4 岁左右的孩子阅读图画书《14 只老鼠过冬天》，读到豆沙包点心端出来那一页，奶奶带着老六老十托着点心盘走出来，老五原来站在桌子边，这时飞跑上前去。孩子指着老五说："他为什么跑过去？因为豆沙包掉下来了。"原来从老六高高托举着的点心盘上，正掉下来一个豆沙包，不仔细看不容易注意到。老五赶上前去，显然是为了挽救这个"事故"。如果仔细看，这套"14 只老鼠"系列的每一册里，十四只老鼠的位置和空间都在不停地变换，变换的逻辑和关系又都比较严密。到了 4 岁左右，具有一定早期阅读基础的孩子不但能够快速跟从书中空间变换的逻辑，而且对于各个位置变换细节彼此之间的总体关系也有比较准确的把握。

在这个阶段，孩子也会对空间主题的读物格外感兴趣。较为简单的迷宫类读物，从入口出发，寻找出口，孩子可能玩得不亦乐乎。也可以从书中寻找大空间的画面，和孩子一起探寻从一处地点通往另一处的路径。还可以试着和他们一起玩空间定位的阅读游戏。读图画书《由近到远 由远到近》，随着镜头的逐渐拉远，原本居于画面中央的物象变小、变远，变得不那么显眼，又始终在原来的位置。怎样在新的空间视角下，准确地定位它？

有些与空间迁移有关的图画书，在环衬、扉页等地方设计了空间。上面提到的"14只老鼠"系列中，《14只老鼠大搬家》一册，前后环衬正是老鼠一家新家的空中俯瞰图与剖面图。和孩子一起找一找，十四只老鼠安家的树洞在哪儿，新家的各个房间分别安在哪个位置。

再如图画书《我看见一只鸟》的前后环衬，分别是大坑风景区的步道地图与故事里的小姑娘手绘的赏鸟地图。让孩子说一说：小女孩一路可能是怎么走的？她和妈妈一起找到红领绿鹦鹉的地方，大概会是哪里？这样的空间阅读既充满趣味，也有助于培养孩子的空间意识与空间想象力。

孩子为什么爱读押韵的作品？
——读一读押韵的游戏，玩一玩押韵的创作

整个幼儿阶段，孩子对形式齐整、节奏分明、韵脚嘹亮、格调明快的押韵作品都表现出很大的热情。到了四五岁，他们不但仍然喜欢念诵押韵的歌谣，而且开始初步自觉地意识到"押韵"的语言特点——每一句的最后一个

字，读起来是相像的。比如"吱吱吱，抬花轿，老鼠嫁女多热闹。新娘穿个大红袄，新郎头戴红缨帽……"，其中的"轿""闹""袄""帽"等字，因为同韵脚，读起来都很像。

这时候，如果孩子有兴趣，不妨和他们简单地聊一聊"押韵是什么"。在孩子正式学习拼音以前，很难向他们清楚地解释押韵的知识，但此时孩子们都能凭借语言的发音感觉来体味、理解"读起来很像"的押韵感。"嘟了嘟了，上树摘桃，摘了半瓢，听见狗咬，下来就跑……"因为每一句末尾的"了""桃""瓢""咬""跑"是押韵的字，我们很快就记住了这几句歌谣，而且能够从整齐的韵脚里感受到其中的欢快与幽默。"捉迷藏，哪里藏，绿草丛里藏一藏。伸出头，望一望，头上一只绿螳螂。""藏""望""螂"三个字读起来很相像，就像同一个家里的兄弟姐妹看上去很像一样。

和孩子一起找找看，除了儿歌，还有哪些押韵的语言现象。我们读过的古诗是押韵的："白日依山尽，黄河入海流。欲穷千里目，更上一层楼。"很多儿童诗歌是押韵的："太阳上山下山，走一天。野花上山下山，走一年。"除了儿歌和诗，日常生活中还有什么押韵的语言吗？歌曲常常是押韵的："一闪一闪亮晶晶，满天都是小星星，挂在天上放光明，好像许多小眼睛。""小燕子，穿花衣，年年春天来这里。"还有许多广告词也是押韵的，所以很容易被记住。其实我们讲话有时候也会押韵："等吃完晚饭，我们出去玩。""今天太阳很好，我们到外面跑一跑。"

和孩子一起，试着用押韵的方式来做做语言的游戏。你说一句，我说一句。孩子的创造力很可能超出我们的想象。关于押韵，其实此时孩子还是半懂不懂，这并不要紧。最重要的是让他们感受语言游戏的趣味，并且认识到，我们可以通过有意识地安排和设计语言，来改变、塑造它的模样，制造、丰富它的趣味。这种积极、主动的语言创造意识和感觉，是对幼儿阅读观念和语言观念的重要丰富，也将促进他们语言感觉的进一步拓展。

为什么儿童故事的结尾总是那么圆满？
——圆满也需要智慧

这个问题有其适用和限定的范围，主要是针对低龄儿童读物而言。

许多儿童故事都会设计圆满的结局，但也有一些童书的结尾并不那么圆满。甚至有些先锋儿童文学作家，在创作中有意打破儿童故事创作的圆满法则，进而给读者带来不一样的体验和认知。他们认为，既然生活本身存在着不圆满，就应该把这种不圆满也告诉孩子——实际上，孩子在现实生活中必定也经历着这样的不圆满。关键是怎样用适合孩子的方式，让他们在从圆满结局中得到满足的同时，也能认识这样的不圆满。这种观念在今天的儿童图书领域正在慢慢被接受。

但这主要是对年龄略长的孩子而言。在幼儿阶段，个体各方面安全感的需求水平还很高，其中也包括阅读想象的安全需求。随着年龄增长，这一需求水平会逐渐平稳地下降，但其"平稳下降"的重要前提是，在每一个阶段，相应的安全感需求都得到了正常的满足。在幼儿时期，安全需求的满足使个体感到愉悦、满足，从而充满自信地步入成长的下一阶段。充足的安全感使孩子乐于向世界和他人敞开自我，勇于尝试各种新的事物，不怯于面对困难和挫折。幼儿读物中的圆满结局，也包含了培育、增进儿童安全感的重要考虑。

4岁以后，孩子在阅读方面的安全需求水平已经有所下降，他们开始越来越多地阅读带有一定情节起伏的故事。在这些故事里，主角会遭遇一定的困难或挫折，最后经过自己的努力、朋友的帮助等，解决困难，克服挫折，迎来欢乐的结局。在更早的阶段，孩子可能还不太接受这类故事，他们更能接纳的是从头到尾都洋溢着欢乐氛围的图书。能够阅读这类故事，意味着孩子的安全感已经达到更高的层级。但与此同时，一个圆满、欢乐的结局对这类故事来说，又是必不可少的。它使得孩子在想象中经历一切冒险或挫折的不安之后，仍然能够回到安全感的满足之中，就像结束陌生世界的探险，重新回到家的港湾一样。在这里，对于"圆满"的期待是孩子此时安全感需求的一种体现，对这一期待的满足则在很大程度上有益于这一安全感的确定与加强。

正是因为幼儿故事往往都有圆满的结局，在这类读物中，如何让结局在圆满的同时仍然是有趣的、独特的、别出心裁的，甚至充满惊喜的，就很体现幼儿故事的智慧。读一读《鸭子骑车记》（［美］大卫·香农/文图），看故事的主角鸭子怎样在别人的目光下完成一件没人敢尝试的"壮举"，再看作者如何结束这个故事——所有的动物，不管起初看鸭子骑车时心情如何，最后都一个不落地加入了这场骑车的狂欢。这个故事里其实有一点点善意的嘲讽，但作家把它巧妙地融化在了幽默和游戏的欢乐中。在结局处，众人的心情得到了幽默的揭示，又都得到了宽容的理解。

读一读《好脏的哈利》（［美］吉恩·蔡恩/文，［美］玛格丽特·布罗伊·格雷厄姆/图），跟着不想洗澡的哈利跑到外面，看他把自己弄得越来越脏，最后再跟着他跑回来，急急忙忙地跳进浴缸。在干干净净的垫子上，干干净净的哈利睡着了。但是请看——垫子下面露出了哈利藏起的洗澡刷，就像垫子上的哈利还在快活地做着玩得一身脏的美梦。这个故事的结局并不那么简单——"好脏的哈利"并没有就此变成爱洗澡的狗——却让我们感到更圆满，因为它包含了对哈利以及所有像哈利一样"好脏"的孩子的善意、温柔的理解。

所以，圆满的故事也有圆满的智慧。在为这个年龄的孩子挑选读物时，它应该成为一个重要的衡量标准和维度。

发现书中有不适合孩子阅读的内容，该怎么办？
——共读的谨慎与技巧

儿童读物中存在"儿童不宜"的内容，如今越来越引起人们的警惕。孩子成长起来，能读的书多起来，与此同时，书中包含"不宜"内容的可能性也大起来。对于那些显然存在暴力、色情或其他低俗价值观问题的作品，把它们剔出孩子的阅读圈，并非难事。难就难在有些作品本身并没有太大问题，可能只是尚不适合较低年龄的孩子阅读；或者作品的确可以挑剔，问题却又没有那么严重。

这方面最典型的例子之一，可能是传统童话故事。传统的观念认为，童话故事通常都是孩子最早的读物，但许多童话故事其实并不适合低龄儿童阅读。比如《小红帽》的故事，最流行的是格林兄弟的版本。当初格林兄弟将它收入《儿童与家庭故事集》（也就是后来家喻户晓的《格林童话》）时，考虑到更适合孩子接受，将结尾做了改动。这个故事原来结局是小红帽被狼吃掉，格林兄弟把它改成了小红帽先被狼吃掉，随后又被猎人救出。然而，尽管结尾做了这样的改动，但和孩子一起读到"狼一下子从床上蹿起来，把小红帽狼吞虎咽地吃了下去"以及后来"猎人拿了把剪刀把正在酣睡的狼的肚皮剪开"这样的句子，我们依然会感受到某种不宜于幼儿的暴力表达。再比如给孩子读《睡美人》这样的故事，讲到"美人"睡在高高的城堡，只等着王子到来，把她吻醒。对幼儿来说，这里面其实也存在着许多观念和文化上的"蒙昧"。

作为家长，既不能保证市场上出售的童书一定都是好童书，也不能保证孩子接触的一定都是好作品，在这样的情况下，如果发现书中出现在家长看来不适合孩子阅读的内容，该怎么办？

首先，我们并不建议幼儿阅读太多传统童话故事类的读物。虽然许多家长很可能是读着《白雪公主》《睡美人》这样的故事长大的，但从今天的眼光来看，这些童话在其诞生之初既非为了幼童所作，实际上也不适合年龄太小的孩子阅读。可以等孩子再年长一些，具备了一定的阅读积累、基础和思考的能力，再让他们读这些故事。

其次，如果在阅读过程中发现某些不适合这个年龄孩子接受的内容，可以运用我们之前谈到过的创造性朗读的法则，对一些不适宜的内容进行适当替换。比如，简单地说"狼把小红帽吃掉了""猎人把狼杀了"，比用"狼一下子从床上蹿起来，把小红帽狼吞虎咽地吃了下去""猎人拿了把剪刀把正在酣睡的狼的肚皮剪开"这样生动的描述，暴力感要削弱许多。

再次，对于有些不适宜的内容，不妨试着在阅读的时候跟孩子交流：我觉得这个故事还可以有别的写法。比如，可不可以把"睡美人"换成"睡王子"，让故事里的美人和王子交换一下位置？

这样的交流会向孩子传递以下讯息：

第一，故事是讲出来和写出来的，而非天生如此。

第二，故事是可以重新讲和重新写的，而非必定如此。

第三，故事是我们可以进行褒贬和评判的，而非唯一的榜样。

这三个观念的带入，对于帮助孩子在成长过程中逐渐建立成熟、理性的阅读观，具有一定的铺垫作用。

有的书孩子读一次就不想读了，可以吗？
——培养健康的阅读胃口

4—5 岁之间，孩子对各类新书的接纳程度会迅速扩展。家长也许会发现，一些较早阶段孩子还不愿意阅读的图书，到了这时候，他们好像忽然都有了兴趣。这是孩子的阅读趣味开始快速拓展的阶段，也是让孩子尝试更多阅读题材、风格等的良好时机。儿歌、诗歌、童话、生活故事、科普读物、传记读物等，各种类型都不妨尝试一下。孩子们从一开始就热爱的那些书，依然放在书架的显眼位置，同时在书架上留出一定的替换位置，将接下去每一阶段他们特别喜欢的新书放在这里，依据阅读的兴趣与速度，不定期地更换。

读书与进食的法则有相近处。幼儿从辅食阶段进入全食谱阶段后，越是尝试各种各样健康的食物，他们未来的胃口和口味就可能越健康。读书也是如此。我们曾经谈到，不同孩子的个性必然会体现在他们的阅读兴趣中。有些书孩子喜欢反复读，有些书可能读一次就放到一边了。读一次就放到一边的书，只要不是书本身的质量有问题，在这一阶段，同样为孩子提供了阅读的营养。

我们每个人的书架上，总会有一些只读一次就放到一边的书。这些书也能帮助我们增长认识："我"喜欢什么样的书？"我"为什么喜欢这样而不是那样的书？世界上有那么一些书，虽然"我"不喜欢，但别人也许喜欢；当然也有一些书，可能大家都不喜欢。所以，书籍是一个很丰富的名词和对象。一本书并不见得一定是好书，一本好书也并不见得一定人人喜欢，但是如果不去读更多的书，你就不知道这个世界上有些什么样的书，哪些书自己更喜欢。通过接触反复读的书，还有读一两次就放下的书，孩子在逐渐建立他们对于书本和阅读的更为完整的认知。

从现在起，父母和孩子之间可以慢慢增加关于书的交流。不妨让孩子学着简单地表达自己对书的看法："你觉得这本书怎么样？""你喜欢的这本书，哪里让你感到最有意思？""你不喜欢这本书，有什么原因吗？"在这一阶段的亲子阅读中，可以试着让这样的交流成为阅读活动的一部分。它向孩子传递了一个与书有关的重要观念：我们喜欢书，但并不"迷信"书。书籍虽然常常成为人们生活的榜样和参照，它们同时也是有待讨论的对象。

在后面的探讨中，我们还会进一步谈到，怎样帮助孩子逐渐建立较为成熟的书籍观和阅读观，怎样教孩子在阅读中慢慢掌控书对自己的影响。

大家都说这本书很好，我的孩子为什么不愿意读？
——理解幼儿阅读的阶段性

这些年来，幼儿阅读越来越受关注，不少家长都能通过各样的媒介渠道获知各类推荐阅读书目。此外，还有一些在各类育儿社交场域口耳相传的书目。对于许多家长来说，这类书目提供了方便、有效的选书指南，也成为家长在孩子成长的各个阶段为他们选书的重要参考。

但以下情形在实际的亲子阅读中或许并不罕见：当我们把一本许多人都认可，或者许多孩子都喜欢的书给自己的孩子看时，发现孩子并不喜欢。大家都说好，我也觉得好，我的孩子为什么不愿意读？是他（她）没有跟上正常的阅读水平或趣味吗？

这样的焦虑是不必要的。如果遇到这样的情况，只需记住两点：

第一，每个孩子都有自己的阅读个性。尤其是在早期阅读阶段，孩子喜欢什么书，不喜欢什么书，影响的因素很多，并不仅仅由图书质量决定。有时候，孩子可能仅仅因为不喜欢某一本书的色彩感觉，或者对某类题材还没有产生兴趣（或怀有反感），不愿意阅读这本书。这时候，应该尊重孩子的感觉和选择。

第二，孩子现在不喜欢某一本书，不代表以后都不喜欢。事实上，有许多生活中的例子可以证明，这个阶段的孩子对许多书的拒斥是暂时的。等到年龄再大一些，兴趣与心理的准备到位以后，他们也许会忽然接纳过去曾经不喜欢的一些书，甚至狂热地迷上它们。应该看到，幼儿的阅读有着明显的阶段性，特定阶段的喜好并不能用来裁定、判断他（她）的阅读能力和趣味。

不仅是孩子的阅读，成人的阅读同样有着类似的阶段性，只是因为成年后的阅读相对更为自主和私密，我们对此往往不那么在意。即便成年以后，面对数量庞大的世界"名著"，我们也有喜欢和不喜欢的鲜明区分。有些杰出的名著，青年时期读来感到颇无意趣，中年甚至老年再读，方能品出其中语言、生活、情感的鲜活滋味与厚重内涵。

从成人阅读的角度来理解孩子阅读的这一现象，我们是不是也会为孩子和自己感到释然？

理解了以上两点，也能帮助我们对孩子的上述行为做出更恰当的回应。当这个年龄段的孩子明确表示不喜欢某一本图书时，家长要做的或许只是完全的理解和耐心的等待。有一天，这个孩子很可能会自己走到书架前，拿起这本曾经不愿意读的书，津津有味地读起来。对他来说，此刻世界又多了一扇刚打开的窗户，而一直为他静静地守着这扇窗户的，正是他的父母。

怎样看待那些只有好人和坏人的书？
—— 二元思维是走向多元思维的基础

我们给这个年龄的孩子讲故事，角色刚一出现，他们很可能会先问："他是好人，还是坏人？"这种现象在孩子 5 岁左右会表现得尤为突出。由于幼儿时期的大量故事和动画片均以"好人—坏人"的二元角色和叙事模式为基础，受到这一模式的影响，加上幼儿自身认知发展的阶段特点，孩子会倾向于以"好"或"坏"的基本标签来定位故事角色。武士是好的，恶龙是坏的；奥特曼是好的，怪兽是坏的；葫芦娃是好的，蛇精是坏的；黑猫警长是好的，一只耳是坏的……

从"人"的观念分化出"好人"和"坏人"的观念，是从一元认知走向二元认知，是一种应予肯定的认知进步。孩子还需要很长的时间才能明白，"好"和"坏"其实是两个彼此交缠的复杂概念，世界上没有纯粹的"好"，也没有纯粹的"坏"，它们不但是彼此相对的概念，也是彼此相融的概念。

但在这时，要允许孩子先通过"纯粹"的"好"与"坏"的区分，为走向更多维的认知与思维奠定必要的基础。

我们可以看到，运用"好人—坏人"二元角色和叙事模式的故事，大多是非日常生活语境下的童话或幻想类故事。其中的角色，不论是"好人"还是"坏人"，都是符号式的角色。也就是说，他们主要负责承担"好"与"坏"的代表符号，而较少体现与日常、具体的生活之间的联系。孩子长大些后，一些故事中的"好人"和"坏人"角色会逐渐融入"好人"由"好"变"坏"、由"坏"变"好"或者"坏人"由"坏"变"好"、由"好"变"坏"等设计，角色与现实生活之间的关系也会越来越生动、丰富，这是因为到了那个时候，孩子的认知和思维不再满足于简单的二元模式，而是有了趋向多元和多维的要求。

同时也要看到，二元模式只是儿童故事的常见模式之一，却远不是唯一的模式。在许多优秀的幼儿读物中，我们一样能读到世界、生活与人的个性的丰富、复杂。所以，要允许孩子读这样的书，但不要让他们只有机会读到这样的书。要遵从他们此刻的阅读兴趣，也要给他们尽可能丰富的阅读营养。

如果随着一个孩子年龄的增长，他（她）的阅读却始终停留在二元模式或二元模式为主的阶段，这透露出孩子认知、思维的某些方面发展受到了一定的限制。

反之，在丰富多样的阅读中，孩子将学着跨越简单的二元模式认知与思维，日渐走向对世界与生活更为广大、深邃的理解。

孩子为什么喜欢读"放屁"的故事？
——理解比禁忌更有意义

有一本图画书，书名叫《放屁》，翻开第一页，上面写着："大象的屁好响啊！"画面上，一头巨大的象正在放屁，响声把站在后面的大人和孩子都震倒了。还有一本图画书，叫作《放屁的苍蝇》，故事里，因为"苍蝇对着蝴蝶放了一个屁"，引发一系列连锁效应，最后导致了毁灭地球的战争。

如果和3岁半的孩子一起读这些图画书，他们一定会咯咯笑得不能自已。他们一边笑，一边还忘不了提醒你："读下去！读下去！"于是你读下去："我们吃饭和喝水的时候，会把空气一起吞进肚子里。如果吃得太快，会吞进更多的空气。这些吞进去的空气再从嘴里跑出来，就是打嗝儿。如果从肛门跑出来，就是放屁。"这听上去多少让人有些尴尬，但这种尴尬对孩子来说是不存在的。他们对此的反应只有畅快的欢笑。

为什么这时候的孩子会这么喜欢读"放屁"的故事？原因可能很复杂。从精神分析的角度看，自口腔传出有关肛门的词语，可能是一种精神上的模仿排泄行为，它伴随着某种弗洛伊德所说的"肛欲期"的变形快感。从心理学的角度看，当孩子说出成人常常试图掩藏的这些词语时，他们很可能从触犯语言禁忌的行为中获得了隐秘的快感。从美学的角度看，"放屁"之类的意象可能体现了苏联文艺理论家巴赫金所说的颠覆性的"狂欢精神"，也就是通过颠倒既有的秩序，挑战逻辑的常规，带来特殊的趣味和意义。巴赫金拿来作为"狂欢精神"分析对象的法国作家拉伯雷的名著《巨人传》中，与日常排泄活动有关的讲述遍布文本各处，健康的排泄行为与健康的身体和精神关联在一起，成为人健康的生命力量的象征。

当然，孩子之所以喜欢读这类书，原因也可能很简单：因为好玩。不论是它的语音、语义还是相关情景的想象，都带来了非常滑稽的效果。孩子喜欢这样的滑稽，喜欢发笑，因为笑本身是一种令人愉悦的感觉。

所以，孩子喜欢读"放屁"的故事，本身并没有什么不对的地方。

这就是为什么今天的许多幼儿读物可以十分正当地谈论"屁"（还包括"小便""大便"）的话题。看看下面这些书名吧：《每个人都"噗"》《大家来大便》《呀！屁股》《尿尿大冒险》……

这种现象是现代幼儿文学尊重、理解幼儿的标志之一，同时，它也表达了与幼儿阅读和生活有关的两个重要观念：

第一，孩子的趣味大多有其道理和逻辑，只是需要我们去进一步了解，以便更好地做出应对。

第二，在阅读和生活的许多方面，积极的理解和交流比消极的禁忌与训诫更有意义。

这一阶段，有关这类题材的幼儿读物多以科普读物为主。和孩子一起，大大方方地读一读关于"放屁""尿尿""大便"的生理和生活知识，大人说不定也会收获新的见识和新的态度。

女孩和男孩读不同的书吗？
——鼓励孩子读更丰富的书

4—5岁之间，孩子的性别意识进一步发展，在逐渐意识到性别差异的同时，对自我性别角色的认同也在建构中。这种建构与我们有意无意间提供给孩子的认同规则密切相关。现代社会有一整套与儿童性别有关的符号体系：男生是蓝色，女生是粉色；男生爱刀枪，女生爱布娃娃；男生爱玩打仗游戏，女生爱玩过家家游戏；男生不能随便掉眼泪，女生哭就没关系……

这一性别区分意识以或显或隐的方式体现在儿童文化的方方面面，包括儿童图书领域。想一想，在为孩子挑选图书时，我们有没有不自觉地陷入某些性别模式的框架：女生喜欢公主王子，男生喜欢恐龙怪兽；女生适合柔婉风格，男生适合粗犷风格；女生读女孩主角的书，男生读男孩主角的书；女生不应该读野蛮的故事，否则会变得不像女孩，男生不应该读软弱的故事，否则会变得不像男孩……

在儿童阅读的问题上，跟在其他一切儿童文化的问题上一样，这种简单的性别理解和区分需要非常审慎地对待和反思。不管男孩女孩，个性都是多种多样的，用同一个性别框架的模子去套，对每一个活泼好动的孩子而言，很容易造成文化和身份上的限制与压迫。男孩不能掉眼泪吗？女孩天生爱哭吗？男孩都要喜欢恐龙吗？女孩都要喜欢当公主吗？

这时候的阅读，绝不是要用一两种性别的模式来塑造和要求孩子，恰恰相反，是要借阅读的开阔与自由，帮助孩子打开包括性别意识在内的一切观念。所以，我们的建议是，不论女孩男孩，在阅读的题材、风格、趣味等方面尽量不做人为的限制。如果这一阶段的孩子表现出对故事里某一类较为固定的性别角色的喜爱，建议父母在尊重孩子趣味的基础上，不妨适当增加一些更丰富的阅读素材，拓展孩子的性别认知。

要注意的是，性别认知不仅是对自我性别的认知，也包括对异性性别角色的认知。女孩眼中的男孩应该怎么样，男孩眼中的女孩应该怎么样，这些都是性别意识的重要构成部分。我们读书越多，越应该明白，男性和女性是两个具有同等程度的丰富、多样、细腻和深度的词语。男孩在生活中要勇敢坚强，女孩同样应该如此。与此同时，他们也都有同样的脆弱和哭泣的权利。既懂得遵从规则，又擅长突破创造，既勇于面对挑战，又善于体察和同情他人，所有这些对男孩女孩来说，都应该是一样的。

看一看孩子的小书架，在阅读的时候也留意一下，在他（她）的阅读世界里，男孩和女孩的形象是否过于单一。比如，顽皮捣蛋的往往是男孩，温顺听话的往往是女孩。如果孩子的图书中频繁出现对某类性别角色的刻板规范，父母应该保持警觉。一本书不能塑造一个孩子，但如果孩子常常读的是表现同一类刻板性别角色的书，书中的观念很可能就会成为他（她）现在和未来的观念，他（她）的世界就会因此变小、变窄。有时候，我们不妨为孩子挑选一些打破一般性别模式的图书。这种丰富是为了让孩子看到，不论男孩还是女孩，生活对每一个人来说，永远充满可能性，充满新的风景和惊喜。

为什么寓言故事不适合在幼儿阶段读？
——有些阅读要留待时日

寓言故事篇幅短小，常用拟人化的语言，两者看来都符合幼儿故事的常见特点，古往今来，多被用作儿童启蒙读物的素材。然而，尽管《伊索寓言》《拉·封丹寓言》等一直被用作西方传统的儿童启蒙读物，卢梭在《爱弥儿》里却十分反对孩子读寓言。在他看来，寓言寓意于言的特点决定了它是一种不适合孩子的文体。"小孩子是学不懂你教他的那些寓言的，因为，不论你怎样努力地把那些寓言写得很简单，然而由于你想通过它去进行教育，所以就不能不在其中加上一些小孩子无法理解的思想。"[1]卢梭以拉·封丹的寓言诗《乌鸦和狐狸》为例，分析了它从词汇、修辞到内涵、寓意如何超出儿童的理解，又如何不宜于教给孩子。

严格说来，并非一切寓言都不适合幼儿读，而是幼儿还没有学会用寓言的方式来读故事。譬如中国古代寓言故事《画蛇添足》，本意是讽刺不合时宜的多此一举。显然，该寓意的领会需要一定的生活经验基础。幼儿恰恰缺乏这样的经验基础。但与此同时，他们又有着不同于成人实利主义的天真视角，透过幼儿的眼睛看画蛇添足者，讽刺的寓意会隐没不见，倒可能筛下一

---

[1] 卢梭.爱弥儿 论教育：上卷[M].李平沤，译.北京：商务印书馆，2017：143.

点点滑稽的童趣——孩子可能觉得画蛇添足者一手持杯、一手画足的样子，想象起来，颇为有趣。

卢梭谈拉·封丹的《乌鸦和狐狸》，认为读完这个故事，孩子们不会去同情丢了肉的乌鸦，倒容易认同狡猾的狐狸，因为它的聪明胜过乌鸦。今天看来，这并非因为孩子不懂得如何读故事，而是因为他们关注的往往是一个故事单纯的趣味。在《乌鸦和狐狸》的故事里，主要的行动者是狐狸，趣味之处也更多地落在它身上，孩子的认同自然也就趋向狐狸。究其原因，寓言用复杂的方式讲故事，幼儿则用单纯的方式读故事。同时，寓言擅长讽刺和嘲弄，需要读者拉开距离来冷眼静观，幼儿读故事恰恰易于移情，往往将自身情感投入到角色之上，难以体味讽刺和嘲弄的意味。两者相遇，便难免发生接受上的错位。

此外，古代寓言诞生于底层平民的生活土壤，其寓意往往从指向生活的实利考虑，有时同样不适合幼儿阅读。比如《伊索寓言》中的《橡树和芦苇》一则，橡树与芦苇比谁更强大，大风吹来，芦苇弯下了腰，橡树却与强风抗争，结果被连根拔起。寓言最后告诉读者："有时候不要硬与比自己强大的人抗争，或许对自己更为有利。"这一寓意在生活中固然有实用，却也不无庸俗浅陋之处。我们今天可能不会给孩子读这样的故事，或者不会用这样的寓意来解释这个故事。等到孩子再长大一些，具备了更丰富的生活和阅读经验，并且能够从批判的角度切入作品解读，这类故事对他们来说就完全没有问题。

幼儿阶段的阅读，首先应以单纯的趣味、温暖的情感为基底。让我们把寓言故事留到孩子再年长一些的时候吧。

怎样选择系列读物？
——理解系列作品创作的文学性

系列作品是儿童读物的一种常见形态，在幼儿读物中也比较普遍。它是以系列化的形式讲述关于同一主角（或角色群体）的一系列故事，其中的角色往往性格鲜明，类型清晰，在系列化的阅读过程中，这同一形象得到不断强化，由此形成了较高的可辨识度。同一系列的各册故事之间既有基本的角色、关系、环境等方面的联系，又相对独立，可以分册阅读。幼儿动画作品使用的大多也是这一系列模式。对幼儿读者来说，系列化阅读提供了易于进入、把握的角色形象与故事模式，同时也提供了循着熟悉的形象和故事进一步拓展阅读的途径。熟悉的角色加强了阅读的亲切感，新的故事则带来新鲜的阅读体验和收获。只要孩子喜欢上其中一册故事，往往愿意一册册地读下去。

幼儿到了四五岁，已经有了明确的系列阅读意识。这意味着，他们清楚地认识到了系列读物的系列化形态，能够表达系列阅读的明确愿望与意图。如果你从"小兔汤姆"系列中抽出一册，和孩子一起读完一本，他（她）很可能会说："我还想读小兔汤姆的故事。"或者你们一起读了若干本后，他（她）会问："还有没有关于小兔汤姆的更多故事？"孩子很快就会认出系列读物的各种标志，有时候，他们也会自己从书架上取下更多的分册来读。

幼儿系列读物的系列化特点决定了它的基本面貌，读得多了，可能感觉故事都差不多，但仔细辨别，其实就能体现出作者的才华和用心。

选择好的幼儿系列读物，可以从以下两点考虑。

第一，系列故事中的角色性格既有鲜明的类型化特征，同时又是丰满和生动的。穿行于同一系列读物各册的角色，性格面貌往往基本固定。但类型化的总体模式之下，人物依然可以是生动活泼、充满生趣的。比如"14只老鼠"系列中的十四只老鼠，各有各的特点，就如老六，特别顽皮，又总是出各种状况，爬高、下坎、开小差，都少不了他，摔跤、落河、跌进坑里，也总有他的份儿。但仔细观察，老六的"顽皮"其实很生动，有时候是天性爱玩，有时候是想跟上别人，证明自己，有时候又是想帮忙，却没想到帮了倒忙。透过这些小细节，我们会看到，每一个个体，哪怕只是性格的一个侧面，都是鲜活的、丰满的。所以，优秀的系列读物虽然常常有其角色和叙事的模式，却不是对生活和人物的简化，而是能够在人物性格和故事叙述的切片里，呈现个性与生活内在的丰富性。

第二，系列故事中的生活情境常常是简短的、片段的，其背后的生活观念却是开阔的、深厚的。幼儿系列故事多以幼儿生活的日常情境为题材和背景。比如上面提到的"小兔汤姆"系列，涉及了幼儿生活的各种情境，从家庭到幼儿园，从亲情到友情，从过生日到生病住院等，其中许多故事虽然短小，却向孩子传递出生活的一些重要观念和认识。其中《汤姆和伤心的鲁鲁》一册，跟孩子谈到了"离婚"的话题："爸爸妈妈有时候会不再相爱了，但是，你永远是他们的儿子。爸爸爱你，妈妈也爱你，他们永远都爱你。"既不向孩子隐瞒这件事情的真相，但也不渲染这一事件的可怕，而是引导孩子从更完整的角度理解它、接纳它，积极地看待和对待它，这背后其实蕴含着作者本人的视野、情怀、生活观和人生观。我们会感到，幼儿系列故事里的一则小故事，一个生活片断，其实一点儿也不小。

始终把兴趣放在第一位
——为孩子保存阅读的火种

人在年幼时，对阅读有一种发自天性的乐趣。许多作家都曾忆起自己少时沉迷于读书的情景。这种沉迷，似乎与童年时期天然的幻想精神有关。鲁迅以不无幽默的笔调这样回忆小时候对绘图的《山海经》的向往："玩的时候倒是没有什么的，但一坐下，我就记得绘图的《山海经》。"尽管他后来得到的是"一部刻印都十分粗拙的本子"，但这个本子仍成了他"最为心爱的宝书"。意大利作家卡尔维诺清楚地记得自己在识字之前对图画故事书的本能热爱："我就看这些连环画，一期一期地看，一看就是几个小时，脑子里想着这些故事，并以各种方式解释那些场面，编出新故事，把零星的情节糅在一起编成一个个长故事。"

我们相信，类似的早期阅读体验在许多人的童年经验中都曾留下或深或浅的印迹。然而，随着年龄的增长，这种阅读的热情却开始普遍下降。美国阅读推广和研究者吉姆·崔利斯这样描述本国儿童阅读的某种可悲现实："幼儿园儿童百分之百对阅读感兴趣，但随着年级升高，我们失去了75%可能成为终身阅读者的人。"[1]

为什么我们孩提时代对于阅读的这样一种天性的热情，会随着年龄的增长逐渐下降以至于消失？这或许是我们在为孩子下降的阅读兴趣而感到担忧，以及为如何培养他们的阅读热情而感到烦恼的时候，首先应该仔细思量的问题。在孩子的成长过程中，一定有些什么样的原因，在不知不觉中减退了他们阅读的乐趣，甚至浇灭了他们亲近阅读的天性。

我们就此可以想到许多可能的因素：功利教育的压力，电子媒介的侵蚀，成人环境的影响，等等。不过，如果从儿童阅读的小环境本身出发，

---

[1] 吉姆·崔利斯.朗读手册[M].沙永玲，等，译.天津：天津教育出版社，2006：18.

阅读素材的选择和阅读习惯的养成，大概是影响儿童阅读兴趣的两个首要因素。

要保持孩子对阅读的兴趣，阅读素材本身首先应该能够为孩子提供相应的乐趣，也就是说，这些材料是孩子喜欢读的，而不只是他奉命读的。"愉快就像胶水，能粘住我们的注意力，但只朝喜欢的方向吸引。"[1]唯有内在的喜爱和兴趣，才是保持孩子阅读兴趣的永动力量。

值得注意的是，优秀的阅读素材所提供的乐趣，不只是迎合孩子的故事趣味，随着孩子的长大，它还应该给他们提供能够丰富自我的知识、情感和精神养分。卡尔维诺谈到小时候识字后，为什么对书本中的文字一时却提不起兴趣："因为那些押韵的诗句不含有发人深思的信息，不过是些目光短浅的解释，与我的解释差不多。"这给了我们一个重要的提醒，即在为孩子挑选阅读的材料时，不要把阅读的乐趣狭隘地理解为好玩的快感，而应该看到孩子对更广大的生活、思想所怀有的内在兴趣，通过优质的阅读，把孩子带领到更为开阔、辽远的文学和生活趣味中。这样的阅读具有持续提升我们的力量，因而也才具有持续吸引和带动我们的力量。

阅读材料之外，要使孩子保持对阅读的兴趣，归根结底还有赖于一种持续、良好的阅读习惯的养成。而这一习惯在其最初的养成期，又与儿童身边成人的影响密切相关。法国思想家卢梭回忆起小时候与做钟表匠的父亲一起在晚饭后互相朗读书籍，有时直至天亮。这一家庭阅读氛围极大地滋养了少年卢梭对书籍的热爱，这份热爱随着他年龄的增长持续膨胀。可以说，家庭阅读习惯对孩子阅读兴趣的影响是怎么形容都不为过的。然而，在今天，许多成人恰恰早已放弃对阅读的兴趣和热情。在这样的环境下成长的孩子，其天性中的阅读爱好往往也难以得到很好的发展和延续。因此，想让孩子对阅读保持浓厚的兴趣，成人也要好好反过来想一想自己对待阅读这件事情的态度。

---

[1] 吉姆·崔利斯.朗读手册[M].沙永玲，等，译.天津：天津教育出版社，2006：23.

我们应该看到，培养孩子的阅读兴趣和阅读能力，不是把阅读像一个任务、一件工作那样加诸孩子，而是呵护和保存他们心中潜藏着的热爱阅读的火种。在孩子成长的旅途上，让阅读成为他们乐于亲近的一种生活乐趣、乐于保持的一种生活习惯；在不远的未来，这份乐趣和习惯将馈赠他们无尽而幸福的回报。

小课堂
怎样认识幼儿与幼儿读物

理解幼儿读物的教育性与艺术性

尽管教育性是幼儿读物的天然特性,但幼儿读物不应仅仅被理解为简单的教育读物。在优秀的幼儿读物中,教育性与艺术性并行不悖,彼此成全。即便是在一些明确传递特定教育意图的作品中,教育的目的也不应对作品的艺术性造成伤害。

让我们以苏联儿童文学作家维·奥谢耶娃的这则幼儿生活故事《蓝色的树叶》为例,谈一谈一则幼儿教育故事如何在保持其艺术高度的同时,向孩子传递生活的道理。

> 卡佳有两支绿颜色的铅笔,可是莲娜一支也没有。莲娜向卡佳请求说:"借给我一支绿铅笔吧。"
>
> 但是卡佳回答说:"我得问一问妈妈。"
>
> 第二天,两个小姑娘都到学校里去了。
>
> 莲娜问:"妈妈允许了吗?"
>
> 卡佳停了一下才说:"妈妈倒是允许了,可是我还没有问过哥哥呢。"
>
> 莲娜说:"那有什么关系,再问问哥哥吧。"
>
> 第二天卡佳来的时候,莲娜问道:"怎么样,哥哥答应了吗?"

"哥哥倒是答应了,可是我怕你把铅笔弄断了。"

莲娜说:"我会小心些用的。"

卡佳说:"小心些!不要削,不要太用劲儿使,不要放到嘴里去,不要用得太多啊!"

莲娜说:"我只要把那图画纸上的树叶,画成绿颜色的就够了。"

"这可多啦!"卡佳说着,紧紧地皱着眉头,脸上还做出不乐意的样子来。

莲娜看了看她就走开了,也没有拿铅笔。

卡佳奇怪了,跑着去追她。

"喂,你怎么啦?拿去用吧!"

莲娜回答说:"不要啦。"

上课的时候,教员问道:"莲娜,为什么你的树叶是蓝色的呢?"

"我没有绿颜色的铅笔。"

"那你为什么不跟自己的女伴去借呢?"

莲娜默默地不说一句话。

但是卡佳羞红了脸,像只大红虾似的,说道:"我给她啦,可是她没拿去。"

教员看了看两个人说:"要好好地给,别人才肯接受呢。"

(孔嘉译)

    这则教育故事包含了明确的幼儿行为教育目的,它在教员的最后一句话里得到了清楚的表达:"要好好地给,别人才肯接受呢。"但我们读整个故事,首先感到的是作家对幼儿心理、儿童感觉和儿童生活状态的准确、生动的把握。卡佳对于莲娜借铅笔的要求的一次次推托,带着一个孩子小心眼儿的稚气;而从卡佳最后"羞红了脸"的辩解里,我们既看到了她为自己的小心眼儿感到的愧疚,又看到了一个以自我为中心的孩子的自尊。与此同时，另一个主角莲娜的性格和心理变化，也在这则短短的故事里得到了生动的表现。

这则儿童教育故事的成功，正在于它准确地把握并表现出了儿童生活感觉的这种细微之处，并通过对幼儿生活场景的生动呈现，来让孩子明白"要好好地给，别人才肯接受"的道理。在这里，幼儿故事的教育特性完好地融合在了它的文学展开中。

因此，我们一方面要充分认识到幼儿读物具有教育性的特点，另一方面，对于那些将教育意图凌驾于幼儿读物的艺术表现之上，既缺乏对幼儿及其阅读习惯的了解、尊重，又缺乏幼儿文学艺术趣味的作品，我们也应该具备对它们进行分辨和批判的能力。

让孩子读好书，也不要怕读到不好的书

在幼儿阶段的阅读中，如何为孩子挑选优秀的读物，对成人来说是一场考验。

比如语言。幼儿读物的语言既在很大程度上构成了它的特色，也构成了它的限制。显然，没有人会把 T.S.艾略特深奥艰涩的《荒原》错会成一部儿童文学作品——它们指向的是两个全然不同的文学语言体系。但是，把幼儿读物的语言等同于一般的幼儿生活语言，也是一种片面的理解。如果一部幼儿读物的语言仅仅表现为对于幼儿的"学语"，那么对于它的文学质量就需要存疑了。只有当一部作品既保持着适宜幼儿读者理解水平的语言感觉，同时也体现出富于幼儿文学语言独特的张力与滋味，其阅读才会带给我们幼儿读物独特的艺术愉悦。一些在商业化的出版环境下被快速翻译和催生出来的幼儿读物，因其粗糙的翻译、写作而变得索然寡味或矫揉造作的中文表达，实在是对幼儿读物的一种侮辱。

但反过来说，这样的阅读对于幼儿读者而言，也是一种学习——从好的作品中学习文学语言与文学阅读的方法，从劣质的作品中学习分辨文学作品的"层次"。这是一些难以言传，而需要长期的阅读练习才能获得并加以内化的技能。之所以要教

给孩子这样一种技能，是为了使他们现在和未来的生命和精神体验在有限的时空里，有机会变得更为丰盈与富足。

当然，要实现这样的目的，一本幼儿读物必须有足够的魅力把孩子吸引到它的语言世界里去。而这一点，除了与作品的语言运用有关外，也与它们所提供的"叙事"的质量有关。"叙事"一词在这里指的是一种广义上的"故事叙述"，它通过任何一种语言形式把关于某一情节或动作的叙述展示给儿童读者，并在文本内为他们准备好一个或多个主体认同的位置。通过某种认同，幼儿读者得以进入到故事中，体验作品中某一行为主体的种种虚构而又真实的经历与情绪。

目前尚未引起我们注意的或许是，在教给孩子如何进入作品的同时，我们也应当让他们懂得如何从作品中走出来，懂得在体验一个逼真的叙事文本的同时，仍然理解它作为一种"虚构的真实"的文学身份。这一阅读理解的获得可以使孩子们不至于陷入对于文学文本内人与事的简单模仿之中，也能够帮助他们在文本之外寻找到一个客观的立场，来参与对于文学文本的判断与评价。这样的能力一经养成，将不会仅仅局限在文学作品的阅读中，而是会迁移到包括视象在内的各种文化文本中，进而惠及孩子对于生活的全部理解。

幼儿读物应给予幼儿知情、选择和行动的权利

与传统儿童观将儿童看作社会活动中被动、消极的文化承受个体不同，当代童年研究特别强调"将儿童理解成具有能力的社会行动者"[1]。也就是说，和成人一样，儿童也是社会中有一定影响力的群体，他们具有参与自我和整个社会文化建构的能力。当代童年研究强调对儿童的赋权，也就是赋予儿童应有的文化权利，其中包括在一般社会生活中倾听儿童的声音，听取儿童的意见，接受儿童的建议，吸纳儿童参与社会活动，等等。21世纪以来，这一儿童赋权思想在童年研究界得到了格外突

---

[1] Michael Wyness. 童年与社会——儿童社会学导论[M]. 王瑞贤，张盈堃，王慧兰，译. 台北：台北心理出版社，2009：270.

出的强调。

对幼儿读物来说，来自上述儿童赋权思想的启发有利于它克服传统幼儿形象表现的局限，将儿童主角塑造成更具行动力的主体。这意味着在幼儿故事中，我们可以尝试赋予儿童角色以更多的信任和更高的行为能力，并致力于发掘和表现他们以自己的方式参与现实活动的能力。

瑞典作家林格伦的《小飞人卡尔松》是较早出现的突显幼儿作为行动者的主体身份的幼儿故事作品。在这部带有童话性的幼儿生活故事中，林格伦塑造了两个具有对照性的幼儿形象，其中一个是乖顺听话、循规蹈矩的小家伙，另一个则是精力过剩、天马行空的卡尔松。不过，尽管这部作品中的卡尔松体现了一种充满主体行动能力和创意的幼儿形象，但他在故事中的行动主要表现为一种童年期夸张而又狂野的游戏行为（尤其是捣蛋行为）和游戏精神，并不具有太多真实文化参与的性质。

相比之下，几十年后，奥地利作家涅斯特林格在"弗朗兹"系列中所塑造的小男孩弗朗兹的形象，便突出了现实生活中幼儿作为行动主体的文化创造和建构能力。故事里的弗朗兹在遇到生活难题时，总能用自己的方式找到解决的法子。比如该系列中有这么一个故事（梗概）：

弗朗兹有一个小小的朋友叫佳碧，她就住在他家隔壁。有一天，在小公园里，两个好朋友闹别扭了，原因是弗朗兹装作自己能识字了，而佳碧不相信。为了证明给佳碧看，本来不识字的弗朗兹决心要在这一天结束前学会认字。显然，这是个不可能的任务，但弗朗兹想出了一个好办法。他抽出三本图画书，让家里的保姆莉莉读给他听。为了牢牢记住书里的内容，他一遍遍地听莉莉录给他的读书磁带，硬是记住了书上的句子。赶在忘掉这些句子之前，弗朗兹带着三本图画书敲开了佳碧家的门，并给她一一读了上面的内容。这样，弗朗兹在朋友面前挽回了自己的面子，尽管他其实并不真的能识字。

对弗朗兹来说，在朋友面前不能丢面子这件事的重要性，与成人世界没什么两样。故事自然而又生动地讲述了小男孩解决这一难题的过程，在这个过程中，弗朗兹表现出了在许多人看来或许不属于一个年幼孩子的坚持、执着和强大的自我扩充潜能，然而所有这些又没有越出一种真实可信的童年生活逻辑。在另一个关于寻找姥爷的故事中，弗朗兹的积极行动不但为他自己解决了生活中的难题，而且改变着他身边的成人世界的现实。

通过这样一种方式，作家向我们展示了幼儿主动积极的文化行为能力，以及在这一行为过程中由孩子自己建构起来的童年特殊的文化面貌。这其中的一个基本观念是：幼儿读物应该给予幼儿知情、选择和行动的权利。

在当代幼儿读物中，这样一种将童年文化以及受到童年观念影响的一部分成人文化的建构功能交到幼儿行动者手里的现象，正在越来越成为一种引人注目的艺术表现手法。这些作品表达了对于幼儿主动应对生活压力、解决生活问题的能力的信任，以及对于幼儿在现实生活中的文化参与能力的认可。

开放对待幼儿生活中的"话语禁忌"

出于礼仪教育的意图，我们的社会和文化为孩子设立了不少话语禁忌的边界。孩子年龄越小，这种禁忌感越突出。比如，在传统的儿童教养观中，父母不应在孩子面前讲"脏话"，孩子也不被允许讲"脏话"。

然而，一个十分常见却也常常被许多成人所忽视或压制的现象是，幼儿的语言世界存在着对于某类"脏话"语词的偏爱。这类词语大多与身体的排泄意象相关。在正统的儿童文学创作中，这类词语曾一度被严格排除在儿童文学的文本世界之外。但在今天，这一另类叙事题材在儿童文学的写作和接受中获得了更大的艺术宽容。加拿大儿童文学学者佩里·诺德曼就曾撰文分析过儿童文学对于"脏话"的排斥和剔除。他在文章中探讨了幼儿对于"脏话"的敏感，并结合早期儿童文学中"脏话"现象的分析，提出了这些语词在儿童文学文本内存在的合理性，即它们能够制造出独特的幽默和颠覆性的美学效果。

然而，幼儿故事在动用这类禁忌题材时，如想达到诺德曼所说的美学效果，写作者们面临着另一个更重要的任务：如何从儿童文学的审美本质出发艺术地处理这类题材，使之成为一种虽属另类，却同样健康、明朗的童年叙事话语。

以冰波的低幼童话《小老虎的大屁股》为例。这则童话最大的叙事特色或亮点，大概就在于它将"屁股"这一非正统的儿童文学意象名正言顺地引入了童话故事的叙事过程当中，并且将它作为整个故事的中心意象和全部情节的展开动机。它使故事从题目开始就透出浓酽的喜剧味。难怪许多幼儿读者一听到故事的题目，就忍不住开始大笑了。

故事里的小老虎有一个大屁股。大屁股既给小老虎带来了烦恼，也帮助他交到了朋友。故事情节在十分贴近幼儿生活和心理的情境中展开。小老虎的大屁股坐瘪了小兔子的大皮球，坐坏了小猴子的三轮车，两个朋友不再理睬他了。不过，没过多久，小老虎就用他的大屁股赶走了欺负小兔子和小猴子的狐狸和狼，重新赢得了两位朋友的信任。故事的主角小老虎其实是一个憨气十足的幼儿的形象，他的憨厚、天真、稚气使他很容易获得幼儿读者的认同，但他的许多滑稽的言行也会让幼儿读者忍俊不禁。故事最后，小老虎自己打了自己的屁股，以示惩戒，但这一场景其实完全不在于传达惩戒的意旨，而是为了进一步完成故事中幼儿情趣的编织。听完这个结尾，幼儿读者也会在笑声中结束这则小童话带给他们的想象旅行。

在今天的儿童礼仪话语体系中，"屁股"已经不再是一个严格的禁忌语，但要毫不避讳地把它写入幼儿童话，尤其是在保留其滑稽意义的同时，以文学和美学上的巧妙处理避开其不适宜于幼儿读者的粗俗内涵，仍然需要相当的艺术分寸感和文学运用能力。在这方面，冰波的这篇童话是一个较为成功的例子。仔细阅读整个故事，我们可以发现，作品在角色塑造和情节构思方面并没有跳出幼儿童话常见的模式；这则童话之所以显得特别，不是因为它在行动推进的设计和描写方面显得多么出奇和别致，而是因为它选取了一个对于幼儿读物和幼儿读者来说都富于新意的"屁股"的意象，并且充分利用了这个意象所可能发挥的幽默效果。

在罗尔德·达尔的童话《好心眼儿巨人》中，也有这么一个与童年身体话语禁忌有关的叙事片段。故事里的小女孩索菲无意中发现了好心眼儿巨人为孩子们送梦的事情，被巨人带回了山洞。在这里，索菲见识了巨人生活中匪夷所思的"下气可乐"和"噼啊扑"（"噼啊扑"其实是巨人世界对放屁的别称，"下气可乐"则是一种使人放屁的巨人饮料）。尽管作家在这里使用了隐讳的代语，但读者一定会对这两件事物的所指心知肚明：

> "人人都会噼啊扑，如果你是这么叫这种做法的话。"索菲说，"国王和王后会噼啊扑。总统会噼啊扑。漂亮的电影明星会噼啊扑。小宝宝会噼啊扑。不过在我来的地方，讲这种事是不礼貌的。"
>
> "胡说八道！"好心眼儿巨人说，"如果人人都会噼啊扑，那么，这件事为什么就不能讲呢？我们现在来喝一口这种味道好极了的下气可乐，你就会看到快活的结果了。"好心眼儿巨人使劲摇那瓶子，灰绿色的液体冒起泡泡来，他拔掉瓶塞，咕嘟嘟喝了一大口。
>
> "真过瘾！"他叫道，"我爱它！"好一会儿工夫，好心眼儿巨人站着一动不动，一种完全销魂的神情在他起皱的长脸上泛开。接着忽然之间就如同晴天霹雳，他发出一连串索菲一辈子从未听到过的最响、最没有礼貌的响声。它们就像雷声在四壁回转，架子上的玻璃瓶全都乒乒乓乓地震响了。但是最惊人的是这种爆炸力让奇大无比的巨人像火箭般两脚完全离地升起来。
>
> "好啊！"等到他重新落到地面，他大叫着说，"这就是你看到的噼啊扑！"
>
> 索菲捧着肚子哈哈大笑。她实在忍不住了。
>
> （任溶溶译）

毫无疑问，这是一个充满喜剧感的场景。一种在我们的公共场合被小心地禁止和谈论的"不礼貌"的身体行为，在巨人国的生活中却得到了面目一新的看待和演示。好心眼儿巨人的解释一语中的："如果人人都会噼啊扑，那么，这件事为什么就不能讲呢？"当然，比"不能讲"的突破更重要的是怎么"讲"。我们看到的是，在作家对好心眼儿巨人喝下"下气可乐"后尽情地"噼啊扑"的夸张叙述中,这一生理行为的粗俗感与尴尬感被一扫而光,取而代之的是一种由正常的排泄带来的身体和心理快感的完全释放。这种快感是明亮的、健康的,洋溢着身体的活力。它在对人类社会"礼貌"规则的破坏中,恢复了人被社会规则所长期压迫的身体快感,因而带有与"噼啊扑"相似的宣泄效果。

德国作家维尔纳·霍尔茨瓦特撰文、插画家沃尔夫·埃布鲁赫绘制插图的图画书《是谁嗯嗯在我的头上》,甚至将传统儿童文学观看来显然带有禁忌性的"排泄"意象作为全书故事的核心。故事开头,主人公小鼹鼠刚从地下伸出脑袋,高兴地迎接这阳光明媚的一天,"这时候,事情发生了!一条长长的、好像香肠似的嗯嗯掉下来,糟糕的是,它正好掉在小鼹鼠的头上。""搞什么嘛!是谁嗯嗯在我的头上?"生气的小鼹鼠决心要找到那个不负责任的"肇事者"。就在他顶着一坨"嗯嗯"四下奔忙的过程中,我们不但从文字的叙述里看到了关于更多动物的"嗯嗯"的描述,更从沃尔夫生动的插图中见识了这些"嗯嗯"的模样。如此"另类"而大胆的题材和表现手法,在过去的低幼儿童文学写作中无疑是很难见到的。然而,整个关于"嗯嗯"的图画故事非但没有在文本内造成丝毫肮脏或低俗的感觉,反而充满了特别的故事情趣和幽默。这是一种与我们每个人的日常生活相贴近的亲切而本真的幽默。无怪乎许多孩子第一次读到这本图画书,便对它表示出了极大的喜爱。

我们看到,"话语禁忌"在儿童故事中完全可以构成一种正当而积极的艺术探索。这类童年话语的禁忌叙事往往带着打破常规的喜剧幽默,同时也内含了一种与身体解放有关的精神快感。当然,这一切的前提是,作家完全理解特定的身体禁忌话语叙事相对于儿童的精神意义和文化价值,并且懂得以幼儿读物特有的艺术方式呈现这类不无颠覆性的话语意象,使之成为一种独特的儿童审美现象。

文本细读

怎样读懂一本幼儿图书

唱给妈妈的诗：《我爱妈妈的自言自语》

这世上献给母亲的歌儿已有万千，我们为她歌唱的热情却从不因此而有所黯淡。翻开老诗人金波与西班牙插画家阿方索·卢阿诺合作的童诗图画书《我爱妈妈的自言自语》，那缕萦绕于"母亲"这个词语间的温柔而甜蜜的熟悉气息，便将我们轻轻包围。

"我给这世界的第一声是哭喊，带给妈妈的是喜悦也是希望。"开头的这两行，既写的是生命降生的实景实情，也点亮了整首诗歌的精神意境。人一出生便哭，此后一生要经历很多艰难困苦。但母亲的陪伴却让这始于泪水的人生拥有了甜美的背景和温暖的底色。轻声吟哦间，我们或许想起了智利女诗人米斯特拉尔的《母亲之歌》，那里面的母亲历经生育的痛楚，却发出了这样的赞叹："我是谁，膝头能有一个孩子？"在悲伤与欢愉、受苦与幸福的对举中，那个毫无保留地给予孩子温情呵护的母亲的形象，从诗行间温柔地站立了起来。

但这只是母亲形象的侧影之一。诗歌中，母亲给予孩子的不只是情感的慰藉，也是精神的指引，绘者赋予金波笔下的这份母爱以更为丰富深广的内涵。母亲"温暖的胸怀"是孩子"躲避风风雨雨的港湾",但这"躲避"却非"逃避",这人生的"风雨"也终需我们去认识和经历。正如诗中所说,"生活其实并非能永远的甜美,童谣里也会有许多悲伤的歌",严冬寒雪,荒凉山野,也是人生路上的另一番景况。这便是"我"从母亲身上得到的另一半启迪——尽管"生活从来就有快乐也有悲伤",但"你是弯下腰,还是昂起头颅",决定了你将迎来什么样的人生。于是,最终带孩子走出生活的悲伤和恐惧的,不只是母亲甜美的"温情",还有她无言的"坚强"。

这"温情"与"坚强",美与力,一柔一刚,一蓄一张,道出了母亲和母爱的更完整,也更完满的形象与内涵。母亲沉默的身影教给"我"对待生活的温情与善意,也教会"我"直面生活的坚强和勇气。明白了这些,我们就会更懂得在母亲那一声轻轻的"喟叹"里,包含了多少可能的艰辛故事。而当这一切艰辛最后化为给予"我"的"最温暖的情怀",它比一切教诲都更清晰地为"我"照亮着生命的路程。

卢阿诺的富于诗意的插图,延伸演绎着这首母亲之歌的宽厚、温暖、思念与深情。它在时间和空间的双重维度里拼缀起一个孩子成长的图景,其中每一个片段都烙下了妈妈的印记。作品封面上,母亲怀抱孩子的姿势或许让我们想起了西方绘画中广为人知的圣母子图,而封面和封底上,那在母亲身后绽放的白色玫瑰,则进一步渲染出这一形象身上的某种神圣意味。我们能感受到,诗歌里的"妈妈"不是"一个",而是"所有"。她是"我"的妈妈,也是"你"的妈妈,是每一个从母亲怀抱里走出来的孩子心里共同的美的形象。

(《我爱妈妈的自言自语》金波/文,[西班牙]阿方索·卢阿诺/图,中国少年儿童出版社)

空间与视角的阅读:《由近到远 由远到近》

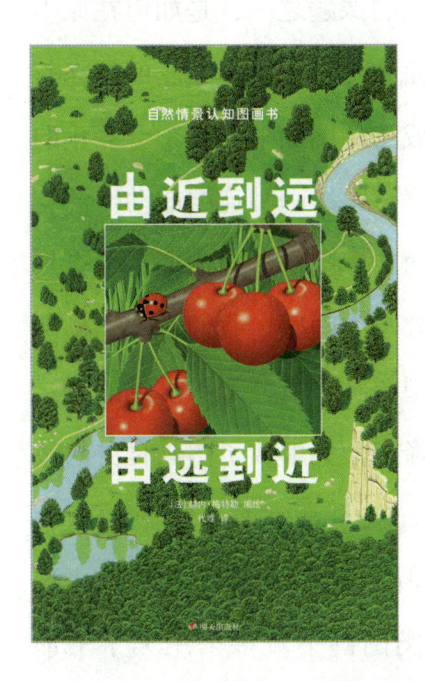

法国画家赫内·梅特勒创作了一系列以自然认知为主题的图画书,意在透过画面表现季节轮转、昼夜更替、水陆世界、远近空间等自然情景,每一本都富于创意和别致的情趣。《由近到远 由远到近》是其中一部以空间呈现为中心的作品。

在这本色彩明丽、光影细腻的图画书作品中,梅特勒把读者带入到一次"由近及远"又"由远及近"的视觉推移游戏中。我们的视角先是随着画面聚焦的变化逐渐上升,画面也随之被慢慢拉远:从一颗樱桃到整株樱桃树再到种着樱桃树的小院,继而是小院所在的整个村落、村子所在的连绵平野,以及平野周围更为辽阔的江河土地。在云雾缭绕的高远的上空,我们的视线被转移到了村子附近的另一方自然原野上,接着便开始了视角的下移;慢慢地,我们看清了这片原野上的河流、树木、禽鸟、草叶、昆虫,直至细小的浆果和浆果上的茸毛。末页上那因视角的过分贴近而变得硕大无比、光鲜亮丽的覆盆子,与首页上占据了一整个跨页的红樱桃之间形成了巧妙的画面与视角的呼应,整个视觉运动也由此告一段落。

应该说,梅特勒在这本图画书中所使用的视角升降的表现技巧,在图画书的当代历史上并不是最新奇的例子。事实上,自 20 世纪 90 年代起,一部分欧洲图画书作家便在创作实践中发现了这种视角升降技巧的妙处,并加以极大的发掘和利用。最为典型的或许是同时出版于 1995 年的两本无字书:美国插画家斯蒂夫·詹金斯的《一直一直向下看》与美籍匈牙利裔插画家伊斯特万·巴尼亚伊的《变焦》。詹金斯的作品采取由远及近的视角推移手法,将读者的视线从遥远的太空最后带到地球上一个孩子手中放大镜下的一只瓢虫上。巴尼亚伊的作品则是由近及远，将画面从一个小小的鸡冠图像一直拉伸到浩渺的宇宙。这是一种奇妙的图像游戏，它既擅长制造视觉上的惊奇效果，也有助于让孩子在阅读的惊喜中学习关于空间相对关系的感觉和认知，一时引发了许多大小读者的热情和兴趣。巴尼亚伊在《视角缩放游戏》之后，又以同样的手法创作了《变焦 2》和《视觉快速运动》两本图画书。

因此，梅特勒在《由近到远 由远到近》一书中所采用的视觉推移技巧对中国读者来说尽管新颖，却并非独创。如果作家的这次创作仅仅止步于此，那么它充其量只是一本可供一时把玩的图书，而不是一部独一无二的梅特勒风格的作品。对于梅特勒来说，为这样一本图画书花去整整三年工夫，三年间几乎每天以十二个小时创作的他，似乎不应当仅仅满足于如此技法性的模仿。

如果我们仔细翻阅《由近到远 由远到近》，便会发现与一般的视觉缩放图画书相比，它至少尝试了两个方面的创新：一是实现了截面的图片与连续的故事之间的结合，二是完成了静止的空间与流逝的时间的结合。

作为一种将描述性的画面与叙述性的语言结合在一起的文学样式，图画书创作所面临的课题之一，是如何在原本对立的画面和文字间实现相互的补充与扩容。在成功的图画书作品中，静止的画面借文字获得了一种连续的动作性与时间感，而文字则通过画面拥有了更具广度的内容与空间感。我们看到，早期视角缩放型图画书借一个不可见的观察镜头的升降，大大解放了图画自身的叙事生产力，甚至常常赋予静止的画面以一种近似于文字般的叙事能力。这也是这一类图画书较多采用无字书形式的主要原因。然而，这一技法同时也构成了对于图画叙事功能的某种限制，因为在这些画面之间，真正起到叙事连接功能的并非画面所叙述的场景或事件，而是那个处在故事之外的无形的升降动作。就其构成而言，这类作品更多地呈现为一系列横截画面的连续组合，而往往缺乏一个在时间中推进的完整、连续的故事。例如，在巴尼亚伊的《视角缩放游戏》中，依次出现的各个场景不过是对于同一表现对象在同一时间内的不同视角呈现，其时间是凝滞不动的。

正是在这里，插画家梅特勒向我们展示了他独特的创造才华。在《由近到

远 由远到近》中，通过许多沉默而又生动的细节，他把流动的时间导入到了静止的画面空间中，从而使画面不再是单纯的视角拉伸或收缩的结果，而是具有了丰富的叙事内容。尽管从总体上看，它的图画和文字都是可以一一分列的带有知识介绍性质的页面，但这些页面之间除了视角方面的关联外，还暗暗指向一个有序、统一的时间过程。

例如，在这本书的第二个大跨页上，我们看到结有樱桃的树枝中央爬行着一只红色甲壳的瓢虫；在画面右上方的树枝上，还有一只不易被察觉的黑色蚂蚁。到了下一个跨页，关于樱桃树的画面除了因镜头的拉伸而进一步扩大外，在总体上并未发生更多的变化。但仔细观察，我们会发现，原本停在樱桃正上方的瓢虫显然已经在枝头上行走了一小段路程，正张开它的翅鞘，露出白色的翅翼，似乎准备振翅飞去；而黑色蚂蚁则已经爬行到另一段枝杈上。再一个翻页，我们又看到在前一页中正仰起喙来啄食樱桃的紫翅椋鸟已经带着它的"战利品"飞出树丛，而原本飞行着的蝴蝶则停歇在了樱桃树梢；在由于镜头的拉远而进入我们视野的屋门口，走出来一只虎视眈眈的猫。又是一个翻页，镜头再度拉远，

前一页上还在门口举步的猫已经来到草坪上捕捉乌鸫，使它不得不飞离了自己刚刚还在享用美食的草坪；画面右侧则出现了一个站在木梯上摘樱桃的人。又是一页，猫已经离开草坪，慵懒地趴在围墙上；樱桃树丛中木梯还在，摘樱桃的人却已经带着他的樱桃筐消失在画面之中……

显然，所有这些变化着的小细节使这本图画书不再仅仅是关于空间视角的推移的，也是关于时间之流逝的。梅特勒是一位对时间表现有着浓厚兴趣的画家。他在同一系列的《四季》和《晨昏》两本作品中，通过同一场景在不同时间里的不同景致来表现不可见的"时间"。而在这本《由近到远 由远到近》里，他把表现的焦点转移到了空间概念上，却仍不忘将时间的元素融入其中。在充满游戏趣味的视角缩放过程中，不论是图画书前半部分关于小村生活的描摹，还是后半部分对于自然世界的表现，都融入了许多指向时间的细节。而寻找和发现这些细节的过程，也为这本图画书的阅读增添了无穷的趣味。

更值得注意的是，梅特勒在这部作品中所关注的空间与时间，始终与各种各样的生命活动联系在一起。它的文字

和画面尽管主要指向知识性的介绍和描述，却暗藏着一个个无时不在人间和自然世界里发生着的生命故事。这些故事绘出了一幅幅在空间之域与时间之流中缓缓展开着的丰富、真实、活泼、温暖的生命图像，在这里，人与自然和谐相处，一切生命安然享用着属于自己的空间与时间；那在许多页面上被用作主色调的淡浓不一、疏密有致的绿色，正是书页间流动着的勃勃生机的象征。这是一本很容易被当成一般科普认知读物的图画书，因为它并不具有一个明显的故事情节，但如果我们真的只把它当作一般的知识性书籍来阅读，而忽略了作者安放在其中的诸多创作心思，那么就未免太可惜了。

20 世纪 80 年代末 90 年代初，梅特勒曾参与法国知名儿童科普丛书"第一次发现"系列的插图工作。他精致、细腻、逼真的插画风格在《由近到远 由远到近》一书中得到了更为充分的发挥。他笔下光影分明的果实、枝叶等，乍看之下有一种高清摄像般的视觉效果，但他的画面所具有的那种统一的、恰到好处的色彩、形式美感以及"工笔"般细致入微的画面间穿插的"写意"表现笔法，又远非实录性的摄影摄像作品所能媲美，更何况它们还指向着另一个由丰富、有趣的细节设计所构成的阅读发现的旅程。为了便于孩子们跟上书中画面的视觉推移，梅特勒在每一页的相同位置均以一个细细的白色方框来吸引小读者的注意。对于一本完全可以凭画面与文字实现完整叙事的图画书来说，这不一定是一种值得提倡的选择，但对于一本以儿童的自然情境认知教育为目的的科普书来说，这样的做法无可厚非。事实上，它也的确能够为不甚熟悉这种视觉空间推移的孩子提供阅读接受方面的便利。

跟孩子一起阅读这本图画书，我们既可以引导孩子通过视觉提示体验空间定位与发现的乐趣，也要带他们跳出其中视觉提示的限制，去细细品味每一个画面整体上细腻层叠的色彩和光影表现，以及隐藏在这些色彩和光影下的丰富的艺术与生命的情趣。

（《由近到远 由远到近》，[法]赫内·梅特勒 / 著，代维 / 译，明天出版社）

幼儿故事能承载的生活重量：《奶奶来了》

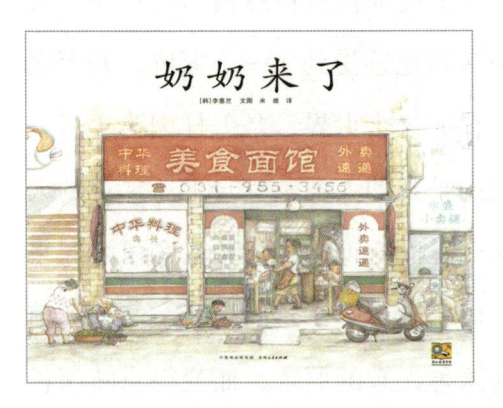

韩国插画家李惠兰的图画书《奶奶来了》选取了一个十分朴素的家庭生活题材和一种完全日常化的讲述方式，来展开童年记忆中的一段生活故事。事实上，与其称它为故事，不如说它是一则生活化的散文。

作品以一个不谙世事的小女孩的视角表现奶奶的到来带给全家的种种尴尬、麻烦和难堪。从情节的角度看，其叙事是散点和平面的，有时甚至是断片式的；但恰恰是在这种看似散漫的叙事之中，作品向我们传递着一种血脉相连的温暖、执着的亲情和植根于人性深处的无条件的责任感，并且表达了一种属于童年的刻骨铭心的成长经验。

或许，作家本人的创作说明对于这部作品的阅读显得尤为重要。这是一部作家以自己的童年经历为底本创作而成的图画书。作品中的奶奶罹患阿尔茨海默病，生活不能自理，意识也不甚清晰。尽管她早年并未尽到抚养"我"的父亲的义务，但故事中"我"的父亲和母亲仍然无怨地承担起了照顾奶奶的责任。作品的文字叙述部分所体现的完全是"我"的视角，它一方面真实地呈现了奶奶的到来所带来的各种"烦恼"，另一方面也流露出童年时期的"我"对奶奶的并无恶意的自然反感。

这种源于童年的天真、幼稚和不明事理的"不接纳"态度，为作品画面叙事的展开提供了充分的铺垫和空间。《奶奶来了》典型地体现了图画书图文之间的补充和配合关系。我们看到，在双页铺开的大画面上，奶奶的各种令"我"不能容忍的行为与爸爸妈妈无言的包容和照料形成了画面内容与节奏上的鲜明对比。整部作品中，奶奶的声音始终是缺席的，她既不能思考，也没有能力言说；这就使得故事中的爸爸妈妈对于奶奶的照顾完全是单方向的，它不能得到来自奶奶的任何回应。而这也从另一个方面衬托出爸爸妈妈的善良及其毫无条件的责任感。作品临近结尾处，作家用沉默的画面来表现"我"对于爸爸的理解和最终对奶奶的接受，具有很强的情感张力。

我们同时也看到，作品并不回避生活中的真实烦恼，它不虚假地美化生活。从故事开始的画面对比中就可以读出，对于奶奶的到来，爸爸妈妈的内心也并不平静。而在整个叙事进程中，这种复杂的感情也在作为读者的我们心里激起矛盾。在充溢着焦虑与无奈情绪的真实生活情态的描绘中，故事所展现的一种天然、朴素的善良和温情，尤其令我们感动。

这是一本需要我们用心去理解和体会的图画书。它的画面的连接与细节，它的文字叙事与画面叙事的对比配合，它的跳跃而又真实到近乎粗糙的生活场景描绘，以及这些场景中所蕴含的情感力量，都有着十分值得我们咀嚼和回味的空间。

合上这部富有特殊情味的作品，我们会深切地感受到，一个家庭，乃至我们生存的这个世界，是怎样因为生活在其中的平凡的人们及其身上所保存的人性光辉，而变得温暖、珍贵和可爱起来的。而一段属于童年的记忆，又是如何因为这种光辉的照耀，而变得意味深长并令人感慨万千的。我们要祈祷，这种血脉相连的人性温情，能够永远住在平凡而珍贵的人间，住在我们每一个成年人和每一个孩子的心里。

（《奶奶来了》，[韩]李惠兰/文图，米雅/译，贵州人民出版社）

当你忧愁的时候，别忘了还有我：《忧愁熊》

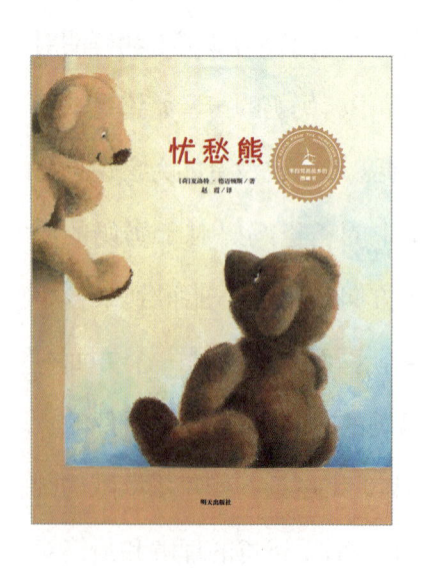

清晨的玩具店一片寂静，玩具熊们还在熟睡中，却有一双写满忧愁的眼睛，在黑暗里孤独地睁着……

荷兰图画书作家、插画家夏洛特·德迈顿斯以这样一个充满悬念感的叙述，开始了《忧愁熊》的故事。跨页的大画面上，幽蓝的夜色笼罩着各种睡姿的玩具熊，他们有的躺着，有的趴着，有的坐着，还有的大概玩过了头，都来不及爬下玩具车，就睡着了。而就在这沉沉睡意的中央，在一个孤独的木格子里，一只小小的玩具熊固执地睁着眼睛。他是谁？他睡不着吗？他为什么会睡不着？

洗衣熊的叫嚷多少揭开了一点点谜底。当其他玩具熊轻车熟路地把衣服纷纷交给洗衣熊浣洗时，小熊显然很不适应这一切。来自洗衣熊的家长般的指示，在他听来更像是一个带有欺凌意味的命令。他一定是新来的吧？于是，一场想要帮助这个新成员的行动在玩具店里热热闹闹地开展起来。北极熊给了他毛茸茸的拥抱，蜂蜜熊要和他分享蜂蜜，大大熊发动大伙儿一起帮他找家人……可惜这些热情的举动都没能缓解小熊的紧张。就在大家忙成一团的时候，沿着画面中央的木格板线，悄悄地爬下来另一只小小的熊——多嘴熊出场了。他的啰里啰唆的絮叨从"发愁"的话题开始，但这些唠叨与其说是在和小熊分享"发愁"的体验，不如说是在帮他消解这些忧愁。不用说，坐在"那么高的架子上"，一个不小心"掉下去，落到地上"，自然是件值得发愁的事情；但接下来，被一个孩子"又是抱""又是亲"，和他一起旅行、玩耍，一起挤在汽车后座上，彼此紧紧地靠着，这可不再是令人发愁的事情，而是想起来就叫人觉得安心和温暖。

于是，我们看到，伴随着多嘴熊的絮叨，画面上小熊的身姿慢慢发生着变化：他开始从背对着我们的孤单而沮丧的姿态里走出来，把脑袋转向了多嘴熊的方向，紧接着，身体也随之转了过来，与多嘴熊面对面地坐着；他的孤单而忧伤的眼睛，第一次拥有了一个可以对视的朋友。

德迈顿斯借这么一个孩子们最熟悉的玩具熊的故事，来表达童年时期最常体验到，却也最容易被忽略的孤独感和忧愁感。这感受发生在许多这样的童年生活情境中：一个孩子，从熟悉的家忽然来到另一个新的环境，不得不暂时离开熟悉的亲人的陪伴，去学着独自面对和融入这个环境。因此，故事里满心忧愁的玩具小熊，其实也是现实中每一个曾经或正在体验这份忧愁感的孩子的情感投射对象。当小熊终于也拥有了一个可以"紧紧地靠在一起"的朋友，经历了整整一夜担忧和疲倦的他终于"睡着了"，所有他曾体验过的孤独、忧愁和焦虑，在这一刻完全融化在了另一种舒缓、安然的情绪里。

在这个过程中，画面的主色调也发生着微妙的转变，从清冷忧郁的蓝色调慢慢转向煦暖开朗的橘色调。这转变既是故事里时间推移、天光变化的暗示，同时也是小熊心理情绪变化的写照。在图画书的末尾，忧愁熊依偎着多嘴熊沉沉睡去的画面上，那笼罩着整面柜台墙的温暖的橘色，与故事最初散发着幽蓝色的相近场景形成了鲜明的对比——那个在一片睡意中独自醒着的小熊无疑是忧愁的，但那个在清明的晨光中独自恬然入睡的小熊，则向我们传递着一份足以抚慰心灵的安宁和满足。从这个画面回过头去看，我们会感觉到，不只是多嘴熊，洗衣熊、北极熊、蜂蜜熊、大大熊，以及玩具店里所有其他的熊，其实都曾为小熊的这份安宁和满足贡献过他们的关切与温暖。或许，等小熊醒来，他会感到自己已经完全成为这个大家庭的一员。

德迈顿斯的插图常富于叙事和细节的独特创意，她喜欢在画面中探索图画书视觉表现力的更远边界，带领小读者体验各种各样挑战规范的文本游戏。这部图画书也不例外。比如，在多嘴熊与忧愁熊交流"小孩"话题的那个画面上，他们之间的问答就是作者设计的一个特别的文本游戏："你见过小孩吗？""见过。""在哪儿？""就在那儿！"然而，我们从画面上却看不到任何小孩的身影，只见两只玩具熊同时转过身来，面向我们，忧愁熊的一条手臂也指向我们；与此同时，其他忙活着的玩具熊忽地停下来，把惊讶的目光一致投往了这个方向。这个共同的视觉动作令我们猛地意识到，对话中的"那儿"，指的不是故事内的某个虚拟空间，而是在文本之外——那个正在翻读故事的真实的孩子所处的现实空间。真的，一直"看"着故事里的玩具熊们忙来忙去的，不正是"这个"阅读图画书的孩子吗？通过这样穿越文本的游戏，作者让小读者意识到，他不只是这个故事的一个普通的阅读者和旁观者，同时还是它的亲身参与者，是影响故事进程的其中一个元素——谁能说，在故事起初时候，来自画面和文本之外的"这个"孩子的目光，不是令不明就里的小熊感到不安的原因之一呢？

借着图画书独特的画面语言，德迈顿斯也赋予了忧愁熊的故事以更丰富的叙事细节和趣味。尽管忧愁熊无疑是这个故事的第一主角，但大多数时候，他只是画面中一个小小的形象，而和他一起分享整个空间的则是一大群各式各样的玩具熊。于是，当我们的目光从文字叙事的提示中延伸开去，落到每一画面的各个角落，便会发现作家笔下玩具熊的世界原来还藏有如此多的情味和趣味。比如故事起始的大画面上，每一种玩具熊都有着各自不同的酣睡姿态，这些姿态令我们联想到玩具熊们各不相同的脾气、性格。在玩具熊逐一醒来后的画面中，这些性格得到了更丰富的展示：忙碌的洗衣熊们，像是这个玩具世界的一群苛责而尽职的管家；戴红帽的小灰熊们，显然有着比其他玩具熊更为活泼顽皮的天性；蜂蜜熊吃起蜜来好不邋遢，一大坨蜂蜜从它的手掌滴落下来，惹恼了底下圆耳朵的小灰熊；两只棕色的玩具熊临时"霸占"了另一只熊的三轮车，乐滋滋地玩起双人杂耍……这是一个充满生机的玩具世界，也是一个充满欢乐的游戏世界，只要善于观察，孩子们一定会从作品的阅读中体验到更多发现的惊喜。对儿童来说，这样的观察和发现，无疑构成了图画书阅读的另一半无可替代的阅读趣味。

（《忧愁熊》，[荷]夏洛特·德迈顿斯 / 文图，赵霞译，明天出版社）

幼儿知识读物的厚重与磅礴：《生命的故事》

美国童书作家、插画家维吉尼亚·李·伯顿最为人熟知的作品，是她出版于1939年的图画书《迈克·马力甘和他的蒸汽挖土机》以及获得1942年凯迪克奖的《小房子》。她笔下那辆可爱的蒸汽铲车玛丽安，已经成为20世纪美国童年记忆的一个组成部分，而那幢充满清新、温暖的怀旧气息的小房子，则已经成为正在努力与现代技术文明相妥协和抗衡的当代美国文化的一个重要意象。而这两部作品活泼的用色、拟人化的主角、幸福圆满的结局，以及怀旧的田园气息，也典型地代表了伯顿图画书创作的一些主要特征。

与上面两个作品相比，不论在题材、立意还是总体风格上，《生命的故事》都可以说是伯顿为数不多的独立创作的图画书作品中十分特殊的一部。这部颇具史诗气魄的作品别出心裁地将地球迄今为止的地理与生命演化历史浓缩在一个五幕剧里，并以极为浅近而又大气的语言，以及宏阔华丽又充满迷人细节的画面，呈现了这一出对我们来说显得既遥远又切近的时空图景。

幕起时，从猩红的垂帘后徐徐向我们展露出来的幽邃的太空中，盘旋着缀满星光的蓝色星云；红、黑、蓝三色之间构成了一种令人屏息的强烈对比，在这样鲜明而又沉着的对比中，静默的画面仿佛充满了宇宙运行的宏大声响。尽管从翻页的逻辑看，这幅右页面上的插画出现在文字之后，但它显然比左页面上的文字说明更早地攫住了我们的注意力，并促使我们在一种近于迫不及待的情绪中，回到左页面上去溯寻关于它的叙说——"很多很多亿年前，我们的太阳诞生了，它是我们银河系中的上千亿颗恒星之一。"在时间上显得格外遥远的"很多很多亿年前"和在空间上显得格外广袤的"上千亿颗"，把读者带入到一片远古的时空中；但置放在"太阳"和"银河系"前的那两个亲切的"我们"，又使这片时空变得与我们的生命存在息息相关。伯顿十分巧妙地运用这种语言上的微妙技巧，创设出一种独特的叙述气势与情感氛围。而当我们把目光重新转向右页面的这幅插图时，也会发现，通过那呈对角线划过水平画面、指向太阳的光束，上述技巧同时在画面里得到了呼应。从舞台出发射入太空的光束将幕前与幕后的世界连接在了一起，也将作为读者的我们与故事里的遥远时空连接在了一起；光束的斜线打破了环状星云所包含着的那份恒久的宁谧，暗示着叙述者的参与和历史叙说的开始。通过文字与画面的配合设计，作者在不知不觉地把我们推回那悠长绵远的时空隧道。

很显然，这一同时表现在文字和插画上的技法贯穿了整部作品。它带领我们走过太阳和地球的诞生所准备下的生命的"序幕"，走过古生代、中生代、新生代的每一纪，一直走到作者创作这部作品的20世纪60年代，甚至更近的今天和未来。虽然与一般的图画书相比，《生命的故事》所包含的文字和插图已经显得有些密集，但与它所致力于呈现的这段厚重的历史相比,它们又显得简约至极。伯顿在创作这部作品时,仍然牢牢秉持着她一贯的儿童读者意识,她所使用的文字语言和插画一道,努力以最能够被孩子接受的方式讲述着与"寒武纪""奥陶纪""岩浆岩""变质岩""无脊椎动物""脊椎动物"等各种与地质学、生物学、天文学术语有关的历史名词,随着时间的推进,插画的色调也从卷首的暗色走向卷末的亮黄,从历史的深沉转向活泼的希望,配合展现了叙述氛围的转变。一位母亲在亚马逊网站上留下了对于这部作品的嘉许,她特别提到书中尽管不乏宏大的科学术语,但自己一年级的女儿仍然读得有滋有味。

或许,这也与前面提到的作者所使用的叙述技巧十分相关。自始至终,伯顿都在文字和画面中不断地提醒着读者,这不仅仅是一个"我们"的故事,它也是关于"我"、关于我们每一个人的故事。正如《书鸟》杂志的评论所说,"在宏伟的时间与创造之流中,伯顿女士也给予了每一个人那样一种身在其中的感觉"。

我们会发现,撇开时间的因素,故事叙述的聚焦一直在不断缩小,从宇宙、太阳、地球到作者所在的美国,以及她自己的家。故事的时空从历史转到"我"的现实生活后,其文字和画面的叙述格调再度回到了《小房子》的感觉上。跟随着作者抒情意味浓郁的文字,我们再次看到了那幢顶着烟囱、睁着两个眼睛似的方格窗户的熟悉的小房子,以及现实中伯顿所居住的那幢双层小楼。而房子周围的风光,恰恰是作者对她已经在此生活了二十五年的那片被唤作弗利谷的土地的描绘,画面上有她的丈夫和孩子,他们所圈养的绵羊和她心爱的狗,她的花园和经常散步的树林,还有她自己。看得出,伯顿是把对这个家、这片土地的爱意,全部倾注到了关于它的四季晨昏的描摹与表现中。一个从地球的全部历史起始的故事,最后落在了如此具体、真实、亲切的生活场景中,它所叙述的生命感觉,也因此变得那样踏实、朴素和细致起来。

就在这出五幕剧结束的地方,翻过去,一扇沐浴在日光里的敞开的窗户,一串连环绵延的时间之带,与作者的谢幕词一道,有如一张意外的请柬,邀我们携自己的经历,来为这段历史续写永无止息的"生命的故事"。这么一来,作品的叙述便不再是闭合的,而是向着无限的未来、无数的生活可能打开着。如果说关于弗利谷的这段叙述多少带着些特定的民族文化印痕与民族意识的限制，那么这最后的两页，则使故事的精神气魄重新回到了初始时的那份开阔的宇宙和人类情思中。

创作《生命的故事》耗费了伯顿整整八年的时间。八年间，她不断前往纽约的国家历史博物馆获取地理学、古生物学、古植物学和考古学方面的相关知识，为了方便工作，有时就住在博物馆边上的一个小宾馆里。她戏称有那么一段时间，博物馆的工作人员每天早上雷打不动地看到她把车子停在台阶前，简直都看腻了。她以极大的耐性吸收和消化各种资料，并在插图上精益求精，在每一个细节上费尽力气，一门心思地朝着自己认为完美的目标前进。

她的努力没有白费。这本长达72页、包括35幅彩色大插图的作品出版后，受到了评论界的一致赞赏，波士顿科学博物馆为此还专门举办了一个庆祝会。已故的哈佛大学知名地质学教授科特利·马瑟曾这样评价它："伯顿女士没有低估她心目中小读者们的理解能力与科学探索的欲望，她成功地将如此丰富而重要的地史事件和名目呈现给了他们，这实在是一桩值得庆贺的事。"

并不是所有人都知道，除了儿童图画书的创作以外，伯顿还是一位出色的艺术设计者。对许多人来说，伯顿在童书创作方面所获得的艺术成就和所做出的重要贡献，往往掩盖了她在另一领域所取得的成就的光芒。事实上，在弗利谷，伯顿还负责执教一个艺术设计班，并和这群年轻的学员一起正式成立了名为"弗利谷设计者"的设计团体。不久之后，这个团体的成员就以他们富于创新性和高质量的设计作品，引起了国内乃至国际范围内人们的注意和称道。

有人认为他们的设计代表了当时纺织设计界的一种新取向。我们也可以从伯顿许多部作品的绘图中看出鲜明的艺术设计的痕迹。在《生命的故事》中，每一幅插图都完美地诠释着艺术设计中的对称与均衡、节奏与韵律等模式化的构图理念；而那贯穿了《生命的故事》始终的、几乎已经成为伯顿插画标志的盘旋与波形线条，那富于装饰画意味的景物呈现，那出现在目录页的透着维多利亚时代装饰风格的边框，都透露了作家本人的艺术设计理念。或许也是由于这个原因，伯顿的插画总是充满了格外精致的艺术细节。

尽管《生命的故事》是一部专为孩子创作的带有一定科普目的的图画书，但许多人认为，它也是一部适合各个年龄段读者的图画书。不论儿童还是成人读者，都会沉醉在伯顿为地球和人类生命的历史所绘出的这幅华丽、精细而又独特的图画中。作家在故事创作和画面表现方面的才华，让《生命的故事》不仅是一部值得期待的知识启蒙作品，同时也是一部值得恒久收藏的美丽的生命诗篇。

（《生命的故事》，[美]维吉尼亚·李·伯顿/文图，漆仰平/译，新世纪出版社）

没有文字的阅读挑战：《黄气球》

荷兰图画书作家、插画家夏洛特·德迈顿斯的无字图画书《黄气球》拥有一个别致而又大气的创意。它以一个轻盈飘飞的黄气球作为主要的视觉导引线索，向我们呈现了一次气势宏大、风格奇异的环球旅行。这场旅行不但涵盖了从陆地到海洋、从高山到平原、从森林到沙漠、从都市到乡村等的巨大空间位移，也包含了从白天到黑夜、从出生到死亡、从过去到现在、从当下到未来的时间变迁。通过这样的方式，它展示了我们身处其中的星球所具有的丰富的地貌与深厚的历史，更重要的是，展示了生活在这个星球上伟大而又渺小的人们所经历过和正在经历着的欢乐与悲伤、幸福与痛楚、失败与成功，以及生命自身在这样的周而复始中所展现的独特与丰饶。

为了突出这一特殊的表现效果，作者采纳了一种具有典型超现实意味的画面构图。在扉页之后的第三个跨页画面上，与机械耕作的现代农田和行驶着汽车的现代公路之间毗邻而置的是原住民部落与战争中的古代城堡。紧继其后的又一个大画面上，喷薄的火山、积雪的胜地与逶迤的长城、肃穆的布达拉宫相距不过咫尺；而在另一个以沙漠为背景的大画面上，日照下的金字塔与其右方一座蓝色的清真寺、一个希腊风格的庙宇，以及散落在插图中间的游牧民族帐篷则以截然不同的建筑风格默默言说着不同文明的智慧与沧桑。在另一个海洋背景的画面上，古老的人力帆船与现代帆艇、渔船、游艇和航母正行驶在同一片海域；另一个夜幕降临的场景中，破败的贫民窟紧挨着奢华的游乐场，左上方的角落里则上演着一出中世纪的海盗掠宝大战……通过这样的时空并置，平面、有限的画面空间被赋予了宽广、立体的表现可能，从而使得图画书在不多的页面之间，得以覆盖尽可能丰富的历史与地理内容。

因此，阅读这本图画书的过程，也是我们体验一次具有散步性质的时空旅行的过程。跟随着作者想象力的引导，我们在纸页的方寸之间行走过了地球的不同边界，经历了文明的不同时间。作者有意将黄气球小心地藏在每一幅画面的不同地方。有的时候，它被牵在某个孩子或大人手中，更多的时候则是以一个通常令人难以觉察的小影像飘浮在画面的不同角落。为了找到它，我们常常需要不止一遍地仔细观察每一个画面，这也促使我们不得不加倍注意画面上每一处细小的地方，从而对整个画面内容有一个更为全面和细致的了解。

显然，这样的画面组织方式使得这本图画书更像是一篇散文而不是一则故事，它充满了描写与抒情的笔墨，却似乎缺乏一个连贯的叙事骨架。我们或许会以为，它的创作主旨原本就在于时空表现而非故事叙述。然而，当人们这样认为的时候，他们至少错过了除黄气球以外，作者在所有画面内埋下的另外三个重要的意象线索，它们分别是：一辆深蓝色的小汽车，一个身着黑白条纹囚服的男子，以及一位坐在红色飞毯上的飞毯术士。这三个意象代表了这部图画书在其散点式的画面内所藏有的三个连贯的叙事，正是它们的存在证明了这部作品并不仅仅是一种独具特色的儿童知识读物，也是一个与众不同的儿童图画故事。

如果说单以黄气球的飘游为线索的视觉旅行主要是一个我们凭借细致的观察来

还原和解读驾驭着所有画面的作者想象力的过程，那么对于上述三个意象的读取则需要我们更多地调动起自己的想象能力，根据这些意象在各个画面现身时的不同视觉语境来为它们编织各自的故事。

以囚犯的线索为例。在故事正式开始后的第一个跨页画面上，穿过天穹中的朦胧云雾与真幻交织的各色物象，我们看到地面上有两名警察正将一个身穿黑白条纹囚服的男子押向警车；在随后第二个跨页上，避开无数热闹喧哗的城市生活细节，我们会发现在画面左上方一个不起眼的地方，这名男子已经成功越过监狱的栅栏，正在仓促奔逃。在紧继其后的九个跨页上，这名男子先后藏身于隐蔽的树篱之间、滑雪的人群之中、茅屋背阴的灌木丛里、同样是黑白条纹的斑马群中、海盗船上的水手堆里、因纽特人的雪屋一角、茂密的雨林深处、高楼的阴影之下，以及街头的缝隙之间。作者总是有意将这一形象安排在画面的某个极不显眼的角落，同时也充分利用某些色彩与黑白条纹囚服之间的视觉遮蔽效果来增强形象在画面上的隐蔽性，这样，在每一个画面上寻找这名男子藏身之所的过程就成了一场颇具难度的视觉挑战游戏。而随着游戏的推进，我们心头的疑惑也在渐渐增强：男子为什么要越狱？他最后又将逃向哪里呢？当故事里的天色逐渐转暗，而我们的好奇心也已经累积到了相当程度的时候，一大片夜幕中的林地出现在我们面前。就在这里，我们的主角之一抵达了他的目的地。在透着幽蓝的夜色里，灯火昏黄的屋子外，他与一位女士紧紧相拥，而如果我们仔细辨认，很快就会发现他们所置身其中的那座院子正是故事之初男子被警察带走的地点。男子不顾一切地冒险越狱，历尽艰难地辗转奔逃，原来正是为了与亲爱的人再次聚首。显然，这里的越狱行为在很大程度上已经被剥去了它现实的政治、社会意义，而更像是一出浪漫的现代传奇。

与囚服男子的行踪相比，飞毯术士与深蓝色汽车的旅行目的似乎显得更难以揣测一些。在男子被捕的同一个画面上，我们看到身着白袍的术士正抬首向天，似乎在寻找着什么。随后一幅画面上，他向一位地毯商人购买了一张红色的毯子。正是这张毯子成为术士接下来的交通工具，他从开满郁金香的美丽田野起身，坐着红毯飞过悬崖和山谷，飞过沙漠与草原，飞过海面与极地，飞过森林与海滨。然而，一直到他卷起飞毯，手牵着黄气球的丝线出现在暮色降临的画面一角，我们才知道原来他驾着飞毯一路追寻的正是这个飘飞的黄气球。至于他追逐黄气球，是为了帮助故事开始处那两个因为飞走的气球而焦急呼喊着的孩子还是出于别的什么特殊目的，这些问题都只能留给我们自己去想象和虚构。而那辆深蓝色汽车则在故事还未正式宣告开讲的环衬和扉页上，就已经开始了它的出行。根据它所到达的每一个地点，我们可以推测出它的主人曾经到过的那些地方。在作品临近结尾处，当术士一手牵着黄气球，一手夹着飞毯向深蓝色汽车的主人寻求搭车之便时，它又充当了上述三个线索的汇合点，从而使故事便于再度收紧它放开的意象，走向结局。

除此之外，我们还可以注意到一些间断地出没于故事的分支意象和情节。比如曾在扉页及其后的前两个画面上出现的那辆运载着两头长颈鹿的卡车，在消失了若干时间之后，重新现身在了度假海滩的画面上，并为逃亡中的囚衣男子提供了搭车的便利。看上去，这是两头出于商业需要被各处借用的长颈鹿，在树林里的夜憩之后，它们还将继续被送往各处展出吗？此外还有几次出现在画面上的白色警车、一辆车头处安有黑色备胎的青色汽车、两次在不同地方现身的海盗与海盗船等，都为我们的阅读提供了某些可供想象的细小线索。这些意象的设置使得图画书仿佛充满了等待着我们去发掘的叙事的秘密，也为读者自我想象的发挥提供了支点。

当然，所有这些叙事性的内容或元素都十分有别于传统图画书讲故事的方式。如果说在许多无字图画书中，那等待着读者去追寻的故事情节大多是一个早已事先埋下的确定的谜底，那么《黄气球》则将无字图画书叙事的不确定性推到了极致。整部作品中，由作者给出的阅读提示仅仅是压在毫不引人注目的封底一角的四个意象，如果不是反复仔细地翻看，许多人或许根本不会注意到它们。与此同时，关于越狱男子、飞毯术士、深蓝色汽车或黄气球的画面叙事，似乎都不存在某个准确的解释版本，而需要我们充分开放自己想象的官能，来为它们的行踪提供一个合理的说明。换句话说，作者巧妙地利用了我们每个人心中深藏着的叙事本能，让读者在纷繁的视象中尽力寻找着那些可见的线索，清理着那些可能的脉络。这样一来，当这些叙事的进程在我们的想象中慢慢成形的时候，它们不但成为这部图画书的故事，也在某种程度上成为我们自己的故事。

像莫里斯·桑达克、大卫·威斯纳等许多对图画书画面的细节游戏情有独钟的当代儿童文学作家一样，德迈顿斯也在她的这部作品中表现出了对于视觉互文游戏的极大兴趣。仅以这部作品涉及的关于诸多知名儿童文学作品的互文细节为例，在扉页后第一个画面中央的一小片地面上，细心的读者会发现英国作家特拉弗斯笔下那个身着黑帽黑裙的著名童话人物玛丽·波平斯撑着她标志性的雨伞，拎着她无所不能的手提袋从右下角随风降落，而在斜对面的另一个角落，一个酷似长袜子皮皮的红发女孩正骑马而来。一个翻页之后，画面右上方的玛丽·波平斯已经收起她的雨伞，走在沿街的人行道上，而在对角线的另一端，一个西方儿童熟悉不过的超人似乎正准备从屋顶上飞身而下；又一个翻页之后，可爱的小红帽与大野狼在树林边相遇了。这里最值得一提的或许是作品后环衬前的那个跨页。在这个画面上，除了我们一直关注的越狱男子与深蓝色汽车的动向外，在幽暗的丛林里，还有许多我们熟悉的童话故事正在悄悄上演着：《白雪公主》里的七个小矮人正穿行在画面左上角的树丛中；画面居中的小径上，灰姑娘的南瓜马车正要将她带往王子的舞会；马车上方，格林童话中被父母遗弃的汉塞尔与格蕾特姐弟正在黑暗的树林里摸索着前行；而马车下方，《不来梅的音乐师》中的四位动物主角已经齐心合力吓跑了屋子里的强盗；同时，就在离这一场景不远处的页底上，格林童话中的侏儒怪正生起火堆，提前庆贺他的胜利……显然，在搜寻和建构故事情节线索的同时，发现这些隐藏在画面里的熟悉的影像，也为作品的阅读增添了别样的乐趣。德迈顿斯编织细节的本领令人称奇，以至于在多次翻阅这部作品之后，我仍然感到，对于它的再一次重读还将带来新的细节发现的惊喜。

《黄气球》以其精密的绘画笔法为读者呈现了一出充满趣味的视觉躲猫猫游戏，同时也是对于读者观察力的一次不无挑战性的考验。由于这个原因，不少西方读者或评论者都将这部作品归入当代西方图画书创作的"视觉发现"（I Spy）技法传统中。然而技法本身并不能言尽它的特点。作为一本优秀的儿童图画书，《黄气球》最令人感到深刻隽永和意味无穷的地方并不仅仅在于它所提供的这一场阔大而又精致、生动而又幽默的视觉展览，更在于透过这些画面所呈现出来的作者对于世间万象、人生百态穷形尽相的描摹，以及对于一切生命过程和存在意义的深刻理解。在这部作品的各个场景中，活动着各样的游戏与劳作的人们、忙碌与悠闲的人们、相聚与离别的人们、孤独与热闹的人们、微笑与哭泣的人们、新生与死亡的人们、留守与出行的人们、安逸与冒险的人们、贫穷和富裕的人们，与自然世界、日常生活以及彼此相爱恨的人们，以自己的力量与智慧建立起伟大的文明，同时也因自己的贪婪、杀戮而经受着这一文明惩罚的人们……黄气球所飘过的历史与地域，不仅仅构成了某种可供观看的外在对象，而且就是我们身处其中的那个时间与空间。它所见证的一切意象和情感，也就潜伏在我们所有人集体记忆的深处，拨动着我们内在灵魂的丝弦。

阅读这样一部言及生命的作品，有的时候，我们的目光会久久停留在书中的某一个画面上，去细致地品味和感受这里的每一个细节所具有的动人心魄的生命感觉，包括那些在战争中流血而亡的普通士兵，那个精疲力竭地扑倒在沙漠里的行路者，那漂浮于海面上和寄寓海岛的远游者，那随着"泰坦尼克号"的沉没而在冰冷的海水中挣扎呼号的落难者，还有那坠落在雨林中的飞机残骸，等等。尽管这一切都是以卡通和写意式的笔法加以呈现的，有时甚至伴随着明显的幽默感，但当我们把它们放在一起解读时，那种自开天辟地以来就开始铭刻在人类精神中的缥缈而又切实、痛苦而又幸福的存在感，便会不可阻挡地从画面间升腾起来。

毫无疑问，这不仅是一部献给孩子的图画书，也是一部写给我们每一个人的生命的画卷。它综合了如此丰富多样的意象与观念，以至于像一位西方读者所说的那样，它乍看上去有如"一团乱麻"，但相信许多仔细阅读了这本图画书的读者都会由衷地赞叹，这是多么了不起的"一团乱麻"！

（《黄气球》，[荷]夏洛特·德迈顿斯/著，明天出版社）

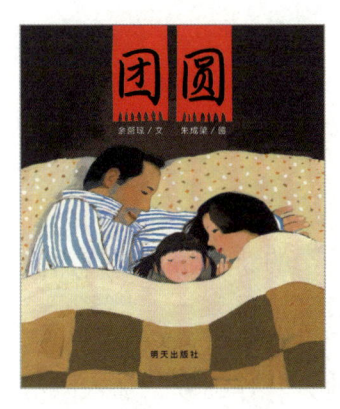

推荐阅读

《团圆》

余丽琼/文，朱成梁/图，明天出版社

这本图画书的题名"团圆"有着双重内涵：既是指故事里爸爸回来后全家人的团圆，也是指故事发生在春节这一团圆的传统节日。作品以毛毛的第一人称讲述特殊的"团圆"故事：在外务工的爸爸一年才回一次家，短暂的相聚里，爸爸的形象从时隔太久的陌生渐渐变得熟悉、亲切。图画书简朴童稚的叙述与沉稳厚重的插图，传递出真切结实的生活感觉与丰富细致的人物情感。画面上丰富的生活细节，值得我们慢慢读过去。这是中国当代许多留守家庭的共同生活体验，也是中国式的故事与情感，不论孩子是否身处同样的环境，透过毛毛的视角和声音，都能感受到其中与"团圆"有关的深挚情感。

本书获得第一届丰子恺儿童图画书奖首奖。

《鸭子骑车记》

[美]大卫·香农/著，彭懿/译，新星出版社

鸭子能骑自行车吗？故事里的鸭子用行动向农场里所有的动物证明了这一点。望着骑车的鸭子，动物们的心理各有不同，但面对一溜儿停在那里的自行车，大家的反应是一致的。一场骑车的狂欢在农场上演，虽然并没有一个人看见。故事的叙述从静到动，又由动而静，文字和画面间洋溢着夏日晴空

般净朗的欢乐。故事结尾处不着一字，却引人遐想：鸭子站在一台大拖拉机前，似乎正打算着什么……和孩子一起，仔细读一读所有动物一起骑自行车的大画面，看一看，不同动物选择的自行车与它们各自的动物特性之间，有着怎样巧妙的对应关系。

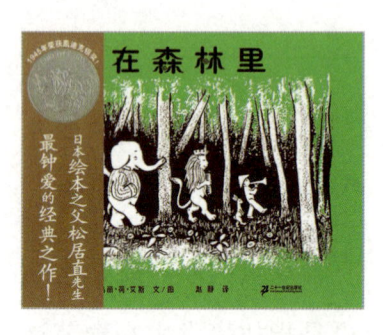

《在森林里》

［美］玛丽·荷·艾斯/文图，赵静/译，
二十一世纪出版社

到森林里去散步，吹起"我"的新号角，动物们纷纷跟了上来。"我"指挥的这支队伍，渐渐地越来越长，越来越大。

这是幼儿故事常用的结构手法，也是孩子非常喜欢的地方。仔细读，加入队伍的每个动物，好像都还有着属于它们自己的故事。森林里的野餐和游戏多么令人欢乐，这短暂的聚会又多么令人感到舍不得。画家擅长的黑白插图，营造出真幻莫辨的奇妙况味：这是小男孩真实的经历，还是发生在他想象中的故事？不管怎样，让我们一起期待"下次再来一起玩"。

如果喜欢玛丽·荷·艾斯的作品，还可以找到更多：《和我一起玩》《像我平常那样》《森林大会》。每一本都洋溢着童年与自然的天真趣味。

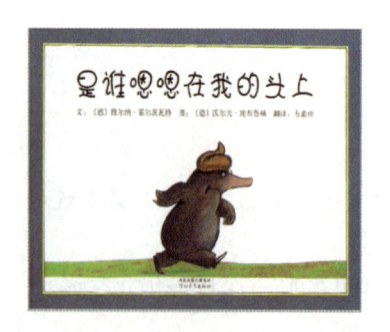

《是谁嗯嗯在我的头上》

［德］维尔纳·霍尔茨瓦特/文，［德］沃尔夫·埃布鲁赫/图，
方素珍/译，河北教育出版社

一本特别的图画书，带孩子认识动物的"嗯嗯"。一坨"嗯嗯"破坏了小鼹鼠在太阳天里的心情，他顶着头上的"嗯嗯"，一路去寻找"肇事者"。在这个过程中，我们先后见识了鸽子、马、野兔、山羊、奶牛、猪等动物的"嗯嗯"。小鼹鼠该用什么办法找到"嗯嗯"的主人，找到之后，它又会怎么做呢？特别的生物知识与幽默的故事情节结合在一起，酝酿出令人难忘的笑声与趣味。

这是一本带着"气味"的图画书，却写得十分自然，既介绍了有关动物"嗯嗯"的冷门知识，也带读者看见生活中常被社会礼仪遮蔽的那些日常。对于这本书，有的孩子非常喜欢，有的孩子却并不如此。

《下雪天》

［美］艾兹拉·杰克·季兹 / 文图，上谊编辑部 / 译，明天出版社

这是一个讲述小男孩彼得一个人在雪地散步，适合下雪天读的故事。

在雪地上踩出脚印，用树枝打树上的积雪，做雪人，做雪天使，爬"雪山"，爬"雪坡"，彼得玩得不亦乐乎，又始终只是一个人。童年简单的欢乐与淡淡的孤单交织在一起，带来独特的阅读感受。故事没有起伏的情节，只是散文式的叙说，细细地跟随、描摹一个孩子在雪天里的感觉，包括他的梦境，读过后，文字和图像都在脑海里盘桓不去。前后环衬上五颜六色的雪花，缤纷里带着童年淡淡的敏感和忧郁，恰如彼得在下雪天里的心情。这样的作品，代表了幼儿读物的另一种风格与调子。

《小威向前冲》

［美］尼古拉斯·艾伦 / 著，漆仰平 / 译，贵州人民出版社

如果孩子开始很认真、执着地问"我是从哪里来的？"，不妨和他（她）一起读一读这本书。小威是一颗精子，住在布朗先生的身体里。当他与布朗太太身体里的卵子结合在一起，神奇的事情发生了：布朗先生和布朗太太有了名叫小娜的宝宝。可是，小威上哪儿去了呢？可爱的故事，明朗的幽默，讲述关于身体和生命孕育的奇妙知识。作品将生活故事的讲述与生理知识的解释巧妙融合，同时用自然、贴切的故事类比，引导孩子初步认识生命基因、遗传的秘密。

《100万只猫》

[美] 婉达·盖格 / 文图，彭懿 / 译，南海出版公司

100万只猫，多么惊奇，多么热闹！孩子很可能会首先被这个题目吸引。老爷爷和老奶奶有一间很漂亮的小房子，只是太寂寞了。老爷爷于是出门去为老奶奶寻找一只猫，结果带回了成千上万只猫，这下又太喧闹了。最后，只有一只小猫留了下来，小房子里的快乐和温暖，刚刚好。与文字保持着清楚边界的装饰风插图，也让孩子与故事情节保持着恰当的阅读距离，就像聆听一个发生在久远时代的传说，所以，即便成千上万只猫在老爷爷和老奶奶的屋外使劲打架，尽管这场架把老两口吓得逃进屋去，孩子依然可以站在画框外安心地看完这个故事。

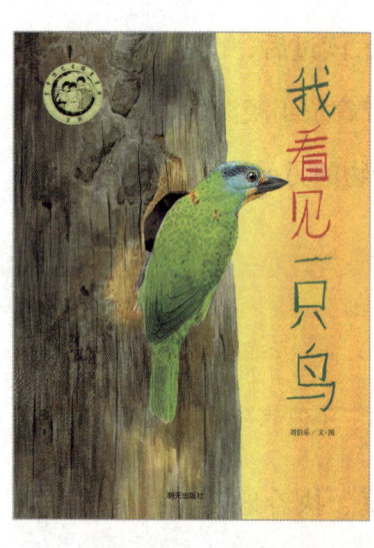

《我看见一只鸟》

刘伯乐 / 文图，明天出版社

这是一本非常漂亮、耐看的鸟类科普读物。小姑娘在大坑风景区发现了一只过去从来没有见过的鸟，她带着妈妈去寻找这只鸟，以确认它的名字。她们一路看见了各种各样的鸟：麻雀、野鸽子、五色鸟、红嘴蓝鹊、灰树鹊、大卷尾、竹鸡、红嘴黑鹎、黑冠麻鹭、黑枕王鹟、小弯嘴画眉，最后终于找到了那只特别的鸟。翻看每一画面呈现的鸟类世界瞬间，绝对是一种享受：纤毫毕现的身形和羽毛、活泼灵动的姿态与神情，每一幅都令人沉入自然生命的自美与自足。你或许会想：孩子认得这些鸟有什么用呢？可能并没有生活的实用，但它会带给孩子一种宽阔的视野和情怀——这个世界上，不只有我们和我们眼前的实利生活。有一天，这样的认识和情感一定会让孩子受益匪浅。

本书获得第三届丰子恺儿童图画书奖首奖。

"我和小姐姐克拉拉"系列（注音版）

［德］迪米特尔·茵可夫/著，程玮/译，
二十一世纪出版社

一对小姐弟的生活故事，像一出出幽默的小喜剧。故事用弟弟的第一人称讲述，普通的生活情景透过幼儿稚气的声音和视角，变得趣味飞扬。或许，这就是年幼的孩子眼中世界的感觉和样子。他们一起玩，一起吵架，一起比赛吃苹果，一起参加跳蚤市场，一起在家里练习飞行……在原本规规矩矩的生活舞台上，两个孩子不停地制造着不一样的摇晃、摆动、奔跑、跳跃。读着这些故事，我们对于自己身边这个同样一刻不停地忙着制造"状况"和"混乱"的孩子，是不是也会多一份宽容和幽默的理解？

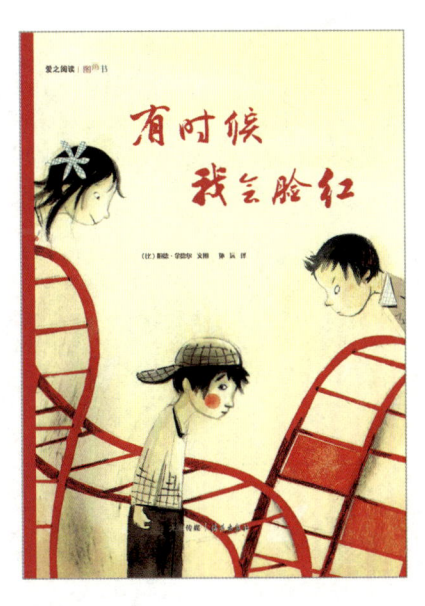

《有时候我会脸红》

［比］阳德·金德尔/文图，孙远/译，海燕出版社

这是幼儿图画书中不可多得的一部探讨幼年伦理话题的文本。从"我突然发现都尔的脸不知道为什么红了"开始，都尔"脸红了"这样一个小小的表情，在孩子们嘲弄的目光下被渲染成了一件极其可笑的事情。《有时候我会脸红》真实地写出了一个孩子在这样的伦理困境中所体验到的某种带有自我考问性质的思想斗争过程。这本图画书最大的成功在于，当"我"最后做出"说实话"的选择时，"我"仍然是犹豫的、不坚定的、充满顾虑的，"我"在心里告诉自己，"我不想给自己找麻烦"，但"不知怎的却慢慢举起了手"。正是这个"不知怎的"的举动，把"我"从良知的煎熬中拯救了

出来。这是一个充满勇气的举动,也是一个值得成年人回味和深思的举动——面对生活中同样的境况,我们会有勇气像故事里的这个孩子一样,为了心中的正义和良知而举起手来吗?

5—6岁的孩子正在迎来新的成长转折期：幼儿阶段即将结束，小学生活即将开始。这一时期的阅读除了给予孩子一贯的乐趣，还将为他们顺利完成幼小衔接和过渡提供认知、心理等多方面的助力。

5—6岁的孩子有时候比我们想象的更成熟，有时候又好像比我们期待的更稚气。这一点也常体现在阅读上。这时候，他们也许开始一个人读书，像个大孩子那样。但他们也可能更贪恋懒懒地靠在你身旁、听你朗读的时光。有的孩子开始读一些文字为主的书，但几乎所有的孩子对书中的图画依然表现出高度的热情。哪怕已经认识其中一些文字了，他们还是更喜欢听着大人读文字，自己则专注于图画的观赏和阅读。

这一阶段，孩子的提问变得更难应对，孩子的趣味变得更难把握。所有这些都是他们的身心健康成长的表现。

让我们再多一些耐心，陪伴他们在愉快的阅读中，走向新的生活风景。

5—6岁

父母读，还是自己读
——亲子阅读不妨持续久一些

孩子 5 岁之后，父母对于他们独立阅读的期望会逐渐上升。看到周围同龄的孩子一个个开始识字读书，做父母的自然也希望自己的孩子能早日培养独立阅读的能力，通过阅读认识更多的字，掌握更多的语言知识，为小学学习做好准备。

但孩子可能不这么想。即便他们已经开始识字，能够自己读一些书了，到了阅读时间，很多孩子可能还是坚持要大人读给自己听。这既不是因为孩子懒，也不是因为他们不喜欢自己读书，更多的是因为他们享受和爸爸妈妈一起阅读的时刻，享受听爸爸妈妈读书的声音。

这时候，请不要急着对孩子说："你自己读吧。"孩子能够自己识字读书了，并不意味着亲子阅读就应该停止了。对他们来说，自己读书是一种乐趣，和爸爸妈妈一起读书是另一种乐趣，两种乐趣并不相互取代。他们想听父母给自己读书，并不代表他们不喜欢自己阅读，这两种阅读的方式也并不彼此对立。

我们的建议是，只要孩子仍然对亲子阅读活动怀有强烈的愿望和热情，这样的共读就不妨持续久一些。如果父母平时很忙，没有时间，可以适当减少共读的频率，比如两天一次，一周一次，或者有空的时候就读一读。亲子阅读的坚持不会阻碍孩子独立阅读的发展，相反，经由它培育起来的对阅读和书本的热情，才是一切自觉、独立阅读的基础。

同时，在亲子阅读中，也可以有意识地逐渐鼓励孩子自己读书。随着孩子识字量的增长，阅读时间可以一分为二：一部分，父母给孩子读书；另一部分，孩子给父母读书。当然，这并非必须严格执行的计划。有时候，孩子不愿意读，那就家长多读一些。反过来，有时候家长感到很累，也不妨对孩子说："今天你能读书给我们听吗？"

这一阶段的亲子阅读，不但可以是有声的朗读，也可以是安静的默读。在共读的时间里，把手机、电脑、电视、投屏统统关掉，爸爸、妈妈和孩子（们）在一起，找到各自喜欢或想读的书，安安静静地读一会儿。此时的阅读，大可不必囿于童书。有时，孩子看自己的书，大人也看自己的书。孩子也许会走过来问："你看的什么书？"耐心地把书名指读给他们听。这是特殊的共读时光，它向孩子传递着许多重要、有益的讯息：对书籍的更多认识，对文字的更多认知，对于阅读作为一种令人感到安逸、满足的日常生活的体会与认可。

它可能也是对成人的提醒和督促。在跟孩子一起读书之前，你有多久不读书了？有多久不曾体验过拿起一本书来安静地阅读的乐趣？生活当然不是必须读书才能过，但读书的生活会让你感到一种弥足珍贵的充实与富足。

把这份充实和富足传递给孩子，是亲子阅读能够实现的最重要的意义之一。

怎样促进从"听"到"读"的发展
——幼儿读物的桥梁作用

幼儿读物首先是"听"的读物，它最早总是由成人"读"给幼儿听的。然而随着幼儿年龄的增长和语言能力的增加，幼儿有必要逐步经历从"听大人读"到"自己读"的过渡，由此发展起独立阅读的能力。在这个过程中，幼儿读物也可以成为幼儿从"听"向"读"的阅读能力拓展的桥梁。

事实上，儿童对于语言阅读的兴趣在很早就开始露出端倪。许多父母注意到，他们年幼的孩子对一路上各种大招牌上的文字表现出极大的兴趣。他们会不知疲倦地要求父母把这些文字念给他们听。由于语言本身代表了一种把握世界的方式，对幼儿来说，能够指认出那些出现在日常生活中的文字符号，也就意味着获得了对世界的又一种新的把握能力。因此，幼儿期所表现出的对于数字和语言符号的兴趣以及吸收记忆的能力，是幼儿天然的学习本能的一种表现。

但是，如果在这一时期，我们迫不及待地向幼儿灌输关于这些语言文字的辨认和书写知识，那么效果通常会适得其反。面对印制在各种材料（包括书籍）上的文字符号，"如果我们匆忙地给孩子们讲解这些印刷体，就可能扼杀他们的兴趣和热切的观察"，同样，"过早地强求他们通过阅读书本来识字，也会产生一种消极的影响"。（蒙台梭利《童年的秘密》）相反地，我们应该尽力保护幼儿对语言文字所怀有的那份鲜活丰沛的好奇心和学习的兴趣。在这样的情况下，幼儿文学作品中所呈现的那些富于韵律感的迷人的语言现象，便成为激发幼儿的语言兴趣、促进幼儿独立阅读的最佳途径之一。

如果我们能够在为孩子读书的过程中，让他们也一起坐在图书面前，看着大人一边翻页，一边将书上的文字逐一念出，那么它会令幼儿对语言和文字的"魔力"产生深刻的印象，并在幼儿心里激发起对于掌握文字阅读和语言运用的某种奇妙的内在愿望。在这样的内在情感驱动下，幼儿将开始关注他们所听到的声音与他们所看到的文字符号之间的特殊关联，并尝试把握住两者之间的这种联系。这个时候，幼儿独立阅读的欲望就已经开始萌芽了。

因此，对于幼儿读物的合理使用，可以成为促进幼儿从"听"向"读"的语言能力拓展的一个重要途径。在奥地利作家涅斯特林格为低幼儿童读者所写的"弗朗兹"系列儿童故事中，有这么一则幽默的故事：还没开始学习识字的男孩弗朗兹，为了在他的朋友佳碧面前保住面子，决心要向她展示自己识字的本领。他让保姆把读故事的声音录下来，对照着图书一遍遍地播放，居然记住了整整三本幼儿图书的内容，并能够指着上面的文字，一个一个地读下来。这个虚构的故事反映了幼儿在内心愿望的驱动下所具有的真实而又强大的语言潜能，也暗示了幼儿文学读物在幼儿语言学习过程中所可能发挥的重要作用。这些图书富于韵律性的语音和结构，最有助于激发幼儿对语言的天然兴趣。对我们来说，有意识地利用这些富于韵律性的幼儿文学作品来促进幼儿从"听"向"读"的语言能力的发展，也是幼儿期阅读的重要环节。

故事里讲的是真的还是假的？
——帮助孩子理解虚构与现实的关系

一般认为，幼儿读故事的时候，特别容易把故事里发生的一切当成真的事情。孩子到了四五岁，开始感觉到故事与现实之间的某种差异，但又不能十分确定。读《让路给小鸭子》（［美］罗伯特·麦克洛斯基/文图），他们也许会问："在波士顿的小岛上，真的生活着这样的鸭子一家吗？"读《田鼠阿佛》（［美］李欧·李奥尼/文图），他们也许会问："真的有这么一面石墙下，住着五只小田鼠吗？"

该怎么回答他们呢？在孩子读书的事情上，大人其实怀有矛盾。一方面，我们特别希望书本能够为孩子提供好的生活榜样，同时，孩子也能够相信这些好榜样，乐于向他们学习。所以我们会说：你看，故事里的小老鼠虽然小，但是又聪明又勇敢，所以赢得了他想要的东西。我们也要像小老鼠那样，做勇敢的孩子。另一方面，我们也很担心孩子分不清故事与现实的区别，傻傻地把故事当成真的，由此做出傻事或者上当受骗。所以我们又会告诉他们：故事只是故事，现实生活中，没有谁能从悬崖上跳下来却不受伤。尽管如此，还是不时有孩子因为过度相信或模仿故事而受到伤害的情况发生。

那么，故事里讲的究竟是真的还是假的？我们又该如何帮助孩子理解这一点呢？

当孩子开始提出关于故事里的角色是否真实存在的问题，这是一个很好的契机，我们可以借此引导他们初步理解虚构与现实之间的关系。我们可以明确告诉他们，故事就是故事，那是另外一个空间，写在纸上，画在纸上，虽然有时候看上去跟我们生活的世界很相像，但它仍然是故事，是我们头脑里想出来的事情。在故事与现实之间，有一条界线，让孩子看到这条界线，避免把两者简单地混淆在一起，非常重要。那样，他们就不会机械地模仿故事里的角色，也不会简单地把生活当作故事来过。

但孩子也许会接着问："那么，故事都是假的吗？"也许可以尝试这样回答：故事从我们的头脑里诞生，是我们想出来的一些事情。但不能因为它是想出来的，就说它完全是假的。虽然《田鼠阿佛》里的五只小田鼠和他们生活的石墙边并不真的存在于哪个地方，但只要读了这个故事，在我们的脑海里，这五只小田鼠的样子就生动地留在了那里，一想就能出来。在我们心里，它们好像比真的小田鼠还要真实。那么，一个故事，我们到底该相信它还是不相信它呢？

不论在生活中还是在头脑里，真和假，相信和不相信，都不是由一件事情是不是故事来决定的，而是由我们来判断它值不值得相信，哪些地方应该相信。虽然这个世界上并没有哪里住着《田鼠阿佛》里五只小田鼠，但故事里阿佛的诗带给大家的温暖是真实的，所以，这个故事要我们相信的并非阿佛和其他小田鼠是否真的存在，而是告诉我们，诗是一件跟食物一样重要的东西。同样，读完《让路给小鸭子》，我们不一定相信真有这么一群鸭子住在波士顿，但故事里大家为了小鸭子们纷纷让路的那份忙碌，却让我们感到了真实的温暖。我们愿意相信这样的温暖，也愿意去做这样温暖的事情。

这样的解释看上去好像有些深奥。但请试着给孩子讲讲看，根据我们观察，孩子对此的接受力和理解力其实非常强大。实际上，他们似乎天生有一种能力，能够从健康的阅读中本能地领会虚构与现实之间的朦胧边界，知道故事不是用来直接模仿的。当你跟孩子说："你看故事里的这只小老鼠，什么都不怕，你怎么不像它一样呢？"他（她）清醒地告诉你："那是故事里的事情。我们不住在故事里。"这就意味着，他（她）已经清楚地察觉到了故事与现实之间边界的存在。

我们要做的不是帮孩子划出这条边界，而是帮助唤醒他们的这种意识。在此基础上，我们才能带着孩子走向更进一步的认知：面对一个故事，究竟该不该相信它，以及该用什么样的方式相信它。

读图还是读字？
——克服狭隘的文字中心主义

孩子到了 6 岁左右，在阅读的事情上，父母常常谈到两个问题：第一，孩子读书只想大人读，不肯自己读，怎么办？第二，孩子读书只读图画，不读文字，怎么办？

第一个问题，刚才我们已经谈了。现在来说第二个问题：如果孩子到了快上小学的年纪，读书还是只读图画，不读文字，怎么办？首先应该理解孩子为什么会这样。

第一，这是因为幼儿自然识字的爆发期尚未到来。对于有阅读习惯的孩子来说，识字通常是一个自然发生的过程。在幼儿阶段的阅读中，到了 6 岁左右，一部分孩子会完成一定数量高频常用字的积累，但数量的规模因人而异。有的孩子识字爆发期到来较早，在这一阶段可能已累积多达一两千，甚至更高的识字量，有的则可能还在缓慢的自然累积阶段，所识不过最常见的一两百字。这一识字量的区分并不具有判定阅读或学习能力方面的意义。到了一定的时期，尤其是进入小学阶段，孩子有了明确的识字意识和愿望，对文字的敏感大为增强，在课外阅读的进一步推动下，识字量会突飞猛进。到了这个时候，面对新的阅读材料，孩子会十分自然地从图画为主的阅读向着文字为主的阅读过渡。

第二，这是因为图画符号在孩子眼里充满意蕴和趣味。本书中，我们一再强调，图画是与文字同样富于表现力的人类表意符号，在许多幼儿读物中，图画提供的信息丰富度丝毫不逊于文字。今天，几乎每个父母都能毫无障碍地阅读一本幼儿读物的文字，但是，我们知道如何阅读一本幼儿读物中的图画吗？

比如图画书《团圆》（余丽琼/文，朱成梁/图）的第一个跨页，文字只有五个字"爸爸回家了"；这五个字后面大量关于生活、时空和情感的信息，都藏在图画中。画面的中心位置，爸爸拉着行李箱，妈妈去迎接爸爸，顺着他们的走向，我们一眼就看见了故事的叙述人——那个小小的"我"。爸爸回家了，"我"为什么反而半躲在巷口？这背后人物微妙的情感，会在下一页得到进一步揭示。整个画面的平衡由几条上下平行的水平线稳稳地支撑起来，给人坚实、稳妥之感。这正是这个故事想要传递的日常生活的总体感觉。与此同时，画面背景上喜庆的红灯笼、彩灯笼，河面上老人船里贴着红纸的酒瓮、装着红果子的竹筐，处处渲染着"过年"的欢跃气氛。这是从坚实、稳妥之中生长起来的小小的生动和鲜美，是非常典型的中国乡土生活情感和滋味。从画面上，我们还可以看到当代民居建筑中已经不太能看到的腰门、砖雕等。对孩子来说，观看这样的图画，是一个集欣赏、发现、学习、体味于一体的过程。对成人来说，和孩子一起阅读图画，也能从中收获良多。

所以，我们要再次强调，不要急着把孩子推到文字的世界里去。文字当然很重要，但图画也一样很重要。在整个幼儿阅读阶段，都要警惕狭隘的文字中心主义。即便孩子已经开始认字了，仍然要充分尊重、鼓励他（她）对图画的兴趣。允许孩子有一个足够长的读图阶段，既享受图画的乐趣，也培育读图的能力。这种能力不但会丰富孩子阅读的感受与乐趣，也将反过来提高他们对文字表达的观察力、理解力和掌握力。

怎样在阅读中引导孩子对文字的兴趣？
——幼儿阅读与幼小衔接

幼儿阶段，孩子的阅读关注主要放在图画上，但这并不意味着他们对文字毫不在意。孩子对符号的注意力与解读能力，不是从图画突然转向文字，而是一种逐渐的拓展。他们一边看图、听读，一边其实早已开始用他们自己的方式关注文字。在正式习字前，幼儿是用形象思维的方式认识文字，这一点突出表现在幼儿"画文字"的现象上，即孩子在尚未建立笔画、笔顺意识时，会用"画"的方式绘出一些认识的文字。对他们来说，文字也是一种特殊的图像。

孩子到了5—6岁，虽然完全不必进行系统的识字教学，我们却可以开始有意识地引导他们对文字的兴趣。此刻，这种兴趣比识字多少更为重要，它会成为孩子未来从事文字读写的重要动力。事实上，今天在幼儿教育中日益受到重视的幼小衔接，其核心也是与这样的兴趣直接关联在一起的热情、动力与能力。科学的幼小衔接强调孩子从幼儿园向小学阶段的过渡，应是一种自然、稳步、全方面的成长和适应。识字的过程也是如此。从对文字符号的兴趣到对其符号面貌的初步认识，再到小学阶段逐渐趋向系统的识字与书写训练，应是一个自然渐进的过程。这一阶段的阅读应该也能够为接下去孩子的识字学习奠定良好的基础。

在识字这件事情上，就像在阅读的任何其他方面一样，每个孩子都会显出他（她）自己的特点。有的孩子读着读着就进入了自然识字的阶段，有的孩子则需要成人的一些引导和激励，来增进对文字的关注与敏感度。在亲子阅读中，可以参考以下两点做法，来激发、引导孩子对文字的兴趣。

第一，养成指读书名的习惯。我们在探讨2—2岁半阶段的亲子阅读时，曾经谈到如何给孩子读封面的话题。指读书名的习惯在那时候或者更早就已经开始了。在指读书名时，可以连着指读，也可以一字一指一读，以使孩子进一步意识到语音与文字的对应关系。之所以强调指读书名，一是因为书名是一本书最醒目的文字，通常字体很大，对孩子来说易于辨认，也不多费视力；二是书名多为短词、短语或短句，不构成识字的压力。经过一段时间，孩子很可能已经通过书名，自然地认识了其中一些出现频率较高的文字。到了5—6岁期间，随着符号意识的建立与加强，他们会更进一步注意到构成书名的那些文字的具体部件，有的孩子能够自己"画"出一些熟悉、简单的文字。他们也常常能够从其他文字群中辨认出曾经读过的那些书名文字。这是识字学习的重要前奏和铺垫，家长应该予以充分的鼓励。

第二，根据孩子的兴趣，挑选一些有趣的文字启蒙读物。比如《汉字是画出来的》（小象汉字/著绘），溯源到汉字的象形源头，让孩子看很久以前的字是怎样"画"出来的。这正好符合幼儿阶段将"字"当作"画"来进行形象直观认识的特点，容易引起孩子的兴趣，也便于孩子理解"文字"的指称意义。需要注意的是，阅读这类启蒙读物，重点不在于让孩子记住其中的文字，而是培养他们初步的文字感知，让他们感到"文字"背后是有意思和趣味的。如果一味追求让孩子记住所有的字，很容易打消他们识字的积极性。所以，这类读物的选择，不应以文字量的多少为标准，而应以文学和艺术的趣味、蕴意等为标准。孩子读完几遍，即使只在短时间里记得其中的几个字，也没有关系。他们曾高高兴兴地读过这些字，就像在心里播下过种子，当他正式开始接受识读教育时，这些种子就会生根、发芽，跟别的种子一起长成一大片。

阅读活动在幼小衔接过渡中能够承担许多功能，识字的启蒙只是其中之一。如何在阅读中引导孩子对文字的兴趣，对于思考、运用阅读之于幼小衔接发展的更多作用，或许也能有所启发。

可以给孩子读古诗吗？
——诗的趣味在诗

中国古代诗歌中有许多适合幼儿吟咏的作品，过去也常被收在各类童蒙读物中。孩子从正式学语开始，对一些朗朗上口的古诗，往往表现出惊人的记忆力。一首小诗听上几遍，不知什么时候，他（她）就咿咿呀呀地照着背诵出来。到了五岁左右，不少孩子已经能够流利地背诵早期启蒙读物中常见的若干古诗："鹅鹅鹅，曲项向天歌。""离离原上草，一岁一枯荣。""白日依山尽，黄河入海流。""墙角数枝梅，凌寒独自开。"……

此时的背诵，孩子大多不解其意，却从诗歌琅琅的声韵中获得乐趣，也因这声韵而记住了不少古诗。由于不解其意，记忆并不持久，一旦停止背诵，大多数情况下很快就会遗忘。忘了也没有关系，这时候读古诗，意义原本就不在于记诵，而在于感受个中语言声韵的独特情味。此时读古诗或读儿歌，除了声韵的感觉有所不同，对孩子来说并无根本的差别。

我们需要注意的是，不要把背古诗当作早教学习的任务，也不要把孩子会背古诗这件事情当作孩子学习的成就。尤应注意，不要以炫耀展示的态度，让孩子当众背诵古诗。对孩子来说，读诗背诗是好玩之事，仅此而已。如果在展示和表演中把它变成一件得意和炫耀之事，对他们的消极影响远胜过读诗的意义。蒙田曾经批评过，这是把孩子当猴耍的态度。

诗的趣味在于诗。对于这个年龄的孩子来说，这种趣味主要在整齐律动的节奏声韵与似懂非懂的语言意境中。因此，给孩子读古诗，应该尽量挑选语言清通、声律悠扬、情感亲切、意义朗亮的作品。数量上不求其多，哪怕只是三两首，孩子乐于反复吟咏诵读，诗的趣味便在其中。现在图书市场有大量古诗早教读物，有的收入作品数量颇多，但适合这一阶段孩子诵读的篇目可能不多。可以选择一些制作精良的古诗插图读物，如《幼儿学古诗》（中国教育科学研究院学前教育研究中心/编），所收诗篇不多，都是入口即能成诵的经典小诗，书页疏朗，文图雅致，诗与画相得益彰。

　　读古诗，有时也可以不必依赖书。父母执画笔或毛笔，在纸上写一写，读给孩子听，也是读诗的一种，比之对着书本的朗读，另有一番滋味和意境。让孩子看见一笔一画成字的惊喜，和孩子读一读自己写在纸上的字，除了诗歌内容，它还传递出一种与古诗有关的重要观念：有些诗不但印在书上，也印在我们心里。从印在书上的诗到印在心里的诗，孩子对古诗的第一印象，是不是也会变得更亲切、更特别了？

孩子为什么喜欢读说"不"的故事？
——尊重孩子的主体意识

　　5—6岁时，孩子的自我意识来到了一个空前突出的发展阶段。在很大一部分孩子身上，这种自我意识的典型表现是对大人的期望和要求说"不"。在孩子最初学语的阶段，有的孩子也会经历一个喜欢说"不"的时期，你说"吃饭"，他（她）说"不吃饭"，你说"睡觉"，他（她）说"不睡觉"。但那主要是在语言学习和游戏意义层面的使用。到了这一阶段，孩子开始用"不"来彰显他（她）作为主体的独立意志。当他们不想或不愿认同大人制定的规则、要求等时，就明确地用语言和行动表达"不"。

　　这个或许令父母感到烦恼的"不"，首先是孩子成长的标志。他们不想总是站在成人的影子下，而是想要站出来，看见自己的样子，迈出自己的步子。

　　这样我们就能理解，为什么孩子在这一阶段会格外喜欢说"不"的故事。读图画书《大卫，不可以》（[美]大卫·香农/文图），看着封面上的男孩踮脚站在一摞杂沓的书上，倾侧着身子，两手探向台子上的玻璃鱼缸——在即将倒塌的书摞、即将翻倒的鱼缸架、即将摔碎的玻璃缸，以及由所有那些不在其位的倾斜线条共同造成的失衡感之间，一种与"不"有关的破坏气氛强烈地升腾起来。而封面上的男孩脸上毫无惧色或愧色，咧着嘴，看来正享受着破坏的欢乐。这整本书中，一个总是与大人唱着反调的孩子，用这样的方式放肆地证明着"自我"的存在。

孩子喜欢读这样的书，有问题吗？

一点儿问题也没有。

在3—4岁的亲子阅读中，我们曾经谈论过"培养积极的语言和思维方式"的话题，怎样让孩子用"我喜欢"而不是"我讨厌"的方式开始与世界的交往。你会发现，像《大卫，不可以》这样的图书，虽然遍布孩子说"不"的身影，但其表达的幼儿情感并不是"我讨厌"，而是"我喜欢"。大卫之所以做出各种逾矩之举，不是因为他讨厌什么，而是因为他喜欢那样做。插图中他的表情和姿态清楚地透露出这一点。最后，当他因为这一整天的"不可以"被罚坐壁角，流下眼泪，他又得到了一个爱的拥抱。你看，故事最后，我们读到的还是"喜欢"，是肯定和温暖。

这也提醒我们，在孩子喜欢说"不"的年龄，如何帮助孩子选择这类题材的图书。同样是从"不"开始，有的书始终盘桓在"不"的滑稽与狂欢中，有的则能看出、写出"不"背后重要的"是"。还有的书尝试带孩子从"不"走向"是"，比如适合挑食孩子阅读的图画书《我绝对绝对不吃番茄》（［英］罗伦·乔尔德/文图）。

和孩子一起读关于"不"的故事，也能够帮助我们更好地理解孩子的这类语言和行为。孩子天生就爱跟大人对着干吗？"不"，他们是用这样的方式，表达对"我"的肯定，对"你"的提醒。这时候的孩子，在生活和情感上仍然非常依赖成人，但他们同时又已经是一个独立的个体，一个完整的宇宙。要允许和理解他们说"不"，同时让他们看到和感到，"不"的背后是广大的"是"，是对世界、生活的肯定和热爱。

有的书孩子喜欢，大人却觉得不好，怎么办？
——阅读审查与阅读宽容

几乎在孩子用语言和行为说"不"的同时，他们也会开始强烈地表达与大人不同的某些阅读喜好。大人认为幼稚无趣的，孩子可能认为搞笑好玩；大人认为低级无聊的，孩子可能津津乐道。比如，很多孩子喜欢看漫画书里的夸张、搞怪和哇哇大叫，大人却可能颇不以为然，并且担心这样的趣味会给孩子带来不好的影响。

那么，有些书，大人觉得很不好，孩子却很喜欢，该怎么办？自有儿童读物以来，阅读审查就是一个避不开的话题。儿童读物的特点之一即在于，孩子的书通常是由成人选的，或者至少是经过成人首肯和赞同的。而很多时候，尤其是在幼儿阶段，家长怎么选书的确很重要。有的童书一味以轻佻和搞笑为噱头，背后缺乏对待生命和生活的温暖、庄重态度；有的童书看似寻常，其实隐含着比较严重的艺术、观念和伦理问题。对这些问题的警惕与发现，都离不开成人的把关。

但是，也有很多情况，大人之所以不让孩子读某些书，是因为这些书不符合大人的趣味。从5—6岁到小学，孩子的阅读逐渐摆脱父母的管控，并开始越来越多地受到同伴的影响。有的书是因为大家都在读，所以孩子也想读。在此过程中，父母和孩子的趣味发生了冲突，应该如何处理？

这时候，不妨给予孩子一些阅读的宽容。作为大人，我们当然希望孩子读的都是最经典、最好的书。但事实上，这样理想的方案是不存在的。澳大利亚儿童文学研究者芭芭拉·沃尔曾提出一个概念——"读出来的童书"。她认为，孩子在某个阶段可能特别喜欢读某类并不具有什么深厚内涵的书，等到再长大一些，就会将它们留在身后。这就像吃东西一样，从奶粉到固体食物，需要一段时间的米糊来过渡。有的童书承担的就是"米糊"的功能。

更进一步，兼写儿童文学、曾两次获卡内基文学奖的作家彼得·迪肯森写过一篇有趣的小文，提出六点理由为大人眼中的漫画之类儿童"垃圾读物"辩护：

第一，孩子应该有权接触完整的文化；

第二，孩子有权享有阅读的同伴归属感；

第三，孩子将通过这样的阅读来学习辨识什么是"垃圾"，什么不是"垃圾"；

第四，阅读简单的"垃圾读物"提供了某种孩子需要的安全的愉悦；

第五，阅读食谱跟饮食食谱一样，需要包含一些粗糙的食物，这对孩子可能是有好处的；

第六，它们可能并非"垃圾"，只是包含了一些成人不熟悉，孩子却能发现和欣赏的趣味。[1]

这里的每一点都有值得商榷的地方，但也都可以提醒成人，如何理解孩子成长中的阅读趣味并给予应有的宽容。

事实上，与简单粗暴的阅读审查相比，更关键的是同时考虑以下几点：

第一，和孩子一起读。这样既可以清楚、全面地把握书中内容，也可以了解他们为什么喜欢读这样的书。

第二，和孩子一起讨论。让孩子告诉你，为什么他（她）觉得这本书好。也可以坦率地告诉孩子，你认为这本书哪里不够好或者有问题。

第三，不要让孩子只读一类读物，就像不要让孩子只吃一种食物一样。

随着孩子逐渐走出幼儿阶段，慢慢长大，成人面对的阅读审查与阅读宽容的状况都会变得日益复杂。终有一天，孩子会掌握他们自己的阅读世界。所以，把阅读的理由、方法和判断力教给他们，比简单地指定他们阅读的边界，更有长远的意义。

---

[1] Peter Dickinson. *A Defence of Rubbish: Children's Literature in Education*[M]. Vol.1, Issue 3 (1970).

孩子喜欢看电视（电脑），不喜欢看书，怎么办？
——图书与动画并不矛盾

孩子到了五六岁，不少父母面临共同的烦恼：你想让孩子读一本书，但他们显然更愿意看一集动画片，怎么办？

首先，如果孩子原本就没有养成日常阅读的习惯，出现这样的情况，十分自然。这时候，应该先考虑开始培养孩子的阅读兴趣和习惯。在之前的探讨中，我们已经多次谈到如何初步培养这一读书的兴趣和习惯，可以参考。如果孩子喜欢一些动画片，可以考虑就从一些质量不错的动画读物入手，培养孩子的阅读兴趣。

其次，即便孩子很喜欢阅读，当你把读书和看动画片两样选择放在他们面前时，他们的选择很可能还是后者。这同样很正常。家长应该留意，不要把看动画片（包括看电视、电脑）和阅读书籍对立起来。一个孩子可以既喜欢阅读，也爱看动画片，两者并无矛盾。同样的问题，成人不妨问一问自己：闲暇时间里，你是更愿意读一本小说，还是看一场电影？

所以，先要充分理解孩子爱看动画片的心理和兴趣。同时还要看到，有好的图书，也有好的动画片。系列幼儿动画故事《小猪佩奇》，在儿童观、故事性以及幼儿故事的艺术考虑方面，比许多一般的纸质儿童故事要优质得多。给孩子挑选、观看动画片的原则，跟幼儿读物基本一致。但是，由于动画片是以视象声音来呈现故事，除了人物、情节等与纸质读物同样的要素外，还有另一些重要的因素要考虑。画面闪动过快、视觉和声音冲击太过强烈的动画，就不适合幼儿观看。这类问题往往出现在一些设计和制作较为粗糙的动画作品中。

幼儿看动画片的主要问题，一是影响视力，二是缺乏交流。第一个问题大家都清楚，可以通过控制观看的时间得到较好的解决。第二个问题，是指动画片的播放过程并没有给孩子留出与故事以及身边的成人交流的时间。在读书翻页过程中，阅读的速度是由孩子来掌握的，想读得快就快一些，想读得慢就慢一些。碰到有疑惑的内容，还可以停下来，问："这是什么？为什么会这样？"观看动画片，孩子则须跟从它的节奏，一旦停下来提问或思考，就会错过接下去的播放内容。在正常播放的时间里，动画视频很难给孩子的提问或思考留出时间。这是我们需要控制孩子观看视频时间的另一个重要原因。如果孩子爱看动画，动画作品的质量也不错，仍然应该适时地停下来，除了保护视力，也是为孩子的思考和交流腾出空间。条件允许的情况下，大人可以和孩子一起看，看完让孩子说一说，这集故事讲了什么。

日常生活中，允许孩子安排一定的时间观看动画，也安排一定的时间读书。不必用读书取代动画，也不要用动画替代读书。让他们学着像对待看书一样，健康地对待看动画这件事情。

怎样在阅读中和幼儿谈论死亡的话题？
——阅读距离的必要性

我们不清楚孩子是在什么时候、通过什么方式知晓了"死亡"的存在，但在某个年龄，比如4—5岁，他们开始表现出对这件事情的焦虑。他们也许会频繁或者并不那么频繁地问："人为什么会死？""有没有人能永远不死？""我能不能永远活着？"孩子此时表达的关切里，既有切身的情绪感受，也有对于"生"与"死"的观念探求，因此，这些问题既是形而下的，又是形而上的。

不论我们如何避免与孩子谈论可能会令他们感到不安的话题，当他们已经站在这些话题前面时，最好的方法不是逃避，而是和孩子一起面对它。看一看，有没有什么比较好的方法，让孩子尽可能从容、安心地理解、接纳这个名词以及它所指的这件事情。

孩子之所以从幼年时代就开始关心死亡的话题，或许是因为他们继承了人类集体无意识中的死亡焦虑。个体一旦开始意识到自己的存在，就很难想象这种存在有一天会不存在的事实。但生命本身又注定是一段有限的旅程。对于"不在"的焦虑由此而生。为什么生命会逝去？它到哪里去了？它还会回来吗？我该怎么看待、接受这样的现实？

今天，有不少童书尝试用各种方式跟孩子谈论死亡的话题。由于死亡本身是一个非常特别的话题，为了尽可能减少孩子阅读中的不安情绪，这些作品往往会在叙述中设置一定的阅读距离。在这些故事里，孩子既能感同身受地领会"不在"的意思，又始终与角色保持着一定的情感距离，前者帮助他们领会生命逝去的蕴意，后者则使他们的理解得以保持在幼儿情感与情绪接受的安全阈限内。

5岁左右的孩子读这样的作品，不妨从拟人体的故事开始。比如图画书《鸟儿在歌唱》（［荷］马克斯·维尔修思/文图）、《獾的礼物》（［英］苏珊·华莱/文图）、《一片叶子落下来》（［美］巴斯卡利亚/文图）等作品，都将与死亡有关的生活情境设定在动植物世界。青蛙弗洛格在森林里发现了一只黑鸟，躺在地上一动不动。他和朋友们意识到，这只鸟死了，"所有的东西都会死"。他们一起埋葬了黑鸟，想象它曾唱过最美妙的歌。回去的路上，枝头上依然有鸟儿唱着动听的歌，生活还是那么美好。

《獾的礼物》中，"已经很老"的獾告别朋友们，走进了"下面的长隧道"。动物们在悲伤中想起獾曾经陪伴、帮助他们的点点滴滴。到了春天，他们的悲伤慢慢融化，大家想起獾，心里只是温暖和感激。在这些作品里，拟人动物角色以及第三人称叙事声音与视角的运用，使得幼儿读者与故事中的"死亡"始终保持着恰当的旁观距离。帮助孩子理解生活中的死亡，这类拟人故事是很好的铺垫和准备。

像《鸟树》（李其美/文）这样的幼儿故事，在幼儿日常生活的语境中讲述与死亡有关的故事。我们身边，随时都有别的生命逝去，该怎么认识这样的现实？孩子们"种"下死去的小鸟，从那里长出了一棵"鸟树"，生命的周而复始、循环不息，在孩子天真的视角下得到了诗意地呈现和表达。这样的处理在幼儿读物中较为典型。在这里，小鸟是一个重要的中介，它既跟"我"一样是生命世界的一员，又显然与"我"有所不同。因此，孩子对于故事中小鸟之死的体验，是一种同时包含情感的投入与疏离的特殊体验。

抒情体的叙说，比如图画书《生命就像一阵风》，也是带孩子隔开一定的距离来看待作为一种生命现象的死亡。"生命就像一阵风"，"当风离开，万物静止，风去哪儿了？"。当我们把生命看作一个认知对象而不是每一个具体的个体来谈论它的存在与消逝，会更容易从一个较为从容、冷静的视角，认识、接受同样作为一个观念对象的死亡。

对于初涉这类阅读的幼儿来说，这样的阅读距离很重要。等到孩子再长大一些，或者其阅读接受能力达到一定的程度，我们可以尝试和他们一起阅读那些表现日常生活中更为真实、贴近的死亡事件及相关情绪体验的作品，如《爷爷变成了幽灵》《爷爷有没有穿西装》等。在这些故事里，至亲的逝去伴随着巨大的悲伤或拒绝接受的创伤反应，随着叙事的展开，情感和精神逐渐得到抚慰。这一阶段的阅读，孩子的移情会更投入，故事中的死亡事件激起的情绪反应也会更强烈。在准备充分的情况下，孩子可以较为顺利地进入这一阶段的阅读，他们对于生命的体验和理解，也将获得新的丰富与深入。

遇到译文不佳的引进书，怎么办？
——特殊情境下的特殊应对

在近一二十年的国内幼儿读物市场，引进童书一直占据了相当醒目的比例。以主要面向幼儿的图画书为例，近年在售的引进版图画书约占当下国内图画书市场的一半。而在销售占比方面，引进版的数值可能还要上升。

幼儿读物的引进必然伴随着翻译的话题。绝大多数时候，我们通过翻译后的语言来接受、理解一个引进的作品。幼儿读物的语言，看似词汇较少，表达简单，却正因如此，非常考较作家的功力。如何用幼儿能够理解的简单语言，达成丰富、生动的表情与表意功能，同时体现幼儿文学语言独特的艺术感觉与滋味，考验的是幼儿文学作家的天分与才华。每当读到优秀的幼儿文学作品，我们总能感觉到它简单表达之中的丰沛趣味与韵味。在引进翻译的过程中，这种考较自然转移到了译者身上。然而，与当下幼儿读物的引进速度相比，一些引进读物在翻译质量方面很不尽如人意。这是目前许多引进类幼儿读物面临的一大难题。理解幼儿读物的语言的确不难，但如果只是将语句的意义简单地进行语言转化，而不考虑其独特的文学性，很容易使翻译后的语言显得生硬、无味，往往带着不自然的书面腔与翻译腔。

对成人来说，低劣的文学翻译影响的主要是阅读感受。对孩子来说，却是直接影响他们的语言感觉、表达和使用。正因如此，今天的许多父母对幼儿读物的翻译语言也会有所挑剔。作为亲子阅读中通常的朗读者，家长对图书语言的感受是直接而强烈的。随着孩子年龄增长，读物的文字量会有所增加，假如作品语言乏味，表达滞涩，则会进一步强化阅读的不适感。

那么，如果父母在亲子阅读中对某本引进图书的译文感到很不满意，应该怎么办？

第一，把它放到一边。有许多书并不是非读不可。如果某本图书的译文让我们感到很有问题，大可以放下不读，还有其他许多可供挑选的作品。在亲子阅读中，不必为了跳过这样一本书而感到任何焦虑。

第二，边读边修改。如果感到译文马虎，作品却不错，也可以边读边进行口头的修改。我们曾经几次谈到亲子阅读中的创造性阅读，这种修改也是创造性阅读的一种。一般说来，孩子到了5—6岁，我们建议尽量遵照作品原文朗读，一是为了给孩子做出准确朗读的榜样，二是为了促进他们的语言记忆与语感建立。像这样改变原文的朗读是比较特殊的情况。应该注意，在这一阶段，改变原文的创造性阅读要适量，只在情境需要的状况下进行。孩子如果已经识字，也许会问："为什么你读的跟书上写的不大一样？"坦率地告诉他们原因，也可以跟他们说一说，为什么你觉得换一种表达更合适或更好。这对孩子来说是另一种非常重要的语言启蒙。

第三，读原文。如果作品很好，译文不佳，也可以找到原文版本，再给孩子读。这当然是针对已经能够听懂原文的孩子而言。如果作品原文是英语，相对来说文本会比较容易获得。实际上，即便是翻译作品，如果能够对照原文阅读，也会有新的滋味与收获。在未来的亲子阅读中，双语阅读会越来越成为一种常态。

针对引进读物的译文做出的上述回应，是特殊情境下的特殊应对，并非亲子阅读中普遍、必须的考虑。有时候，对译文的质量，不同个体的判断可能也有所不同。可以看到的是，对于幼儿读物翻译工作的普遍重视以及这类读物翻译质量的总体提升，是一个需要时间的过程，在这个过程中，碰到译文不佳的引进读物，以上做法或许是保障孩子阅读质量的途径之一。

为什么有些童书是读给大人听的？
——通过童书，理解儿童

有那么一些幼儿读物，既是给孩子读的，更是给大人读的。比如《莎莉，离水远一点》（［英］约翰·伯宁罕/文图）、《冬冬，等一下》（［英］大卫·麦基/文图）、《迟到大王》（［英］约翰·伯宁罕/文图）这样的作品，孩子读出的是想象与狂欢，成人读出的则是自省与沉思。

怎样看待这类读物？怎样和孩子一起读这样的书呢？

好的童书是理解儿童的重要途径，它们能帮助孩子理解自己，也能帮助成人理解孩子。读《莎莉，离水远一点》，看着莎莉跟爸爸妈妈出门去度假。左页上的现实世界里，两个大人在海边支起沙滩椅，坐在椅子上看报纸、打毛线，不时提醒莎莉别做这个，别做那个。右页上的想象世界中，莎莉划着船，带着狗，从海盗船上抢得藏宝图，挖出了满满一箱珠宝。两个世界在色彩、构图、内容、变化程度等方面均构成鲜明的对比，引导读者感受成人与儿童视角、趣味和生活感觉的某种显著区别。阅读这样的故事，父母的触动应该更大。与孩子的日常相处中，我们在多大程度上扮演着坐在沙滩椅上的莎莉父母的角色？

同样，读图画书《冬冬，等一下》，看到书里忙着做各自的事情的爸爸妈妈，看到那句一再重复的"冬冬，等一下，我现在没空"，看到冬冬变成了怪兽，他的父母依然埋头忙碌，毫无觉察，把怪兽当作冬冬对待，我们会很快捕捉到寓于故事夸张中的批判与警示。现实生活中的父母当然不会夸张到连自己的孩子变成怪兽了都不知道，但仔细想想，日常生活中，许多父母是不是也常把"等一下，我现在没空"挂在嘴边？这是一个很深刻的图画故事。故事里，冬冬的父母既承担着照料家庭和孩子的重要职责，又漠然无视自己的某种重大失职。我们需要想一想，生活中，对孩子的细心照料与不断忽视是如何同时发生的。

有人也许会问：这样的书，大人读固然不错，怎么给孩子读呢？他们能理解其中的意思吗？

第一，孩子会用他们自己的方式发现和再造故事的趣味。幼儿阅读《莎莉，离水远一点》《冬冬，等一下》这样的图画书，其中对家庭生活、成人世界的批判和讽喻在他们眼里可能隐没不见，引起他们兴趣的是莎莉的想象与创造，冬冬的险遇与化身。海盗、寻宝、怪兽、奇遇，每一样都激起孩子探索的欲望。一般说来，5—6岁的孩子已经懂得与故事保持一定的距离，读到"怪兽把冬冬吃到肚子里去"，他们会知道这是故事里的情节，并且能从后面的叙述中本能地领会，怪兽其实是冬冬的另一代表。

第二，孩子也可能不喜欢这样的故事，或许他们感受到了隐藏在背后的不安。遇到这样的情况，不妨把书放下，过段时间再和他们一起读。当然也可以和他们一起说一说，为什么不喜欢这个故事。如果孩子说，"我觉得你们也有点像冬冬的爸爸妈妈，常常说'等一下，我现在没空'"，这无疑是对父母的重要提醒——是时候做出改变了。

当然，我们也可以选择私藏这样的作品，因为它们本来就是更多地写给大人的。有时候，生活那么忙碌，我们很容易忽视一个孩子的感受。这样的作品会时刻提醒我们，如何看见、理解孩子的世界，如何更好地承担我们在这个世界里应有的角色。

孩子提出的阅读问题，大人也解答不了，怎么办？
——诚实与勇气的榜样

5—6岁的孩子依然处在典型的提问期，但此时他们的一些问题将越来越让成人感到难以回答。试想一下，你和孩子正一起读一本介绍地铁工程的图书，孩子指着其中的一件机械问你："什么是'轧辊弯曲机'？"你很可能得去查，查到它"是使金属轧材产生塑性变形的机器"。问题到此并没有结束，你还得继续烦恼——该怎么把这么专业的解释转述给孩子听呢？

孩子的提问永远是珍贵的，尽管有时候也令我们感到烦恼。读《让路给小鸭子》（［美］罗伯特·麦克洛斯基/文图）的故事，读到野鸭夫妇在波士顿飞落下来歇脚，他（她）也许会问：波士顿在哪里？你回答：在美国。他（她）接着问：美国在哪里？你回答：北美洲。他（她）再问：北美洲在哪里？你也许得取一张世界地图来，给他（她）细细地从北美洲、美国一直讲回到波士顿。但在这个过程中，他（她）又可能会丢给你许许多多的问题。你得准备好成吨的耐心来应对所有这些问题。

让人烦恼的或许是，有时候，孩子在阅读中提出的问题，让我们也感到棘手。你们一起读儿童诗《找梦》："我一闭上眼睛，梦就来了，我一睁开眼睛，梦就走了。梦从哪里来，又到哪里去……"读完了，孩子问你：梦在哪里？人为什么会做梦？梦里我究竟是睡着还是醒着？你们一起读《金老爷买钟》（［美］佩特·哈群斯/文图），看着金老爷跑上跑下地对时间，孩子问你：时间是什么？为什么要有时间？听到这些问题，我们的第一反应可能是深吸一口气。要回答这些问题，显然不是一句两句话的事情，也不是一下子能够说清楚的事情。我们自己可能也没有做好准备，解答这些问题。

是的，有时候，我们会被一本儿童书和一个孩子难倒！对大人来说，承认这一点或许有那么一点点尴尬，却不是坏事。如果孩子的阅读提问对我们构成了挑战，至少包含了两点积极的意义：第一，它证明孩子的认识和思考正在变得广阔起来；第二，它证明阅读拓展了孩子的视野和精神。

如果孩子的问题让我们感到一时回答不了，不要信口搪塞，更不要胡诌。面对孩子承认"我不知道"，是可贵的诚实，也需要内心的勇气——不惮于向一个仰望你的孩子承认"我不知道"的勇气。通过承认"我不知道"，你没能告诉孩子问题的答案，却告诉了他（她）比草率的答案更为重要的一种观念：每个人都有不知道的事情，不论大人还是小孩，所以每个人都需要不断学习、探索。

所以，和孩子一起阅读，我们也在和他们一起学习，一起成长。

用奖品来奖励读书，还是让读书成为奖品？
—— 阅读的伦理，即是生活的伦理

"奖励"一词在今天孩子的生活中出现频率很高。这是当下生活条件、生活观念以及对儿童的关注不断提升的表现之一。当孩子做出良好的表现，成人很乐于用奖励来表达对孩子的肯定和鼓励；当我们期望孩子有良好的表现时，正面的奖励也比负面的惩罚更有激励效果。

想一想，日常生活中，我们为了鼓励孩子，是不是常常对他们说这样的话："今天帮忙做家务，奖励一个冰激凌。""今天运动很棒，你想要什么奖励？""如果你能坚持做这件事一个月，就奖励你一个玩具。"

生活中，对孩子的奖励运用要看具体的情形。但在读书这件事情上，我们建议家长慎用奖励。"读完这本书，给你一个奖励"或者"坚持阅读一个月，给你一个喜欢的玩具"这样的说法和做法，很容易在孩子心里建立一种观念，即阅读是一件费力、艰难、为了大人的要求去做，因而需要奖励的事情。阅读的终点不是书本带来的愉悦，而是读完后的奖品。长此以往，可能会有两种结果：第一，孩子在这个过程中发现了阅读的乐趣，从而爱上读书；第二，孩子把阅读视为获得奖励的途径，等到有一天，他们能自己得到奖品了，就会把读书这件事情抛诸脑后。

你想冒险一试吗？

我们的建议是，从一开始就不要随便使用奖品来奖励阅读。阅读的奖励，应该是阅读过程中收获的一切，包括故事的愉悦、想象的体验、自我的拓展等。唯有从阅读中获得的精神奖励，才有可能培育终身阅读的兴趣和动力，也才能让孩子真正获得阅读生活最美好的馈赠。如果有一天，你能够把阅读作为奖品"颁发"给孩子，对他（她）说，"今天表现很好，奖励多读一本书"，对这个孩子来说，阅读的乐趣和习惯必定已经深植在心。这个孩子成长起来，不会轻易放弃读书的习惯，也将从阅读中收获人生的许多充实与慰藉。

也许有人会问：如果孩子根本不喜欢读书，又怎么让他们接受读书作为奖品？

没错，能够把阅读当作奖品的前提是，培养孩子对阅读的热爱。和孩子一起读书，一起享受阅读时光的充实与温暖，帮助孩子从小建立日常阅读的观念和习惯，则是培养这份热爱的最好途径。

阅读的伦理，即生活的伦理。不为奖励而读书，却从读书的乐趣中获得奖励，正如不为奖励而生活，却能从生活自身的乐趣中收获人生的奖励。我们不是为任何别的目的而读书、生活，只是因为不论阅读还是生活，都带给我们满足、深切的愉悦和幸福。

这是阅读最好的奖励，也是人生最好的奖励。

愿每一个孩子都能从阅读中收获欢乐，从生活中收获幸福。

小课堂
怎样认识幼儿与幼儿读物

幼儿读物的儿童立场

幼儿读物所需要的儿童立场，包含了比站在幼儿立场上的换位思考更深刻的内涵。它是在理解和尊重幼儿世界的基础上，同时以一种对于童年的现实问题、当代命运和文化深度的思考，来承担起对这个世界的一种文化责任。

1. 对儿童生命的真诚宽容　幼儿读物在充分看到幼儿生活的情趣的同时，也看到孩子身上所有真实存在着的不足。例如，很多时候，儿童都扮演着文化的犯规者角色，生活中的他们会一而再再而三地给成人带来麻烦，而这些麻烦也成为过去和现在的许多幼儿读物借以发挥、用来向儿童传授特定的生活礼仪或规则的主要题材。

不过，当代幼儿读物越来越多地表现出对于这些儿童行为的"过错"的真诚的宽容。人们看到，成人眼中孩子的许多问题，事实上也是儿童生命力的一种独特的释放方式，而如果我们学着更多地去宽容地理解和看待这些问题，我们或许会更懂得如何与儿童相处。

比如美国童书作家大卫·香农创作的以捣蛋男孩大卫为主角的《大卫，不可以》《大卫惹麻烦》《大卫上学去》等图画书，几乎把一个天性顽皮的小男孩可能在生活中、学校里惹来的各式各样的麻烦细细描绘了一遍。大卫总是喜欢和大人们的命令对着干，他吵吵嚷嚷，而且不停地惹祸，他挖鼻孔、挑食、骂人、打架、说谎、迟到、喜欢搞恶作剧等。然而，在作家笔下，所有这些令大人们头疼的"不良行为"

被表现得更像是儿童充沛的生命力的一种自然抒发，以至于我们会觉得，在制造了这么多的麻烦之后，故事里的大卫仍然是一个十分可爱的孩子。事实上，在每一个故事结束时，可爱的大卫也总能得到妈妈或老师的谅解。这样的设计使得作品中孩子的各种"违规动作"更多地显示出一种审美的趣味，而不是教育指责的对象。在这里，我们感受到的是作家对于儿童生命的一种真诚的宽容。

2. 对儿童困境的文化思索　童年不仅仅是快乐的代名词，也联系着日常生活中儿童所遭受的许多现实压抑，它们使儿童的生存不可避免地陷入这样那样的困境，而这些困境又往往因其不够起眼而容易遭到成人的忽视。幼儿读物有必要关注、思考和呈现儿童的这些困境，并借此引发和推进成人对此的反思。

例如，约翰·伯宁罕的图画书《莎莉，离水远一点》，描写小女孩莎莉跟随父母去海滩度假。来到海滩后，当父母的只是一边坐在海滩边的躺椅上忙自己的事，一边头也不抬地告诫着"莎莉，离水远一点"，莎莉则只能在想象的世界里满足自己水中游戏的愿望。作者用这样的方式来表现当代生活中成人世界与儿童世界之间的疏离。故事里的父母能够在物质上给予莎莉不错的照顾，但在心灵上却远离自己的孩子，这是对忙碌的现代文明中儿童所经常遭受的一种精神漠视的揭示，它促使我们关注到这一在当代生活中真实存在着的童年困境，并引发我们对导致这一困境的日常生活的文化反思。

3. 对儿童思想的深度探寻　在儿童研究事业开启后的很长一段时间里，儿童，尤其是幼儿期的思维一直被当作一种简单、幼稚、未发育成熟的个体早期精神现象，幼儿读物也主要被视为一种浅易的早期读物。不过，20世纪70年代以来，随着一门被称为"儿童哲学"的特殊课程在世界范围内逐渐被知晓和了解，人们对幼童思想中所包含的丰富、独特的哲学内容，以及这种思想本身的价值也有了更深入的认识。

我们发现，幼儿在日常生活的思考中所涉及的许多原初性的哲学问题，也反映了与人类相伴而生的一些最古老的哲学命题，其中包括对时间、空间、生命、存在等的思索。这些由成人从孩子身上惊奇地发现的哲学思考，反过来促进着成人对于世界的重新认识。发现和探寻这些有着独特深度的儿童思想，为当代幼儿读物提供了一个充满启发性和文化价值的创作维度。

例如，幼儿童话《大海的尽头在哪里》（［苏联］安德烈·乌萨丘夫），就借蚂蚁和大象之口提出了"大海的尽头在哪里"这一孩子气十足的想法，这一问题涉及了个体在宇宙中的存在感、物质空间相对性的辩证法等深刻的哲学思考命题。在故事里，这些深刻的命题被还原到了一种简单、朴素的日常生活情境中，从而将我们推回到人类哲学思考发生的那个原初生活基底，并展示了幼儿读物可能抵达的特殊思想深度。

幼儿文学读物的伦理深度

幼儿文学读物与一般文学作品在许多方面的差异都十分明显，但它与所有其他文学门类共有一个不变的精神基底，那就是文学本身所带有的那份对于世界、生命的人文关怀。在幼儿文学读物中，这种关怀并不仅仅表现为对各种现实的幼儿生活情感、教育问题等的关注，同时也应该是一种具有世界性的开阔、高远的人文情怀。

比如苏霍姆林斯基的幼儿教育故事《所有的墓都是人类共有的》，透过孩子们给亲人扫墓这一普通的日常生活事件，来传达一种属于全人类的深刻、悠远而又朴素无比的生命关怀："所有的墓都是人类共有的。"因为所有人都共同拥有生命，也共同承担着死亡的命运；在这个世界上，在所有的"我们"和"别人"之间，都存在着这样一种共同的生命联系，它让人与人之间所有的差异都变得那么微不足道，留下的是一份生命之间彼此守护、温暖的深情。作为一则写给低龄儿童的生活故事，这篇作品的情节、语言都十分浅显，情感和意义的传达也十分简明，但恰恰是这样一种朴实天然、毫无机巧的形式，使得它所包含的那份深切的关怀仿佛就是寻常生活的一部分，因而也更具有打动人心的力量。

当代幼儿文学读物必须有意识地克服狭隘的教育主义，而使自己在精神上朝向一种更具世界性的人文情怀。事实上，越是在针对现实生活中某个具体的儿童教育问题而创作的作品中，这样一种人文精神的背景越能够增强作品的思想和情感浓度，提升作品的文学品质。而反过来，也只有在内心真正怀有这份开阔的生命情怀，我们才能从许多幼儿生活的一般现象中，发掘出深刻的艺术蕴意。

下面的这则由苏联作家奥谢耶娃创作的幼儿生活故事，就是一个很好的例子。

错在哪里

[苏联] 奥谢耶娃 著

刘昌炎 译

"喵！"一只小猫可怜地叫着，它的身子紧贴着围墙，浑身的毛都竖起来了。有一条狗对着它恶狠狠地咆哮。在离小猫不远的地方，有两个男孩站在那里，笑着看会发生什么事情。

有个大婶从窗口看到这个情景，马上跑出来，把狗赶开，生气地对两个男孩喊道：

"你们太不像话了！一点儿也不觉得难为情吗？"

"有什么难为情的？我们什么事也没有做！"两个男孩觉得奇怪。

"错就错在什么也没做！"大婶生气地回答。

我们可以说它是一个完完全全的幼儿教育故事，通过严肃地责备故事里的男孩对小猫的遭遇表现出的冷漠行为，它的意图在于向故事外的孩子们传递某种广义的道德教育。但故事所说的"错在哪里"，并不是指生活中孩子的某个导致错误的行动，而恰恰是指他们在面对小猫被狗欺负时的"不作为"。从道德的某个角度来看，两个男孩并没有犯"错"，因为他们并不是小猫痛苦的制造者，即使没有他们，小猫被狗欺负的事件同样会发生。但当他们没有采取行动帮助小猫解除痛苦，而是成为这种欺侮行为的观赏者时，他们又的确造成了一种特殊的"罪错"。这种因为面对他者生命苦难时的不作为而导致的"罪错感"，代表着人之为人的道德高度。因此，这则故事所指向的，不仅仅是生活中儿童的某种单纯的行为纠错，同时也是一个严肃的人类道德问题。

通过一则儿童教育故事，作家把这种道德感还原到了最日常的生活语境下，让孩子明白在这样的情况下，怎样做才是对的。这使得作品远远超越了一般儿童教育故事的教育目的，而具有了一种全人类性的精神气质。这是优秀的幼儿文学读物的气质，也是优秀的幼儿文学读物的重要标志。

一种"后现代"幼儿观

在世界学前教育组织 2006 年度工作会议暨国际学术研讨会上，时任世界学前教育组织主席的塞尔玛·西蒙斯坦做了题为《儿童观的后现代视角》的报告。在这篇报告中，西蒙斯坦提出了这样一种"后现代"儿童观：

儿童期是针对儿童并由儿童进行的社会性建构，儿童是知识、个性、文化的共同建构者。作为一种社会性建构的产物，儿童期总是随着时间、地点、文化的不同而具有不同的内容，并会随着阶层、性别和其他社会经济条件的变化而变化。因此，既没有所谓的自然的儿童，也没有普遍的儿童，而只有多样的儿童与儿童期。[1]

紧接着这一观点，西蒙斯坦提出了对传统儿童发展研究理论的四点批评，包括"盲目认为儿童期存在一个普遍的发展过程""错误推崇儿童无能论""笼统归纳儿童发展的普遍目标""过分渲染发展常态范围的临界作用"。这四点批评有力地揭示了一直以来有关儿童发展的传统理论所存在的观念性问题，可以说正中靶心。

有趣的是，在第四点批评的一个看似不起眼的"角落"里，西蒙斯坦对自己的批评做了这样一个小小的补充说明：

"然而，我们也不能据此完全推翻皮亚杰的儿童发展阶段理论。虽然儿童个体之间确实存在很大的差异，但仍有明显的证据表明，在基于生物因素的儿童身体发展过程中确实存在着特定的普遍性，例如儿童的骨骼、肌肉生长等。"

---

[1] 塞尔玛·西蒙斯坦.儿童观的后现代视角[J].幼儿教育：教育科学版，2007（2）：1—3.

这意味着，即使是在对现代儿童观的这样一种充满"后现代"色彩的激烈的理论批判语境下，我们仍然需要承认，在对儿童的传统理解中，有这样一点是无法推翻的，亦即儿童多少是一个有着共同特征的群体，不论其内部存在着多么复杂的差异性，他们始终分享着一些基本的共性。这些共性不仅仅涉及骨骼、肌肉等生理层面，也涉及思维、心灵等精神乃至文化的层面。事实上，在接下去的论述中，西蒙斯坦所提出的对于儿童的"后现代"理解，恰恰指向着儿童的精神统一性的事实。她指出：

> 儿童的思维能力远远超过其表面上表现出来的能力，
> 他们用一种原始的方式掌握着几乎所有的科学概念。
> 儿童全身心关注当前的现实。
> 儿童努力探寻世界的意义。
> 儿童通过填空的方式创造理论。
> 儿童对情境具有依赖性。
> 儿童用"故事"划分世界。
> 儿童推崇整体优先原则。
> ……

谁能说，这些试图"颠覆传统标准"的对于儿童的理解，不是另外一种形式的标准呢？换句话说，我们在批判传统儿童观的普遍价值，强调童年的文化差异性的同时，仍然无法离开对新的普遍性的寻求。这其中的不同之处在于，当我们在充分考虑童年文化环境差异的基础上，再进入对于儿童特征的理解时，我们可以让自己的认识变得更全面、更完整，也更贴近现实。

因此，我们有必要建立起对儿童和童年概念的这样一种当代认识：一方面，儿童是一个分享有某些普遍的个体身心发展特征和规律的群体，因此，儿童研究界迄今为止所取得的关于儿童身心发展的普遍认识，仍然具有重要的理论和实践参考价值；但另一方面，这一规律性的发展过程又必定会与具体的社会文化因素融合在一起，从而导致过程本身表现出丰富的差异面貌。一种具有当代性的童年理解，必须充分认识到上述童年共性与差异性的辩证关联。

这也是我们在对早期童年发展的理解中应该持有的立场。当我们在谈论"幼儿"这样的概念时，我们的讨论首先是建立在对"幼儿"这样一个群体在生理、心理等方面某些共性的认识基础之上的。但同时，我们也有必要对不同的社会文化背景所造成的幼儿发展的具体差异性予以充分的关注和考量。只有将这两点结合在一起，我们才有可能在一个具有建设性的平台上来谈论与早期童年发展有关的一切文化现象，这其中也包括幼儿读物。

幼儿读物与成人读者

幼儿读物要以幼儿为服务对象，要考虑迎合幼儿的接受能力，这并不意味着对幼儿的关注就是幼儿读物的全部特征。

幼儿读物应当在对幼儿生命的观察与关切中，致力于发现、描绘和展示一种与幼儿期特殊的生活内容、生命感受、心理状态、情感体验等联系在一起的独特的幼儿美学。正是这一幼儿美学的有效建构，使得幼儿读物不仅是具有高度实用价值的阅读文本，也是具有独特审美价值的文学文本，不仅受到幼儿读者的喜爱，也具有吸引成人读者的文学魅力。

首先，优秀的幼儿读物也给成人读者带来了特别的阅读享受。幼儿读物并不因其以儿童为主要读者对象而降低文学性的要求。我们因此常说，优秀的儿童文学适合的是0—99岁的读者，这一点也适用于优秀的幼儿文学。以幼儿图画书为例，这些年来，这个门类受到成人读者的日益关注，很大一部分原因在于图画书自身的魅力。在许多成人读者眼里，《活了100万次的猫》既是一本可以给幼儿听读的图画书，也是一则动人的爱的寓言。《野兽国》为我们打开了一个狂野、自由的儿童精神世界，也带我们认识这世界内部隐秘、深潜、自洽的逻辑。《胡萝卜的种子》是幼儿生活故事，其中也包含了令成人深思的精神蕴意——故事里的小男孩让我们看到对于一种信念的单纯而热忱的坚持。读无字书《变焦》，每一次冲破想象的视觉呈现，都仿佛在带我们重温幼年时期从不疲倦、枯竭的创造的快感。童话也是如此。读冰波的短篇幼儿童话《青菜熊和萝卜熊》，我们读到童话故事本身的趣味，读到故事背后传递给孩子的行为道理，同时也会感到其中对成人来说一样富于启迪的深意：尊重他人，就是尊重自己；认可他人自由的权利，其实就是保卫自己的自由权利。不论在个人、家庭还是社会生活的语境中，这个道理其实非常值得我们深思。

在当代，一些幼儿读物同时成为成人读者的枕边读物。这些作品所传递的童年生活的情味、童年想象的自由以及童年思考的哲理等，丰富和润泽着机械时代日益干涸的成年人的心灵。

其次，成人在为孩子挑选以及陪伴他们阅读幼儿读物的时候，也自然而然地成为这些读物的阅读者和接受者。

除了以幼儿读物研究为业的理论工作者外，幼儿读物的这类成人读者主要包括孩子的父母、幼儿园教师以及儿童图书馆等相关机构的成人工作者。

随着早期阅读的观念和实践在当代儿童养育中得到进一步普及，陪伴孩子阅读幼儿读物也成为许多家长、幼儿园教师、儿童图书馆工作者的日常功课。在这个过程中，成人既是孩子阅读的陪伴者，也是这一阅读的分享者。可以说，很多父母正是在与孩子共读的过程中发现和体味到了幼儿读物的独特乐趣，进而也成为其中许多读物的忠实读者。

在此过程中，家长、幼儿园教师、儿童图书馆工作者等还担负着为孩子鉴别、挑选儿童读物的职责。为了从海量的儿童图书市场中挑选出适宜儿童阅读的优秀作品，除了借鉴相关专业机构和研究人士的指导意见，他们还需要以亲身的阅读和鉴赏来判断一部作品的优劣。同时，为了帮助孩子更完整、深入地领略作品的艺术滋味，他们也要借助大量作品阅读的经验累积，培养自己对幼儿读物的品读与鉴赏能力。

再次，也有一些我们跟孩子共读的作品，在很大程度上也是写给孩子身边的成人读的。我们在本书中曾谈到的《莎莉，离水远一点》《迟到大王》《冬冬，等一下》是一种类型。还有一种类型，像谢尔·希尔弗斯坦的《爱心树》这样的作品，何尝不是写给每一个已经长大的孩子的？经历了生活的沧桑之后，我们才能更深切地体会故事里人与树之间的关系和情感。

成人读者的参与不但丰富着幼儿读物的阅读生态，拓展着幼儿读物的接受实践，也在其当代发展进程中扮演着不可或缺的重要角色。

文本细读
怎样读懂一本幼儿图书

每个人都会害怕，每个人都能勇敢：《勇敢的本》

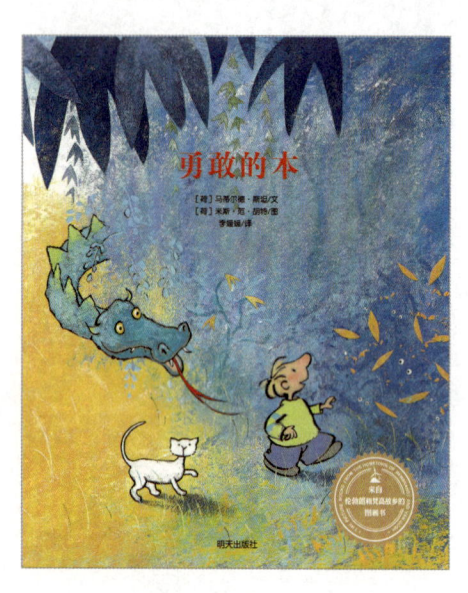

《勇敢的本》是一部关于男孩成长的图画书，它所处理的是几乎所有男孩都会在生活中碰到的一个麻烦——如何让自己变得勇敢起来。在一个年幼的孩子刚刚打开自己房间的窗户，开始向外面的世界小心地张望和探问的时候，拥有这份勇气成为对他来说至关重要的一件事情。

这正是故事开场之时，男孩本所面临的苦恼。他不明白自己怎么会有那么多害怕的事情：面包店里插队的女孩，大街上人们的嘲笑，还有夜里的一些声响。本不能接受这样一个怯懦的自己。为了克服内心的恐惧，他决定一赴与魔法树的约会，让它帮忙实现一个勇敢的愿望。

然而，寻找勇敢的过程本身就是一次经历恐惧的过程。要见到魔法树，本首先得经受住许多可怕的考验，包括喷着浓烟的大火龙、结网猎食的巨蜘蛛、凶狠邪恶的女巫、阴森狰狞的骷髅，以及其他许许多多足以让他在平时感到害怕的东西。也就是说，在本实现那个关于勇敢的愿望之前，他不得不先拿出勇气，来应对和解决一路上的恐惧。于是，当本最后来到魔法树面前的时候，他其实早已经成为自己想要成为的那个"勇敢的本"。难道不是吗？一个为了让自己变得勇敢而敢于面对一切恐惧的人，毫无疑问正是一个有勇气的人。

因此，在这个故事里，真正把本从"胆小鬼"变成了"勇敢的本"的并不是魔法，而就是他自己的力量。

不过作品要表现的显然不仅仅是一个孩子与他的恐惧感之间的对抗，以及他在这一对抗中最终取得的胜利。它更希望孩子们明白，生活中许多看上去令人恐惧的事物并不像我们想象的那么可怕，而当我们勇敢地转过身来与这些事物面对面的时候，甚至会发现它们其实也很愿意友善地与我们相处。就像在魔幻森林里，凶恶的巨龙、蜘蛛和女巫最后都成为本的伙伴；而在生活中，当本勇敢地穿上他的花背带裤上街，并勇敢地提醒面包店里的女孩不要插队时，他所得到的不是嘲笑和不满，而是所有人（包括那个女孩）善意的微笑。

关于这一题旨的成功表现在很大程度上得益于荷兰插画家米斯·范·胡特别具风格的插图，这些用色新奇的画面极大地拓展了作品的情感表现空间，增强了作品故事叙述的张力，并以其独特的方式传达出那随着领受者心情变化而变化的"恐惧"的微妙况味。我们看到，当本穿行于魔幻森林时，作品的画面便致力于渲染一种由火龙、巨蛛、巫婆、蝙蝠、骷髅等诸多意象构成的可怖氛围，然而这些形象所带有的恐怖意味又在插图的用色中得到了轻松自然的消解。通过将明亮的橘红、花青、粉绿等色彩派分给各个画面，原本隐隐流动在文字间的恐怖感转化为另一种滑稽夸张、有惊无险的游戏感。例如，在本与食人蜘蛛相遇的画面上，就在龇着尖牙的黑蜘蛛背后，那轻快明亮的草叶的颜色与更为鲜丽的围巾的色彩，让我们感到故事里的本所面对的或许根本不是一件多么可怕的事情。同样，当巫婆从树丛中向本伸出她利爪般的手臂时，画面下方巫婆藏身其中的那一团点缀着橘色的亮蓝，以及画面上方黑雾中飞行着的玫瑰色的卡通蝙蝠，让这一戏仿恐怖小说的场景看上去更像是一个无伤大雅的玩笑。

此外，画家也有意在各个过场的角色身上添加了醒目的黑色轮廓线。这些线条赋予故事里所有行动者以一种稳定的安全感，也使得其中各个恐怖意象所造成的威胁看上去始终停留在形象自身之内，而无从突破它自己的轮廓线，继而延伸到同样由轮廓线保护着的本的身上。这样，画面既对本所面临的种种"恐惧"进行了足够视觉和心理冲击力的呈现，又使这种呈现的情感力度总是被约束在宜于孩子接受的范围之内。事实上，通过画面与文字的交相作用，作品在表现这种恐惧的同时，就已经帮助孩子卸去了它的精神重负。

《勇敢的本》是一部适合刚开始学习一个人与世界打交道的孩子阅读的图画书，它所要教给孩子的，实际上是一种与世界面对面的勇气。它用童话的方式告诉孩子，任何一件看上去多么可怕的事物，当你学会不再用胆怯的目光来看待它的时候，它也会对你报以相同的尊重；同样，当我们学会放下内心的恐惧来与我们周围的世界打交道时，世界也将还我们以微笑的善意。从背对世界的恐惧到面对世界的勇气，就像从图画书的第一个翻页到最后一个翻页，人物依旧，景致依旧，只是改变了一下心情，我们就发现了一个阳光灿烂的自己。

（《勇敢的本》，[荷]马蒂尔德·斯坦/文，[荷]米斯·范·胡特/图，明天出版社）

幼儿故事的小趣味与大关怀："弗朗兹"系列

1984年，一个名叫"弗朗兹"的金发碧眼的奥地利小男孩走进了德语儿童文学的故事长廊，他的创造者是奥地利知名的儿童文学作家克里斯蒂娜·涅斯特林格。或许是故事里可爱的男孩给作家带来了好运，同年10月，涅斯特林格从国际儿童读物联盟捧走了世界儿童文学最高奖项——国际安徒生奖的勋章。而这是安徒生奖设立以来，奥地利儿童文学作家第一次获此殊荣。

在获奖后近三十年的时间里，涅斯特林格以惊人的耐性为弗朗兹陆续写出了一系列新的生活故事。这些故事的场景始终在一个普通孩子日常生活的边界内，它们所传达的情感也从未超出一个普通孩子有限的日常感知。但恰恰是在这样一个狭小的故事空间里，涅斯特林格以其丰沛的叙事才华和深挚的童年情怀，让我们看到了一位优秀的世界级儿童文学作家对儿童和儿童文学所怀有的睿智而又深刻的洞见。

"弗朗兹"系列是这样一部"稀有"的当代幼童生活故事集：在任何时候翻开它的任何一个分册，我们都会被其中引人入胜的故事情节、生动幽默的叙述语言和神采飞扬的童年生活细节所深深吸引。涅斯特林格太清楚怎么讲好一个故事了。从弗朗兹的每一次出场开始，安排在故事里的一连串悬念就启动起来，它们带着某种恶作剧的窃喜，将毫无准备的弗朗兹从一个麻烦抛向又一个麻烦，从而令整个故事都布满了喜剧性的意外和惊喜。而就在小男孩忙不迭地拆解这些生活难题的过程中，作者也已经不露声色地把一份同样属于他的生活的甜蜜，悄悄地摆到了他的面前。

作为一个写给低龄儿童的系列作品，弗朗兹的许多故事在总体上带有模式叙述的某些痕迹。这样的处理一方面是出于对幼儿读者文学接受能力的照顾，另一方面也是为了让故事能够适应和吸引一个更广大的读者群。然而在特定的模式框架下，作家充满创造力的故事智慧又总是把我们远远地带离有关模式的各种期待，而令我们心满意足地沉浸在一种难以抗拒的叙事的魅力中。关于弗朗兹的这些故事无疑写得太精彩不过，以至于该系列中文译本的责编之一、一位同样充满才华的当代儿童文学女作家在第一次读完这部作品之后，都有点舍不得让它出版了。

涅斯特林格深谙儿童故事的编织艺术。在看似夸张而又恰到好处地渲染出童年生活天然的稚拙与幽默感觉的同时，她所讲述的每一则故事都包含了一次充满悬念的叙事游戏。故事里的弗朗兹每遭遇到一个生活中的问题，就像触动了早已安置在故事中的某个机关，使之开始沿着恶作剧或误解的轨道迅速滑动起来。比如，当弗朗兹在困倦中将算术作业统统写错时，围绕着作业本发生的一切倒霉的事情才刚起了个头儿。接下去，试图弥补过错的弗朗兹先后经历了"墨水杀手"失灵、作业本掉进浴缸、爸爸写的说明条被雨水泅湿、自己又因为紧张而在老师面前失声等一拨接一拨的麻烦，直到最后佳碧帮他想出录音机的绝妙点子，才解决了弗朗兹的烦恼。

　　作为读者，我们是怀着复杂的感觉望着这一切发生的。很多时候，我们既盼望着尽快消除这种悬念的堆积膨胀所带来的越来越强烈的紧张感，又舍不得这份维持着故事的紧张感在某个极点忽然消失得无影无踪；既本能地期待着有什么事件来截断这一滚雪球般的情节运动，又不无好奇地想要探知它究竟会把我们带到想象力的哪个边界。而当作家在故事情节即将脱轨的刹那轻巧而又圆满地将它们收住时，我们的全部紧张的期待都化作了对童年生活情味的由衷微笑和对作品叙事技巧的由衷赞叹。

　　如果说"故事"的成功是这部作品最为引人注目的一个艺术亮点，那么在整个"弗朗兹"系列中，与充满喜剧感的故事并行不悖地运行着的，还有另一脉容易被我们忽视的精神的潜流。它表现为作品对看似简单的童年时空所能够容纳的复杂生活内涵的充分认知，对看似清浅的童年世界所需要应对的复杂生活问题的深刻体认，以及在这样的过程中，它透过童年所揭示给读者的有关人间生活的某种珍贵况味。

　　故事里的弗朗兹从来不是生活在一个真空的童年世界里。普通人可能遭遇的各种烦扰也在小男孩弗朗兹的生活中自然而然地展开着，其中包括一些似乎完全属于成人世界的纠葛。最典型的或许是"弗朗兹和姥爷的故事"：弗朗兹的一次冲动的打赌将一家人卷入到了一场尴尬的"寻亲"遭际中，并给家里带来了一位不那么受欢迎的"姥爷"。故事的儿童写作视角并未掩盖这一事件所指向的属于生活与人性的某些隐秘而又复杂的私心缺憾，作家甚至有意让这份缺憾在日常生活的场景中自然而然地展露出来。尽管作品借弗朗兹无意的举动让这份缺憾得到了可能的弥补，但它也忠实地保留并呈现了现实的无奈感。也就是说，在童年的单纯与现实的复杂之间，作品建立起了一个可信的平衡点，从而既充分张扬了童年的浪漫精神，也充分尊重了童年的生存现实。而显然，正是在这样一个没有人能够脱身的生活与人性的真实困境中，童年所代表的那份单纯的关怀才显得尤其珍贵和意义重大。

　　事实上，作品对其中的主角弗朗兹的塑造，也毫不避讳现实生活的烟火气。故事里的弗朗兹怀着十二分的单纯和真诚投入到与身边的家人还有同龄朋友之间爱的交流与付出中，可当他明明白白感到自己的感情在现实中受到伤害的时候，也会生出些小小的算计。在圣诞夜前夕，他将佳碧准备好的两份礼物调包，从而让自己得到了那个漂亮的手表，扳回了公平的一局；在帮"女生足球队"踢平比赛后，为了给之前看不起他的男生们一个教训，他居然抵住诱惑，第一时间拒绝了他们的邀请。有的时候，我们甚至会忍不住想，这个名叫弗朗兹的男孩可真不是个简单的孩子！但生活中又有哪一个孩子可以被简简单单看待的呢？作家用这样一种方式提醒我们关注童年生命与精神存在的某种"真实"状态，从而促使我们更为深切地领会到从这种"真实"中孕生出来的属于童年的真诚、单纯与善良的可贵——就像在领教了佳碧的所有缺点之后，弗朗兹仍然可以为了佳碧给予他的友情，一如既往地保持着对这位朋友的真诚、信任和爱护。

这就是真实的童年。它不是与世隔绝的桃花源，而是和我们每个人一样身处日常喧嚣的深处，并努力学着把成长的根须慢慢探进这个世界。正是在这样的过程中，来自童年的那份纯真自由的性灵之美，才成为穿越并照亮我们这个世界的其中一束光芒。

因此，对于"弗朗兹"系列故事来说，在所有故事的最深处，埋藏着作家对童年生命的至诚关怀。我们看到，在涅斯特林格的笔下，属于一个年幼儿童的对于长大的渴望、对于自我身份尊严的固执、对于日常生活中的紧张和恐惧感的独特体验，以及与"爱情"有关的小小的嫉妒和心机，都得到了自然酣畅而又趣味十足的呈现。

与此同时，这种对于童年心理感觉的准确把握，又总是与另一份深情而又智慧的童年关怀结合在一起。它们悄无声息地融化在这样一些不经意的细节里：一位爱面子的母亲在收到弗朗兹亲手为她制作的古怪的母亲节帽子之后，一面想方设法要摆脱它带来的尴尬，一面却也可以为了保护小儿子爱的自尊，毅然戴着这顶"可怕"的帽子走上街头；一位个性十足的奶奶，一边用最适合的方式帮孙子挽回了一场圣诞礼物的误会，一边又用如此令人难以觉察的体贴打消着弗朗兹心里的愧疚，让他相信自己带来的麻烦并没有真的成为麻烦；还有那位普通的女校长，在听完一个迟到孩子的解释之后，没有一声责备地将弗朗兹轻轻推进教室，并不露声色地帮他解决了被老师责问的难题……

在"弗朗兹"系列带给我们的无数充满笑声的阅读快乐中，遍布着这样一些动人的生活细节，它让我们在童年游戏的快意中不由自主地停下脚步，去静静地体味它们所包含着的寻常而又珍贵的爱的讯息，去学着领会它们所传达出的那份平淡而又深刻的童年理解。

也正是这样一些细节和它们所指向的童年精神的深度，让"弗朗兹"系列在一个令人眼花缭乱的儿童文学的游戏时代，在无数朝向童年情趣的儿童故事写作之中，拥有了一份与众不同的经典的气息。它使我们想起从瑞典作家林格伦笔下走出来的那些著名的孩子：长袜子皮皮、小飞人卡尔松、小家伙……半个多世纪过去了，从林格伦开始的童年游戏精神正在越来越演变为一场儿童文学写作的当代狂欢。然而只有在那些真正领会了游戏精神深髓的作品中，我们才能看到同样始于林格伦的那种对现代童年生命的发自内心的尊重、理解与关怀。

2003年，涅斯特林格获得了瑞典政府设立的首届林格伦纪念奖。显然，以林格伦的名字命名的这份荣誉，是对这位将智慧与情怀献给儿童的奥地利女作家最贴切的理解和褒扬。

（"弗朗兹"系列，[奥]克里斯蒂娜·涅斯特林格／著，湘雪／译，二十一世纪出版社）

玩一玩童话故事：《童话里的爱丽丝》

《童话里的爱丽丝》是罗大里以爱丽丝为主角的一系列儿童故事中的一则。故事里的爱丽丝总是糊里糊涂地撞进各种稀奇古怪的场所。这一次，作家让她掉进了一本童话书里。

在一个无聊的下雨天，爱丽丝没法去外面玩，只好从书架上抽出一本童话书来看。就这样，她先后掉进了《睡美人》《小红帽》和《穿靴子的猫》的世界里，搅乱了里面的故事逻辑，最后，穿靴子的猫把她给赶了出来。

这是一个富于后现代意味的童话故事，它至少运用了三种典型的后现代文学手法：戏仿、拼贴和元叙事。

所谓"戏仿"，是指作家在写作中对一些人们耳熟能详的作品展开游戏性的仿写和改写。我们可以发现，《童话里的爱丽丝》戏仿了《睡美人》《小红帽》和

《穿靴子的猫》三则传统童话，由于爱丽丝的到来，这些童话原来的情节发生了改变。睡美人没有等来王子，却等来了不小心跌进故事里的爱丽丝，这令她失望至极；大野狼也没有等到小红帽，而是等来了从睡美人的故事里掉出来的爱丽丝，它改变了主意，打算先吃掉这个新来的小姑娘；穿靴子的猫要求爱丽丝帮它圆谎，在遭到拒绝后，它直接把搅局的爱丽丝拎出了童话世界。

除了这三则传统童话，这部作品还包含了另一个隐含的戏仿对象，那就是英国作家路易斯·卡洛尔的《爱丽丝漫游奇境记》。在卡洛尔笔下，爱丽丝是在无聊中掉进了一个兔子洞；而到了罗大里这里，她则是在无聊中掉进了一本童话书里。这两个爱丽丝之间的关系，显然不只是重名那么简单。

一个作品中把若干不同的童话故事片段拼合在一起，这是一种"拼贴"的文学手法。而发生在穿靴子的猫和爱丽丝之间的对话，则带有典型的"元叙事"意味——这是一种作者在写作过程中有意透露故事的人为性和虚假性的手法。当童话里的爱丽丝表示"不能说谎"时，穿靴子的猫强调的是"童话里可以说谎"，这就是一个典型的"元叙事"表达。

通过戏仿、拼贴和元叙事三种手法的运用，作家赋予了笔下的这个童话故事以特别的情味，既带着传统童话的某些古老的故事韵味，又在对这些故事的游戏性模仿、改写和调侃中，创造出新的故事趣味——它也是当代故事特有的一种趣味。

借助于戏仿、拼贴和元叙事的手法，儿童故事可以达成一些新的表现目的，比如对特定意识形态观念的讽刺乃至颠覆等。不过，在爱丽丝的这个故事里，罗大里之所以调用这些手法，主要应该还是为了好玩。我们看到，当作为故事主角的爱丽丝走进童话故事里去时，作品就有了两重故事的层次。在第一重故事里，爱丽丝是她自己故事的主角；在第二重故事里，她成了童话故事里意外的造访者。这样一个故事套故事的结构，本身就是一个有趣的文本游戏。再加上爱丽丝掉入童话故事之后给故事进程带来的各式好笑的麻烦，更进一步加重了作品的游戏意味。

作家以这样的方式让我们看到，其实故事本身就是一个游戏，而且，这个游戏可以有很多种玩法。罗大里本人无疑是玩故事游戏的高手。他的许多儿童文学作品，从各个方面挑战着儿童故事可能的游戏想象力。《童话里的爱丽丝》也是如此。

年轻的意大利插画家安娜·劳拉·坎多内为这则故事所绘的插图，以其古灵精怪的画面创意诠释和渲染着罗大里这则童话的游戏情味：画面上那一队跟随着爱丽丝从现实跳到童话故事，又从童话故事跳回到现实生活中的乌鸦，常常在画面一角做着某个令人忍俊不禁的动作；还有立在爱丽丝窗外的树木，不知不觉就变成了睡美人沉睡着的森林；再看看穿靴子的猫揪起爱丽丝的辫子把她拎出故事时那副不屑的表情——这真是一种非常罗大里式的插画风格。

回到现实中的爱丽丝刚好等到雨停，"她可以去院子里玩了"，一切看上去和原来没什么两样。那么，刚刚的这些经历，到底是爱丽丝想象中的游戏，还是真的在她身上发生过的故事呢？你注意到了吗？罗大里又把我们悄悄带到了对卡洛尔那个著名的爱丽丝奇遇故事的"戏仿"里。我们不禁要揣测：他的这个故事，是不是也在向卡洛尔这位儿童游戏文学的英国先驱致意呢？

(《童话里的爱丽丝》([意]贾尼·罗大里/文，[意]安娜·劳拉·坎多内/图，赵文伟/译，安徽少年儿童出版社)

幼年的意识流：《若昂奇梦记》

漆黑的夜里，一个孩子，一个人，躺在自己的床上，等待着外出捕鱼的父亲归来。这时候，他能做些什么？

他只能躺着，什么也做不了。或许，他还想要用睡眠来努力抵抗身体里面逐渐膨胀着的那份不安感。然而，在身体的静态中，他的想象力却不能抑制地奔腾起来。不论醒着还是睡着，那个因为

受到黑夜和孤独的滋养而变得格外庞大错杂的想象世界，把孩子彻底吞没了。在巴西图画书作家、画家罗杰·米罗的图画书《若昂奇梦记》中，一个叫若昂的男孩就是这样陷入到了渺无边际的幻想意识流中，而他的幻想的起点和边界，都是他的被单。

这是一个奇特而又巧妙的构思。真的，在漆黑的夜里，孩子唯一能抓住的也只有他的被单了。这小小的被单承载了他所有安全感的寄托。然而，恰恰是这张被单，因为被他的想象力所浸透而成为男孩黑夜幻想的发源地。罗杰·米罗在若昂的被单上大做文章，随着被单花纹的变换，我们从中看到了若昂的想象展开以及与之相伴随的他的各种心理感觉。在若昂入梦以前，他的想象以及被单上显露出的花纹，带着些许抒情诗的风格："一个吻轻轻地落在若昂的额头上。是黑夜亲吻了若昂。它藏在哪儿？它是不是躲在一声声的歌谣里呀？或者是藏在一阵阵的晚风里？还是在被子的丝线变成的一座座高山里？"小男孩甚至还在被子的"山峦"里制造了一场"小小的地震"。然而，在孩子睡着之后，他一直小心地为自己掩藏着的那份小小的恐惧感，却偷偷溜入了他的梦境。"睡梦中的若昂感到了一丝丝恐惧，恐惧也一丝丝地蔓延开来，难道是若昂把装满恐惧的水龙头打开了？"

《若昂奇梦记》的插图据说受到了巴西刺绣图案的灵感启发。插图中那些细致精美的线条和图案，巧妙地烘托出若昂想象世界的神奇瑰丽与错综复杂。我们看到，从被单的图案里幻化出了无边的黑夜、古老的歌谣、轻拂的晚风、层峦叠嶂的高山峡谷、翻卷着浪花的广阔海洋、一个椭圆形的湖泊、一张巨大的渔网……这一切当然都是从若昂的想象里生长出来的幻象，每一个幻象里也都有着若昂小小的身影。插图上，若昂的身体与被单之间空间关系的变化，似乎也暗示着若昂与他飘浮于其中的那个幻想世界之间关系的变化：在男孩还没有睡着的时候，他的身体往往有一部分露在被单之外，或者就在被单边缘附近；这时候的孩子也处于一种浅幻想的状态。而随着被单越来越完全地覆盖和卷住了男孩的身体，原本虚实交织的幻想也变成了全然虚构的梦境。这时候的若昂被他自己编织的幻想牢牢地包裹着，原本就藏在他心底的恐惧，此时也像梦境中的湖水般不可抑制地汩汩流淌出来。

透过若昂的梦境，我们看到了一个孩子如何勉力抵御着他内心小小的恐惧感：恐惧化为湖泊，若昂想把湖水排干；恐惧变成小鱼偷溜出来，若昂想用一张渔网去网住它；恐惧变成的大鱼冲破了渔网，若昂忙着去处理网上的窟窿；恐惧变成的窟窿却越来越大，开始吞没一切……画面上，那样一张由密密织成的被单花纹构成的、从头到脚裹住了若昂的大网，生动地传达出男孩一个人在家睡觉时的那份忐忑不安。

在梦境中的恐惧感即将失控的时刻，若昂醒了过来。奇怪的是，他并没有从梦境重新回到现实世界，而是来到了另一个比梦境更为奇异的幻想世界，因为醒来后的他发现，编织着他的梦境的那床被子，不知怎的被拆掉了，他的手里只有一根长长的丝线，而地上则散落着一堆字母。于是，若昂就用一个问号牵引着那根丝线，把字母一个个地穿起来，重新给自己做了一床"字母的被子"。

这是一个很特别的结局，它现实化的幻想和幻想化的现实，透着一种南美风情的魔幻气息。我们大可以把这个结局读成一种天马行空的幻想，但我们也可以这样解读个中幻想的意义：故事中一直在男孩心中蔓延生长的那份恐惧感，似乎是在他自己掌握了想象的针线和材料之后，才得到了完全的释怀。醒来后的若昂"一边缝被子，一边哼起了自己编的催眠曲"，一种舒缓平和的氛围代替了此前有些紧张的情绪，它意味着若昂终于一个人走出了黑夜的恐惧。这对于那些与若昂一起紧张地体验着黑夜带来的不安感的孩子们来说，当然是一个不可或缺的结尾。

罗杰·米罗用黑、白、红三色的配合，来表现黑夜、梦境和幻想混合在一起的奇妙感觉。画面的线条和图样透着手工织物特有的柔软、纤细而精致的质感——这或许也正是幻想的质地。

（《若昂奇梦记》，[巴西]罗杰·米罗/文图，杨柳青/译，安徽少年儿童出版社）

生命里要有一艘大船：《我的克莱曼汀号》

意大利艺术家罗伯特·英诺森提偏爱有重量的文字和故事。他画笔下的线条和色彩，仿佛天生就是为了表现重量而存在。他与多位作家合作的《铁丝网上的小花》《大卫之星》《都市小红帽》《最后的胜地》等图画书，无不有着对一般图画书来说不同寻常的题旨蕴意：历史、战争、死亡、现实之暧昧复杂，以及对现代生活的批判反思。就连他为意大利儿童文学经典《木偶奇遇记》所绘的插图，在带着19世纪托斯卡纳乡间风情的画面上，也将一种英诺森提式的辽远感、厚重感赋予这个单纯可爱的教育故事。翻读这些插图，你会不由自主地想起意大利古老的广场和街道，想起与这种古老感联系在一起的我们的世界与生活的悠长历史。

《我的克莱曼汀号》无疑也是这样一则属于英诺森提的故事。艾米·诺弗斯基笔下诗意凝练的语言、沧桑持重的叙事、开阔深远的时间和空间视角，既为英诺森提的插图提供了合宜的布景，也在他的绘画中得到生动的诠释。作品以一艘货轮的历史穿起一个人的历史，又以这艘船与这个人的历史，投映出一个大时代的缓移慢进与风起云涌。短短几百词的叙说，覆盖的却是半个多世纪的时光变迁，对插画者来说，如何在这样的短篇小制内恰当把握、呈现个人生活与宏大时空之间的平衡点，显然并不容易。

英诺森提擅长这样的以轻驭重和举重若轻。他与另一位美国作家J.帕特里克·路易斯合作的图画书《房子》，便是在一幢老房子的诗意自述里带读者轻轻走过一个世纪的历史。《我的克莱曼汀号》中，他以深阔的海平线拉开整个叙事的时空，又以醒目的近景托起一个男孩的追逐。这些画面连缀在一起，让我们看到生命背后多么浩渺的大存在，也看到在这个存在的强力裹挟之下，生命如何执着地想要留下它自己的履痕。

这份信念起始于一个街角少年天真的雄心："总有一天，我会成为船长。"站在被单飘扬的尘世生活里，少年的目光投向远方，那里有辽阔的海面、翻飞的鸥鸟，以及破云而出的灿烂光芒。青春、梦想和冒险的永恒冲动，与甜蜜忧伤的爱情糅合在一起，令人激越振奋而又愁肠百结。

在这里，英诺森提放下视觉游戏的各种机巧，而用某种古典画的端雅与庄重，细细勾画、描摹着这些生命里微小而动人的片刻。微明的晨曦里，深长的巷子口，男孩背起行囊，走出家门，没入远方的是通往未来的道路，白纱窗帘的背后则留下恋人和她的眼泪。登上甲板的那一刻，主人公的兴奋、忐忑尽在他微微前倾的身姿和略带生怯的面容上显露无遗；而那个到来之前从不轻易向人揭晓的命运的奇妙安排，则在船长从船楼上俯身望向他的瞬间、在船员们以各种目光投向这个陌生的年轻成员的瞬间，得到了某种微妙的预示。

我们的目光追随着少年的身影，看他从年轻的船员逐渐成长为稳重的船长，看他的克莱曼汀号从游历世界的货轮变成沐枪浴弹的战舰。不论在欢欣岁月还是艰难时世里，一个人与一艘船互为归属、彼此照料，那份从未被时光磨蚀的单纯的坚忍与朴素的忠诚，深深打动着读者。

但这本图画书里还有比一个少年的追梦与成长更广阔的内容。在少年的身后，那片辽远的天地间，那熙攘的人群里，同时展开着一个更阔大的故事——那是属于所有人的故事。"海上的每一天都是冒险"，恰如生命本身即是一场历险。对"我"来说是如此，画面上，在年轻船员的目光里匆匆登舱、继而在客舱灯下聚事热议的一行四人，无疑也正经历着属于他们自己的冒险。桌上摊开的地图，榻边微露的手枪，渲染出另一番冒险的滋味。

"明天，我们将身在何方？"这一句看似只谈旅行的"明天"之问，从英诺森提的插图中，我们却不仅看到了船长和船员们背影中的一丝犹疑，也看到了那时的人们乃至一个时代对于未来的忧虑、期望与迷茫。颓败倒塌的建筑，荷枪而立的人们，"禁止通行"的标语，预示了战争的发生与生活的变故，也使"身在何方"的问询和思索，带上了存在寓言般的厚重蕴意。冰雪覆盖的极地险境里，"好在有同伴和我们一起破开冰面"，这沉默的同伴，与"我"和"我们"分担着共同的历史命运，分享着彼此的敦实温暖。世界和生活如此之大，我们活在其中，却并不那样孤单，每念及此，多么令人心生稳妥和欣慰。

于是，我们的目光从一个人的舞台伸展开去，看见了更辽阔深邃的空间的广延，也看见了更绵长悠远的时间的轨迹。我是那样被书中最后一幅跨页的大画面所深深吸引，这里面除了属于克莱曼汀号的感伤而浪漫的归宿，还有太多沉默的生命故事。从古至今，从海洋到天空，或微小或巨大的机械残骸静静地躺在水底，他们作为人类机械的生命早已终结。然而，水波浮动，海草招摇，游鱼从锈蚀的舱体间怡然进出，那个更宏大的生命依然蓬勃上演着它的故事，仿佛一切从未改变。正如克莱曼汀号上，船体日渐斑驳，船长逐渐老去，年青的梦想却仍在延续；亦如人世间，历经战争与创伤，生活依然为我们留着那个平凡而珍贵的微笑。

走近这样一种广大时空的视野，使我们的生命经验里除了一己之悲喜，也容纳得下更多了不起的丰富与深刻。

克莱曼汀号的故事结束了。但请你不要太快合上这本书。请耐心地继续翻下去，翻到最后，读一读那里同样精心绘写的货轮历史和船体构成的知识。这不是故事的点缀，而是它的重要部件。也许我们中的许多人终其一生都不会与一艘货轮打交道，也不曾去过它所抵达的大多数地方。但当你心里装着这样一艘古老的大船，这样一些遥远的域界，生活和生命对你来说，定会因此而充满不一样的光芒。

（《我的克莱曼汀号》，[意]罗伯特·英诺森提/图，[美]艾米·诺弗斯基/文，赵霞/译，明天出版社）

用童话与哲学的方式谈论死亡：《国王与死神》

尽管儿童图画书作为一个特殊的童书门类，向来不避讳参与某些形而上主题的阐发，不过当荷兰儿童文学作家库斯·迈因德兹、哈里·杰克斯与南非插画家皮特·格罗布勒在他们合作的《国王与死神》中尝试以儿童图画书的形式去触碰"死亡"这样一个沉重的哲学话题时，他们显然为自己设置了一个难题。更何况他们所

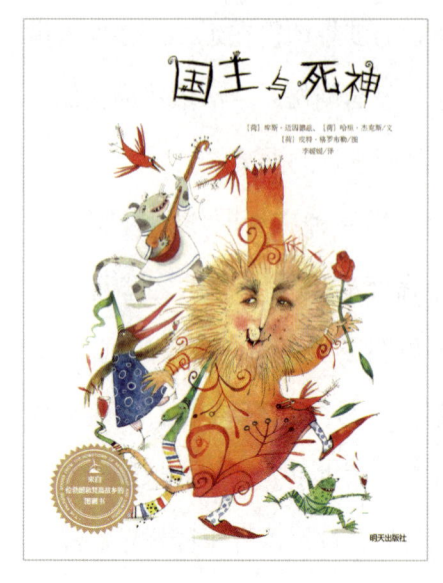

关注的并非我们日常生活中与"死亡"事件相关的某种具体的情感经验,而是意欲从全部生命的广度与高度出发,来探讨那悄无声息地潜伏在时间里的"死亡"对于存在本身的意义。介入这样一个富于哲学冥思气息的存在命题,对于儿童图画书的创作来说,无疑是过于冒险了一些。

《国王与死神》向我们证明了这样的艺术冒险是可能的,而且也是值得的,它将让我们看到儿童图画书辽远开阔的思想空间以及独一无二的哲学气质。作者借故事里的国王之口道出了这样一个千百年来困扰着人类的忧思:"到底什么是死?""我为什么一想到他就这么害怕?""我为什么会这么害怕他来找我呢?"为此,国王召集他的大臣,共同商讨对付死神的办法。终于,他们抓住死神并摆脱了他的威胁。

然而,几百年过去了,死亡的消失并没有带给人们期待中的幸福,他们发现随着永生的实现,自己所得到的只是一个拥挤、无聊的世界,以及对于那已经不值得珍惜的生命的懒怠和厌倦。于是,人们重新召回了死神;所有活了很久很久的人都欣然跟随着国王,"一个一个快乐地死去"。这个故事说得真好。它把人类自有意识以来就深深怀有的对死亡的恐惧,对生命的眷恋,对不朽的期盼,以及对这一切的思考,都编织进一个简短、浅白、幽默而又轻巧的叙事过程里。这个叙事的奇妙之处在于,它能够如此自如地将一个复杂、深刻的存在命题揭示得那样透彻明白,又如此自然地将一个短浅直白的儿童故事文本变得这样富于深意。它让我们想起 20 世纪欧洲重要的哲学家卡尔·波普尔曾经说过的一段话:"如果生命不会完结,生命就会没有价值;在一定程度上,正是由于每时每刻都有失去生命的危险,才促使我们深刻地认识到生命的价值。"[1]西班牙当代哲学家费尔南多·萨瓦特尔用更

---

[1] 卡尔·波普尔.通过知识获得解放[M].范景中,李本正,译.杭州:中国美术学院出版社,1996:406.

为诗意的语言表达了同样的意思："死亡的觊觎，能够使哪怕最平常无味的时刻都有趣得让人心碎。"①

正因为这样，当故事里的死神从揭开的玻璃罩下第一次露出他的真面目时，我们看到的是一个与寻常想象大不一样的"死亡"的形象。这个以洁白（而非暗黑）、明亮（而非阴沉）、和善（而非暴虐）的医者（而非魔鬼）形象出现的死神，暗合着故事所要传达的与死亡有关的圣意、温柔、救赎这样一些特殊的意义，它促使我们在惊愕和疑惑中去重新反思我们对于"死亡"的理解，重新认识生命存在和消逝的意义。

格罗布勒为本书所绘的插画无疑极大地促成了上述意义重读的充分实现。面对这样一个充满寓言意味的文本，格罗布勒动用了一种他所擅长的同时具有原始绘画与儿童涂鸦特征的画面表现手法。这些重象征而轻写实的画面一方面给了文字叙述以某种形象化的直观呈现，另一方面又避开了过于落实的画面呈现对于故事意义生发的限制，从而使我们能够越过画面的视觉直观，去发现寄寓于其上的更多丰富的象征意涵。

在完成文字叙事阐发的基础上，格罗布勒也借助画面独特的艺术表现力，对故事意义进行了新的延伸与升华。例如，整部图画书的文字部分始终不曾言明这个王国到底属于哪一个生命种类，而画家恰恰利用了文字叙述上的这种模棱两可，通过把各种动物的形象征用到故事的表现中，将它拓宽成了一个可以容纳一切生命的哲学寓言。

与此同时，画家也有意借助稚拙的线条笔法与明亮的水彩效果，来减轻故事的厚重质地，增添故事的喜剧氛围；如果我们仔细观察，还会发现每一页的画面都藏有许多幽默的细节。这些画面效果大大冲淡了死亡话题所带来的沉重感与压抑感，它一方面使故事内容变得更适宜于儿童的阅读接受，另一方面也向我们展示了一切生命虽在时间的限制下也仍然拥有缤纷的色彩与欢乐的精神。

事实上，活着之所以是珍贵的，正是因为我们终有一天将会离去。换句话说，正是对于死亡所带来的时间限度的意识，促使我们在有限的生命里不断寻找和建构着生命可能的价值。

一个年幼的孩子读完这个故事，还

---

① 费尔南多·萨瓦特尔.哲学的邀请［M］.林经纬，译.北京：北京大学出版社，2007：193.

走不到那么深的精神的远方，但终有一天，这样的阅读所储存下来的智慧，会在他未来的某个生命时间里发出光芒。

(《国王与死神》，[荷] 库斯·迈因德兹、[荷] 哈里·杰克斯/文，[南非] 皮特·格罗布勒/图，李媛媛/译，明天出版社)

故事讽喻背后的温暖：《不能弄湿脚的青蛙女王》

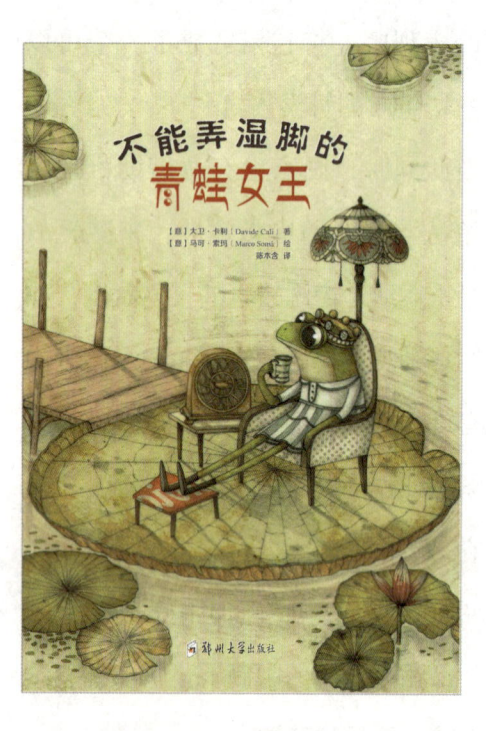

《不能弄湿脚的青蛙女王》是一则寓言体的童话。这类童话在意大利儿童文学中有着光辉的艺术传统。著名的意大利儿童文学作家、1970年国际安徒生奖得主贾尼·罗大里的《假话国历险记》等一批广为人知的作品，便是借童话的想象传达政治讽喻的典型代表。虽然童话的文学旨趣和寓言的观念意图是有可能发生冲突的，但在罗大里的作品里，这两者的交融颇为自然，他的故事兼有童话想象的妙趣和寓言思考的深意，读来神采飞扬而又回味悠长。

与罗大里笔下的"假话国"一样，大卫·卡利、马可·索玛合作创造的《不能弄湿脚的青蛙女王》，也是一个充满隐喻的意象。夏日傍晚的池塘里，一个"王冠"从天而降，改变了一群自由自在的青蛙的命运。从此，青蛙们有了一位女王，这位女王住在"一片只属于自己的大叶子"上，"不再弄湿她的脚"，这意味着，她再也不需要做任何工作，每天除了睡觉，就是用餐。她和她的顾问们高高在上，一面负责对其他青蛙发号施令，一面占有、享受着他们的劳动成果。于是，到了傍晚，"青蛙们再也不唱歌了，因为他们都太累了"。

故事的讽喻意义显而易见。青蛙女

王四体不勤到了"不能弄湿脚"的地步，这样的夸张在字面意义上突出了女王的娇贵身份，在深层意义上则凸显了这一身份及其存在方式的不合理性。而回溯起来，这位女王身份和地位的确立也真是荒唐——只是因为碰巧捡到那个"王冠"，她就成为青蛙们的女王，这个过程大概连她自己都感到有些莫名其妙。当然，这也得益于借女王之名从族群中显赫而出的顾问们。我们很容易就能联想到青蛙女王、女王顾问们以及其他青蛙在现实社会里的映像。

马可·索玛的插图强化了这一讽喻的意图。画面上的青蛙几乎完全呈现为人的形象，除了有着一个标志性的青蛙脑袋。他们读书、写字、吃茶、聊天，演奏和观赏音乐会，举办记者招待会，等等。青蛙女王的出现给原本自由闲适的生活带来了强制的阶层分化和社会分工，我们当然看得出这荒唐的社会分层和分工在现实世界里的矛头所指。这也是罗大里童话传统的一个重要部分。

女王的"退位"与她的"加冕"一样偶然。跳水比赛中，为了证明自己身为女王的资格，她不得不从高高的叶子上跳下水去。这可能是一次偶然的邀请，也可能是一个聪明的计谋。但那都不重要了。等她从水底重新探出头来，"王冠"已经不见了。"没有王冠就不再是女王"，于是，"所有的青蛙都朝她身上扔起了泥球"。在寓言的逻辑里，这自然是青蛙女王应受的惩罚。

但我们从画面上看到了比冷酷的惩罚要温暖、可爱和有意思的场景。你瞧，当青蛙女王从水底探出身来，她的愉快的模样，她的满足的神情，还有她站在那里不无狼狈却又稚气生动的样子，所有这些无不在告诉我们，做一只享受跳水和潜水的青蛙实在比当一位"不能弄湿脚"的青蛙女王要有趣得多。你再看青蛙们扔泥球的画面，这个看似表现惩罚的场景，它的色调却是偏暖的，个中角色的动作方式和幅度也是游戏性的。与其说青蛙们是在报复女王之前的统治和驭使，不如说他们是和她一起回到了原先那无分等级的欢乐生活中。这样，这个作品传达的意思就不再停留在简单的对立和反抗上，而是在政治的讽喻之外，更多了一份属于生活的单纯宽厚的温情。

故事结尾，我们知道了"王冠"的来历，那原来是一枚王冠形的戒指。它是怎么被丢进河里的？又为什么会被重新寻走？在拥有戒指的那对情侣之间发生过什么样的事情？这是留给读者想象的另一段甜蜜感伤的故事。但这里只有这一处想象的延伸吗？你再回过头去看年轻人驾船从水里寻回戒指的那个画面，就在插图的右下方，在无人注目的角落，曾经成为女王的青蛙从荷叶荷花的缝隙间探起身子，在青年人的背影里张望着木船上那个装有"王冠"的小小首饰盒。她的神情里有那么一丝落寞吧，这枚在她生活中突然出现和消失的"王冠"，让故事初起时孑身独坐在荷叶上的"灰姑娘"成为众人眼里耀眼夺目的"女王"，这段如梦般的时光，或许也给她不起眼的生活平添了一份美好的记忆。

因此，让我们记得《不能弄湿脚的青蛙女王》教给我们的社会批判寓意，同时，也让我们不要把这则故事仅仅当作一则批判的寓言来读。在它的讽刺和隐喻的背后，在文字与插图共同创造的叙事和意义的复褶间，还隐藏着更丰富的故事层次与情感蕴意。它使作品兼有寓言之智与童话之美。这正是图画书独特的艺术妙处。

（《不能弄湿脚的青蛙女王》，[意]大卫·卡利/文，[意]马可·索玛/绘，陈木含/译，郑州大学出版社）

推荐阅读

《盘中餐》

于虹呈 / 文图，中国少年儿童出版社

作品用图画书的方式生动地诠释了"谁知盘中餐，粒粒皆辛苦"。在云南山里开出的梯田之上，从灌水、松土、孵种、播种、拔秧、插秧到水稻开始开花、结穗、完全成熟；之后是不停歇的收割、晾晒、碾米；最后，才有了谷米成炊的欢庆时刻。关于水稻种植与农具的知识，都融入在鲜活的劳作和生活场景里。开阔而精细的绘图，呈现古老久远而又生机勃勃的劳动生活，从绿意初缀的春天到忙碌丰收的秋天，人的情感深藏在看似客观的知识讲解与介绍中。在画面的各个角落里，孩子扮演着这场浩大农事里小小的参与者，也为其增添了活泼的生趣。正文之后，配以针对水稻耕种各个重要阶段的进一步解说；前后环衬上介绍、解释各类农具名目的图画，也见出作者设计的精心。

本书获得第五届丰子恺儿童图画书奖首奖。

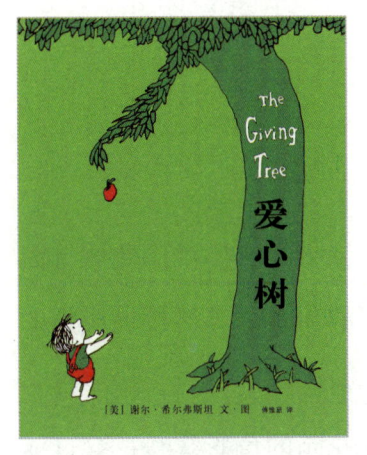

《爱心树》

[美]谢尔·希尔弗斯坦 / 文图，南海出版公司

爱心树陪着树下的孩子长大，给予他想要的一切，从游戏的欢乐到世俗的财富再到远行的船只。最后，当孩子老了，树也老了，后者只有一个老树墩可供安坐，前者就在树墩上坐下来，得到了他最需要的安静与休憩。这是一个可以做许多联想的故事。爱心树的慷慨和无私，或许让我们想到父母与孩子的关

系，同时也可用来描述自然与人的关系：一方总是无尽地索取，另一方总是无我地给予，毫无怨言，毫无后悔。作为索取的一方，坐在老树墩上的时候，可曾感到有所倚靠的安宁与感恩？当然，对幼儿来说，它只是一个单纯的童话故事，其中的感叹和思索，或许会在以后的回味中慢慢向他们显露出来。

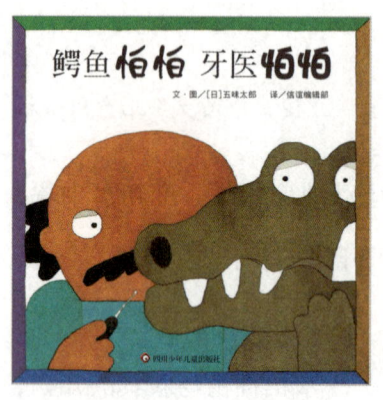

《鳄鱼怕怕 牙医怕怕》

［日］五味太郎／文图，四川少年儿童出版社

鳄鱼和牙医，一个害怕去让牙医看牙，一个害怕给鳄鱼看牙，看两种既相近又不同的"害怕"怎样碰撞在一起，成为一个好玩的故事。看牙过程中的每一步，鳄鱼和牙医做出的"害怕"反应是如此一致，害怕的对象却又正好彼此相反。恐惧主体同时成了引起其他主体恐惧的对象，反过来，造成恐惧的对象同时也是承受恐惧的主体，两者的交会碰撞擦出了喜剧幽默的奇异火花。尽管拙趣的插图冲淡了害怕的情绪，这仍是一个以暗调子画面为主的故事，加上语言上的巧合设计，使之更适合年龄略长一些的儿童读者。故事最后，鳄鱼和牙医一起对故事外的孩子说："一定不要忘记刷牙。"这个故事，可以送给即将和已经开始努力学习自己刷牙的小朋友。

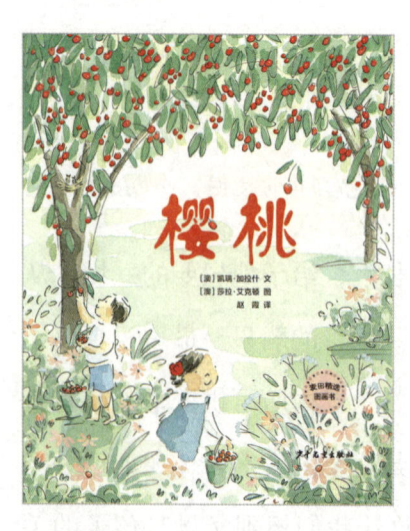

《樱桃》

［澳］凯瑞·加拉什／文，［澳］莎拉·艾克顿／图，赵霞／译，少年儿童出版社

诗的语言，诗的画面，读来如有樱桃的花瓣拂面而下，又如闻见了樱桃果子的甜香。等待樱桃成熟的日子，从第一串花苞开始。对樱桃的企盼，像一摇一摆的手推车，慢慢穿过春日花园的色彩缤纷，穿过冰棒和西瓜的味道，直到枝头挂满点点殷红的果实。绿树成荫，笑语盈盈，樱桃的季

节一晃而过，滋味却永留心底。富于韵律的语言，日常亲切的场景，如时光般透明轻灵的水彩写意，将与樱桃有关的浓浓欢乐与淡淡想念，定格在文与图的诗意空间里。和孩子一起，慢慢地读这本书，体味诗与时间的奇妙况味。

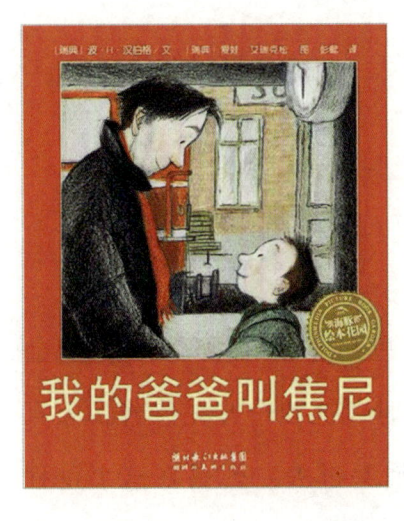

《我的爸爸叫焦尼》

[瑞典] 波·R.汉伯格 / 文，
[瑞典] 爱娃·艾瑞克松 / 图，湖北美术出版社

狄姆在车站等着爸爸的到来。这一天，他们一起吃热狗，看电影，吃午饭，逛图书馆，度过了快活的一天。狄姆好想跟所有人分享和爸爸在一起的快乐，他反复告诉别人："这是我爸爸，他叫焦尼。"爸爸脖子上亮眼的红围巾，是焦尼内心欢乐与自豪的象征。时间过得好快，爸爸又要坐着电车走了。他把狄姆也抱进车厢，告诉那里面的所有人："这是我儿子。最好的儿子。他叫狄姆。"我们不知道为什么焦尼的爸爸妈妈不在一起了，为什么他很久才能见爸爸一次，但有一点是肯定的：爸爸和狄姆都深爱彼此。这个叙事细腻、情感饱满的故事，还包含了对许多孩子来说至关重要的一种生活观念：无论爸爸妈妈之间发生了什么样的变化，他们每个人都永远爱你。

《云朵一样的八哥》

白冰 / 文，[英] 郁蓉 / 图，接力出版社

一只迷路的八哥意外闯进人类的生活，它有了一个精致的鸟笼，有了精心照顾它的主人。它的生活现在什么也不缺，但它总觉得"少了什么"。它的歌声在忧郁中渐渐消逝，直到有一天，它飞出鸟笼，重新回归自由的天地。这是一只八哥的故事，也是一首为自由而

唱的歌。中式剪纸与西式绘画风格的巧妙结合，营造出阴影与光亮相交织的独特表达效果，恰如故事里八哥所经历的生活和领悟。鸟笼是爱，天空也是爱，哪种爱更值得我们去追寻？读完故事，我们也会有自己的思考。

该书获得第 24 届布拉迪斯拉发国际插画双年展金苹果奖。

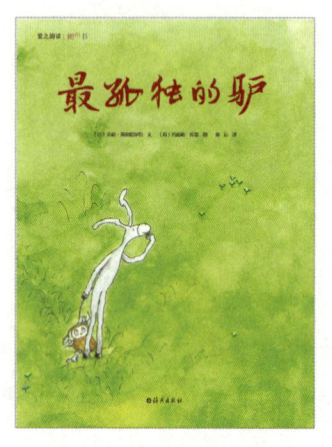

《最孤独的驴》

［比利时］英格·斯密哈尔特 / 文，［荷］玛丽格·库能 / 图，孙远 / 译，海燕出版社

小驴子巴尔塔扎从妈妈嘴里知道了"总有一天妈妈会离开"，但当这一天果真到来时，他独个儿晃悠着，天真地想把这"总有一天"赶紧消磨过去。就是在这个过程中，巴尔塔扎慢慢咀嚼着"总有一天"的意思，也慢慢学会了一个人"不慌不忙"地生活。在这个关于成长的童话里，死亡的话题以十分隐晦的方式得到了传达。巴尔塔扎的"孤独"不仅仅是一种独自离家的孤单，而是蕴含了更为深层地存在的孤独感。孤独的巴尔塔扎"深吸一口气，继续往前走"的姿态，代表了不同寻常的勇气。

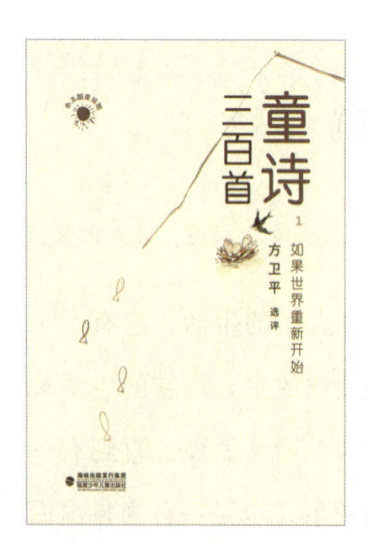

《童诗三百首》（共 3 册）

方卫平 / 选评，福建少年儿童出版社

该书精选三百首当代汉语儿童诗歌，汇编为 3 册，按主题单元编排，每一单元后附有编选者撰写的导读。通过这些诗，可以看到儿童诗的简约清浅如何与其丰富无限的艺术可能融合为一，从中可以欣赏、见识当代儿童诗的艺术丰姿，也可从诗歌背后的童年观念和童年理解中受到许

多启迪。和幼儿一起读，可以先挑选一些篇幅较为短小、词旨较为浅近、表现和书写幼年生活感觉的作品。不过，一旦开始给孩子读诗，我们很快就会发现，他们对诗歌直观的感受力和接受力，以及他们对诗这种形式的亲近与热爱，很多时候超出成人的想象。我们也将领略，和孩子一起读诗，是一件非常美好的事情。

后记

这本书的写作酝酿了多年。

从事儿童文学研究多年，我们遇到过许多对儿童阅读怀有热忱的家长和老师。与他们的交流常常让我们感到，儿童文学是一个跟我们的日常生活联系多么密切的文类。这种联系的缘分因孩子而起，然而，一旦我们开始和孩子一起阅读童书，就会发现自己不知不觉地深深卷入其中——因为儿童文学如此充满乐趣，也因为和孩子一起读书是一件如此快乐的事情。由此，成人与孩子之间相互带动，使得阅读成为一项日益普及的当代家庭和校园活动。

今天，随着早期阅读在越来越多的家庭、幼儿园及各类早教机构得到重视和推行，关于如何进行早期阅读，家长和老师们既有许多重要的经验，也有许多共同的困惑。这些年来，关于早期阅读，大家经常询问的话题包括：早到什么时候，可以让孩子开始读书？不同年龄的孩子应该读什么书？怎么给孩子选好书？孩子不喜欢读书怎么办？孩子读书只读图画怎么办？读到不好的书怎么办？等等。

本书的撰写，正是为了回应幼儿亲子阅读中受到普遍关注的一系列问题与话题。书中所涉问题基本上涵盖了0—6岁亲子阅读中的主要与常见话题。幼儿期的阅读主要是家庭阅读，亲子阅读则是该阶段幼儿阅读的基本形式，也是早期阅读习惯、能力养成的基础途径。与亲子阅读活动日益受到关注的现实相比，当前国内关于亲子阅读的专业指导读物还很少。目前出版的一些质量较好的儿童阅读指导类普及图书，多为覆盖儿童全年龄发展阶段的读物，其优点在于方便运用于各个阶段儿童阅读的普及启蒙。但由于幼儿期阅读有其特殊的需求和方式，这类图书有时难以提供具有针对性的细致指导建议。

这本书的主要特点，一是明确聚焦0—6岁亲子阅读，围绕这一中心设计内容、安排构架等，一些问题的提炼、分析，尽量紧贴实际，力求为当下亲子阅读及其他情境下幼儿阅读的活动实践提供具体、细化、富有针对性的指导。二是融合运用前沿儿童观、幼儿文学观、幼儿教育观等理论，力求将重要观念融入通俗的讲解，将前沿理论融入实用的建议，寻求普及性与前沿性、实用性与理论性的恰当结合。尤其是以当下世界范围内最前沿的幼儿读物观念与理论为支撑，为幼儿亲子阅读的开展提供从观念、实物到操作方法的较为全面的知识与建议。三是为了最大限度地考虑亲子阅读指导的普及性和可操作性，回应广大父母开展亲子阅读活动的现实需求，专门设计了富于实用性的问题解答模式来呈现相应的知识与指导内容。一方面参照当下亲子阅读领域受到普遍关注的重要理论与操作话题，另一方面也结合针对0—6岁幼儿亲子阅读实践的观察与研究，从中选取典型、重要的阅读观念与操作问题，依照幼儿期阅读年龄的分段特征进行细化归类，做出解答。问答之后，同时附有延伸阅读的小课堂、文本细读和推荐阅读，供感兴趣和有需要的家长进一步按图索骥，拓展阅读。

书中所用涉及版权的图片，已获得相关出版社授权。

本书虽是亲子阅读的普及指导读物，其实涉及大量专业、深入的细部考虑。比如关于幼儿阅读年龄的分段。考虑到不同年龄幼儿身心发展及阅读活动的典型特点，也考虑到亲子阅读指导中的可操作性，我们在书中基本按照一岁一阶段的基本分层来安排、呈现相应的内容。但与此同时，我们也希望读者跟我们一样强烈地意识到，幼儿的阅读发展也是一个与幼儿成长一样体现鲜明的连续性与个体性的过程。正如每个孩子的成长都在部分依从普遍规律的同时遵循自己独一无二的轨迹，亲子阅读也要充分意识到幼儿阅读中分段与连续、一般与特殊、普遍与个体的复杂关系。

　　本书中，我们努力通过以下方法来体现、传递上述重要的观念与意识。第一，在幼儿阅读年龄的分层中，可以看到，不同年龄段之间的边界既相对区分，又非绝对。从1—2岁到2—3岁、从2—3岁到3—4岁，其中显然有一个同属于前后年龄段的跨界区域。2岁左右的孩子，有的在阅读行为方面可能更符合1—2岁阶段，有的则更趋于2—3岁阶段，都是正常的现象。第二，在相关问题的解答中，随时融入上述连续性与个体性的意识，强调孩子的阅读发展阶段、速度可能各有不同，主张充分尊重这种个体性与特殊性。第三，通过在"小课堂"部分附上"理解幼儿读物的复杂性"等延伸知识阅读，进一步深化读者对幼儿阅读复杂性的认知，以便我们在亲子阅读中做出更恰当的应对，也避免不必要的教育焦虑与标准焦虑。第四，一些贯穿性的早期阅读话题在各个年龄段均得到关注和探讨，并随着幼儿年龄的增长进一步拓展和深化，以此强化幼儿阅读与成长的前后衔接与连续一体，也为读者提供参照。

　　书中出于此类考虑而做出的细节安排遍布各处。这个过程也让我们再次深切地感受到，谈论幼儿阅读跟谈论幼年、谈论儿童文学一样，看似只是谈论个体发展或文学生活中的一个细小片段，实则牵一发而动全身。它的每一个部分和细节，都反映并建构着我们最基本的人生观、世界观和文化观。对此，我们不应有任何轻率的对待，唯有慎之再慎。

这种对待幼年时期及其一切事务的谨严和慎重，也是我们试图通过本书传递的一种观念与精神。和孩子一起读书充满了乐趣，这乐趣不只是阅读中的开怀一笑，更包含了从中体验生命的开阔、丰富、庄严与深邃的深切愉悦。和孩子一起读书，我们的生命也会经历新的拓展和反思，经受新的丰富与蜕变。

让我们和孩子一起读书，一起成长。